INTERAKTION

A Text-Based Intermediate German Course

Gerhard Clausing

University of Southern California

Katharina von Hammerstein

University of California, Los Angeles

HOUGHTON MIFFLIN COMPANY   BOSTON

Dallas   Geneva, Illinois   Palo Alto   Princeton, New Jersey

To the memory of
Evelyn Clausing Meier and Heino von Hammerstein sen.

Kommt, wir springen über alle Mauern
Udo Lindenberg

Acknowledgments
The authors are deeply grateful to all who participated in making this work possible:

Those who assisted us with comments and suggestions, and evaluations of the materials, particularly the editorial board:

Winnifred Adolph, *Florida State University*
Maximilian Aue, *Emory University*
Sybille Bolton, formerly of *Indiana University, Bloomington*
Ruth Bottigheimer, *SUNY-Stony Brook*
William C. Crossgrove, *Brown University*
Mirdza Eglitis, *Concordia College*
William Fletcher, *U.S. Naval Academy*
Lorely French, *Pacific University*
Leon Gilbert, *California State University, Fullerton*
Donna L. Hoffmeister, *University of Colorado*
Anna K. Kuhn, *University of California, Davis*
Thomas Lovik, *Michigan State University*
Patricia McAllister, *University of Cincinnati*
Reuben G. Peterson, *Central University of Iowa*
Lana Rings, *University of Texas, Arlington*
G. Theodore Schaum, *Moorhead State University*
Gerhard F. Strasser, *Pennsylvania State University*
Janet K. Swaffar, *University of Texas, Austin*
Viola Westbrook, *Emory University*
Erlis Glass-Wickersham, *Rosemont College*

Those who shared a part of their lives in the interviews about themselves: Christian Henatsch, Maria von Hammerstein, Heino von Hammerstein, Yvonne von Hammerstein, Frank Häusler, and Renate von Hammerstein.

For supplying additional materials: Jeanette Clausen, Silvia Rode, and Jochen Ostermann.

The instructors who piloted portions of the materials in their classes, especially Kathleen Chapman and Romey Sabalius.

The artists and their music publishers who gave us permission to use their original materials in this work, especially Falco, Herbert Grönemeyer, Udo Lindenberg, Bettina Wegener, and Hannes Wader.

For supplying additional annotations: Claudia Becker and A. Mara Raitch.

For their support and help in ways too numerous to mention: Ursula Dagres-Clausing, Britta Bothe, and Damon Guizot.

And last, but certainly not least, for their amazing skills of supplying inspiration and eliciting author perspiration we thank all those associated with Houghton Mifflin Company that shepherded this work, and a special thanks to the *Meister*.

Gerhard Clausing
Katharina von Hammerstein

Cover Credit: Heijo Hangen, *Ordnungsfolge 63B*, Siebdruck, 70 × 50 cm, 1973

Credits for text permissions, photos, and realia may be found at the end of this book.

Printed in the U.S.A.

Library of Congress Catalog Card Number: 89-80929

Student's Edition ISBN: 0-395-48146-5

Instructor's Annotated Edition ISBN: 0-395-48147-3

BCDEFGHIJ-M-9543210

CONTENTS

❖ TO THE STUDENT

Welcome to *Interaktion*, an interactive experience with texts from the German-speaking countries. Many of the things you first encountered in your first-year German course will be applicable as you continue your study of the German language within its historical and cultural context. We are now entering a period of greater cooperation between East and West, and your studies will greatly contribute to your understanding of global events.

As you delve into the textual materials with the help of your instructor and the cooperation of your fellow students, be aware that your own background and your own opinions are a valuable ingredient in the whole process. You should also try to use actively in your speaking and writing some of the structures and vocabulary that you are able to recognize and understand as you read and listen. So that you may use this book in an optimally productive manner, we would like to give you a brief overview of its structure here.

Organization

The course consists of 30 text sections grouped into nine major themes *(Themen)*. Each *Thema* is divided into the following sections:

OPENING PAGES

The first few pages of each *Thema* set the visual mood and give a brief introduction to each group of readings.

Vorschau auf das Thema   This section introduces the topic of the entire *Thema*. The introduction highlights the key vocabulary and also provides the cultural background, whether historical or contemporary, that will help you work effectively with the *Thema*.

Ein paar Fragen zum Thema   This warm-up section guides you into the topic of the *Thema*, using vocabulary from the *Nützliche Wörter* section and general vocabulary as a starting point. The questions draw on your prior experiences and familiarity with the topic.

Nützliche Wörter und Ausdrücke   The vocabulary pages follow a thematic sequence, arranged according to the main topics of the *Thema*. Within each section, words and expressions are grouped semantically. Wherever possible, we have placed the nouns and related verbs or adjectives on the same line, as well as derived and related words. These word and phrase displays are open-ended; we encourage you to expand on them. You can use them for reference as you work in various sections of the *Thema*. You may find it useful to highlight various words with colored markers, such as those you find particularly interesting and/or useful, or those you find difficult to remember.

Occasionally words are listed in italics; these are forms or phrases primarily used in spoken language or in written conversations, e.g., *Da hab' ich totalen Bock drauf*.

Separable prefixes are separated from the stem of the verb by a bullet (•), e.g., *auf•fallen*.

READING SELECTIONS

Einführung in den Text   These sections set the contextual stage for each particular text. The introduction often provides information about the author or, in the case of a conversation, the individuals participating. It may also contain historical or other cultural information.

Fragen zum Thema   These general questions function as a warm-up for the reading selection and guide you into the text by activating your prior knowledge of the topic and vocabulary.

Lesefragen These pre-reading questions focus your attention on specific details of the text, providing you with a goal for reading.

TEXTVERSTÄNDNIS

The *Textverständnis* activities will help you understand the content and vocabulary of the reading selections.

Erstes Lesen The *Stimmt das oder nicht?* activities serve as overall comprehension checks. Try to answer these questions after reading through the entire selection once.

Zweites Lesen These activities will guide you in a closer reading of the text. You may be asked to categorize the key points of the reading, fill out grids, give summaries, or answer more involved questions about the content of the reading.

Geheimtip Wortschatz These activities will help you learn various style elements by matching definitions and by phrasing or paraphrasing explanations of words and longer expressions. You can begin to vary your expression to fit particular situations and communication needs. Where appropriate, we have also included special activities that call attention to elements from different stylistic levels that supply shades of meaning.

ANWENDUNG

The activities in this section form the center of working with the topic; they help you go beyond the text to other applications.

Zu Text und Thema Here the work relates closely to the content of the text and involves you further with the topic. You will often be asked to give your opinion on various aspects of the text.

Wie ist das in Ihrem Land? These sections allow for an application and exchange of cultural information and opinions. You can use what you know about the topic from the perspective of your own culture, and integrate this with the material presented on the German-speaking countries.

Und Sie? This section asks you to relate the topics at hand to your own situation.

Stellen Sie sich vor ... Here the discussion of the topic is extrapolated to the realm of the imagination—the probable as well as the improbable. The key to these activities is to give free rein to unusual extensions of the topic, using playful creativity and familiar expressions to surprise your fellow students.

Diskussion und Aufsatz In these sections, class discussion precedes optional writing about the topics. Many statements have intentionally been phrased to represent extreme positions which do not necessarily require people to identify with them, in order to spark lively discussions.

APPENDICES

Anhang A contains a list of descriptive adjectives and adverbs that you may find useful in your discussion of the texts.

Anhang B consists of a comprehensive summary of the basic structures needed at the intermediate level. The appendix includes a list of the principal parts of strong verbs used in *Interaktion*.

The *Wörterverzeichnis* contains a German-English inventory of the words used in the selections and activities of *Interaktion*.

Tape Program

The reading selections from *Interaktion* have been recorded on four cassettes. We encourage you to listen to these tapes as you read each selection. They will help you get a better feel for different tones and styles of language, and will make the learning process more enjoyable. Included on the cassettes are the original recordings of four pop songs that occur in the text. The authors and Houghton Mifflin Company wish you an enjoyable encounter with *Interaktion!*

Gerhard Clausing
Katharina von Hammerstein

❖ FREIZEIT

die Preview *subject*

Vorschau auf das Thema

Heute haben die meisten Menschen mehr Freizeit als ihre Eltern oder
Großeltern <u>früher</u>. Wir haben <u>sogar</u> *even* eine ganze Freizeitindustrie, die uns
sagt, was wir mit unserer Freizeit anfangen können oder sollen. Jeder
Mensch braucht einen Ausgleich zu seinem Alltag, entweder zu Hause
oder auf Reisen. Das ist wichtig für die Gesundheit und die Psyche.
Manche Menschen treiben Sport, andere haben Hobbys oder treffen sich
mit Freunden, Bekannten oder Verwandten, andere wieder tun einfach
mal gar nichts. Manche sind in ihrer Freizeit aktiv, manche wollen sich
einfach nur entspannen. Andere wieder kennen das Wort „Freizeit" überhaupt nicht.

EIN PAAR FRAGEN ZUM THEMA

1. Was verstehen Sie unter dem Wort „Freizeit"?
2. Was für verschiedene Freizeitaktivitäten gibt es?
3. Organisieren Sie Ihre Freizeit oder machen Sie lieber etwas ganz
   spontan? Was ist am Ende effektiver: die Freizeit total so auszu-
   planen, daß jede Minute ausgenutzt wird, oder nichts zu planen
   und alles zu improvisieren?
4. Was machen Sie in Ihrer Freizeit? Machen Sie lieber etwas alleine
   oder mit anderen zusammen? Sollte man diese Zeit lieber benutzen, um den Mitmenschen zu helfen?
5. Brauchen Sie mehr Freiheit in der Freizeit?

NÜTZLICHE WÖRTER UND AUSDRÜCKE

Hier sind ein paar Wörter und Ausdrücke für dieses Thema. Wenn Ihnen
noch mehr einfallen, schreiben Sie sie einfach dazu.

die Freizeit

die Freizeitbeschäftigung
das Hobby

die Entspannung	sich entspannen
die Erholung	sich erholen
die Ruhe	sich aus•ruhen
	ab•schlaffen

sich beschäftigen mit
etwas unternehmen
mit•machen bei
teil•nehmen an

der Sport

die Sportarten *(Pl.)*	Sport treiben, machen
das Training	trainieren
der Wettkampf	an einem Wettkampf teil•nehmen
die Konkurrenz	konkurrieren
die Olympischen Spiele	an der Olympiade teil•nehmen
der Fußball / das Fußballspiel	

die Gesundheit
die Fitneß

die Reise

der Urlaub	verreisen / reisen
die Ferien *(Pl.)*	weg•fahren

die Unterkunft	
die Übernachtung	übernachten
die Jugendherberge	

der Schlafsack
der Rucksack
der Koffer
der Paß

der Zug
das Flugzeug
die Sehenswürdigkeit

WAS MAN SO SAGT

Wenn man Lust auf etwas hat:

Hast du Lust zu . . . ?
Interessierste dich für . . . ?
Wollen wir . . . ?
Da hab' ich totalen Bock / totale Lust
   drauf.
Ich habe Bock auf / Lust zu . . .
Ich könnt' jetzt auf . . .
Da bin ich total scharf drauf.

Wenn man keine Lust auf etwas hat:

Da hab' ich keine Lust / keinen Bock
   drauf.
Nee, das ist mir zu stressig.
Nee, das ist zuviel Action.
Das kann ich nicht ab.
Das nervt mich total!
Das geht mir auf die Nerven.

1 Stichwort „Freizeit"

Einführung in den Text Unter Freizeit versteht man *freie* Zeit, also Zeit, in der man tun kann, was man will. Freizeit ist für die meisten Menschen ein Gegenprogramm zu ihrem normalen Alltag in der Schule, in der Universität oder im Beruf. Viele Leute suchen in ihrer Freizeit nach einer Kombination von Entspannung und Ruhe auf der einen Seite und kreativen und stimulierenden Aktivitäten auf der anderen Seite.

Im folgenden Text erzählen junge Leute, Schüler und Studenten, was sie in der Freizeit am liebsten machen.

FRAGEN ZUM THEMA

Die Fragen sind dazu da, daß Sie sich schon mal ein paar Gedanken zum Thema machen. Besprechen Sie Ihre Gedanken und Vorstellungen mit den anderen Kursteilnehmern und Ihrer Lehrkraft.

1. Was machen Sie und Ihre Freunde am liebsten in Ihrer Freizeit?
2. Besuchen Sie gerne Veranstaltungen, treiben Sie gern Sport oder hören Sie lieber Radio oder sehen fern?
3. Gehen Sie in Ihrer Freizeit lieber aus, oder bleiben Sie meistens zu Hause?
4. Welche Freizeitaktivitäten sind in Ihrem Land besonders beliebt?

LESEFRAGEN

Die Lesefragen helfen Ihnen, sich auf bestimmte Aspekte des Textes zu konzentrieren. So können Sie den Text besser verstehen. Denken Sie bitte an diese Fragen, wenn Sie den Text lesen.

1. Welche Freizeitaktivitäten werden im Text genannt? Markieren Sie die Freizeitbeschäftigungen im Text.
2. Was wollen die jungen Leute in der Freizeit am liebsten machen? Welche unterschiedlichen Meinungen gibt es?
3. Welche Aspekte kommen bei mehreren Personen vor? Denken Sie sich Kategorien aus.

Swing-Tanz-Club
HEATWAVE
Täglich Live - Musik
Mittwochs - Sonntags ab 20 Uhr
Danziger Straße 21, 2000 Hamburg 1
Telephon (040) 24 45 95

Stichwort: „Freizeit" ▭

Friedrich:	In der Freizeit sollte man nicht nur nichts tun, sondern man sollte irgend- wie 'ne sinnvolle Beschäftigung haben, also ein Hobby, meinetwegen Segeln oder Fotografieren also.
Vera:	Freizeit ist auch Entspannung und sich auch— nicht direkt weiterbilden— aber sich mit, mit sich selbst beschäftigen, mit sich selbst ins reine kom- men.
Martin:	Ja, Freizeit heißt nicht unbedingt, gar nichts zu tun, das kann man ja mal natürlich einschieben, ist auch ganz gut, nur was anderes zu tun irgendwie, daß man aus dem— diesem Alltagstrott, in den man ja so 'reingerät, wenn man morgens zur Schule muß, nachmittags Hausaufgaben macht oder sonst was. Daß man aus dem irgendwie rauskommt, dafür sollten dann die Ferien auch sein.
Jörg:	Naja, also ich meine, man sollte in den Ferien machen— und wenn man Freizeit hat, das machen, wo man Lust zu hat, auch wenn es keinen effek- tiven Nutzen hat.
Martin:	Ich glaube, die meisten Deutschen, die— was sie so in der Freizeit machen, das hängt irgendwie mit Auto zusammen. Entweder sie fahren im Auto spazieren, glaube ich— könnte ich mir jedenfalls vorstellen— oder sie waschen das Auto, denn das Auto ist des Bundesbürgers liebstes Kind.
Jörg:	Also, ich meine, was Martin gesagt hat, ist zwar auch ein wichtiger As- pekt, aber ich meine, der Aspekt also, der am meisten im Vordergrund steht, das wird wohl das Fernsehen sein. Statistisch.
Birgit:	— und sonntags wandern gehen.
Vera:	Fußball oder ein Bier trinken, also in der Wirtschaft sitzen, könnte ich mir auch noch vorstellen.
Barbara:	Und bei den Jugendlichen besonders die Diskothek auch.
Arno:	Freizeit bedeutet für mich Entspannen, einfach Abschalten von den Alltags- problemen.
Interviewer:	Ja, was machen Sie denn in Ihrer Freizeit?

---

2. **sinnvoll:** hat Sinn, Bedeutung   2. **die Beschäftigung:** die Aktivität   2. **meinetwegen:** von mir
aus; es ist mir egal   4. **die Entspannung:** Erholung; wenn man keinen Streß hat, Ruhe findet
4. **sich weiter•bilden:** etwas Neues lernen   5. **ins reine kommen:** reflektieren, sich über etwas
klar werden   8. **ein•schieben:** dazutun   9. **der Alltagstrott:** tägliche Routine   9. **'rein•geraten:**
ohne Absicht in Schwierigkeiten kommen   15. **der Nutzen:** der Gewinn, der Wert   17. **zusam-
men•hängen:** mit etwas zu tun haben   18. **sich etwas vor•stellen:** sich etwas ausdenken
24. **die Wirtschaft** (*hier*): die Kneipe, die Bar   27. **das Abschalten:** einfach mal nichts tun

Rita: Das hängt von den jeweiligen Tagesbedürfnissen ab, ob ich das Bedürfnis   30
habe, mich körperlich zu betätigen. Dann mache ich Sport. Oder ob ich
eben stark ermüdet bin, oder was. Dann sitze ich nur in der Ecke 'rum und
hör' vielleicht Musik oder so.

Peter: Ich möchte in der Freizeit das machen, was mir gefällt, das heißt, ich
möchte meine Interessen irgendwie— all meinen Interessen nachgehen, und   35
das kann ich eben nur in der Zeit, die mir auch dann dafür zur Verfügung
steht.

Rita: Kakteen züchten.

Peter: Lesen.

Arno: Spazierengehen oder Musik machen und nicht nur hören.   40

Peter: Grillen, Unterhaltung.

Arno: Feiern. "Ferien"

Peter: Wandern.

Rita: Ja, wichtig ist auch, daß man sich nicht nur unterhalten läßt, sondern—
sondern, daß man sich selber auch unterhält.   45

irgendwie – somehow –

unterhält – entertain

Der Weg zur Freizeitgesellschaft

Von den 5 860 „wachen Stunden" des Jahres (d.h. ohne die 2 900 Stunden fürs Schlafen)
waren bestimmt oder werden bestimmt sein für:

im Jahr	1950	1970	1990 — Prognose —	2010
Arbeit, Arbeitsweg	2700	2300	2000	1660
Grundbedürfnisse*	1560	1600	1760	1900
Freizeit	1600	1960	2100	2300

Quelle: BAT

6642 © Globus   *Essen, Einkaufen, Gesundheitspflege, Hygiene, soziale Verpflichtungen

30. **die Tagesbedürfnisse** *(Pl.):* was man jeden Tag braucht   30. **ab•hängen von:** wenn zwei
Dinge eng miteinander verbunden sind   30. **das Bedürfnis:** was man braucht   36. **körperlich:**
physisch   31. **sich betätigen:** aktiv sein   36. **zur Verfügung stehen:** bereit sein   38. **züchten:** *to
grow, raise (plants, animals)*   41. **die Unterhaltung:** *entertainment, leisure activities*

TEXTVERSTÄNDNIS

ERSTES LESEN

A. **Stimmt das oder nicht?** Wenn nicht, was stimmt dann?

___R___ 1. Friedrich spricht von zwei Hobbys, Fotografieren und Segeln.

___F___ 2. Vera findet Entspannung und „sich . . . mit sich selbst beschäftigen" nicht besonders wichtig.

___R___ 3. Martin meint, daß man aus dem Alltagstrott herauskommen sollte.

___F___ 4. Jörg sagt, viele Bundesbürger waschen in der Freizeit ihr Auto oder fahren damit spazieren.

___R___ 5. Rita macht Sport oder hört Musik, je nachdem wie sie sich fühlt.

___F___ 6. Arno findet, Musik hören ist viel wichtiger als Musik machen.

___F___ 7. Friedrich will in seiner Freizeit einfach nur faul sein.

___R___ 8. Vera ist der Meinung, daß man in der freien Zeit etwas lernen sollte, auch über sich selbst.

___R___ 9. Jörg findet, daß man in der Freizeit ruhig auch Dinge ~~things~~ machen kann, die nicht unbedingt notwendig sind. ~~which are not absolutly necessary~~ ~~relative pronoun refers to things = which~~

___F___ 10. Martin glaubt, daß die Deutschen nicht so gerne mit dem Auto fahren.

ZWEITES LESEN

B. Nun lesen Sie den Text ein zweites Mal durch und beantworten Sie bitte folgende Fragen.

1. Meint Friedrich, daß es sehr wichtig ist, welches Hobby man hat?

2. Warum sagt Vera, man müsse in der Freizeit „mit sich selbst ins reine kommen"? Was verstehen *Sie* darunter?

3. Warum bedeutet Freizeit für Martin Ferien? Heißt das, daß er während der Woche keine Freizeit hat?

4. Ist „nichts tun" auch „was anderes . . . tun" ?

5. Was hält Martin für die wichtigste Freizeitbeschäftigung der deutschen Bundesbürger? Und Jörg?

6. Welche Freizeitaktivitäten nennen Birgit, Vera und Barbara?

7. Wovon hängt bei Rita die Art der Freizeitbeschäftigung ab?

8. Was macht Arno mit Musik?

C. Welche Definition von Freizeit geben Friedrich, Vera, Arno und Rita? Fassen Sie die Definitionen bitte zusammen.

1. Friedrich findet, daß . . .

2. Vera will . . .

3. Für Arno ist Freizeit . . .

4. Rita ist der Meinung, daß . . .

Bitte vergleichen Sie die Definitionen und erklären Sie die Unterschiede. Mit welcher Meinung können Sie sich am meisten identifizieren? Warum?

D. Gibt es ein Gegenteil von Freizeit? Versuchen Sie, das Gegenteil von Freizeit zu definieren.

GEHEIMTIP WORTSCHATZ

E. In Lesefrage Nr. 1 wurden Sie gebeten, alle Freizeitaktivitäten, die Sie im Text fanden, zu markieren. Wie viele haben Sie gefunden? ___ Finden Sie bitte die Verben zu den Substantiven und die Substantive zu den Verben.

Substantive	Verben
das Segeln	segeln
die Entspannung	sich entspannen
der Sport	Sport treiben
die Erholung	sich erholen
das Laufen	laufen
die Freizeit	Freizeit haben
die Unterhaltung	sich unterhalten
das Wandern	wandern
das Lesen	lesen
die Ferien	Ferien machen

Meaning

ANWENDUNG: Meinung, Diskussion, Phantasie

DISKUSSIONS-STRATEGIEN

Wie können Sie Ihre Meinung äußern? Hier sind ein paar praktische Sätze, die Ihnen helfen, in Diskussionen Ihre Meinung zu sagen. Wenn Sie noch mehr solche Sätze kennen, schreiben Sie sie dazu.

1. **a.** Wie meinst du das? Ich habe das nicht richtig verstanden.
    b. Kannst du das bitte nochmal sagen?
    c. Wiederhol' das bitte. Kannst du das bitte wiederholen?
    d. Kannst du das bitte etwas näher erklären?

    e. _____

    f. _____

    g. _____

    Was können Sie mit diesen Wendungen ausdrücken? _____
    _____

2. **a.** Ja, das finde ich auch!
    b. Genau! / Das stimmt!
    c. Ich bin derselben Meinung wie Jutta.
    d. Du hast recht.

    e. _____

    f. _____

    g. _____

    Was können Sie mit diesen Wendungen ausdrücken? _____
    _____

3. **a.** Ich bin ganz anderer Meinung als Markus.
    b. Das stimmt, glaube ich, nicht ganz.
    c. Meiner Meinung nach . . .
    d. Ich finde/denke/meine (nicht), daß . . .

    e. _____

    f. _____

    g. _____

    Was können Sie mit diesen Wendungen ausdrücken? _____
    _____

Macht den Rumpf beweglich

Trainiert Arme und Schulter

Geht flott in die Beine

Am besten lernen Sie *mindestens* **zwei Äußerungen von jeder Kategorie. Dann sind Sie fit für die Diskussion!**

ZU TEXT UND THEMA   **A.** Ihre Einstellung

1. Welche von den Freizeitaktivitäten im Text machen Sie und Leute, die Sie kennen, auch manchmal?

2. Sammeln Sie bitte noch ein paar Freizeitaktivitäten oder Hobbys (hier: *ohne Sport*), und ordnen Sie die Aktivitäten danach, ob man dabei alleine, zu zweit, in einer kleinen Gruppe oder in Massenveranstaltungen ist. Wenn Sie die Ausdrücke auf deutsch nicht wissen, fragen Sie die Lehrkraft oder Ihre Nachbarn, indem Sie eine kleine Pantomime vorspielen. Englisch sprechen ist hier aber nicht erlaubt! (Sie können auch Aktivitäten benutzen, die Sie unter E gefunden haben).

allein	*zu zweit*	*Kleingruppe*	*Masse*

Vergleichen Sie Ihre Liste mit dem, was die anderen Studenten aufgeschrieben haben. Markieren Sie in jeder Kategorie die beiden Tätigkeiten, die Ihnen am meisten Spaß machen. Warum gerade diese?

3. Welche Beschäftigungen von Ihrer Liste würden Sie als *aktive* Freizeitaktivitäten bezeichnen und welche als *passive* Freizeitbeschäftigungen? Schreiben Sie ein „a" oder ein „p" hinter die Aktivitäten. Kann man das so leicht entscheiden? Sind alle Studenten einer Meinung?

4. Welche Rolle spielt das Geld bei der Wahl einer Freizeitaktivität? Was ist besonders teuer, was ist billig?

5. Welche Freizeitbeschäftigungen sind organisiert oder geplant, und welche unternimmt man informell und spontan?

6. Was erwarten Individuen eigentlich von ihrer Freizeit? Sind die Erwartungen für verschiedene Gruppen anders? Wie und warum?

    a. Für Paare; Familien; Einzelpersonen?
    b. Für Frauen; für Männer?
    c. Für alte Leute; für junge Leute?

7. Was meinen Sie? Hatten die Leute früher mehr Freizeit? Oder haben wir heute mehr Freizeit? Finden Sie Gründe für Ihre Antwort. Muß man diese Frage differenzierter stellen?

8. Warum braucht man eigentlich Freizeit? Es hat einmal jemand gesagt, daß Freizeit zum Leben so wichtig sei wie Schlafen. Stimmen Sie mit dieser Aussage überein? Warum ja oder warum nicht?

9. Wie frei ist man wirklich in der Freizeit? Glauben Sie, daß andere Leute oder die Medien beeinflussen, was Sie in Ihrer Freizeit machen?

WIE IST DAS IN IHREM LAND?

B. Hier können Sie Ihr Land mit den deutschsprachigen Ländern vergleichen.

1. Welche Freizeitbeschäftigungen übt man in welcher Jahreszeit in Ihrer Gegend aus? Schreiben Sie ein „H" für Herbst, „W" für Winter, „F" für Frühling und „S" für Sommer hinter die Aktivitäten unter A.2. Welche Rolle spielt das Wetter dabei?

2. Welche Ähnlichkeiten/Unterschiede gibt es zu den deutschsprachigen Ländern? Und wie erklären Sie sich die kulturellen Unterschiede?

FAHRRAD VERLEIH

UND SIE?

C. Wie steht es mit *Ihrer* eigenen Freizeit? Setzen Sie sich zu zwei anderen Kursteilnehmern und stellen Sie einander die folgenden Fragen. Füllen Sie diesen Interview-Bogen mit den Antworten aus und berichten Sie der ganzen Gruppe davon.

Fragen	Partner Nr. 1	Partner Nr. 2	Sie
1. Was machen Sie gern in Ihrer Freizeit?	*In seiner si.* Lese~~n~~ gern		
2. Mit welcher Freizeitbeschäftigung verbringen Sie die meiste Zeit?	Bier trinken		
3. Welches ist Ihr Lieblingshobby?	Studieren		
4. Haben Sie überhaupt Freizeit? Und wieviel pro Woche?	nie~~t~~ 40/50 stnde		
5. Was tun Sie, wenn Sie sich langweilen?	schläfen		
6. Welche Rolle spielt Freizeit in Ihrem Leben?	Richtig ~~Grosse~~ Rolle		
7. Was würden Sie gerne machen, wenn Sie mehr Zeit/Geld hätten?[1]	nach C.A. fahren.		
8. Mit wem verbringen Sie Ihre Freizeit meistens?[2]	Freunden		
9. Was erwarten Sie von Ihrer freien Zeit?	entspannung		

[1]Achtung: Konjunktiv nicht vergessen!
[2]Nicht vergessen: mit + Dativ!

D. **Zum Rollenspielen oder Schreiben.** Ein paar Gedankenspiele (im Konjunktiv!!)

1. Sie gewinnen in einer Lotterie 100.000 DM, und Sie haben soviel Zeit:

   a. eine Woche   **b.** einen Monat   **c.** drei Monate.

   Was würden Sie machen?

2. Es ist Samstagabend, Sonntagmorgen, ein Regentag, Ihr Geburtstag, Weihnachten, Thanksgiving, der 4. Juli in den USA, der Victoria-Tag in Kanada, Jom Kippur, Silvester, der 1. Januar, Sankt-Patricks-Tag, ein Montagmorgen. Was täten Sie am liebsten?

3. Rollenspiele. Entscheiden Sie mit Ihrem Partner, welche Situation Sie spielen wollen. Finden Sie Argumente für beide Seiten und spielen Sie die Situation dann einer anderen Gruppe vor.

   a. Angenommen es ist Donnerstag. Sie haben ein freies Wochenende vor sich und wollen etwas Schönes mit einem Freund oder einer Freundin unternehmen. Er/sie ist aber kaputt und müde und will mal richtig faul sein und keine „action" machen. Überlegen Sie, was Sie machen wollen und versuchen Sie, ihn/sie zu überreden, mitzumachen.

   b. Sie haben drei Wochen lang ohne Pause hart an einem Projekt gearbeitet. Endlich haben Sie wieder einen freien Abend. Sie möchten mit einer Freundin/einem Freund zum Abendessen ausgehen, um mal wieder so richtig zu klönen *(reden)*. Sie/er möchte aber unbedingt den neuesten Film im Kino sehen.

E. Wählen Sie sich eins der folgenden Themen und diskutieren Sie es mündlich oder schriftlich. Versuchen Sie, verschiedene Perspektiven zu bedenken.

1. Warum sind manche Menschen lieber allein in ihren freien Stunden und andere lieber unter vielen Menschen?

2. Was halten Sie von „Arbeitsfreizeit" wie zum Beispiel Arbeit in politischen Gruppen, Kluborganisation, (Abend-)Kursen, Arbeitsgemeinschaften usw.? Was gibt es da alles? Was sind die Vor- und Nachteile solcher Aktivitäten mit spezifischen Zielen? Meinen Sie, solche Gruppenaktivitäten sind typisch für Ihr Land? Warum?

FILMTIPS DER WOCHE

3. Hier sind zwei kontroverse Thesen. Diskutieren Sie beide Seiten dieses Themas. Mit welcher Aussage stimmen Sie überein? Oder haben Sie eine ganz andere Meinung? Benutzen Sie Ihre Diskussionsstrategien.

   a. Freizeit ist ein Luxus, den man sich heute gar nicht leisten darf, wenn man erfolgreich sein will. Nur Arbeit macht am Ende glücklich.

   b. Das Ideal wäre, wenn man nie arbeiten müßte und nur Freizeit hätte.

Rockfestival, Rheinaue bei Bonn: Was kann man da alles machen?

2   Die Welt im Zelt

Einführung in den Text   Sommerzeit—Reisezeit. Viele junge—und natürlich auch nicht mehr so junge—Leute reisen in den Sommerferien in ihrem eigenen Land, oder sie fahren in andere Länder. Für Studenten oder andere Jugendliche, die noch nicht so viel Geld verdienen, soll solch eine Reise natürlich möglichst billig sein. Aber nicht in jedem Land oder jeder Stadt hat man Adressen von Verwandten oder Freunden. Wo soll man also billig übernachten? Hotels sind für die meisten zu teuer, Jugendherbergen sind oft schon voll, wenn man kurzfristig anruft.

Im folgenden Artikel aus dem *Stern* beschreibt eine Journalistin, wie junge Leute in München im „Kapuzinerhölzl" billig und fast abenteuerlich übernachten. Natürlich ist es kein Fünf-Sterne-Luxushotel, aber dafür kann man viele junge Leute aus allen Teilen der Welt treffen.

FRAGEN ZUM THEMA

1. Wie lange haben die Menschen in Ihrem Land durchschnittlich Ferien/Urlaub pro Jahr?
2. Was ist ein beliebtes Reiseziel für die Leute aus Ihrer Gegend?
3. Welche Transportmittel benutzen die Leute zum Reisen?
4. Wie und wohin reisen junge Leute und ältere Leute, Ehepaare mit Kindern, alleinstehende Leute?
5. Wo übernachten die meisten Leute, wenn sie als Touristen in Ihrem Land reisen?

LESEFRAGEN

1. Suchen Sie fünf Wörter oder Ausdrücke im Text, die mit dem Thema „Freizeit" zu tun haben. Markieren Sie sie bitte.
2. Welche praktischen Informationen gibt Ihnen der Artikel über die Situation im „Kapuzinerhölzl"?
3. Was für Leute übernachten im „Kapuzinerhölzl"? Und wie ist die Atmosphäre?

Die Welt im Zelt ▮

Manche Quartiersucher sind nach dem
Telefonat mit der Rezeption nicht mehr
interessiert. Nein, hier sei kein Zimmer
frei, haben sie von munterer Stimme
5 am anderen Ende der Leitung gehört. Es
gäbe nämlich gar keine Zimmer. Auch
keine Betten. Bloß ein Zelt mit Holzfußboden.

Trotzdem kommen noch Gäste genug.
10 Mehr als 20 000 Globetrotter übernachten jedes Jahr im „Internationalen Jugendlager Kapuzinerhölzl" in München.
Und viele sind nach einer Nacht zum
Fan geworden, wie aus den Eintragun-
15 gen im Gästebuch hervorgeht. „I'll come
back again", schrieb eine Maureen aus
Halifax in Kanada. Und von einem
Frank aus Husum lese ich: „Der Laden
ist echt super und einmalig in der
20 Welt."

Bei dem „Laden" handelt es sich um
eine Notmaßnahme der Münchner
Stadtväter aus dem Olympiajahr 1972.
Um dem damaligen Mangel an Billigun-
25 terkünften für die Jugend der Welt abzu-
helfen, schlug man ein überdimensio-
nales Schlafzelt auf. Eine Plane auf acht
Pfosten. Mit 850 Quadratmetern etwas
größer als ein Bierzelt auf dem Oktober-
30 fest.

Weil Jugendherbergsbetten in der bay-
rischen Landeshauptstadt noch immer

rar sind, wird das Provisorium bis heute
jeden Sommer im sogenannten „Kapuzi-
35 nerhölzl", einer Wiese nahe dem Schloß
Nymphenburg im Nordwesten der
Stadt, aufgebaut—zusammen mit vier
Sanitär-Containern, einer Kantinen-Bret-
terhütte, einem Wohnwagen als „Rezep-
40 tion" und einem Waggon als „Info-Zen-
trum".

„Wer hier gepennt hat, hat was erlebt", steht im Gästebuch. Das will ich
genau wissen und melde mich für eine
45 Nacht an.

Das Großraum-Schlafzimmer ist für
380 Schlafsack-Besucher ausgelegt.
„Aber wenn mal 550 in einer Nacht
kommen, schicken wir auch keinen
50 weg", versichert die Studentin Hanne,
die schon seit einigen Jahren zum
18köpfigen Betreuer-Team der Zelt-
bleibe gehört. Auch die offizielle Begrenzung des Gästealters auf 27 Jahre
55 und der Übernachtungsdauer auf drei
Nächte wird nicht so streng genommen.
Nächtliche Sperrstunden wie im ord-
nungsgemäßen deutschen Jugendher-
bergsbetrieb sind im „Kapuzinerhölzl"
60 unbekannt. Das Zelt ist von 17 Uhr
abends bis 9 Uhr morgens geöffnet.

Fünf Mark kostet die Übernachtung
inklusive einer schwarzen Isoliermatte
und einer Decke. Am gefragtesten sind

---

1. **die Quartiersucher** (*Pl.*): Leute, die ein Zimmer suchen   4. **munter:** froh   5. **die Leitung:** die
Telefonleitung   7. **bloß:** nur   7. **das Zelt:** „Haus" aus Stoff (oft fürs Camping)   15. **hervor•ge-
hen** *(Ugs.):* zeigen, deutlich machen   19. **einmalig:** das gibt's nur einmal   22. **die Notmaßnahme:** *emergency measure*   24. **damalig:** von früher   24. **der Mangel:** wenn etwas nicht
da ist/fehlt   26. **auf•schlagen:** aufbauen   27. **die Plane:** sehr großes Stofftuch   33. **das Provisorium:** etwas für kurze Zeit   35. **die Wiese:** Grundstück mit Gras   38. **die Kantine:** Billigrestau-
rant für eine Gruppe   39. **die Bretterhütte:** kleines Holzhaus   39. **der Wohnwagen:** mobiles
Häuschen   42. **pennen** *(Ugs.):* schlafen   44. **sich an•melden:** sich registrieren lassen   50. **versichern:** *to assert*   52. **die Betreuer** (*Pl.*): Leute, die sich um die Gäste kümmern   52. **die Zelt-
bleibe:** Zeltunterkunft   53. **die Begrenzung:** Limitierung   57. **die Sperrstunde:** wann geschlossen wird   57. **ordnungsgemäß:** regulär   63. **die Isoliermatte:** etwas zum Unterlegen   64. **gefragt:** populär

65 die Plätze an den Zeltwänden. „Da zieht's zwar ein bißchen, aber du hast wenigstens den Rücken frei", erklärt mir Linda, ein freundliches kraushaariges Mädchen aus Neuseeland. Kran-
70 kenschwester, seit acht Monaten auf der Walz.

Ich rolle meine Matte in die Lücke nebenan. Als einer von 458 Lager-Gästen in dieser Nacht. Rechts sitzt
75 Linda mit einem Käsebrot und legt Patience. Links zieht ein Rotschopf seinen Schlafsack-Reißverschluß zu und stellt den Wecker auf 5.30 Uhr. Er ist aus Dublin und will weiter Richtung Rom.
80 Als Tramper hätte man frühmorgens die beste Chance, meint er. Zu meinen Füßen knutscht ein Pärchen unter den Lagerdecken. Ihr Schlafnachbar, ein Typ im geblümten T-Shirt, nimmt davon
85 keine Notiz. Er hat einen Walkman im Ohr und seine Jeans als Kopfkissen zusammengerollt.

Um elf wird das Licht ausgemacht. Nur vier Leuchtstoff-Notlampen sorgen
90 dafür, daß man sich im großen Sleep-In noch zurechtfindet.

Es kommen noch immer neue „people" an. Die Trambahnlinie 12, Haltestelle „Botanischer Garten", fährt bis

95 zwei Uhr nachts. Die letzten Inter-Railer und Kneipenbummler treffen im Taxi gegen halb vier ein. Ein Ali aus Marokko, ein Jean aus Südafrika und zwei Girls aus Idaho. Auch sie bekommen
100 noch Matten. Die Nachtschicht des Betreuerteams notiert Namen und Nationalität in der Lager-Kartei. Da gibt's weiße Karten für die Amerikaner, rote für Europäer und gelbe für den Rest der
105 Welt. Ein bißchen Ordnung muß auch hier sein.

Ich wache erst nach acht Uhr auf, als jemand mit einem gemurmelten „Sorry" über meine Schienbeine stolpert.
110 Draußen bilden sich Schlangen vor den Freiluft-Wasserkränen, den Dusch-Containern und der Bretterbudenkantine, wo die Semmel 30 Pfennig kostet, die Milch 80, das Müsli eine Mark und die
115 Portion Leberkäs 1,30 Mark. Die 80 Liter Tee in zwei Fässern gibt's gratis.

Nach dem Frühstück verläßt die Jugend grüppchenweise das Lager. Zurück bleiben gekritzelte letzte Meldungen auf
120 der Pinnwand. „Hallo Michael, here is my next address in London." — „Frank, ich warte auf dich in Innsbruck bis Sonntag."

BRIGITTE ZANDER

66. **es zieht:** kalte Luft kommt herein   70. **auf der Walz (Ugs.):** auf Reisen   72. **die Lücke:** freier Platz   75. **die Patience:** Kartenspiel   76. **der Rotschopf:** Person mit roten Haaren   77. **der Reißverschluß:** womit man zum Beispiel Hosen, Röcke, Taschen, Schlafsäcke zumacht   80. **der Tramper:** Person, die per Autostopp reist   89. **der Leuchtstoff:** Neon   89. **sorgen dafür:** sicherstellen   91. **sich zurecht•finden:** den Weg finden   96. **die Kneipenbummler (Pl.):** Leute, die viele Bars besuchen   96. **ein•treffen:** ankommen   100. **die Nachtschicht:** Gruppe, die nachts arbeitet   109. **das Schienbein:** Vorderseite des unteren Beins   109. **stolpern:** fast fallen   110. **sich bilden:** formen   110. **die Schlange (hier):** Menschen, die hintereinander warten   113. **die Semmel:** (eher süddeutsch) Brötchen   115. **der Leberkäs:** typisch bayrisches Fleischgericht   116. **das Faß:** großer Behälter (für Flüssigkeiten)   119. **gekritzelt:** schnell geschrieben   119. **die Meldung:** Notiz

TEXTVERSTÄNDNIS

ERSTES LESEN

A. **Stimmt das oder nicht?** Wenn nicht, was stimmt dann?

_R_ 1. Die Reporterin schläft eine Nacht im „Kapuzinerhölzl".

_F_ 2. Nur 380 Leute können in diesem Zelt übernachten.

_F_ 3. Wer älter als 27 ist, kann hier auch übernachten.

_F_ 4. Das Zelt wird um Mitternacht geschlossen.

_R_ 5. Die Gäste schlafen am liebsten an den Zeltwänden.

_F_ 6. Eine Übernachtung kostet fünfzig Mark.

_R_ 7. Nur vier Notlampen brennen die ganze Nacht.

_R_ 8. Am Morgen stolpern die Leute übereinander, damit sie als erste zu den Duschen und zum Frühstück kommen.

_F_ 9. Man kann leider für andere keine Nachricht im Zelt hinterlassen.

_F_ 10. Die meisten Gäste kommen aus Deutschland.

ZWEITES LESEN

Lesen Sie den Text nochmal durch, und machen Sie dann die folgenden Aktivitäten.

B. Noch ein paar Fragen zum Text.

1. Was ist das „Kapuzinerhölzl"? _Eine Internationale Jugendherberg_

2. Wie fühlen sich die Gäste dort? Woran sieht man das?

3. Was für Leute übernachten in dem Zelt, und woher kommen sie?

4. In welcher Stadt ist das Jugendlager „Kapuzinerhölzl"? _munchen_

5. Wann ist es gebaut worden, und warum? _1972 - olympia_

6. Wie sieht das Zelt aus?

7. In welchen Monaten ist das Jugendlager geöffnet? _Jedes Jahr_

8. Welche „Gebäude" gibt es im „Kapuzinerhölzl"? _im Zelt_

9. Wie unterscheidet sich dieses internationale Jugendlager von normalen Jugendherbergen? _Keine betten_

10. Wie viele Leute können in dem Zelt schlafen? _550_

11. Wie alt darf man offiziell sein, um in dieser Herberge zu übernachten?

_27_

12. Wie viele Tage darf man bleiben? Wie spät darf man abends ankommen, und wann muß man morgens 'raus?

13. Was kostet die Übernachtung pro Person? Was bekommt man dafür?

14. Wie schlafen die Leute im Zelt? Warum sind die Plätze an den Zeltwänden so beliebt?

15. Wie geht es am Morgen zu, und was gibt es zum Frühstück?

16. Wie kann man Nachrichten für Freunde hinterlassen?

17. Wer organisiert das Jugendlager?

18. Aus welcher Perspektive ist diese Reportage geschrieben?

GEHEIMTIP WORTSCHATZ   Die Aktivitäten C–E helfen Ihnen, die neuen Wörter in diesem Text zu verstehen und eher zu benutzen.

C. Welche von den Definitionen (rechts) erklären die Wörter oder Ausdrücke (links), die zum Teil Umgangssprache (Ugs.) sind.

1. das Quartier *(Z. 1)*

2. der Laden *(Ugs.)* *(Z. 21)*

3. die Eintragung *(Z. 14)*

4. die Jugendherberge *(Z. 58)*

5. die Übernachtungsdauer *(Z. 55)*

6. knutschen *(Ugs.)* *(Z. 82)*

7. das Kopfkissen *(Z. 86)*

a. sich umarmen und küssen

b. Haus, in dem Jugendliche übernachten können

c. der Kommentar

d. die Unterkunft, die Übernachtungsmöglichkeit

e. Ort, Platz

f. wie oft man übernachten darf

g. man legt beim Schlafen den Kopf darauf

D. Finden Sie bitte Synonyme, oder erklären Sie die folgenden Wörter oder Ausdrücke auf deutsch.

1. der Gast *(Z. 9):* _____

2. übernachten *(Z. 10):* _____

3. unbekannt *(Z. 60):* _____

4. der Wecker *(Z. 78):* _____

5. verlassen *(Z. 117):* _____

6. der Schlafsack *(Z. 47):* _____

Gibt es noch mehr Ausdrücke, die aus der gesprochenen Sprache kommen? Warum benutzt die Journalistin diese Ausdrücke oder Zitate?

E. In diesem Text geht es um das Reisen.

1. Welche Wörter kennen Sie, die mit dem Thema „Reisen'' zu tun haben?

    ⇨ *der Koffer   der Bahnhof   fahren*

2. Denken Sie sich zusammengesetzte Wörter aus, in denen das Wort „Reisen'' vorkommt.

    ⇨ *der Reisepaß   die Reisebekanntschaft   die Sommerreise*

Hier sind ein paar Wörter, die Ihnen helfen:

Welt · rund · Hochzeit · Tasche · Ziel · Gepäck
Forschung · Proviant · Wecker · Führer · Schiff · Büro
· aus · ein

ANWENDUNG: Meinung, Diskussion, Phantasie

ZU TEXT UND THEMA

A. Hier geht es um Ihre Reaktion.

1. Hätten Sie Lust, in einer Unterkunft wie dem „Kapuzinerhölzl'' zu übernachten? Warum ja, warum nicht?

2. Welche Vorteile und welche Nachteile hat so eine Billig-Unterkunft? Machen Sie eine Liste.

3. Warum reisen manche Menschen gern? Warum reisen andere nicht gern? Es gibt Weltenbummler, die jahrelang reisen. Zwischendurch arbeiten sie ein bißchen in verschiedenen Ländern und dann reisen sie weiter. Was halten Sie von so einem Leben?

4. Was würde Ihre Familie sagen, wenn Sie mit einem Interrail-Ticket durch Europa reisten?

WIE IST DAS IN IHREM LAND?

B. **Reisen in Ihrem Land.** Setzen Sie sich zu zwei anderen Kursteilnehmern und stellen Sie sich gegenseitig die folgenden Fragen. Notieren Sie alle Antworten auf dem Interview-Bogen auf Seite 21.

Europa in zehn Tagen? Was gehört dazu?

Fragen	Partner Nr. 1	Partner Nr. 2	Sie
1. Welche Gebiete haben Sie in Ihrem Land schon besucht?			
a. Welche haben Ihnen gut gefallen?			
b. Welche nicht so gut?			
2. Wohin fahren Sie, wenn Sie mal so ein Wochenende oder 3–5 Tage frei haben?			
3. Welche Teile Ihres Landes, die Sie noch nicht besucht haben, möchten Sie kennenlernen?			
4. Welchen Urlaubsort würden Sie folgenden Personen empfehlen, und warum? a. Ihrer Lehrkraft in der Klasse?			
b. Ihrer Großmutter?			
c. Ihrem Punk-Freund?			
d. einer Familie mit Kindern?			
5. Welche Länder und Städte würden Sie in Europa am liebsten besuchen? Warum?			

C. Was halten Sie vom Reisen?

1. Welche von diesen verschiedenen Arten zu reisen gefällt Ihnen am besten, und warum?

   eine Schiffsreise · eine Motorradtour · eine Radtour · wandern · mit dem Rucksack reisen · mit dem Flugzeug fliegen und ein Hotelzimmer buchen · mit dem Auto von Stadt zu Stadt oder Sehenswürdigkeit zu Sehenswürdigkeit fahren · mit einer Reisegesellschaft fahren · campen · mit dem Pferd reiten · mit dem Zug fahren · im Wohnmobil

2. Wie wichtig ist es für Sie, jedes Jahr mindestens einmal richtig Ferien zu machen? Haben Sie Zeit und Geld dazu?

3. Was ist Ihr Traumreiseziel? Was wollen Sie dort sehen und tun? Wo möchten Sie auf keinen Fall hin? Warum?

4. Was ist das Wichtigste, wenn Sie Sommerpläne machen? Was wollen Sie erleben? Nach welchen Kriterien suchen Sie Ihr Reiseziel aus? Was wollen Sie von einem Ort wissen, bevor Sie hinreisen?

5. Stört es Sie sehr, wenn Sie die Sprache des Landes, in das Sie fahren, nicht (gut) kennen? Haben Sie diese Erfahrung schon mal gemacht? Wo? Welche Möglichkeiten gibt es, trotzdem zu kommunizieren?

6. Was ist eine Entspannungsreise, und was ist ein Aktivurlaub? Was machen Sie lieber, und warum?

7. Welche Eigenschaften muß ein guter Reisegefährte (Reisepartner) haben? Sind Sie ein guter Reisegefährte? Mit wem reisen Sie am liebsten?

8. Gibt es einen Unterschied in der Art, wie junge Menschen reisen und wie ältere Menschen reisen?

D. Zum Rollenspielen oder Schreiben. Was würden Sie machen? Denken Sie eine dieser Situationen mündlich oder schriftlich weiter.

1. Sie reisen nach Europa:

   a. Welche Länder und Städte würden Sie in Europa am liebsten besuchen? Warum?
   b. Was wollen Sie in Österreich, in der Schweiz, in der Deutschen Demokratischen Republik und in der Bundesrepublik Deutschland gerne sehen?

    c. Würden Sie Ihre nächste Europareise lieber mit einer Reise-
       gruppe, allein oder mit Freunden/Familie machen?

    d. Was müssen Sie unbedingt arrangieren, bevor Sie nach
       Europa reisen? Zum Beispiel: Reisepaß bestellen, Koffer
       kaufen usw.

2. Sie haben zum Geburtstag einen Wunsch frei. Sie können vier
   Wochen nach Deutschland, Österreich und in die Schweiz fahren,
   oder Sie bekommen ein altes, aber gutes Auto.

3. Sie gewinnen im Lotto und können eine Traumreise buchen. Wohin soll die Reise gehen, und wer darf mit?

4. Sie sind Gast im „Kapuzinerhölzl". Schreiben Sie:

    a. einen Brief an Ihren besten Freund/Ihre beste Freundin zu
       Hause.
    b. eine Postkarte an Ihre Eltern.
    c. eine Nachricht für die Pinnwand.

E. Rollenspiele. Mit einem Partner oder einer Partnerin wählen Sie eine
dieser Situationen, dann planen Sie den Verlauf Ihres Gesprächs. Spielen
Sie dann Ihr Gespräch vor der Gruppe.

1. Sie fahren mit Ihren Freunden auf der Autobahn München-Salz-
   burg. Es regnet. Auf einmal ist Ihr Reifen platt, und Sie können
   keinen Reservereifen finden.

2. Ihr Auto ist mitten in Wien mit allem Gepäck gestohlen worden.
   Sie gehen zur Polizei.

3. Sie wollen in Zürich ein Auto mieten. Der Vermieter gibt Ihnen
   Landkarten und Informationen.

4. Sie sind in München auf dem Bahnhof und rufen im „Kapuzinerhölzl" an. Was wollen Sie wissen? Welche Antworten bekommen
   Sie?

5. Sie kommen gerade mit Ihrem Rucksack im internationalen Ju-
   gendlager „Kapuzinerhölzl" an und stehen an der Rezeption.
   Sie stellen Fragen, und ein Betreuer oder eine Betreuerin erklärt
   Ihnen alles.

Deutsche Bundesbahn DB
Die Bahn bringt Sie hin!

F. Spiele

1. **Reise zum Mond.** Sie sind in einem Raumschiff und werden zum Mond fliegen. Die wichtigsten Dinge wie Sauerstoff und Essen usw. sind schon an Bord. Jeder Passagier darf vier Dinge mitnehmen, die ihm am wichtigsten sind—jeder Student macht eine individuelle Liste. Auf einmal sagt der Kapitän an, daß das Raumschiff Übergewicht hat. Vier Leute zusammen dürfen nur 4 Gegenstände mitnehmen (Kleingruppen müssen unter Benutzung des Komparativs diskutieren, welche 4 Gegenstände ihnen am wichtigsten sind und warum). Kurz vor dem Start sagt der Kapitän an, daß sie immer noch Gewichtsprobleme haben, und daß sich alle Passagiere zusammen auf die vier wichtigsten Gegenstände einigen müssen. Die Gegenstände der Gruppen werden an die Tafel geschrieben, und die ganze Klasse diskutiert, was sie mitnehmen wollen und warum. (Hier brauchen Sie die Komparative wieder: wichtiger, besser, lieber usw.!)

Wir wollen, daß Sie zufrieden sind.
TOUROPA
Die Urlaubsexperten

G. Hier sind ein paar kontroverse Thesen. Denken Sie sich Argumente für beide Seiten aus. Und was meinen Sie selbst dazu?

1. **a.** Reisen ist das Schönste auf der Welt. Nur so kann man das Leben wirklich kennenlernen.
   b. Reisen in fremden Ländern macht keinen Spaß, weil die Leute anders sprechen und das Essen immer so komisch ist. Zu Hause ist es doch am schönsten.

2. **a.** Ich würde nie auf dem Fußboden schlafen, auch wenn man mir eine Million gäbe! Lieber gar nicht reisen, als mit wenig Geld.
   b. Wenn man mit wenig Geld reist, muß man mit allem rechnen. Man kann in Schlössern landen oder in den letzten Hinterzimmern.

3. **a.** Heutzutage würde ich wegen der vielen Terroristen, die die Flugzeuge entführen oder Bomben legen, nirgendwohin fliegen.
   b. Leben ohne Risiko gibt es nicht. Ich hoffe, daß ich unter den ersten Personen sein werde, die als Touristen auf den Mond fliegen.

3 Tenniskarriere: „Ich schlafe gern lange"

Einführung in den Text   Sport ist „in". Jeder dritte Einwohner der Bundesrepublik Deutschland zum Beispiel ist Mitglied in einem Sportverein. Fußball ist dort die beliebteste Sportart, aber auch Tennis ist zum Volkssport geworden.

Warum treiben so viele Leute heute Sport? Sie wollen ihren Körper fit halten, denn bei der Arbeit bewegen sie sich nicht viel. Und vielen Menschen macht der Sport in der Freizeit einfach Spaß. Freizeitsport ist natürlich etwas anderes als Leistungssport. Für Profis hat der Sport in der Kinderzeit einmal als Freizeitaktivität angefangen und ist dann zum Beruf geworden. Sie kämpfen hart um die Plätze in der Weltrangliste. In diesem Wettkampf spielen nicht nur die anderen Sportler, sondern auch die Presse und die Geldgeber eine Rolle.

Die Reportage berichtet von der westdeutschen Tennisspielerin Sabine Auer, ihrer Energie, ihren Schwierigkeiten und ihrem Traum von Wimbledon.

FRAGEN ZUM THEMA

1. Was sind die beliebtesten Sportarten in Ihrem Land? Warum sind sie so beliebt? Bei welchen Sportarten sind die Menschen hauptsächlich Zuschauer, welche üben sie aktiv aus?
2. Welche Disziplinen gehören zum Hochleistungssport?
3. Hat Ihr Land, Ihre Stadt, Ihre Uni, Ihr College ein gutes Tennisteam?
4. Was brauchen Sportler, um wirklich sehr gute Leistungen zu erbringen und berühmt zu werden?
5. Tennis ist eine der wenigen Sportarten, in der Frauen so berühmt wie die Männer sind. Wie erklären Sie sich das? Welche Profi-Tennisspielerinnen kennen Sie, und was wissen Sie von ihren Karrieren?

LESEFRAGEN

1. Was spielt bei Sabines Erfolg eine größere Rolle, Talent oder Geld?
2. Welche Einstellung hat Sabine Auer zu ihrer Tenniskarriere?
3. Was erfahren wir über die Familie von Sabine Auer?
4. Was erfahren wir über das professionelle Tennisgeschäft?

Tenniskarriere: „Ich schlafe gern lange"

Die 21jährige Sabine Auer aus Radolfzell, die in Key Biscayne sensationell
Hana Mandlikova bezwungen hat, versucht's in Sachen Tennis auf dem
5 zweiten Bildungsweg.

Eigentlich könnte sie längst da sein,
wo Steffi Graf heute ist. Denn auf den
Tenniscourts war sie vor einigen Jahren
kaum zu schlagen. „Die anderen hatten
10 die teuren Klamotten an", sagt sie, „und
ich hab' immer gewonnen." Mit 16
wurde sie deutsche Jugendmeisterin. Sabine Auer—ein deutscher Tennisstar
mit Bilderbuchkarriere?

15 Nicht, wenn der Vater einfacher An-
gestellter ist und für fünf Kinder sorgen
muß. Nicht ohne Trainer, ohne Manager, ohne Sponsor, ohne Geld für die
teuren Reisen zu den Auslandsturnie-
20 ren. Talent allein reicht nicht im Tennis,
und statt mit dem Jet nach New York
zu fliegen, fuhr sie jahrelang zweiter
Klasse Bundesbahn durch die Lande.

Mit 21 will sie es endlich wissen. Sie
25 plündert ihr Postsparbuch, ihre letzten
3000 Mark, und fährt auf eigene Faust
nach Amerika. Zum erstenmal in ihrem
Leben. Der Freund hält sie für völlig
bescheuert, und auch Vater Fritz
30 schüttelt den Kopf. Es nützt alles
nichts. Sie setzt sich durch. Bekommt
bei einer alten Dame durch Zimmerver-

mittlung in Florida ein Bett, „schläft
mit dem Schläger unterm Kopfkissen"
und will es denen in Deutschland mal   35
so richtig zeigen. „Nur so", meint Sabine, „merkt der Computer vielleicht,
daß es dich überhaupt gibt."

Und plötzlich sind die Zeitungen daheim voll von ihr. Muß der Vater in   40
Radolfzell am Bodensee Radiosender ab-
wimmeln und Reportern von Herz-
Schmerz-Gazetten Fotos seiner Tochter
im Bikini rausrücken, Freunden, Nachbarn und Vereinskollegen die Hände   45
schütteln, die es ja immer schon
gewußt haben: daß das mit seiner
Tochter was werden würde.

Bravo, wirklich toll, das Sabinchen.
Beim 2,1-Millionen-Dollar-Turnier in   50
Key Biscayne hatte das Nesthäkchen der
Familie Auer den Tennisstar Hana
Mandlikova vom Platz gefegt. Weltrang-
liste Nummer 284 schlägt Nummer 6.
Seitdem steht das Telefon im Haus   55
Auer nicht mehr still.

„Ständig rufen so komische Typen
an", meint Sabine Auer, „die mich
managen wollen. Für 20 Prozent Provision. Dabei war es mein Sparbuch,   60
meine Entscheidung, mein Geld. Jetzt
wollen viele absahnen." Als sie damals
nach Amerika wollte und ihren Ausrüster Nike zaghaft um Schuhe bat, be-

---

3. **bezwingen:** schlagen   5. **der zweite Bildungsweg:** erst später im Leben das Abitur
machen   10. **die Klamotten** *(Pl., Ugs.):* Kleidung   15. **der Angestellte:** Person, die für
eine Firma arbeitet   16. **sorgen für:** *(hier)* ernähren   19. **das Turnier:** Wettkampf
20. **reichen:** ist genug   25. **plündern** *(Ugs.):* ausrauben   26. **auf eigene Faust:** aus eigener Initiative   29. **bescheuert** *(Ugs.):* verrückt   31. **sich durch•setzen:** tun, was man
will   34. **der Schläger:** Tennisschläger   41. **ab•wimmeln** *(Ugs.):* unfreundlich wegschicken   43. **die Gazette:** Zeitschrift   44. **raus•rücken** *(Ugs.):* geben   51. **das Nesthäkchen:** das jüngste Kind einer Familie   53. **vom Platz fegen** *(Ugs.):* souverän besiegen   59. **die Provision:** Prozente   60. **das Sparbuch:** Bankkonto fürs Geld   62. **ab•sah-
nen** *(Ugs.):* profitieren   63. **der Ausrüster:** Sponsor   64. **zaghaft:** vorsichtig

65 kam sie prompt eine Abfuhr: „Unter Weltrangliste 150, sagten die, läuft da gar nichts."

Damit es in Sachen Marketing in Zukunft besser geht, holte sich Sabines 70 Vater Nachhilfestunden beim Vater von Boris Becker. Becker Seniors wichtigster Tip: Bloß nichts überstürzen.

Ganz so toll ist die Perspektive von Sabine auch wieder nicht. Mit 21 gilt 75 man oft schon als alte Dame oder verkanntes Talent. Muß sich Sabine Auer am Ende zuwenig Biß und Ehrgeiz nachsagen lassen?

„Nö, dös net", sagt Sabine, „aber ich 80 hab' mich nie so schleifen lassen von meinem Vater wie die Steffi von dem Graf." Und zugegeben, sie habe schnell gemerkt, selbst als sie nach der mittleren Reife Profi wurde, daß es da noch 85 andere schöne Sachen außer Tennis gibt: „Ich schlafe gern lange, fahr' zum Essen ins Elsaß, laufe Ski, und bei vier älteren Schwestern kriegst du schnell mit, daß auch ein anderes Geschlecht existiert."

90 Und dann das Geld. Sie bewohnte zu Hause kein eigenes Zimmer, die 60 Mark Startgebühr für Allerweltsturniere hat sie immer im Portemonnaie gespürt, die Schläger wurden von Schwester zu 95 Schwester weitergereicht. Der Vater bespannte unten im Keller die Rackets,

und oben bei der Mutter stand die Waschmaschine nie still.

Immerhin. Jetzt wittert sie wegen ein paar Siegen in Key Biscayne etwas 100 Ruhm und Geld der späten Jahre. Will noch auf einen Zug springen, von dem sie fürchtete, er sei längst abgefahren. Jetzt wird sie Englisch büffeln für die Interviews („Die nuscheln doch so in 105 Amerika"), sich Autogrammkarten drucken lassen. Sie habe begriffen, sagt sie, daß der Beruf Tennisspielen mehr sein sollte als die paar Mark Förderung vom Verband, die hundert Zuschauer 110 auf der Tribüne beim Heimatverein Heidelberg, oder einmal im Jahr als Covergirl auf der Titelseite vom „Baden-Tennis" zu erscheinen. Demnächst soll sich der Vater noch ganz andere Sachen ins 115 Album kleben, in dem Sabines Tennis-Karriere akkurat und mit Elternstolz abgelegt ist.

„Ich muß am Ball bleiben", macht sich Sabine selber Mut, „denn wenn ich 120 die nächsten Spiele verliere, ist alles wieder vorbei. Dann redet keiner mehr über mich." Daher will sie die ganz großen Turniere in Angriff nehmen in der nächsten Zeit: Berlin, Hamburg, 125 Wimbledon. Damit sie die Qualifikation dort übersteht, hat ihr Bundestrainer Klaus Hofsäß, dem sie mit ihrem Al-

---

65. **die Abfuhr:** negative Antwort   66. **der Weltrang:** Position im Weltwettbewerb
66. **es läuft gar nichts** *(Ugs.):* es geht gar nicht   72. **überstürzen:** zu schnell machen
74. **gelten** *(hier):* zählen   75. **verkannt:** nicht erkannt   77. **der Biß** *(hier):* Ambition und Aggression   77. **sich nachsagen lassen:** sich vorwerfen lassen   80. **sich schleifen lassen:** sich hart trainieren lassen   82. **zugegeben:** es stimmt   83. **selbst:** sogar
83. **die Mittlere Reife:** Ende der Realschule (10. Klasse)   88. **mit•kriegen** *(hier, Ugs.):* herausfinden   89. **das Geschlecht:** Kategorisierung von weiblichen und männlichen Menschen   92. **das Allerweltsturnier:** normales Turnier   93. **spüren:** fühlen   96. **bespannen:** *to string (a tennis racket)*   99. **wittern** *(hier):* hoffen auf   101. **der Ruhm:** Erfolg und Popularität   103. **fürchten:** Angst haben vor   104. **büffeln** *(Ugs.):* intensiv lernen   105. **nuscheln:** nicht deutlich sprechen   109. **die Förderung:** Subvention
110. **der Verband:** Organisation   111. **die Tribüne:** wo die Zuschauer sitzen   111. **der Verein:** Klub   114. **demnächst:** bald   117. **der Stolz:** *pride*   117. **ab•legen:** dokumentieren   124. **in Angriff nehmen:** ansteuern   127. **überstehen:** schaffen

130 leingang im Land der unbegrenzten Möglichkeiten mächtig imponiert hat, ein paar „wild cards" versprochen: eine Art Freilos fürs Hauptfeld.

Dieser Zutritt hilft schon in der freien Mehrklassengesellschaft, wo jede Dame 135 eifersüchtig über die Erfolge der anderen wacht. „Wir haben zwar gemeinsame Umkleidekabinen", meint Sabine Auer, „aber damit hat es sich auch schon. Ansonsten ist viel Neid dabei." Steffi Graf 140 hat ihr erst einen Tag nach ihrem großen Sieg praktisch im Vorbeigehen auf die Schulter geklopft. Hana Mandlikova brüllte bei ihrem Spiel gegen Sabine deutsche Touristen auf den Rängen 145 mit „german pigs" an, weil der Zorn, gegen so ein Fräulein Niemand zu verlieren, irgendwie raus mußte. „Als Hana plötzlich beim Matchball ans Netz stürmte, habe ich ihr ganz locker den 150 Ball hinten reingehackt. Das ist ein Gefühl, davon kannst du süchtig werden."

Will sie am Ende doch noch die Nummer eins werden? „Blöde Frage", kommt gleich die Antwort, „das will 155 doch wohl jede von uns." Zuerst hieße es jedoch, nicht mehr um Schuhe und Schläger betteln zu müssen, einen Trainer zu bekommen, und vielleicht noch einen Papi zur Beruhigung in der 160 VIP-Lounge wie bei den Grafs oder Sabatinis. Denn genau das wäre so ein Traum von Fritz Auer: einmal auf der Tribüne von Wimbledon zu sitzen. „Sie ist zwar kein Boris Becker, aber sie hat 165 einen wunderschönen Schmetterball", schwärmt er.

Wie gesagt. Einmal Wimbledon. Und am besten, bevor das kleine Tennismärchen der Sabine Auer gleich wieder zu Ende ist. 170

MICHAEL SCHOPHAUS/MARLIES PRIGGE

130. **imponieren:** einen guten Eindruck machen   132. **eine Art Freilos:** eine Extra-Chance   133. **der Zutritt:** *access*   135. **eifersüchtig:** neidisch   136. **wachen:** aufpassen, streng beobachten   138. **es hat sich** *(Ugs.):* das ist alles   143. **an•brüllen:** laut und aggressiv rufen   145. **der Zorn:** Wut   149. **ganz locker:** einfach so, ganz cool
150. **rein•hacken** *(Ugs.):* reinschlagen   151. **süchtig:** abhängig   157. **betteln:** bitten
159. **die Beruhigung** *(hier):* security blanket   165. **der Schmetterball:** *volley*
166. **schwärmen** *(hier):* begeistert (enthusiastisch) reden

TEXTVERSTÄNDNIS

ERSTES LESEN

A. **Stimmt das oder nicht?** Wenn nicht, was stimmt dann?

_____ **1.** Sabine hat noch nie einen Titel gewonnen.

_____ **2.** Geld spielt im Sport keine Rolle, wenn man Talent hat.

_____ **3.** Sabines Vater ist sehr reich.

_____ **4.** Sabine fuhr oft mit dem Zug.

_____ **5.** Die Geldgeber bezahlen die Reise nach Amerika.

_____ **6.** Sie wohnte in Florida im Hotel.

_____ **7.** Die Nachbarn und Reporter sind skeptisch.

_____ **8.** Sabine gewinnt ein großes Turnier in Amerika aus ihrer eigenen Initiative heraus.

_____ **9.** Nike gibt ihr schon jahrelang Schuhe.

_____ **10.** Sabine Auer ist 16 Jahre alt.

ZWEITES LESEN

B. Beantworten Sie bitte folgende Fragen.

1. Welche Titel hat Sabine Auer schon gewonnen?

2. Für wie viele Kinder muß ihr Vater sorgen? Beschreiben Sie das Familienleben bei Auers.

3. Warum war Sabine bis jetzt nicht so erfolgreich?

4. Wie hat Sabine den Sprung in die obere Weltrangliste geschafft?

   a. Was hat sie ganz konkret gemacht?
   b. Wer hat ihr geholfen?
   c. Was hielten Sabines Freund und ihr Vater von ihrem Plan, nach Amerika zu fahren?
   d. Wen hat sie geschlagen?

5. Welche Leute zeigen jetzt Interesse für Sabine, und warum?

6. Welche Rolle spielen die Eltern von Hochleistungssportlern wie die Väter von Steffi Graf und Boris Becker? Kennen Sie andere ähnliche Beispiele?

7. Was macht Sabine gern außer Sport?

8. Wie reagiert der Bundestrainer auf Sabines Reise nach Amerika, und wie reagiert Steffi Graf auf Sabines Sieg über Hana Mandlikova?

9. Welches sind Sabines Ziele für die nächste Zukunft?

GEHEIMTIP WORTSCHATZ   Übungen C–F helfen Ihnen, Ihren Wortschatz zu erweitern. Versuchen Sie, Wörter und Ausdrücke, die Sie nicht kennen, aus dem Kontext zu erraten.

C. Finden Sie die richtige Definition für jedes der folgenden Wörter oder Ausdrücke.

1. das Landesturnier *(Z. 19)*
2. die Bundesbahn *(Z. 23)*
3. Herz-Schmerz-Gazette *(Z. 42)*
4. der Typ *(Z. 57)*
5. der Mut *(Z. 120)*
6. das „Land der unbegrenzten Möglichkeiten" *(Z. 129)*
7. die Umkleidekabine *(Z. 137)*

a. der Sportwettkampf in einem Land
b. der Mann
c. wo sich Sportler umziehen
d. die Zuggesellschaft der BRD
e. wie der *National Enquirer*
f. ein Image von den Vereinigten Staaten von Amerika
g. das Gegenteil von Angst

D. Erklären Sie bitte die folgenden Wörter oder Ausdrücke auf deutsch.

1. einfach *(Z. 15):* _____
2. merken *(Z. 37):* _____
3. daheim *(Z. 39):* _____
4. verlieren *(Z. 121):* _____
5. der Erfolg *(Z. 135):* _____

E. Was heißt „Nö, dös net"? *(Z. 79)* Warum gebrauchen die Autoren des Artikels hier Dialekt? Gibt es in Ihrer Sprache auch Dialekte? Welche? Was halten Sie davon, *gesprochenen* Dialekt auch zu *schreiben?*

F. Sie sind der Reporter/die Reporterin, der/die Sabine Auer interviewt hat. Sie haben Ihren Artikel schon geschrieben und haben Frau Auer häufig in indirekter Rede zitiert. Ihre Chefredakteurin möchte aber, daß der Artikel lebendiger klingt. Sie bittet Sie, die originalen Zitate der Frau Auer zu bringen. Finden Sie drei Beispiele der indirekten Rede in diesem Text und setzen Sie sie in die direkte Rede um.

> ➪ **Indirekte Rede:** Und zugegeben, sie habe schnell gemerkt, daß es da noch andere schöne Sachen außer Tennis gibt.
> **Direkte Rede:** *„Ich muß zugeben, ich habe schnell gemerkt, daß es da noch andere schöne Sachen außer Tennis gibt."*

ANWENDUNG: Meinung, Diskussion, Phantasie

ZU TEXT UND THEMA

A. Ihr Eindruck

1. Können Sie sich vorstellen, . . .

    a. . . . daß Sie wie Sabine Auer mit 21 Jahren fast zu alt für etwas sind? Für was?

    b. . . . daß Sie wie Sabine Auer Ihr letztes Geld für etwas ausgeben? Für was?

    c. . . . daß Sie Talent haben, aber nur eine kleine Chance, weil Sie kein Geld haben? In welchen Bereichen kann es das geben?

Sabine Auers Traum: einmal Wimbledon⁈!

2. Wie wird man ein Sportstar? Welche Aspekte spielen eine Rolle? Welche Charaktereigenschaften sind nötig, um im Sport erfolgreich zu sein? Möchten Sie gern ein berühmter Sportler oder eine berühmte Sportlerin sein? Welche Vor- und Nachteile hat das?

B. Sammeln Sie bitte an der Tafel oder in einer Tabelle olympische und alltägliche Sportarten als Substantive und beantworten Sie folgende Fragen.

1. Finden Sie bitte die Verben zu den Sportarten.

> ⇨ das Schwimmen   *schwimmen*
> die Leichtathletik   *laufen, springen usw.*
> der Hochsprung   *hochspringen*

2. Welche davon sind Sportarten, die man alleine, in einer Mannschaft, oder zu zweit betreibt (Einzelsport/Mannschaftssport)?

3. Welches sind Sportarten, die Leistungssportler und Profis betreiben (Leistungssport)? Und welches sind Sportarten, die Amateure betreiben (Amateursport)?

4. Welche Sportarten kann man nur in einer bestimmten Jahreszeit betreiben? An einem bestimmten Ort?

5. Welche Sportarten betreibt man nur in bestimmten Ländern?

6. Für welche Sportarten braucht man eine besondere Ausrüstung?

Deutschland liebstes Kind:
Fußball, Fußball, Fußball.

C. Warum treiben ganz normale Menschen „wie Sie und ich" Sport? Welche von den folgenden Aspekten spielen Ihrer Meinung nach dabei die wichtigste Rolle? Begründen Sie Ihre Meinung.

> Entspannung · Abbau von Aggressionen · Abbau von Streß · Gesundheit · Schönheit/Eitelkeit · Langeweile · Spaß · Spaß am Wettkampf · Geselligkeit.

Finden Sie noch andere Aspekte.

D. Nehmen Sie ein Stück Papier, setzen Sie sich zu einem Partner, und schreiben Sie so schnell Sie können. Auf „Los!" geht's los. Wer zuerst fertig ist, hat gewonnen.

1. 10 Eigenschaften, die man haben muß, um im Sport Erfolg zu haben.

2. 10 Wörter aus der Sportwelt.

3. 10 Sportarten.

4. 10 Verben aus dem Sportvokabular.

5. Zu jedem Buchstaben im Alphabet ein Wort, das mit Sport zu tun hat (außer C, Q, X, Y).

WIE IST DAS IN IHREM LAND?

E. Hier können Sie die kulturellen Unterschiede zwischen Ihrem Land und den deutschsprachigen Ländern vergleichen.

1. Welche Rolle spielt Tennis in Ihrem Land?

2. Hat der Sport ein großes Publikum oder nicht?

3. Welche Funktion hat die Olympiade?

4. Wie wirkt sich Erfolg im Sport auf das internationale Prestige eines Landes aus?

5. Was wissen Sie über die sportlichen Leistungen in der Schweiz, in Liechtenstein, Österreich, der Bundesrepublik Deutschland und der Deutschen Demokratischen Republik?

6. In welchen Sportarten ist Ihr Land besonders gut?

UND SIE?

F. Unterhalten Sie sich mit Ihrem Partner. Machen Sie über Ihre Unterhaltung einen kleinen Bericht oder einen Aufsatz.

1. Welche Rolle spielt Sport in Ihrem Leben?

2. Welche Sportarten treiben Sie aktiv? Wie oft? Wie viele Stunden pro Woche/pro Monat? Sind das Einzel- oder Mannschaftssportarten? Warum mögen Sie gerade diese Sportarten?

3. Welche Sportarten möchten Sie gern ausüben, aber Sie haben keine Zeit oder kein Geld dafür?

4. Welche anderen Sportarten finden Sie interessant, welche interessieren Sie überhaupt nicht? Warum? Benutzen Sie die Liste, die Sie unter B.1. zusammengestellt haben.

5. Welche Sportarten oder Spiele sehen Sie sich im Fernsehen an?

6. Wie viele Stunden pro Woche schauen Sie sich Sport im Fernsehen an? Was sagt Ihre Familie, Ihr Freund/Ihre Freundin dazu? Warum macht es Spaß/keinen Spaß, Sport im Fernsehen zu sehen?

7. Welche Sportarten sehen Sie sich gerne „live" an?

8. Wer ist im Moment Ihr Lieblingssportler/Ihre Lieblingssportlerin oder Ihre Lieblingsmannschaft? Wie engagiert sind Sie selbst, wenn diese Athleten gegen eine andere Stadt oder gegen ein anderes Land antreten?

STELLEN SIE SICH VOR . . .

G. **Zum Rollenspielen oder Schreiben**

1. Sie sind von der Natur begünstigt: Sie sind ein großer Athlet/eine große Athletin und gleichzeitig eine Intelligenzbestie. Sie müssen sich entscheiden, ob Sie Ihre akademische oder Ihre sportliche Karriere verfolgen wollen.

2. Ein deutscher Basketballverein möchte Ihnen für ein Jahr einen Vertrag geben. Zugleich möchte eine mittelgroße amerikanische Universität Ihnen ein Sportstipendium für vier Jahre geben. Wie entscheiden Sie sich?

3. Sie verlieben Sich in einen professionellen Sportstar, den Sie mit Millionen teilen müssen. Sie/er reist sechs Monate im Jahr auf Turniere. Reisen Sie mit, oder welche Lösung finden Sie?

4. Sie sind Karatekämpfer/Karatekämpferin und haben den Schwarzen Gürtel. Ein paar finstere Typen beginnen, Sie nachts auf der Straße „anzumachen." Wie lange lassen Sie sich provozieren?

**DISKUSSION ODER
AUFSATZ**

H. Hier sind ein paar kontroverse Thesen. Finden Sie Argumente für beide Seiten. Und was meinen Sie selbst?

1. **a.** Mein Kind dürfte im Kindesalter kein Sportstar werden wie manche von diesen zwölfjährigen Olympiaturnern oder -turnerinnen. Das kann ja für den Körper und die Psyche nicht gesund sein! Solche Kinder sind später völlig verrückt.

   b. Ich würde alles tun, damit mein Kind eine/einer der besten Athleten/Athletinnen der Welt wird. Disziplin ist alles, spielen können sie später.

2. **a.** Wer keinen Sport macht, ist für mich gestorben! Unathletische Leute sind stinklangweilig. Mit denen möcht' ich nichts zu tun haben.

   b. Sport guckt man sich im Fernsehen an. Selber machen ist zu viel Action.

3. **a.** Eine Sportveranstaltung, zum Beispiel Fußball, macht nur richtig Spaß, wenn die Fans so richtig mitgehen. Daß es dabei manchmal zu brutalen Schlägereien kommt, gehört dazu.

   b. Den Fanatismus beim Sport kann ich überhaupt nicht verstehen. Das ist was für Primitivlinge. Wie kann man sich über ein Spiel aufregen? Sowas würde ich mir höchstens zu Hause im Fernsehen angucken, oder am besten gar nicht.

Der kleine Tarzan

❖ BERUF ODER JOB?

4. Berufe: Traum und Wirklichkeit   5. Ich bin wer
6. Im letzten Dreck   7. Vom Arzt zum Kneipier

Vorschau auf das Thema

Die Arbeit–eine Last oder eine Lust? Ist sie nur eine Bürde oder kann sie auch Spaß machen? Der Beruf ist ein zentraler Aspekt im Leben der meisten Menschen, die sich damit ihr Geld verdienen müssen und viele Stunden pro Tag an ihrer Arbeitsstelle verbringen.

„Was *will* ich werden?" fragen sich also die jungen Leute. „Am liebsten Millionär" ist nicht selten die Antwort. Genug Geld soll der Beruf für die meisten Menschen bringen und natürlich auch Spaß bei der Arbeit und eine angenehme Arbeitsatmosphäre.

Als zweite Frage heißt es dann: „Was *kann* ich werden?" Ausbildung, Arbeitsmarkt und persönliche Eigenschaften bestimmen, welchen Beruf wir am Ende wirklich ausüben können. Dabei sind Berufswunsch und Berufsrealität nicht immer identisch. Für Ausländer ist es zum Beispiel schwieriger, eine gute und gutbezahlte Arbeit zu finden als für Einheimische. Von Frauen wird häufiger als von Männern die schwere Aufgabe erwartet, Beruf mit der Arbeit in Familie und Haushalt zu koordinieren. Und manche merken erst nach ein paar Jahren im Beruf, daß sie vielleicht lieber etwas ganz anderes arbeiten möchten. Soll man dann noch eine neue Karriere anfangen, oder soll man lieber kein Risiko eingehen?

EIN PAAR FRAGEN ZUM THEMA

1. Was wollen Sie gern werden?
2. Glauben Sie, daß theoretisch jeder Mensch Millionär werden kann?
3. Welche Faktoren haben Einfluß darauf, . . .
   a. welche Ausbildung wir bekommen, das heißt, in welche Schule wir gehen, ob wir in die Universität kommen?
   b. welchen Beruf wir ausüben?
   c. ob uns der Beruf Spaß macht?
4. Welches sind beliebte Berufe und warum?

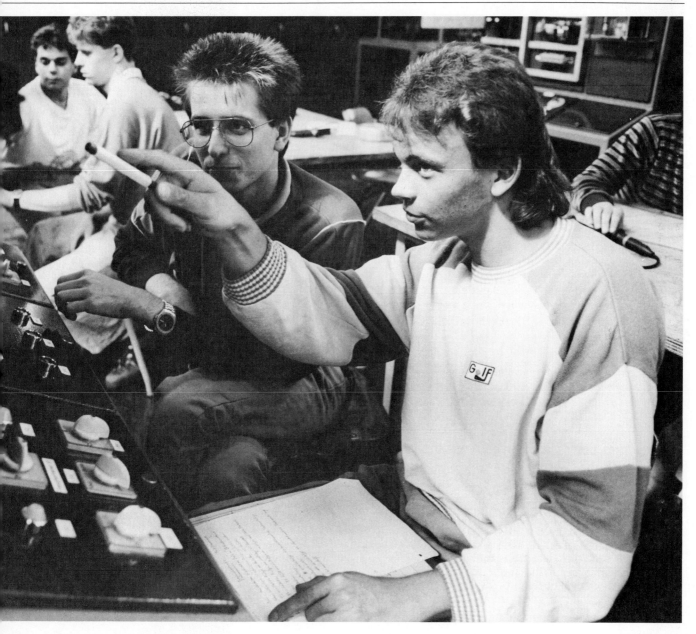

NÜTZLICHE WÖRTER UND AUSDRÜCKE

Hier sind ein paar Wörter und Ausdrücke für dieses Thema. Wenn Ihnen noch mehr einfallen, schreiben Sie sie einfach dazu.

der Beruf

der Job *true as J*
die Lehre / der Lehrling *— apprentice*
die Arbeitsstelle *workplace*
die Bewerbung
die Berufserfahrung *experience*
die Tätigkeit / die Beschäftigung *— Beruf*
die Arbeitslosigkeit *— unemployment*
der Berufswechsel *— change of career*

einen Job suchen *— look for job*
ausbilden / sich ausbilden lassen *get education*
eine Stelle suchen / finden
sich bewerben
Berufserfahrungen sammeln *— together experience*
tätig, beschäftigt sein
arbeitslos sein
den Beruf wechseln
einen Beruf ausüben *— occupation*
berufstätig sein

Arbeitsbedingungen

die Anstellung *employment* an•stellen
die Einstellung   ein•stellen *employ someone*
die Entlassung   entlassen
der Lohn
der Stundenlohn
das Gehalt
der Verdienst   verdienen
die Arbeitszeit

der 8-Stunden-Tag
die Überstunde *— overtime*
die Teilzeitarbeit
der Halbtagsjob
das Fließband *assembly line*
der Akkord
die Schwarzarbeit *— paid under the table*
die Dreckarbeit

Rollen

der / die Vorgesetzte *— boss*
der Arbeitgeber / die Arbeitgeberin *employer*
der Arbeitnehmer / die Arbeitnehmerin *employee*
der / die Angestellte *employee*
der Beamte / die Beamtin *— govt. employee*

Allgemeines

der Arbeitsmarkt *— job market*
die Berufsberatung
das Arbeitsamt
die Gewerkschaft *— trade union*
die Umschulung *— change education retrained*

4   Berufe: Traum und Wirklichkeit

Einführung in den Text   Wer träumt nicht manchmal von einem Traumberuf?! Früher wollten die kleinen Jungen in Deutschland Lokomotivführer werden und die kleinen Mädchen Krankenschwester. Heute träumen sie vielleicht beide vom Arztberuf, vom Beruf des Bankdirektors, Ingenieurs, Tennisprofis, Fotomodells oder des Filmschauspielers. Was macht einen Beruf überhaupt zum Traumberuf? Das Geld, das man verdienen kann? Oder das Prestige des Berufs? Sind diese Traumberufe nur Kinderphantasien oder auch realistische Ziele?

Die folgende Umfrage aus der Zeitschrift *Stern* zeigt mit Hilfe von Statistiken und kurzen Zitaten, welche Berufswünsche und welche Einstellung Jugendliche in der Bundesrepublik Deutschland zu Ausbildung und Beruf haben.

FRAGEN ZUM THEMA

1. Was wollten Sie werden, als Sie klein waren? Was ist heute Ihr Traumberuf?
2. Was sind Ihrer Meinung nach typische Traumberufe für Männer und für Frauen in Ihrem Land? Warum sind sie so beliebt?
3. Welche Berufe finden die meisten Leute höchst unattraktiv?

LESEFRAGEN

1. Welches sind die beliebtesten/die unbeliebtesten Berufe?
2. Welche Unterschiede oder Gemeinsamkeiten gibt es zwischen den Vorstellungen der Mädchen und der Jungen?

Traumberuf Schauspieler? Fernsehliebling Götz George (BRD) vor der Kamera in der DDR

absatz = paragraph

TEXT A

die Zeile = "line"

Traumberuf Millionär

Erst zehn Jahre ist es her, da galt unter den deutschen Männern ab 16 Jahren Förster noch als Traumjob. Unter den Lieblingsberufen der Jugendlichen
5 zwischen 15 und 24 Jahren taucht der Grünrock jetzt nicht mehr auf. Der Wunsch nach einer Arbeit in Wald und Flur scheint passé. Die Berufsanfänger von heute zieht es zu den Naturwissen-
10 schaften. Chemiker, Physiker oder Biologe gelten genauso wie Ingenieur vor allem unter Männern als Traumberuf.

Bei weiblichen Jugendlichen sind dagegen von den zehn Lieblingsberufen
15 beider Geschlechter besonders die künstlerischen Tätigkeiten und die Arbeit in der Tourismus-Branche gefragt. Außerdem ist für Frauen nach wie vor eine Beschäftigung im sozialen oder me-
20 dizinischen Bereich attraktiv, während Männer sich für diese Berufe nur wenig begeistern können. Sie werden dann schon lieber Pilot oder Manager.

Obwohl im siebten *Stern*-Jugendfo-
25 rum die große Mehrheit der Befragten angibt, mit der von ihnen zur Zeit ausgeübten Tätigkeit zufrieden zu sein, ar-

beiten mehr als achtzig Prozent von ihnen noch nicht in ihrem Traumberuf. Und die meisten rechnen damit, daß sie 30 für einen großen Teil ihres Arbeitslebens oder sogar bis zum Ruhestand ihren Beruf nicht mehr wechseln werden.

Sicherheit geht also vor. Nur wenige wollen den Sprung wagen und ihre 35 Träume in einem anderen Berufsfeld verwirklichen.

Auf Nummer Sicher gehen die Jugendlichen auch bei der Wahl ihres Arbeitsplatzes: Obwohl mehr als ein Drit- 40 tel der Befragten gern ihr Geld mit einer Arbeit verdienen möchte, die mehr Freiraum und Selbstbestimmung bietet, fehlt wohl doch der Mut zum Risiko. Denn nur 5,9 Prozent streben eine selb- 45 ständige Berufstätigkeit an.

Ginge es allerdings nach dem Willen der Jugendlichen, würden in einigen ihrer Wunschunternehmen schon bald keine Autos mehr vom Band rollen oder 50 Schaltungen und Elektronikteile im Akkord gebaut werden. Denn Fließband- und Akkordarbeit stehen auf der Liste der Tätigkeiten, die von den Befragten

---

1. **gelten** (*hier*): angesehen werden   5. **auf•tauchen**: vorkommen   3. **der Grünrock**: Spitzname für Förster   7. **in Wald und Flur**: in Feld und Wald   8. **passé**: nicht mehr aktuell   9. **es zieht jemanden zu etwas**: jemand findet etwas attraktiv   22. **sich begeistern für**: etwas attraktiv finden   25. **die Mehrheit**: die Majorität, eine große Anzahl   26. **aus•üben**: praktizieren, machen   30. **rechnen mit**: erwarten, kalkulieren   32. **der Ruhestand**: Pensionierung; wenn man im Alter nicht mehr arbeitet   33. **wechseln**: ändern   34. **die Sicherheit**: Gegenteil von Risiko   35. **wagen**: etwas machen, obwohl es vielleicht gefährlich ist   39. **die Wahl**: Entscheidung zwischen mehreren Möglichkeiten   42. **der Freiraum**: *space (to grow, act, develop)*   43. **die Selbstbestimmung**: die Autonomie   45. **an•streben**: suchen nach   49. **das Wunschunternehmen**: die Firma, wie man sie sich wünscht   52. **das (Fließ-)Band**: *assembly line*   53. **im Akkord**: schnell nach Stückzahl arbeiten

saha

55 für menschenunwürdig gehalten werden
und deshalb abgeschafft werden sollten.
Gleiches gilt für die Prostitution, für
alle gesundheitsgefährdenden Arbeiten
und—bei den Männern unbeliebter als
60 bei Frauen—den Beruf des Soldaten.
   Obwohl nicht selten die hohe Arbeitslosigkeit der Grund dafür ist, weshalb
Jugendliche nicht den Job ihrer Wahl
kriegen—von den Bemühungen der
65 Gewerkschaften, durch Verkürzung
der Wochenarbeitszeit mehr Arbeitsplätze zu schaffen, halten sie nur wenig.
Da sind ihnen die Vorstellungen der Ar-
beitgeberseite schon lieber: 83 Prozent
70 finden es gut, wenn mehr Teilzeitarbeit

angeboten würde, oder sind bereit, auch
mal Wochenend- und Nachtschichten
zu schieben und damit Produktivität
und Beschäftigung zu erhöhen und
gleichzeitig etwas mehr zu verdienen.   75
   Zustimmung findet auch der Vorschlag, den Jahresurlaub zu verlängern.
Einen lebenslangen Urlaub bei garan-
tierter Mindestrente und Arbeit nur nach
Lust und Laune—diesen „Traumjob''   80
wünschen sich allerdings nur die wenigsten. Von 60 Prozent der Befragten
wird diese Vorstellung vom süßen
Müßiggang glatt abgelehnt.

MATTHIAS LAMBRECHT

Arbeitslosigkeit = unemployed

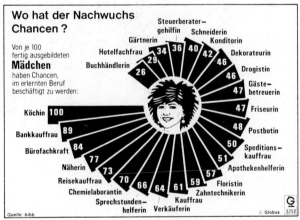

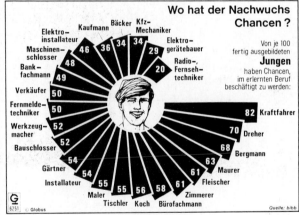

hohe (high)?

55. **menschenunwürdig:** inhuman   55. **halten für:** finden   56. **ab•schaffen:** beseitigen   58. **gesundheitsgefährdend:** *hazardous*   67. **schaffen:** kreieren   71. **an•bieten:** offerieren   73. **eine
Schicht schieben:** eine Schicht arbeiten   74. **erhöhen:** steigern   76. **die Zustimmung:** wenn
man auch der Meinung ist   76. **der Vorschlag:** wenn man einen Plan vorbringt   79. **die Mindestrente:** Minimum an monatlichem Einkommen im Alter   80. **nach Lust und Laune:** freiwillig, ohne Zwang   83. **die Vorstellung:** die Idee   84. **der Müßiggang:** Nichtstun   84. **glatt** (*hier*):
ohne lange darüber nachzudenken   84. **ab•lehnen:** nicht akzeptieren

Ein paar Meinungen zum Thema Traumberuf

Sebastian

Traumberuf? Hab' ich nicht. Ich mache alles gerne. Jetzt mache ich erstmal Urlaub. Ich bin Zivi—,,Zivildienstleisten-
5 der''—und fahre Krankenwagen. Das möchte ich beruflich später nicht machen. Wahrscheinlich ein Handwerk. Lieber eine Handwerkslehre als an die Universität.

10 ### Claudia

Traumberuf? Man muß nehmen, was es gibt und wo sich eine Chance bietet. Eigentlich wäre ich gerne Tänzerin oder Schauspielerin geworden. Aber damit
15 hätte ich viel früher anfangen müssen. Jetzt ist es zu spät. Die Alternative ist für mich der Korrespondenten-Beruf. Ich hoffe, so ins Ausland zu kommen. Ich will unbedingt weg von hier, weil alles
20 so kleinkariert und langweilig ist. Ich will nach London. Das ist einfach eine tolle Stadt mit tollen Leuten. Dort kann ich doch auch Briefe und Texte übersetzen, oder?

25 ### Sea

Ich habe keinen Traumberuf. Es gibt so viele Arbeitslose. Da muß man nehmen, was kommt. Eigentlich wollte ich Dolmetscherin werden, für Deutsch und Türkisch. Nun habe ich eine Lehrstelle 30 als Friseuse. Das ist langweilig. Wenn ich eine Stelle als Dolmetscher bekomme, höre ich sofort auf, die Köpfe anderer Leute zu frisieren.

Johannes 35

Wenn ich die Eignungsprüfung bestehe, dann will ich Pilot werden. Du mußt absolut fit sein, körperlich und geistig. Und du darfst keine schlechten Augen haben. Sollte es nicht klappen, werde 40 ich erst einmal studieren. Jura, denke ich.

Kathrin

Mein Traumberuf ist Journalist. Ich arbeite schon jetzt bei einer kleinen Zeitung als freie Mitarbeiterin. Ich berichte 45 über Ereignisse in unserer Stadt. Das ist sehr interessant. Ich lerne viele Menschen kennen, darf hinter viele verschlossene Türen schauen und kann die sogenannte Prominenz aus nächster Nähe 50 erleben. Das ist spannend. Ins Ausland möchte ich nicht so gerne. Ich arbeite lieber in meiner Heimatstadt.

---

4. **der Zivildienstleistende (Zivi):** junger Mann in der BRD, der 20 Monate eine soziale Arbeit macht, anstatt 15 Monate bei der Bundeswehr zu dienen 5. **der Krankenwagen:** Auto zum Transportieren von Kranken 7. **das Handwerk:** *trade* 8. **die (Handwerks-)Lehre:** *apprenticeship* 19. **unbedingt:** auf jeden Fall 29. **die Dolmetscherin:** eine Frau, die gesprochene Sprache mündlich übersetzt 36. **die Eignungsprüfung:** ein Qualifikationstest 36. **bestehen:** gut genug machen 38. **geistig:** intellektuell, mental 40. **klappen** (*Ugs.*): funktionieren 46. **berichten über:** einen Report geben, beschreiben 52. **erleben:** erfahren 52. **spannend:** aufregend

Journalistin

Koch

Gärtner

Bankdirektorin

TEXTVERSTÄNDNIS

Text A: „Traumberuf Millionär"

ERSTES LESEN

A. **Stimmt das oder nicht?** Wenn nicht, was stimmt dann?

_____ 1. Die meisten jungen Leute sind unzufrieden mit ihrer jetzigen Tätigkeit.

_____ 2. Die meisten jungen Leute arbeiten in ihrem Traumberuf.

_____ 3. Die meisten wollen ihren Beruf nicht noch einmal wechseln.

_____ 4. Die deutschen Jugendlichen suchen lieber Sicherheit im Beruf, als etwas zu riskieren.

_____ 5. Die meisten arbeiten lieber als unabhängige Selbständige.

_____ 6. Die meisten finden Fließband- und Akkordarbeit ganz in Ordnung.

_____ 7. Die Berufe der Prostituierten und des Soldaten sind sehr beliebt.

_____ 8. Die Arbeitslosigkeit ist der Grund, warum viele Jugendliche nicht ihren Traumjob bekommen.

_____ 9. Die Gewerkschaften wollen die Arbeitszeit pro Woche für alle verkürzen, so daß mehr Arbeitsplätze entstehen.

_____ 10. Die meisten Jugendlichen sind für die Forderungen der Gewerkschaften.

_____ 11. Die Arbeitgeber wollen Teilzeitarbeit anbieten.

_____ 12. Alle Jugendlichen wollen gerne am Wochenende oder in der Nacht Sonderschichten arbeiten, um etwas mehr Geld zu verdienen.

_____ 13. Die meisten wollen am liebsten einen bezahlten endlosen Urlaub.

ZWEITES LESEN

Fotograf

B. Bitte beantworten Sie jetzt die folgenden Fragen.

1. Wie alt sind die Jugendlichen, die bei der *Stern*-Umfrage befragt worden sind?

2. Was war noch vor zehn Jahren ein Traumberuf der männlichen Jugendlichen, und was sind heute ihre Traumberufe?

3. Was sind die Lieblingsberufe der jungen Frauen?

4. Welches sind die Gründe dafür, daß viele von den Jugendlichen, (noch) nicht in ihrem Traumberuf arbeiten?

5. Warum ist manchen jungen Leuten ein sicherer Arbeitsplatz mehr wert als eine glänzende, aber risikoreiche Karriere?

6. Wem stehen die Befragten näher, der Gewerkschaft oder den Arbeitgebern?

Immer dabei: voll im Einsatz—rund um die Uhr

Text B: Ein paar Meinungen zum Thema Traumberuf

ERSTES LESEN

C. Markieren Sie im Text die Traumberufe und die wirklichen Berufe der Personen mit verschiedenen Farben.

D. Sammeln Sie Ausdrücke und Wörter, die etwas Positives oder Negatives zum Thema Berufswelt sagen.

Positives	Negatives
Traumberuf	langweilig

ZWEITES LESEN

E. Welche typischen Traumberufe finden Sie im Text? Warum sind gerade diese Berufe so beliebt?

F. Warum können manche der jungen Leute nicht den Beruf ausüben, von dem sie träumen?

GEHEIMTIP WORTSCHATZ

G. Suchen Sie Wörter, die zu den folgenden Begriffen passen.

1. Wörter aus der gleichen Wortfamilie:

   ➯   die Studenten: *studieren, Studium, Studiengebühren*

   der Arbeitnehmer: *die Arbeit, . . .* _____

   _____

   die Berufsausbildung: *der Beruf, . . .* _____

   _____

2. Wörter oder Ausdrücke, die in das Thema passen:

   ➯   die Studentin: *die Prüfung, die Universität, lernen*

   der Beruf: _____

   die Arbeit: _____

   die Ausbildung: _____

H. Welche Tätigkeit paßt zu welchem Beruf? Verbinden Sie die Berufe mit der entsprechenden Tätigkeit.

Politikerin

1. Florist/Floristin

2. Bäcker/Bäckerin

3. Tankwart/Tankwartin

4. Koch/Köchin

5. Automechaniker/-mechanikerin

6. Zahnarzt/-ärztin

7. Friseur/Friseuse

8. Verkäufer/Verkäuferin

9. Rechtsanwalt/-anwältin

10. Maler/Malerin

11. Fernsehansager/-ansagerin

12. Klempner/Klempnerin

13. Makler/Maklerin

a. Kunden informieren, Waren sortieren/anbieten
b. Essen zubereiten
c. Benzin einfüllen, den Ölstand messen
d. die Nachrichten im Fernsehen sprechen
e. Häuserkauf und -verkauf vermitteln
f. Wasserleitungen in Küche und Bad reparieren
g. Brot/Kuchen backen
h. Haare waschen, schneiden, legen, färben
i. Zähne ziehen, Zahnlöcher füllen
j. Bilder produzieren/Farbe auf Wände streichen
k. Autos reparieren
l. Rechtsfälle bearbeiten/vor Gericht bringen
m. Blumen zusammenstellen und pflegen

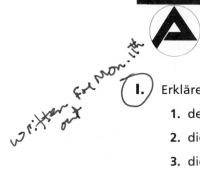

Ausbildung ist wichtig, denn jeder hat nur eine Zukunft.

Ein Gespräch mit der Berufsberatung zahlt sich aus!

Arbeitsamt

I. Erklären Sie bitte die folgenden Ausdrücke <u>auf deutsch</u>.

1. der Lieblingsberuf *(Z. 4, A):* _____

2. die Mehrheit *(Z. 25, A):* _____

3. die Gewerkschaft *(Z. 65, A):* _____

4. der Urlaub *(Z. 78, A):* _____

5. das Handwerk *(Z. 7, B):* _____

6. übersetzen *(Z. 23, B):* _____

7. das Ausland *(Z. 18, B):* _____

J. Welche Ausdrücke aus der Standardsprache (rechts) passen zu den Ausdrücken aus der Umgangssprache (links)?

1. auf Nummer Sicher gehen
   (Z. 38, A)

2. kleinkariert *(Z. 20, B)*

3. sollte es nicht klappen *(Z. 40, B)*

4. hinter verschlossene Türen
   schauen *(Z. 49, B)*

a. zu eng gedacht
b. Geheimnisse herausfinden
c. wenn es nicht geht
d. nichts riskieren

K. Schreiben Sie bitte folgende Sätze weiter:

1. Einen Förster erkennt man daran, daß . . .

2. Eine Chemikerin erkennt man daran, daß . . .

3. Einen Physiker erkennt man daran, daß . . .

4. Eine Biologin erkennt man daran, daß . . .

5. Einen Ingenieur erkennt man daran, daß . . .

6. Eine Pilotin erkennt man daran, daß . . .

7. Einen Manager erkennt man daran, daß . . .

8. Eine Prostituierte erkennt man daran, daß . . .

9. Einen Soldaten erkennt man daran, daß . . .

10. Eine Tänzerin erkennt man daran, daß . . .

11. Einen Schauspieler erkennt man daran, daß . . .

12. Eine Dolmetscherin erkennt man daran, daß . . .

13. Einen Friseur erkennt man daran, daß . . .

14. Eine Juristin erkennt man daran, daß . . .

15. Einen Journalisten erkennt man daran, daß . . .

Schauspieler

L. **Spiel.** Auf dem Tisch liegen verdeckte Karten mit Berufsbezeichnungen. Jeder Student/jede Studentin einer Kleingruppe nimmt eine Karte und denkt sich dazu eine kleine Geschichte aus.

> ☞ *„Ich wäre gerne Zirkusdirektor, aber ich bin allergisch gegen Elefanten!. . .“*

ANWENDUNG: Meinung, Diskussion, Phantasie

ZU TEXT UND THEMA

Rockmusiker

A. Zum Berufsleben

1. Was halten Sie von der Einstellung der deutschen Jugendlichen zum Beruf?

2. Welche Berufe sind in diesem Jahrhundert neu entstanden? Welche Berufe hat es schon sehr lange gegeben?

3. Jeder Beruf hat eine gewisse Alltagsroutine. Welche Berufe finden *Sie* trotzdem hochinteressant oder stinklangweilig oder einfach halbwegs akzeptabel?

	-2	-1	0	$+1$		$+2$
	stinklangweilig		OK			höchstinteressant

	-2	-1	0	$+1$	$+2$
Astronautin:	☐	☐	☐	☐	☐
Steuerberater:	☐	☐	☐	☐	☐
Architektin:	☐	☐	☐	☐	☐
Hausmann:	☐	☐	☐	☐	☐
_____	☐	☐	☐	☐	☐
_____	☐	☐	☐	☐	☐
_____	☐	☐	☐	☐	☐

Tip für den Hausmann

Wenn Ihre Wäsche absolut nicht weiß wird, muß es nicht am Waschpulver liegen: Es könnte sich zum Beispiel auch um Buntwäsche handeln.

WIE IST DAS IN IHREM LAND?

B. Vergleichen Sie die Situation mit der in Ihrem Land.

1. Ist die Einstellung der Jugendlichen zu ihrem Beruf in Ihrem Land ähnlich oder anders?

2. Kann man in Ihrem Land nur mit einem Diplom eine Karriere machen?

3. Man nennt Amerika das Land der unbegrenzten Möglichkeiten, in dem man vom Tellerwäscher zum Millionär werden kann. Meinen Sie, man kann Millionär werden, wenn man es wirklich will? Welche Faktoren spielen dabei eine Rolle?

4. Wie wichtig finden die jungen Leute in Ihrem Land Ausbildung und Beruf? Welche Rolle spielt es dabei, in welchem Teil des Landes die Jugendlichen wohnen und aus welcher gesellschaftlichen Klasse sie kommen?

5. Gibt es in Ihrem Land Gewerkschaften? Welche Aufgaben haben sie? Was halten Sie von Gewerkschaften?

Meine Ausbildung macht mir Spaß!

❝ Wenn ich was mache, dann richtig. Und die Ausbildung macht mir Spaß. Ich bring' sie auf jeden Fall zu Ende, auch wenn's manchmal hart ist. Abbrechen ist für mich kein Thema. Ich brauche einen Beruf mit Hand und Fuß. Ungelernte werden schließlich immer als erste arbeitslos. Darum setzte ich nichts aufs Spiel. Und für die schnelle Mark sowieso nicht. ❞

UND SIE?

Zoodirektor

C. **Berufe: Traum und Wirklichkeit.** Besprechen Sie die Fragen mit Ihrem Nachbarn.

1. Gibt es das Konzept Traumberuf für Sie überhaupt? Sind solche Vorstellungen Illusionen, oder sind sie realistisch?

2. Was war Ihr Traumberuf, . . .

   a. als Sie 5 Jahre alt waren?
   b. als Sie 12 Jahre alt waren?

3. Was ist Ihr Traumberuf heute? Gibt es für Sie vielleicht mehrere Traumberufe? Ist es nur ein Traum, oder arbeiten Sie an der Realisierung des Traums? Wenn ja, wie?

Composition Due Tues 12th

Aufsatz
Topic

Modeschöpfer

*Aufsatz: "s" set always
is capital "B" with
stem hand-written in.
ⓑ*

4. Welche Berufserfahrung haben Sie schon? Erzählen Sie von Jobs in Ihrem Arbeitsfeld oder auch von anderen Jobs, die Sie haben, einmal gehabt haben oder gern haben möchten.

Profession experience
work history

5. Wie wichtig ist in Ihrem Leben der Beruf, wie wichtig sind Familie und andere Aktivitäten?

6. Was erwarten Sie von Ihrem Traumberuf? Was ist für Sie das Wichtigste: Arbeitsatmosphäre, Geld, Zeit, Selbständigkeit, Zufriedenheit im Beruf usw.?

   a. Machen Sie eine Liste.
   b. Diskutieren Sie Ihre Wünsche mit Ihrem Partner und dann in der Klasse. Sind alle einer Meinung?

7. Stellen Sie sich vor, Sie hätten einen der folgenden Berufe. Welche Einstellung hätten Sie dann wohl?

   a. Als Zahnarzt würde ich mir wünschen, daß . . .
   b. Als Modedesignerin wäre ich dafür, daß . . .
   c. Als Postbote würde ich oft . . .
   d. Als Bürgermeister dieser Stadt wüßte ich wirklich nicht, ob . . .
   e. Als Popsängerin wäre ich der Meinung, daß . . .
   f. Als . . .
   g. Als . . .

STELLEN SIE SICH VOR . . .   **D. Zum Rollenspielen oder Schreiben**

1. Sie haben zwei Stellenangebote: die erste Stelle bietet Ihnen einen phänomenalen Verdienst, aber die Tätigkeit ist nicht das, was Sie gerne machen wollen. Die zweite Stelle bietet Ihnen alles, was Sie suchen: eine sehr interessante Tätigkeit, eine sehr gute Arbeitsatmosphäre, aber nur einen mittelmäßigen Verdienst. Was würden Sie machen?

2. Sie haben nach dem College/Uni-Abschluß eine Weltreise für ein Jahr geplant. Zwei Wochen vor der Abfahrt kommt ein Super-Job-Angebot. Sie sollen sofort anfangen. Wie entscheiden Sie sich?

3. Sie sind ein Automechaniker, Filmstar, Nachtwächter, Feuerwehrmann; eine Königin, Journalistin, Polizistin. Was würden Sie am Morgen, Mittag, Nachmittag, Abend tun?

E. **Rollenspiele:** Lesen Sie diese Situationen, dann wählen Sie eine, für die Sie sich interessieren. Stellen Sie eine passende Gruppe zusammen, damit Sie diese Szene improvisieren können.

1. Sie haben sich einen Beruf (z. B. Reiseberater/Reiseberaterin) ausgesucht, aber Ihre Eltern möchten, daß Sie etwas anderes (z. B. Computerexperte/Computerexpertin) werden. Versuchen Sie Argumente für beide Seiten zu finden.

2. Sie sind in Europa, Ihnen ist das Geld ausgegangen, und Sie müssen eine Arbeit finden. Sie bewerben sich

   a. als Mechaniker/Mechanikerin bei Volkswagen in Wolfsburg.
   b. als Zimmermädchen/Hoteldiener im Hotel Vierjahreszeiten in München.
   c. als Kellner/Kellnerin im Café Kranzler in Berlin.
   d. als Englischlehrer/-lehrerin in einem Gymnasium in Hamburg.

   Führen Sie das Bewerbungsgespräch, geben Sie Ihre Berufserfahrungen an, und überzeugen Sie die skeptischen Personalchefs. Natürlich haben Sie vorher einen Lebenslauf vorbereitet und bringen ihn mit.

3. In einer Wohngemeinschaft wohnen fünf Personen: eine Nachttaxifahrerin, ein erfolgreicher Innenarchitekt, eine sehr gestreßte Journalistin, ein arbeitsloser Bankangestellter und eine (noch nicht reiche) Medizinstudentin. Überlegen Sie, zu welchen Konflikten oder lustigen Situationen es kommen kann. Bilden Sie eine Fünfergruppe, und spielen Sie „Frühstück am Sonntagmorgen".

Manager

„Ich meine, wo verdiene ich mehr, als Popsänger, Fußballspieler oder Zahnarzt?"

DISKUSSION ODER AUFSATZ

F.   Hier sind ein paar extrem entgegengesetzte Meinungen. Finden Sie bitte Argumente für beide Seiten, und äußern Sie Ihre eigene Meinung.

1. a. *Jeder* Mensch kann seinen Traumberuf erreichen, wenn er nur genug Energie und Initiative aufbringt.
   b. Ob man eine gute Karriere macht oder nicht, hängt *nur* von der Familie und sozialen Klasse ab, aus der man kommt.

2. a. Arbeitslosigkeit ist ein ökonomisches Phänomen, auf das der einzelne Arbeitnehmer keinen Einfluß hat. Man kann nur hoffen, daß man genug Arbeitslosenunterstützung bekommt.
   b. Wer arbeiten will, der findet auch Arbeit. Die Arbeitslosen sind einfach nur faul!

3. a. Die jungen Leute von heute haben zu große Erwartungen. Alle wollen Filmstars, Piloten oder Ärzte werden. Aber so geht das eben nicht. Irgendwer muß ja auch die schlechter bezahlten Arbeiten machen. Am besten, es studieren gar nicht erst so viele.
   b. Chancengleichheit ist ein Grundrecht unserer Gesellschaft. Ob jemand studieren kann oder nicht, darf nicht vom Einkommen der Eltern abhängen.

Lieber Feste feiern, als feste arbeiten.

Bete und arbeite denn andere wollen von dir leben

Arbeitskraft? Nein Danke!

Der Mensch hat zwei Arme, um zu arbeiten- und zwei Beine, um vor der Arbeit zu flüchten.

Lieber krank feiern- als gesund arbeiten.

G.   Aufsatzthemen: Schreiben Sie einen Aufsatz.

1. Wie ich mir meine Zukunft vorstelle.

2. Mein Traumberuf.

3. Wenn ich eine Million hätte, . . .

4. Ein lebenslanger Urlaub—ja oder nein?

5   Ich bin wer

Einführung in den Text   Nicht jeder kann sofort seinen Traumberuf erlernen. Manche Menschen lernen erst etwas anderes und entdecken erst später den Beruf, den sie wirklich interessant finden.

Maxie Wander (1933–1977) war eine Schriftstellerin in der DDR. In ihrem Buch *Guten Morgen, du Schöne* sammelte sie Protokolle von Frauen aus unterschiedlichen Altersgruppen und sozialen Klassen, die sie nach ihrem Leben, ihrem Beruf und ihrer Familie befragte. In dem vorliegenden Text erzählt eine junge Frau, warum sie Lehrerin geworden ist, und wie das ihr Familienleben verändert hat.

FRAGEN ZUM THEMA

1. Kann jeder in Ihrem Land die Ausbildung machen, die er oder sie will?
2. Gibt es in Familien oder bei Paaren Probleme, wenn die Frau eine bessere Ausbildung hat als der Mann? Sehen *Sie* hier ein Problem? Warum oder warum nicht?
3. Wie kann man die Hausarbeit verteilen, wenn beide Ehepartner arbeiten?
4. Wer soll in einer Familie entscheiden, wofür das Geld ausgegeben wird?

LESEFRAGEN

1. Wie ist es dazu gekommen, daß Doris L. Lehrerin wurde?
2. Was mußte Doris tun, um ihren Traumberuf zu erreichen?
3. Welchen Einfluß hat Doris' Beruf als Lehrerin auf das Familienleben?
4. Woran sieht man, daß Doris L. in der sozialistischen DDR lebt?

Doris L., 30, Unterstufenlehrerin, verheiratet, ein Kind: Ich bin wer
Maxie Wander

Warum ich Lehrerin werden wollte? Kann ich Ihnen auf Anhieb sagen. In
der Unterstufe hatten wir einen Lehrer, der war nicht beliebt, der hat
Schüler vorgezogen, andere ungerecht behandelt und hat Kümmernisse der
Kinder als Lappalien abgetan. In der fünften Klasse kam ein neuer Klassen-
5 leiter. Probleme, die ich mit meiner Mutti hatte, hat er geklärt, wie ein
Vater, und nicht nur bei mir, sondern bei allen. Der hat gewußt, daß man
Schule und Freizeit nicht trennen kann und daß man immer da sein muß
für seine Klasse. Das hat dann solche Ausmaße angenommen, daß von sie-
benundzwanzig Schülern dreizehn Lehrer werden wollten. Und nur einer
10 ist angekommen. Ich bin auch nicht angekommen. Aber mein Traum war's
eben. Ich wollte werden wie er. Da mußte ich eben den gleichen Beruf haben, mußte Genosse werden, ich mußte alles so machen, wie er es gemacht
hat. Nun hatte ich ein bißchen Fähigkeiten in Chemie, da hab ich erst mal
bei Erdgas angefangen. Dann war's aber so, daß mein Mann, den ich schon
15 kannte, von der Armee zurückkam und wir beizeiten ein Kind gekriegt
haben. Damals war's mit Krippenplätzen noch schlecht, da hieß es: Was
wollen Sie denn? Sie haben doch einen Ernährer. Da bin ich zu Hause geblieben. Hab bei Schwiegermutter gewohnt, und die Großmutter von meinem Mann hat auch da gewohnt. Wenn so viele Generationen in zwei
20 Zimmern hausen, gibts Krieg. Ich sah nur einen Ausweg: Wir bewerben
uns in einer Neustadt, dort bieten sie uns am schnellsten eine Wohnung
und einen Krippenplatz. Naja, zu einer guten Ehe gehört eben auch Geld.
Bin erst mal Pionierleiterin geworden, hab einen schweren Start gehabt,
aber immer den großen Traum vor Augen: Einmal Lehrer sein: Die FDJ hat
25 es sich damals einfach gemacht, indem sie Pionierleiter einstellte, die
keine pädagogische Ausbildung hatten. Die haben sie auf die Kinder losgelassen.

1. **auf Anhieb:** sofort   2. **die Unterstufe:** die Schuljahre nach der Grundschule   3. **vor•ziehen:**
besser behandeln   3. **ungerecht:** unfair   4. **das Kümmernis:** die Sorge   4. **die Lappalie:** die
Kleinigkeit, Trivialität   4. **ab•tun:** für unwichtig erklären   5. **Probleme klären:** Probleme lösen
8. **solche Ausmaße annehmen:** einen solchen Effekt haben   10. **an•kommen** *(hier):* akzeptiert
werden   12. **der Genosse:** das Mitglied in der sozialistischen Partei   13. **die Fähigkeit:** das Talent   14. **das Erdgas:** das Gas zum Kochen und Heizen   15. **beizeiten:** früh   16. **damals:** früher
16. **der Krippenplatz:** ein Platz im Kindergarten   17. **der Ernährer:** eine Person, die das Geld für
die Familie verdient   20. **hausen** *(Ugs.):* wohnen   20. **sich bewerben:** *to apply for*   21. **die
Neustadt:** neue Siedlung in der DDR   23. **die Pionierleiterin:** Führerin in der Jugendorganisation der DDR   24. **FDJ (Freie Deutsche Jugend):** Jugendorganisation der DDR   25. **es sich einfach machen:** den einfachen Weg gehen   25. **jemanden einstellen:** jemandem eine Position geben   26. **pädagogisch:** erzieherisch

Dann hatten wir erst mal eine schöne Zweizimmerwohnung, aber
Stefans Bett stand neben unseren Ehebetten. Da hab ich gesagt: Wir
30 ziehn um! Haben durch Zufall nach N. getauscht, die Zweizimmerwohnung gegen diese Dreizimmerwohnung. Alles bestens. Zu der Zeit habe ich
auch mit der Ausbildung angefangen. Zuerst ein halbes Jahr Direktstu-
dium, dann drei Jahre Fernstudium. Stefan war während des ersten halben
Jahres bei meinem Mann. Der hat voll die Pflichten übernommen, daher
35 resultieren seine Kenntnisse im Kochen und bei der Wäschepflege.

Werner ist von Beruf Werkzeugschlosser, hat ein Studium angefangen,
hat es wieder aufgegeben, mir zuliebe, weil ich weiter wollte. Aber es war
auch Ausrede, er hat wenig Lust zum Studieren. Er übt seinen Beruf gerne
aus, verdient auch ordentlich Geld damit, und so ist alles bestens.

40 Es bringt natürlich Probleme mit sich. Als ich mit dem Studium angefangen habe, war ich klein und unwissend. Ich bin wirklich mit dem Studium gewachsen, das hat Werner erlebt. Als er allein hauste, hat er mir
Geld geschickt, recht knapp, und ich hab mir das gefallen lassen. Ich
meine, zu Hause konnten wir auch keine großen Sprünge machen, und
45 während des Studiums mußte man maßhalten, die Wohnungseinrichtung
zusammenkriegen, Kostgeld im Internat bezahlen. Nach den drei Jahren
ließ ich mir aber in nichts mehr dreinreden, ich akzeptierte keine Zutei-
lungen mehr. Ich wollte endlich raus aus der Enge, egal mit welchen Mitteln. Ich bin keine Feine. Da gab's dann Momente von Kaufwut, wo ich
50 einfach für zweihundert Mark Bücher und Schallplatten kaufte, um ihm zu
beweisen: Ich bin wer!

Wir haben oft eine Woche nicht miteinander gesprochen. Dann habe
ich wieder wortstark versucht, die Gleichberechtigung durchzuziehen.
Wenn man gut verdient, muß man nicht auf dem Geld sitzenbleiben. Man
55 muß nicht unbedingt auf ein Auto sparen, man kann sich ja auch geistige
Nahrung verschaffen. Was ich auch nachzuholen hatte, war modische Kleidung. Wir stritten uns immer um Geld. Dieses Problem ist jetzt geklärt,
dafür kommen andere auf uns zu. Meinetwegen, daß sich schlechte Charaktereigenschaften bemerkbar machen. Ich meine, in der Schule stellt
60 man was dar, da muß man eben ab und zu kommandieren. Und das kann

30. **um•ziehen:** in eine andere Wohnung ziehen 30. **durch Zufall:** ohne daß es geplant war
30. **tauschen:** wechseln 34. **die Pflicht:** die Aufgabe 35. **die Kenntnis:** was man weiß 36. **der
Werkzeugschlosser:** *toolmaker* 37. **mir zuliebe:** für mich 38. **die Ausrede:** die Entschuldigung
43. **knapp:** wenig 43. **sich etwas gefallen lassen:** etwas akzeptieren 45. **maßhalten:** nur wenig
Geld ausgeben 45. **die Wohnungseinrichtung:** die Möbel 46. **das Kostgeld:** Geld für das Essen
46. **das Internat:** eine Schule, in der man wohnt 47. **drein•reden** *(Ugs.):* sagen 47. **die Zuteilung:** der Teil, den jemand einem gibt 48. **die Enge:** nicht viel Platz 48. **die Mittel** *(pl.):*
means 51. **beweisen:** zeigen, klar machen 53. **die Gleichberechtigung:** gleiche Rechte für
Mann und Frau 53. **durchziehen** *(Ugs.):* sich durchsetzen, durchboxen *(Ugs.)* 55. **sparen:** Geld
nicht ausgeben 56. **die Nahrung:** *nourishment* 56. **verschaffen:** holen 56. **nach•holen:** tun,
was man vorher nicht konnte 57. **sich streiten:** verschiedener Meinung sein 58. **die (Charak-
ter-)Eigenschaft:** die Qualität, das Merkmal 59. **sich bemerkbar machen:** sich zeigen 59. **etwas
dar•stellen:** *(hier)* respektiert werden 60. **ab und zu:** manchmal

ich zu Hause oft nicht abstellen. Stefan kennt das, der richtet sich darauf
ein. Aber bei Werner ist das so, daß er irgendwie doch Mann sein will. Er
ist ein ruhiger Partner, aber oft wird es ihm zu viel. Eigentlich spreche immer ich, und er sagt ja oder: Ach hör auf, du willst immer recht haben.
65 Und damit ist die Auseinandersetzung gelaufen. Es geht mir wie manchem
Arbeiter, der seinen Verbesserungsvorschlag macht, und der Chef hat nie
Zeit. Dann sagt man sich: Du kannst mich mal. So ist's bei uns. Wir haben
uns lieb, keiner hat die Absicht, sich scheiden zu lassen. Aber: Laßsiedochplappern, laßdochallessoweiterlaufen!
70   Freunde haben wir eigentlich nur auf meiner Seite. Das hört man oft,
daß Frauen die Aktiveren sind. Wenn ich mal ganz hoch sprechen will,
meine Freundschaften reichen von Direktoren bis zu unserem Schulwart.
Aber es artet nicht aus. Konservativ sind wir vielleicht, wir besuchen unsere Freunde nur, wenn wir eine direkte Einladung haben. Das ist in Neu-
75 städten so. . . . N. hat mir in erster Linie eine Qualifizierung geboten, eine
schöne Wohnung und einen bequemen Arbeitsweg. Ein bißchen ist mir
diese Stadt schon Heimat geworden. Es ist eine junge Stadt, und die Leute,
die hier wohnen, sind auch jung. Letztendlich ist es eine Chance für uns
alle. Mit dem Herziehen begann eigentlich mein Erwachsensein.

aus: *Guten Morgen, du Schöne!*

Kurs 13
Sektion Pädagogik
Thema:
„Erziehung als Element der Leitung von Kollektiven"

Beginn: 13. Oktober
Rhythmus: 14täglich (dienstags)
Zeit: 17.00—19.00 Uhr
Ort: Altes Palais (Eingang Kommode, Be-
belplatz),
Hörsaal 208, Berlin, 1086

---

61. **sich ein•richten auf:** sich einstellen auf 65. **die Auseinandersetzung:** die Konfrontation
65. **ist gelaufen:** ist vorbei, ist erledigt 67. **Du kannst mich mal:** Kurzform von „Du kannst
mich mal am Arsch lecken", nach Goethes *Götz von Berlichingen:* „Er aber, sag's ihm, er kann
mich . . ." 68. **die Absicht:** die Intention 68. **sich scheiden lassen:** die Ehe beenden, sich vom
Ehepartner trennen 68. **laßsiedochplappern,** etc.: [Schreibweise der Autorin] 72. **reichen von
. . . bis:** gehen von . . . bis 73. **nicht aus•arten:** nicht zuviel werden 76. **bequem:** angenehm
78. **letztendlich:** am Ende 79. **das Herziehen:** der Umzug hierher

TEXTVERSTÄNDNIS

ERSTES LESEN

A. **Stimmt das oder nicht?** Wenn nicht, was stimmt dann?

_____ **1.** Doris durfte sofort nach der Schule ihre Ausbildung zur Lehrerin anfangen.

_____ **2.** Doris und ihr Mann haben gleich ein Kind bekommen, für das es keinen Platz in der Kinderkrippe gab.

_____ **3.** Doris ist zu Hause beim Kind geblieben, und ihr Mann ist zur Arbeit gegangen.

_____ **4.** Sie haben bei Werners Familie gewohnt, die sehr friedlich war.

_____ **5.** Am Anfang ihres Studiums hat Doris direkt an der Universität studiert, und dann hat sie ein halbes Jahr Fernstudium gemacht.

_____ **6.** Während Doris an der Universität studierte, war Werner mit Stefan allein und machte alle Hausarbeiten.

_____ **7.** Werner wollte auch sehr gerne studieren.

_____ **8.** Als Doris mit dem Studium anfing, hat Werner bestimmt, wieviel Geld sie bekommt; am Ende hat sie selbst entschieden, was sie mit dem Geld macht.

_____ **9.** Doris will Gleichberechtigung in der Ehe haben.

_____ **10.** Werner ist dominanter als Doris.

_____ **11.** Werner hat mehr Freunde und Kontakte als Doris.

A B C J M Z

Von Alma mater bis Zeitung

Unser Minilexikon für das erste Studienjahr

ZWEITES LESEN

B. **Die einzelnen Paragraphen**

1. Kennzeichnen Sie die Paragraphen mit 1, 2, 3 usw.

2. Markieren Sie die wichtigsten Wörter. Fassen Sie in einer Überschrift zusammen, was Sie in den Paragraphen erfahren.

Paragraph	Wichtige Wörter	Überschrift
1		
2		
3		
4		
5		
6		

C. Beantworten Sie bitte die folgenden Fragen.

1. Warum ist Doris Lehrerin geworden?

2. Warum war der erste Lehrer nicht beliebt, und warum war der zweite so beliebt?

3. Warum haben Doris und Werner zuerst keinen Krippenplatz für ihr Kind bekommen?

4. Warum hat Doris am Anfang der Ehe nicht gearbeitet?

5. Warum wollten Doris und Werner in eine „Neustadt" umziehen?

6. Warum hat Werner sein Studium abgebrochen?

7. Wie verändert sich Doris durch das Studium? Wie verändert sich das Verhältnis zwischen Werner und Doris?

8. Was für eine Person ist Doris? Nennen Sie ein paar Eigenschaften.

9. Wofür will Doris nach dem Studium Geld ausgeben, und warum?

10. Wie verhält sich Doris in der Schule? Wie verhält sie sich zu Hause, und wie reagiert Werner darauf?

11. Welche Vorteile hat Doris in der Neustadt? Wie fühlt sie sich dort?

12. Was bedeutet der Titel „Ich bin wer"?

13. In welchem Land leben Doris, Werner und Stefan? Woran erkennt man das?

14. Warum hat die Autorin Maxi Wander das Protokoll mit Doris wohl in der Ich-Form gelassen? Wie unterscheidet sich dieses Protokoll von einem transkribierten gesprochenen Text?

GEHEIMTIP WORTSCHATZ

D. Finden Sie bitte eine Erklärung (rechts) für die folgenden Wörter oder Ausdrücke (links). Der Kontext hilft Ihnen.

1. Probleme klären *(Z. 5)*
2. trennen *(Z. 7)*
3. kriegen *(Z. 15)*
4. der Krieg *(Z. 20)*
5. die Ausbildung *(Z. 26)*
6. die Kaufwut *(Z. 49)*

a. bekommen
b. nicht Frieden
c. Lust zu konsumieren
d. Schwierigkeiten aus dem Weg räumen
e. auseinanderhalten
f. wenn man etwas lernt

E. Erklären Sie bitte die folgenden Ausdrücke auf deutsch.

Write a Sentence in Ger. w/the same meaning

1. Der war nicht beliebt. *(Z. 2)*
2. Er hat das Studium wieder aufgegeben. *(Z. 37)*

   He gave up his studies.
   Er studierte Nicht mehr.

3. Ich bin wirklich mit dem Studium gewachsen. *(Z. 41)*
4. Ich wollte endlich raus aus der Enge. *(Z. 48)*
5. Und das kann ich zu Hause oft nicht abstellen. *(Z. 60)*
6. Aber es artet nicht aus. *(Z. 73)*

F. Welche Ausdrücke aus der Umgangssprache (links) passen zu den Erklärungen (rechts)?

1. Alles bestens *(Z. 31 und Z. 39)*
2. Keine großen Sprünge machen können *(Z. 44)*
3. Ich bin keine Feine *(Z. 49)*
4. Du kannst mich mal *(Z. 67)*
5. Laßsiedochplappern *(Z. 68)*

a. Hau ab! Laß mich in Ruh'!
b. Ich habe keine zu großen Erwartungen
c. Alles ist wunderbar
d. Soll sie ruhig reden, was sie will
e. Nicht viel Geld ausgeben können

ANWENDUNG: Meinung, Diskussion, Phantasie

ZU TEXT UND THEMA

A. Doris L.

1. Finden Sie, daß Doris L. typische Eigenschaften für eine Lehrerin in der Unterstufe hat?
2. Finden Sie Doris L. sympathisch? Warum oder warum nicht?

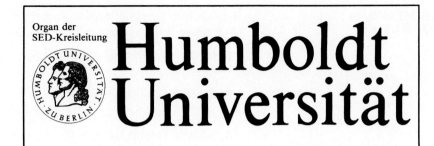

Organ der
SED-Kreisleitung

Humboldt Universität

B. **Der Lehrerberuf**

1. Was muß ein Lehrer/eine Lehrerin alles machen?

2. Wie sind typische Lehrer/Lehrerinnen?

3. Welche Eigenschaften sollte Ihrer Meinung nach ein guter Lehrer oder eine gute Lehrerin haben? Bewerten Sie die folgenden Eigenschaften mit

   1 = auf jeden Fall
   2 = ist egal
   3 = auf keinen Fall.

   Selbstbewußtsein (   )   Sensibilität (   )
   Intoleranz (   )   Nervosität (   )
   Ruhe (   )   Energie (   )
   Enthusiasmus (   )   Sportlichkeit (   )
   Verrücktheit (   )   Unordentlichkeit (   )

   _____ (   )   _____ (   )

   _____ (   )   _____ (   )

4. Bitte schreiben Sie folgende Sätze weiter.

   a. Ein guter Lehrer ist . . .
   b. Eine gute Lehrerin muß . . .
   c. Ein guter Lehrer soll nicht . . .
   d. Ein guter Lehrer macht nie . . .
   e. Eine gute Lehrerin kann . . .
   f. Eine gute Lehrerin muß immer . . .
   g. Ein guter Lehrer soll . . .
   h. Ein guter Lehrer macht . . .
   i. Eine Lehrerin motiviert, wenn . . .
   j. Ein Lehrer ist langweilig, wenn . . .

5. Können Sie sich an besonders gute oder schlechte Lehrer in Ihrer Schulzeit erinnern?

WIE IST DAS IN IHREM LAND?

C. Hier können Sie die Situation in Ihrem Land mit der in den deutschsprachigen Ländern vergleichen.

1. Ist der Lehrerberuf in Ihrem Land sehr beliebt? Warum ja, warum nicht?

2. Gibt es viele Familien mit Kindern, in denen beide Eltern arbeiten? Finden Sie das gut oder nicht so gut? Warum?

3. Welche Folgen kann es für die Ehe oder Partnerschaft haben, wenn der eine Partner mehr verdient als der andere? Und wenn einer gar nichts verdient?

UND SIE?

D. Diskutieren Sie diese Fragen mit einem Partner oder mit der ganzen Klasse.

1. Wären Sie gerne Lehrer oder Lehrerin? Warum ja, oder warum nicht?

2. Kennen Sie irgendwelche Lehrer oder Lehrerinnen persönlich? Was sagen diese über die Vor- und Nachteile von ihrem Beruf?

3. Wenn Sie Lehrerin oder Lehrer wären, was würden sie oft tun, was würden Sie nie tun?

4. Wären Sie bereit, mehrere Jahre mit wenig Geld zu leben, nur um eine neue Ausbildung zu machen?

5. Finden Sie es wichtig, daß Ihr Partner eine so gute Ausbildung hat wie Sie, oder ist das nicht so wichtig?

STELLEN SIE SICH VOR . . .

E. Zum Rollenspiel oder Schreiben

1. Setzen Sie sich zu einem Partner des anderen Geschlechts, und wählen Sie eine der folgenden Situationen. Spielen Sie eine Diskussion zwischen Doris und Werner.

   a. Doris will studieren; Werner hat gerade seinen Dienst bei der Armee beendet und hat eine neue Arbeitsstelle gefunden; das Kind ist unterwegs.
   b. Doris findet N. ganz prima; Werner will lieber nach Berlin ziehen.
   c. Werner will jetzt doch studieren; das hieße aber, daß sie von dem Geld leben müßten, das Doris verdient.
   d. Doris und Werner sitzen nach 30 Ehejahren zusammen.

2. Sie gehen als Englischlehrer/Englischlehrerin in die Schweiz. Wie und mit welchen Themen motivieren Sie Ihre Kursteilnehmer?

DISKUSSION ODER AUFSATZ

F. Überlegen Sie sich diese kontroversen Thesen, finden Sie Argumente für beide Seiten, dann wählen Sie eins als Diskussions- oder Aufsatzthema. Ist Ihre persönliche Meinung vielleicht noch ganz anders?

1. a. Frauen gehören ins Haus und sollen die Kinder erziehen.
   b. Jede Frau muß einen Beruf haben.

2. a. Die qualifiziertesten Personen im Staat sollten Lehrer werden, denn sie erziehen die neue Generation. Deshalb sollten Lehrer viel Geld verdienen.
   b. Kinder erziehen, das kann jeder. Dazu braucht man nicht besonders qualifiziert zu sein. Der Lehrerberuf hat kein Prestige und wird schlecht bezahlt. Nur Leute, die es in anderen Berufen zu nichts bringen, werden Lehrer.

3. a. Lehrer sind schreckliche Personen. Sie sind immer dominant und meinen, alles besser zu wissen.
   b. Ich bewundere Leute, die Lehrer sind. Wer will schon die frechen Kinder von anderen Leuten erziehen und dabei immer tolerant und freundlich bleiben?

6 Im letzten Dreck

Einführung in den Text In jeder Gesellschaft gibt es Arbeiten, die keiner machen will. In Mitteleuropa sind es meistens die ausländischen Arbeitnehmer, die man für diese unbeliebten und sehr schlecht bezahlten Arbeiten einstellt. In der Bundesrepublik Deutschland hat man traditionell weniger Erfahrung mit Ausländern als beispielsweise in England. Daher stehen die Deutschen den Fremden oft skeptisch gegenüber. Von allen ausländischen Arbeitern sind es die Türken, die wegen ihrer andersartigen Kultur, Religion und Sprache am meisten auffallen, am wenigsten akzeptiert werden und sich am stärksten in einer Außenseiterrolle befinden.

Günter Wallraff ist als Journalist und Schriftsteller in der Bundesrepublik Deutschland sehr bekannt, weil er diverse Skandale sensationell aufdeckte, indem er sich inkognito als Mitarbeiter in Firmen einschlich°. In seinem letzten Projekt verkleidete er sich als Türke. Er ließ sich sehr dunkle Kontaktlinsen machen, setzte sich falsche schwarze Haare auf, sprach nur noch gebrochenes „Ausländerdeutsch" und lebte und arbeitete mehrere Monate als Türke Ali. Niemand schöpfte Verdacht°. In seinem Buch *Ganz unten* beschreibt Wallraff seine Erlebnisse als „Türke" und äußert sich enttäuscht: „Ein Stück Apartheid findet mitten unter uns statt—in unserer Demokratie."

FRAGEN ZUM THEMA

1. Finden Sie, daß die Menschen in Ihrem Land im allgemeinen schwer arbeiten? Muß man da zwischen verschiedenen Berufsbereichen unterscheiden?
2. Welche Gruppen gibt es in Ihrem Land, die oft die unangenehmen Arbeiten machen müssen? Sind das ethnische oder sozial benachteiligte Gruppen?
3. Gibt es in Ihrem Land viele Einwanderer?
4. Welches sind typische Arbeiten, die in Ihrem Land von Ausländern gemacht werden?
5. Warum will niemand diese Arbeit machen? Was für Arbeiten gibt es, die Sie nie machen wollten?
6. Warum ist es für Menschen aus bestimmten Bevölkerungsgruppen schwer, eine bessere Arbeit zu finden?

---

ein•schleichen: *to sneak in*
Verdacht schöpfen: mißtrauisch werden

LESEFRAGEN

1. Wie sind die Arbeitsbedingungen für die Türken?
2. Wie verhalten sich ihre deutschen Kollegen?
3. Welche gefährlichen Arbeiten sollen Ausländer machen, obwohl man sie den deutschen Arbeitern nie zumuten° würde?

zu•muten: *to ask to do*

The last   dirt = .dean

Im letzten Dreck   ▭
Günter Wallraff

Ein Vorarbeiter steht vor einem abfahrbereiten schrottreifen Kleinbus und
hakt auf einer Liste Namen ab. „Neu?" fragt er mich (Ali) kurz und knapp.
„Ja", ist die Antwort.
„Schon hier gearbeitet?"

5   Mir ist nicht klar, ob die Antwort nützlich oder hinderlich für meine
Einstellung sein könnte, darum zucke ich (Ali) vorsichtshalber mit den
Schultern. „Du nix verstehn?" geht er auf mich ein.
„Neu", geb' ich das Stichwort zurück.
„Du gehn zu Kollega in Auto", sagt er und zeigt auf einen klapprigen

10   Mercedes-Kleinbus. Das war alles. So einfach erfolgt eine Einstellung in einem der modernsten Hüttenwerke Europas. Keine Papiere, nicht mal nach
meinem Namen wird gefragt, auch meine Staatsbürgerschaft scheint vorerst keinen in diesem internationalen Unternehmen von Weltrang zu interessieren. Mir ist es nur recht so.

15   In der Karre sitzen neun Ausländer und zwei Deutsche zusammengequetscht. Die beiden Deutschen haben es sich auf dem einzigen festmon-
tierten Sitz bequem gemacht. Die ausländischen Kollegen sitzen auf dem
kalten ölverschmierten Metallboden des Wagens. Ich setze mich zu ihnen,
sie rücken zusammen. Auf türkisch spricht mich ein etwa Zwanzigjähriger

20   an, ob ich Landsmann sei. Ich antworte auf deutsch, „türkische Staatsbürgerschaft". Ich sei jedoch in Griechenland (Piräus) bei der griechischen
Mutter aufgewachsen. „Mein Vater war Türk, ließ mein Mutter mit mir allein, als ich ein Jahr war."
Deshalb brauche ich auch so gut wie keine Türkisch-Kenntnisse zu

25   haben. Das klingt plausibel. Durchgerüttelt und durchgefroren endet für
uns die Geisterfahrt nach fünfzehn Minuten erst einmal hinter Tor 20 bei
Thyssen. Ein Kolonnenschieber stellt mir eine Stempelkarte aus, ein Werkschutzmann von Thyssen einen Tagespassierschein. Er nimmt Anstoß an

---

1. **abfahrbereit:** fertig zur Abfahrt   1. **schrottreif:** sehr kaputt   2. **ab•haken:** markieren, checken
6. **die Einstellung:** wenn man eine Position/Arbeit bekommt   6. **vorsichtshalber:** um kein Risiko einzugehen, aus Vorsicht   7. **ein•gehen auf:** sich interessiert zeigen   9. **klapprig:** nicht mehr
neu, fällt fast auseinander   10. **erfolgen:** gehen, geschehen   11. **das Hüttenwerk:** eine Firma in
der Stahlindustrie   12. **die Staatsbürgerschaft:** die Nationalität   13. **das Unternehmen:** die Firma   13. **der Weltrang:** oberer Platz auf der Liste in der ganzen Welt   15. **zusammengequetscht:**
eng nebeneinander   16. **festmontiert:** fest installiert   18. **ölverschmiert:** schmutzig und voller
Öl   19. **zusammen•rücken:** Platz für eine weitere Person machen   20. **der Landsmann:** Person
aus dem eigenen Land   22. **auf•wachsen:** groß werden   25. **durch•rütteln:** durchschütteln
25. **durch•frieren:** sehr kalt werden   27. **der Kolonnenschieber:** Führer einer Arbeitergruppe
27. **die Stempelkarte:** eine Karte, die Beginn und Ende der Arbeitszeit anzeigt   27. **der Werkschutzmann:** ein Wächter, der die Firma bewacht   28. **der Tagespassierschein:** eine Erlaubnis,
die Baustelle für einen Tag zu betreten   28. **Anstoß nehmen an:** sich ärgern über

Fear kills   loving but tough. strong immoveable

Günter Wallraff ganz unten: „Ali" und seine türkischen Arbeitskollegen

meinem Namen: „Das ist doch kein Name. Das ist eine Krankheit. Das
30 kann doch kein Mensch schreiben." Ich muß ihn mehrfach buchstabieren:
S-i-g-i-r-l-i-o-g-l-u. Er notiert ihn dennoch falsch als „Sinnlokus" und setzt
ihn an die Stelle des Vornamens, obwohl sein eigener „Symanowski" oder
so ähnlich für einen Türken wohl auch seine Schwierigkeiten hätte.
    Während ich mich beim Stempeln etwas schwertue, bemerkt ein deut-
35 scher Arbeiter, der durch mich einige Sekunden aufgehalten wird: „Bei
euch in Afrika stempelt man wohl auf dem Kopf!"
    Der türkische Kollege Mehmet hilft mir und zeigt, wie man die Karte
richtig herum reinsteckt. Ich spüre, wie die anderen ausländischen Kollegen die Bemerkung des Deutschen auch auf sich beziehen. Ich merke es an
40 ihren beschämt-resignierten Blicken. Keiner wagt etwas zu entgegnen. Ich
erlebe immer wieder, wie sie auch schwerste Beleidigungen scheinbar überhören und wegstecken. Es ist wohl auch Angst vor einer provozierten
Schlägerei. Die Erfahrung lehrt, daß die Ausländer dann meistens als die
Schuldigen hingestellt werden und unter diesem Vorwand ihre Stelle ver-
45 lieren.

34. **sich schwertun:** Schwierigkeiten haben   34. **bemerken:** kommentieren   35. **auf•halten:**
(*hier*) behindern   38. **spüren:** fühlen   39. **auf sich beziehen:** eine Verbindung zu sich ziehen
40. **entgegnen:** antworten   41. **die Beleidigung:** die Beschimpfung, die Diskriminierung
41. **überhören:** nicht hören   43. **die Schlägerei:** die Prügelei   44. **der Schuldige:** der, der den
Fehler gemacht hat   44. **unter diesem Vorwand:** mit dieser falschen Erklärung

Mein Name wird aufgerufen. Von hinten zieht mich jemand heftig am Ohr. Es ist der Kolonnenschieber, der mir auf diese Weise klarmachen will, wo's langgeht, welchem Trupp ich mich anschließen soll.

50 Es geht mehrere Treppenabsätze in die Tiefe, das Licht sickert spärlicher, es wird immer düsterer, immer staubiger. Du meinst, es ist bereits jetzt ein wahnsinniger Staub, den man kaum aushalten kann. Aber es geht erst los. Du bekommst ein Preßluftgebläse in die Hand gedrückt und mußt damit die fingerdick liegenden Staubschichten auf den Maschinen und in den Ritzen dazwischen aufwirbeln. Im Nu entsteht eine solche

55 Staubkonzentration, daß du die Hand nicht mehr vor den Augen siehst. Du atmest den Staub nicht nur ein, du schluckst und frißt ihn. Es würgt dich. Jeder Atemzug ist eine Qual. Du versuchst zwischendurch die Luft anzuhalten, aber es gibt kein Entfliehen, weil du die Arbeit machen mußt. Der Vorarbeiter steht wie der Aufseher eines Sträflingskommandos am Trep-

60 penabsatz, wo ein wenig Frischluft reinzieht. Er sagt: „Beeilung! Dann seid ihr in zwei, drei Stunden fertig und dürft wieder an die frische Luft."

In einer zwanzigminutigen Pause setzen wir uns auf die Eisentreppe, wo etwas weniger Staub ist. Die türkischen Kollegen bestehen darauf, daß ich von ihren Broten mitesse, als sie sehen, daß ich nichts dabei habe. Sie

65 geben untereinander von ihrem Wenigen ab und gehen insgesamt miteinander sanft und freundlich um, wie ich es bei deutschen Arbeitern selten erlebt habe. Es fällt auf, daß sie während der Pause meist getrennt von den deutschen Kollegen sitzen und nur selten Türkisch miteinander reden. Meist verständigen sie sich in sehr schlechtem Deutsch oder sie schwei-

70 gen. „Die Deutschen meinen, wir reden schlecht über sie. Und ein paar meinen, wir werden zu stark, wenn wir Türkisch zusammen reden."

Am nächsten Tag Arbeit in zehn Meter Höhe im Freien bei siebzehn Grad Kälte. Überall Totenkopfschilder mit der Aufschrift: „UNBEFUGTEN ZUTRITT NICHT GESTATTET!", „VORSICHT, GASGEFAHR!" Und an

75 einigen Stellen: „ATEMSCHUTZGERÄT TRAGEN!"

---

46. **heftig:** stark, vehement 48. **der Trupp:** eine Arbeitsgruppe 48. **sich an•schließen:** mitgehen mit 49. **der Treppenabsatz:** Plattform zwischen Treppen 49. **in die Tiefe:** nach unten 49. **sickern:** gefiltert durchkommen 50. **spärlich:** wenig 50. **düster:** dunkel 50. **staubig, der Staub:** *dusty, dust* 51. **kaum:** fast nicht 51. **aushalten:** ertragen 52. **los•gehen** *(hier):* anfangen 52. **Preßluftgebläse:** Maschine, mit der man Stein sprengt 52. **die Ritze:** die Spalte 54. **aufwirbeln:** in die Luft blasen 54. **im Nu:** sofort, im gleichen Moment 54. **entstehen:** werden, sich entwickeln 56. **ein•atmen:** inhalieren 56. **schlucken:** etwas durch den Mund in den Magen bekommen 56. **würgen:** den Hals so zudrücken, daß man fast nicht mehr atmen kann 57. **der Atemzug:** die Inhalierung 57. **die Qual:** die Tortur 57. **Luft anhalten:** nicht atmen 58. **das Entfliehen:** die Flucht 59. **der Aufseher:** der Kontrolleur 59. **das Sträflingskommando:** eine Gruppe von Gefangenen 60. **Beeilung!:** macht schnell! 62. **die Eisentreppe:** die Treppe aus Metall 65. **ab•geben:** weggeben, verteilen 66. **sanft:** freundlich, weich, nicht hart 67. **auf•fallen:** ins Auge springen, ungewöhnlich sein 67. **getrennt:** separat 69. **sich verständigen:** kommunizieren 69. **schweigen:** nichts sagen 71. **−17 Grad Celsius:** 1,4 Grad Fahrenheit 73. **Totenkopfschilder:** *danger and poison sign; skull and cross bones* 73. **die Unbefugten:** Leute, die keine Erlaubnis haben 74. **gestatten:** erlauben 75. **das Atemschutzgerät:** eine Gesichtsmaske gegen schlechte Luft

Keiner hat uns über die Gefahren aufgeklärt, und „Schutzgeräte" gibt's auch nicht.

„Auf Sklaven früher hat man mehr Rücksicht genommen. Sie waren noch was wert, und man wollte ihre Arbeit möglichst lang haben. Bei uns
80 egal, wie schnell kaputt. Genug Neue da und warten, daß Arbeit kriegen."

Die Schutzhelme müssen wir uns kaufen oder man hat das Glück, mal einen stark ramponierten, weggeworfenen zu finden. Die Köpfe der deutschen Kollegen werden schützungswerter und wertvoller als die der Ausländer eingeschätzt. Zweimal riß mir (Ali) Vorarbeiter Zentel meinen Helm
85 vom Kopf, um ihn deutschen Kollegen zu geben, die ihren vergessen hatten.

Als ich (Ali) beim ersten Mal protestierte: „Moment, hab ich gekauft, gehört mir", wies mich Zentel in die Schranken: „Dir gehört hier gar nichts, höchstens ein feuchter Dreck. Du kannst ihn dir nach der Schicht wiedergeben lassen." —Da wirst du ruckzuck enteignet, ohne gefragt zu
90 werden. Beim zweitenmal weigerte er (Ali) sich: „Is privat, gehört mir. Mach ich nich. Kann entlasse werd, wenn ich ohn Helm arbeit." Darauf der Vorarbeiter: „Du ihm Helm geben. Sonst ich dich entlassen. Und zwar auf der Stelle!" —Darauf beugte sich Ali der Gewalt und arbeitete die ganze Schicht ohne Helm, wo einige Meter von uns entfernt mehrfach
95 noch glühende Erzbrocken niederdonnerten.

Der deutsche Kollege Werner nahm es mit der größten Selbstverständlichkeit hin, daß sein Schutz zu meinen Lasten ging. Als ich (Ali) ihn darauf anspreche, meint er nur: „Kann ich auch nichts dran ändern. Ich tu' nur, was man mir sagt. Mußt du dich woanders beschweren, bin ich die
100 falsche Adresse für."— „Ihr seid doch rein gar nichts."

Das heißt soviel wie: du hast doch keinerlei Rechte. Dich gibt's doch offiziell gar nicht hier. Du hast weder Papiere noch einen Arbeitsvertrag noch sonst was. Und deshalb blickt er auf uns herab. Er als Deutscher ist priviligiert. Er erhält Überstunden- und Feiertagszuschläge ausbezahlt und
105 als Stundenlohn 11,28 DM brutto.

Wir sollen dieselbe Arbeit für noch weniger Lohn machen . . .

aus: GANZ UNTEN

---

76. **auf•klären:** informieren   78. **der Sklave:** unfreier Mensch, der einer anderen Person gehört
78. **die Rücksicht:** *consideration*   79. **der Schutzhelm:** Hut, der den Kopf schützt   82. **ramponiert:** demoliert   83. **schützenswert:** kostbar, soll geschützt werden   84. **einschätzen:** betrachten   84. **reißen:** schnell herunterziehen   87. **in die Schranken weisen:** zeigen, welch geringen Platz die andere Person hat   88. **ein feuchter Dreck** (*Ugs.*): der Schmutz auf dem Boden
89. **enteignet werden:** verlieren, was einem gehört   90. **sich weigern:** etwas nicht machen wollen   91. **entlassen:** feuern (*Ugs.*)   93. **sich der Gewalt beugen:** *submit to authority*
95. **glühend:** sehr heiß   95. **der Erzbrocken:** chunk of metal ore   95. **niederdonnern:** mit lautem Lärm herunterfallen   96. **etwas mit Selbstverständlichkeit hinnehmen:** etwas ganz normal finden   97. **der Schutz:** *protection*   97. **zu meinen Lasten:** auf meine Kosten   98. **jemanden auf etwas ansprechen:** mit jemandem über ein Thema sprechen   99. **sich beschweren:** *to complain*   100. **rein:** pur   102. **der (Arbeits-)Vertrag:** der (Arbeits-)Kontrakt   104. **der Feiertagszuschlag:** mehr Geld, wenn man an Feiertagen arbeitet

TEXTVERSTÄNDNIS

A. **Stimmt das oder nicht?** Wenn nicht, was stimmt dann?

_____ **1.** Ali (Wallraff) muß seine Papiere vorzeigen, und er wird nach seiner Staatsbürgerschaft gefragt.

_____ **2.** Die beiden deutschen Kollegen sitzen bequem im Kleinbus, und die Türken sitzen auf dem schmutzigen Boden.

_____ **3.** Ali erzählt den Türken, daß er zwar Türke sei, aber immer in Griechenland gewohnt habe.

_____ **4.** Der Werkschutzmann schreibt Alis Namen genau auf.

_____ **5.** Die Türken reagieren aggressiv auf die Beleidigungen der deutschen Kollegen.

_____ **6.** Die Arbeiter müssen tief unter der Erde in sehr staubiger Luft arbeiten.

_____ **7.** Alle Arbeiter tragen Atemschutzmasken und dürfen alle zwanzig Minuten an die frische Luft.

_____ **8.** Die Türken haben Angst, die Deutschen zu provozieren.

_____ **9.** Die meisten deutschen Kollegen behandeln die Türken freundlich, tolerant und helfen ihnen.

_____ **10.** Ali gibt seinen Helm gerne an einen deutschen Kollegen.

_____ **11.** Die Türken und Deutschen verdienen gleich viel.

> **9.–13. 9. 20⁰⁰ Uhr**
> **Ganz unten**
> Revue nach Günter Wallraffs Reportagen.
> theater tours München
> Ballhaus Naunynstraße, Berlin 36, Eintritt 10.– / 12.–
> **Kunstamt Kreuzberg**

B. Lesen Sie den Text noch einmal, und machen Sie folgende Aktivitäten.

1. Markieren Sie bitte in jedem Abschnitt die Wörter, die Sie am wichtigsten finden, und fassen Sie bitte zusammen, was Sie in diesem Abschnitt erfahren.

2. Wie bekommt Wallraff eine Arbeit als ,,Türke'' bei Thyssen? Was ist das für eine Firma? Wie fühlt er sich als ,,Türke''?

3. Warum glauben ihm die türkischen Kollegen, daß er auch ein Türke ist?

C. Bitte schreiben Sie ein „T" für „Türken" und ein „D" für „Deutsche" an den Rand des Textes, wo über Türken oder Deutsche gesprochen wird. Diese Markierung hilft Ihnen bei der Beantwortung der folgenden Fragen.

   1. In welcher Weise unterscheiden sich die deutschen Arbeiter von den türkischen?

   2. Wo gibt es Gefahren für die türkischen und/oder die deutschen Arbeiter?

   3. Wie verhalten sich die Türken untereinander? Wie verhalten sich die Türken gegenüber den Deutschen? Wie verhalten sich Deutsche gegenüber den Türken?

   4. Warum sprechen die Türken meistens Deutsch?

GEHEIMTIP WORTSCHATZ   **D.** Erklären Sie bitte die folgenden Wörter oder Ausdrücke auf deutsch. Der Kontext hilft Ihnen.

   1. nützlich *(Z. 5):* _____

   2. mit den Schultern zucken *(Z. 6):* _____

   3. mir ist es recht *(Z. 14):* _____

   4. der Sitz *(Z. 17):* _____

   5. der Schutzhelm *(Z. 81):* _____

   6. gehören *(Z. 87):* _____

E. Welche Erklärungen (rechts) passen zu den Ausdrücken aus der Umgangssprache (links)?

   1. die Karre *(Z. 15):*   **a.** ganz schnell

   2. fressen *(Z. 56):*   **b.** das brauchst du mir nicht zu sagen

   3. ruckzuck *(Z. 89):*   **c.** wie ein Tier essen

   4. . . ., bin ich die falsche Adresse für *(Z. 99):*   **d.** altes Auto

F. Beschreiben Sie bitte:

   1. die Fahrt im Mercedes-Kleinbus.

   2. die Arbeitssituation unter der Erde. Warum benutzt Wallraff hier das Personalpronomen „du"?

   3. die Episode mit dem Schutzhelm.

*Spielplatz für alle? —
Türkische Frauen und Kin-
der im deutschen Alltag*

G. In den folgenden Sätzen wird „Ausländerdeutsch" zitiert. Was bedeuten diese Sätze und was fällt Ihnen daran auf? Wer spricht sie? Warum sprechen die Personen so?

1. „Du nix verstehen?" *(Z. 7)*

2. „Du gehn zu Kollega in Auto." *(Z. 9)*

3. „Bei uns egal, wie schnell kaputt. Genug Neue da und warten, daß Arbeit kriegen." *(Z. 78)*

4. „Is privat, gehört mir. Mach ich nich. Kann entlasse werd, wenn ich ohn Helm arbeit." *(Z. 89)*

ANWENDUNG: Meinung, Diskussion, Phantasie

ZU TEXT UND THEMA

A. Wallraff und sein Projekt

1. Was halten Sie von Wallraffs Projekt und seiner Motivation dazu?

2. Warum hat Wallraff sein Buch wohl *Ganz unten* und dieses Kapitel „Im letzten Dreck" genannt?

3. Was halten Sie von . . .

   a. den Arbeitsbedingungen, die im Text beschrieben werden?
   b. den Verhaltensweisen der Deutschen?
   c. der Passivität der Türken?

4. Was hätten Ali oder die richtigen Türken gegen ihre Situation tun können? Was hätten Sie an ihrer Stelle gemacht? Was hätten Sie an Stelle eines der deutschen Kollegen gemacht?

B. **Ausländer und Arbeit.** Wie kommt es Ihrer Meinung nach, . . .

1. daß die deutschen Kollegen in Wallraffs Text so gleichgültig sind?

2. daß die Deutschen gegenüber Türken oft skeptisch und unfreundlich sind? Liegt das an der Mentalität der Deutschen, oder könnte es auch andere Gründe dafür geben?

3. daß einige Menschen die eigenen Landsleute netter finden als Ausländer?

4. daß manche Menschen Vorurteile gegenüber Ausländern und anderen Bevölkerungsgruppen haben und diese Gruppen anders behandeln als ihre eigenen Landsleute?

C. Es gibt das Stereotyp der fleißigen Deutschen. Glauben Sie, daß die Deutschen schwerer arbeiten als andere?

Sizilien — Nordend und zurück

*Italienische Familien im Frankfurter Häuserkampf -
Über einen Bericht aus dem Sammelband
»Ausländische Arbeiterfamilien in Hessen«.*

**WIE IST DAS IN
IHREM LAND?**

D. **Arbeitsmarkt und Ausländer**

1. Gibt es in Ihrem Land mehr oder weniger Ausländer als in den deutschsprachigen Ländern? Welche anderen Minderheiten gibt es, und wie begegnet man diesen Gruppen?

2. Sind die Einstellungen gegenüber verschiedenen Ausländergruppen unterschiedlich?

3. In welchen Berufen gibt es viele Arbeitsunfälle? Gibt es Gesetze zum Arbeitsschutz?

4. Welche Sprachschwierigkeiten haben die ausländischen Arbeitnehmer? In welchen Situationen machen sich die besonders stark bemerkbar?

Eine Information der
Ausländerbeauftragten des Senats

Für weitere Auskünfte wenden Sie sich bitte
an die Ausländerbeauftragte
Potsdamer Straße 65 · 1000 Berlin 30 · Telefon 2604 · 2353

23. 9. ab 15.⁰⁰ Uhr
Gemeinsam leben – gemeinsam entscheiden
Auftaktveranstaltung der Woche des ausländischen
Mitbürgers 1987
Fragen und Antworten zur Partizipation von Ausländern
Großer Sendesaal des SFB, Masurenallee 8 – 14

bis zum 24. 9. Di. – So. 11.⁰⁰ – 18⁰⁰ Uhr
Ali erzählt
Ausstellung zur Integration türkischer Kinder in Berlin.
Bilder und Texte von Abuzer Ümit.
Parkhaus im englischen Garten, Altonaer Straße
(Nähe Großer Stern), Berlin 21
Kunstamt Kreuzberg in Verbindung mit dem
Senator für Kulturelle Angelegenheiten

UND SIE?

E. Besprechen Sie die folgenden Fragen mit Ihrem Partner.

   1. Haben Sie persönlich Kontakt mit Ausländern? In welchem Zusammenhang?

   2. Haben Sie schon einmal im Ausland gearbeitet? Erzählen Sie den anderen Kursteilnehmern Ihre Erfahrungen.

   3. Können Sie sich vorstellen, daß Sie nur ganz schlechte Arbeiten angeboten bekommen, die Sie annehmen müssen, um zu überleben?

STELLEN SIE SICH VOR . . .

F. **Zum Rollenspielen oder Schreiben**

   1. Aus irgendeinem Grund müssen Sie Ihr Land verlassen. In welchem anderen Land wollten Sie am liebsten arbeiten und den Rest Ihres Lebens verbringen? Warum gerade in diesem Land?

   2. Sie sind in einem wilden Land. Der Weg nach Hause ist so weit, daß Sie mit dem Flugzeug fliegen oder mit dem Schiff fahren müßten. Eines Morgens wachen Sie auf, und Ihr Paß, Ihr Geld, Ihre Kreditkarten, alle Ihre Wertsachen sind gestohlen worden. Das Konsulat ist sehr weit, die Polizei ist korrupt und hilft Ihnen nicht. Sie können in der Landessprache nur ein paar Brocken sagen. Sie haben nicht einmal Geld zum Telefonieren. Was tun Sie?

   3. Sie machen ein Praktikum in einer Chemie-Fabrik. Sie stellen fest, daß jeden Tag sehr giftige Gase in die Arbeitshalle treten. Die anderen Kollegen und die Betriebsleitung scheinen das nicht so schlimm zu finden. Was machen Sie?

G. **Ein Spiel.** Die Lehrperson heftet jedem Kursteilnehmer ein Blatt auf den Rücken, auf dem ein Beruf steht. Die Personen wissen nicht, welchen Beruf sie „haben". Durch die Kommentare der anderen Kursteilnehmer muß jeder herausfinden, welchen Beruf er oder sie hat.

**DISKUSSION ODER
AUFSATZ.**

H. Hier sind ein paar gegensätzliche Meinungen. Denken Sie sich Argumente für beide Seiten und für Ihre eigene Meinung aus.

1. **a.** Leute wie Ali tun mir leid. Man müßte etwas für sie tun.
   b. Leute wie Ali sind selber schuld an ihrer Situation. Niemand hat sie gezwungen, nach Deutschland zu kommen und dort zu arbeiten.

2. **a.** Man sollte alles dafür tun, die ausländischen Arbeitnehmer in die Gesellschaft zu integrieren. Dann gibt es weniger Konflikte.
   b. Man soll es den ausländischen Arbeitnehmern in den hochindustrialisierten Ländern nicht zu angenehm machen, sonst bringen sie noch alle ihre Brüder und Schwestern, Vettern und Kusinen mit.

3. **a.** Jeder sollte mindestens einmal im Leben eine richtig dreckige Arbeit machen, damit man weiß, wie das ist.
   b. Die einen sind reich geboren, die anderen arm. Das war immer so und wird immer so sein.

4. **a.** Die Menschen, denen es finanziell gut geht, sind dafür verantwortlich, auch die Situation der ökonomisch Schwachen zu verbessern.
   b. Die Leute, die keine guten Arbeitsstellen finden, sind es selbst schuld. Jeder kann in diesem Land Karriere machen, wenn er/sie nur will.

"Wer einfach nur zusieht, macht sich mit-schuldig!"

Werner Schweig, Gipser aus Nohfelden, weiß, wovon er spricht:

"Seit Jahren arbeite ich auf dem Bau. Da kenn' ich mich aus. Auch was die kriminellen Machenschaften betrifft. Im ganz großen Stil, häufig so richtig durchorganisiert. Mitunter wird ein ganzes Heer von Firmen, die unangemeldete Arbeiter schwarz beschäftigen, auf die Baustellen losgelassen. Und was passiert dann mit uns ehrlichen Arbeitern? Wir müssen um unsere Arbeit bangen. Die illegale Konkurrenz bootet uns aus, mit unfairen Preisen. Nehmen uns die Arbeitsplätze weg. Klar, daß die billiger arbeiten können als wir. Die zahlen keine Steuern, keine Sozialabgaben, alles unter der Hand. Und oft sind die nicht mal richtig ausgebildet. Dann gibt's überall auf dem Bau Pannen, auch Unfälle, von den späteren Bauschäden ganz zu schweigen.

Auszubaden haben das die ehrlichen Unternehmen, die ehrlichen Arbeiter. Das sollte jeder wissen. Darum sollten wir jetzt endlich mit der illegalen Beschäftigung und Schwarzarbeit aufräumen. Den Unehrlichen das Handwerk legen. Wenn jeder die Augen offenhält und zur Ehrlichkeit am Arbeitsplatz steht, dann haben wir bald ein Problem weniger und viele legale Arbeitsplätze mehr!"

illegale
Beschäftigung
und
Schwarz-
arbeit

Wehren wir uns gemeinsam!

Illegale Beschäftigung ist kriminell. Das wird besonders auf dem Bau deutlich. Skrupellose Geschäftemacher richten riesige Schäden an.

Legale Arbeitsplätze werden vernichtet, ehrliche Unternehmen werden in ihrer Existenz gefährdet.

Dagegen müssen wir uns wehren. Immer mehr Bürger sagen deshalb der illegalen Beschäftigung und der Schwarzarbeit den Kampf an. Immer mehr bekennen sich uneingeschränkt zu einem fairen Wettbewerb und erteilen damit der illegalen Beschäftigung eine klare Absage.

Wir bitten auch Sie: Sagen Sie immer und überall **NEIN** zu illegaler Beschäftigung, und sagen Sie **JA** zur Aktion Ehrliche Arbeitsplätze.

Ihr **JA** hat Gewicht. Je mehr Bürger sich zu dieser Aktion bekennen, desto geringer sind die Chancen der Illegalen.

AKTIONS-GEMEINSCHAFT ⊗ EHRLICHE ARBEITSPLÄTZE

7   Vom Arzt zum Kneipier

Einführung in den Text   Bis vor kurzer Zeit war es in der Bundesrepublik Deutschland normal, daß man den Beruf, den man gelernt hatte, sein Leben lang ausübte. Die meisten Menschen wechselten ihren Beruf nicht, ja wechselten oft nicht einmal die Stelle oder die Stadt. In den letzten Jahren haben sich neue Tendenzen entwickelt: Wegen der größeren Arbeitslosigkeit *müssen* die Menschen flexibler und mobiler werden, wenn sie eine Stelle finden wollen. Manche Menschen merken aber auch, daß sie gar nicht vierzig oder fünfzig Jahre den gleichen Beruf ausüben *wollen*. Er ist ihnen vielleicht zu stressig oder zu langweilig geworden, und sie wollen etwas Neues ausprobieren.

Zu diesen Personen gehört Christian H. Er war Arzt. Der Beruf hat in Deutschland einen hohen Prestigewert, und Ärzte verdienen sehr gut. Im Laufe der Jahre merkte Christian H. aber, daß er eigentlich gar nicht so viel arbeiten wollte, wie er es als Arzt mußte. Er entschloß sich mit 38 Jahren, „auszusteigen" und zusammen mit seiner Freundin eine Kneipe aufzumachen.

FRAGEN ZUM THEMA

1. Bleiben die meisten Menschen in Ihrem Land ihr ganzes Leben lang in einem Beruf, in einer Stadt und in einer Stelle?
2. Welche Gründe kann es geben, die Stelle zu wechseln? Welche Gründe kann es geben, den Beruf zu wechseln?
3. Was stellen Sie sich vor, wenn Sie das Wort „Aussteiger" hören?
4. Warum ist das Prestige des Arztberufs so hoch?

LESEFRAGEN

1. Was erfahren wir über Christian H.s Leben?
2. Warum ist er Arzt geworden, und warum will er jetzt nicht mehr Arzt sein?
3. Welche Lebens- und Arbeitsphilosophie hat Christian?
4. Warum bleiben manche Menschen in ihrer Stelle, obwohl sie lieber etwas anderes machen würden?

Vom Arzt zum Kneipier ▪️◻️

Susanne: Christian, sag mal, warum hast du damals eigentlich erstmal Medizin studiert?

Christian: Du, ich hab' nicht gewußt, was ich sonst studieren sollte. Ich hatte keine Idee. Ich hatte eigentlich damals nur *ein* Hobby, das war Schwimmen und Hochleistungssport. Ich hab' mich für nichts anderes interessiert. Und 5 dann war das Abitur da, relativ problemlos. Dann tauchte die Frage auf, was machst du, was willst du machen? Und dann kam allerdings der „Erbfaktor" von meinen Eltern, die waren Mediziner. Das Studium—also, ich hab's gemacht, und hab' drum gekämpft und hab' gearbeitet, aber ich hab' nicht das Gefühl gehabt, vonwegen: „Ah, das ist das, was ich machen 10 will . . ." Ich hab aber ganz am Ende—

Susanne: Aber nichtsdestotrotz sehr brav bis zum Oberarzt gebracht, also erst warst du Assistenzarzt und dann warst du Oberarzt—

Christian: Nee, ganz am Ende des Studiums hab' ich so 'ne Idee gekriegt: „Augenblick, das macht Spaß!" Es gab dann plötzlich sowas wie 'ne Motivation, 15 vielleicht bedingt durch die Arbeit als Student auf einer Intensivstation—

Susanne: Aber letztendlich war's dir dann doch zu stressig?

Christian: Ich hab' es sehr intensiv gemacht, diesen Job, ich hab' ja dann also sofort nach dem Examen als Anästhesist angefangen zu arbeiten und noch meine Ausbildung als Anästhesist gemacht. Ich hab' eine sehr gute Ausbildung 20 durchlaufen, mit sehr hohen Ansprüchen, und hab' es bis zum allerletzten Tage sehr anspruchsvoll gemacht.

Susanne: Du meinst, du warst gut?

Christian: Joah, ich bin einer der besten Narkoseärzte gewesen, die ich jemals kennengelernt habe, hab' mich immer als Vorbild betrachtet, habe sehr gerne 25 junge Leute ausgebildet,—

Susanne: Mhm—

Christian: —habe auch mit ganz unheimlich tollen Leuten zusammengearbeitet, und der Job hat mir bis zum letzten Tag als Job unheimlich viel Spaß gemacht.

Susanne: Und dann bist du ausgestiegen. 30

---

7. **der Erbfaktor:** *heredity* 10. **vonwegen:** in dem Sinne 12. **nichtsdestotrotz:** trotzdem, dennoch 13. **der Assistenzarzt, der Oberarzt:** Positionen in der Krankenhaushierarchie 16. **bedingt durch:** motiviert durch 17. **letztendlich:** am Ende 22. **anspruchsvoll:** mit hohen Erwartungen 30. **aus•steigen:** die Karriere aufgeben und eine Alternative suchen

Christian: Ich bin ausgestiegen, weil ich mir ganz allmählich darüber im klaren wurde, daß ich mir über die—über die Zukunft, also über meine Perspektive Gedanken machen muß.

Susanne: Du meinst also, 80 Stunden pro Woche arbeiten und fast nicht schlafen und viel Geld kriegen, aber nicht viel Freizeit haben und kein Privatleben, **35** das sollt' es nicht sein? — Dann hättest du mit 40 'n Herzinfarkt!

Christian: Ich mußte einfach so mal eine Zäsur, also einen Einschnitt finden, wo ich überhaupt die Chance hab', zu überlegen, ob ich das will. Ich hab oft in meinem Dienstzimmer gesessen und geträumt: „Ach es wäre toll, wenn ich . . ." —und ich kam nie dazu, die Alternative anzudenken, weil späte- **40** stens dann das Telefon klingelte: „Notfall auf Station Soundso", „Hubschraubereinsatz dort und dort!" Nicht?

Susanne: Mhm.

Christian: Ich brauchte einfach mal 'n Punkt, wo ich drüber nachdenken konnte. Am Ende dieser Überlegungsphase waren für mich ungefähr drei Möglich- **45** keiten. Ich komme zu dem Resultat, daß ich genauso weitermache wie vorher. Möglichkeit zwo wäre gewesen, ich mache in Medizin weiter, aber in einer ganz anderen Form, reduziert, nicht so anspruchsvoll, nicht so perfektionistisch.

Susanne: Halbtagsjob— **50**

Christian: Und die dritte einkalkulierte Möglichkeit ist, vielleicht machst du was ganz anderes.

Susanne: Und jetzt machst du Kneipe!

Christian: Und das mach' ich— das hab' ich gemacht. Ich habe aufgehört ohne Bedauern, und dann hab' ich anderthalb Jahre gebraucht, um was Neues anzu- **55** fangen.

Susanne: Und wie ist das jetzt? Also, Arzt hat ja 'n hohen Prestigewert, nicht? Jetzt bist du Besitzer einer relativ kleinen Kneipe, die aber gut läuft.

Christian: Ja.

Susanne: Hast du da irgendwie Schwierigkeiten mit deiner Rolle? Ist das 'n neues **60** Gefühl, ist es 'n schwieriges Gefühl?

Christian: Ich hab' insofern keine Schwierigkeiten, als es mir gut geht. Ich fühle mich wohl.

Susanne: Mhm.

---

36. **der Herzinfarkt:** wenn plötzlich das Herz versagt 37. **die Zäsur:** die Pause 38. **überlegen:** nachdenken 39. **das Dienstzimmer** *(hier):* das Büro eines Arztes im Krankenhaus 41. **der Notfall:** emergency 42. **der Hubschraubereinsatz:** helicopter operation 47. **zwo** *(Ugs.):* zwei

Christian H. und seine Freundin im Café Clatsch.

Christian: Mein Vater sagt: „Ist es nicht schade um das, was wir oder was du inve-   65
stiert hast in deiner Ausbildung!" — Es ist nicht schade. Ich habe diesen
Beruf zehn Jahre lang gemacht, und ich hab' ihn mit Begeisterung gemacht,
ich hab' ihn mit Spaß gemacht, und ich hab' ihn unheimlich gut gemacht.
Es hat sich gelohnt, daß ich Medizin studiert habe.

Susanne: Mhm.   70

Christian: Was mir Spaß macht, ist die Möglichkeit, zu wechseln. Ich hoffe auch, daß
ich weiter wechseln kann. Ich will also nicht in zehn Jahren immer noch
Café Clatsch machen.

Susanne: Möchtest immer noch flexibel sein in zehn Jahren auch, nä?

Christian: Ich find's faszinierend, die Möglichkeit, wechseln zu können. Ich find's fas-   75
zinierend, in einem begrenzten Zeitraum, den ein Leben bietet, achtzig,
neunzig Jahre—

Susanne: Mehrere Sachen zu machen, nä?

---

65. **schade sein:** *a pity!*   69. **sich lohnen:** es wert sein   76. **begrenzt:** limitiert

Christian:	Mehrere Sachen zu machen, ich find' es unheimlich toll. Ich hab's bei meinen Kollegen aus dem Arztberuf manchmal sehr deprimierend emp- funden, als ich beobachtet habe, daß diese Kollegen genau wissen, was in 20 Jahren sein wird.
Susanne:	Langweilig, nä?— Sicherheit— Meinst du, die meisten haben Angst, aus ihrer alten Routine herauszugehen?
Christian:	Ich glaube, sehr viele Leute, fast jeder, den du ernsthaft befragst, der längere Zeit in irgendeinem Beruf gestanden hat, jeder wird die Unzufrie- denheit äußern und sagen: „Ich wünschte, ich könnte eigentlich mal was anderes machen."
Susanne:	Du, ich hab' auch mit relativ wenig Geld verschiedene Sachen gemacht. Ich war Studentin, ich war Lehrerin, ich war Kellnerin in 'ner Kneipe, ich war Stewardeß. Man muß die Initiative auch ergreifen. Aber es gehört auch Mut dazu, wenn nicht soviel Geld da ist—
Christian:	Ich kenn' zahllose Kollegen, die genauso Junggeselle waren, die keine Häuser gebaut hatten, die auch so'n Schweinegeld verdient haben wie ich, die keine Kinder zu versorgen hatten, die genauso unzufrieden waren wie ich, und die trotzdem halt nicht dieses Experiment eingegangen sind.
Susanne:	Meinst du, du gehst so ein Experiment nochmal ein, also irgendwann, wenn dir in fünf Jahren einfällt, jetzt würd' es dich viel mehr interessieren, in Afrika Urwaldforscher zu werden?
Christian:	Ich hoffe, daß ich das Experiment nochmal eingehen werde. Ich wünsch' es mir eigentlich. Also ich hoffe, daß ich in zehn Jahren freischaffender Schriftsteller auf einer griechischen Insel bin, oder daß ich in zehn Jah- ren—
Susanne:	Fotograf—
Christian:	Fotograf bin, oder daß ich in zehn Jahren irgend 'ne Weinhandlung habe, weiß ich nicht—
Susanne:	Mhm—
Christian:	Ich finde die Idee des Wechselns faszinierend mittlerweile.
Susanne:	Ich glaub', wenn man einen Wechsel einmal gemacht hat, dann sind die nächsten Wechsel nicht so schwer, weil man gesehen hat, daß man es schaffen kann, daß es klappt, daß es funktioniert.

80. **empfinden:** fühlen 81. **beobachten:** sehen 87. **äußern:** ausdrücken, sagen 93. **der Jungge-selle:** ein unverheirateter Mann 95. **versorgen:** Geld und Nahrung bereitstellen für jemanden 98. **jemandem fällt etwas ein:** jemand bekommt eine Idee 99. **der Urwaldforscher:** ein Wissen-schaftler, der im Dschungel arbeitet 101. **freischaffend:** unabhängig von Institutionen kreativ tätig sein 108. **mittlerweile:** inzwischen

TEXTVERSTÄNDNIS

ERSTES LESEN

A. **Stimmt das oder nicht?** Wenn nicht, was stimmt dann?

1. Christian hat Medizin studiert, weil seine Eltern das wollten.

2. Der Arztberuf hat Christian nie Spaß gemacht.

3. Christian stieg aus, weil er nicht genug verdiente.

4. Erst nach eineinhalb Jahren Pause hat Christian seine Kneipe aufgemacht.

5. Christians Vater findet, daß Christian mit seinem Studium Zeit und Geld verschwendet hat.

6. Christian will jetzt sein Leben lang Kneipier bleiben.

7. Susanne war Fußballtrainerin.

Guten Morgen, guten Tag, guten Abend!

Liebe Gäste im *café clatsch*

Diese Karte soll Ihnen helfen, Ihr Getränk, Ihre Speisen zu finden. Die Preise beinhalten die Mehrwertsteuer und Bedienung.

Wir versuchen Ihnen die Atmosphäre zu schaffen, die Sie suchen: Caféhaus, Bistro, Kneipe, Leseecke . . .

Wir wünschen Ihnen angenehme Stunden.

Sprechen Sie uns an, wenn Sie Wünsche, Fragen, Anregungen oder Kritik äußern wollen.

Renate Tzimas   Christian Henatsch
und Mitarbeiter

Inh. C. Henatsch · 4000 Düsseldorf 30 · Weissenburgstrasse 2a · Tel. (02 11) 46 65 62

Clatsch-Brötchen

mit Käse-Schinken	3,00
mit Schinken	2,50
mit Käse	2,00

Ergänzungen:

1 Brötchen oder 2 Scheiben Brot	0,50
1 Croissant	1,50
Portion Butter	0,50
Portion Marmelade oder Honig	0,50
Portion Salami, Schinken, Holländer	1,50
1 Ei	0,70
Frisch gepreßter Orangensaft	5,00
2 Spiegeleier mit Speck, Toast, Butter	5,00
Omelette „nature", Toast, Butter	5,00
Portion Joghurt mit Honig	3,00
Portion Joghurt mit Honig und Obst	5,00
Portion Müsli mit Honig	3,00
Portion Müsli mit Honig und Obst	5,00

Ergänzungen zum Frühstück Clatsch-Brötchen

ZWEITES LESEN

B. Lesen Sie den Text noch einmal, dann beantworten Sie bitte folgende Fragen.

1. Was war für Christian das Wichtigste, als er Schüler war?

2. Warum hat Christian Medizin studiert?

3. Seit wann entwickelte Christian mehr Enthusiasmus für seinen Beruf? Warum?

4. Was für ein Bild hat Christian von sich als Arzt? Welche Einstellung hatte er zu seinem Beruf? Was liebte er, was mochte er nicht?

5. Warum ist Christian „ausgestiegen"?

6. Nennen Sie fünf Merkmale von Christians Arbeitsalltag als Arzt. Warum kam er nie zum Nachdenken?

7. Welche verschiedenen Perspektiven für die Zukunft hatte Christian?

8. Warum ist Christian davon fasziniert, den Beruf immer wieder wechseln zu können?

9. Was beobachtet Christian bei seinen Kollegen?

10. Warum bleiben manche Menschen nach der Meinung von Christian und Susanne in ihrer alten Routine?

11. Warum macht Christian eine relativ große Sache aus seinem „Experiment"? Welche Gefühle hat er dabei?

GEHEIMTIP WORTSCHATZ

C. Welche Definition paßt zu welchem Wort?

1. das Vorbild *(Z. 25)*

2. allmählich *(Z. 31)*

3. die Kneipe *(Z. 53)*

4. der Besitzer *(Z. 58)*

5. die Schwierigkeit *(Z. 60)*

6. die Begeisterung *(Z. 67)*

7. die Unzufriedenheit *(Z. 86)*

a. eine Person, der etwas gehört
b. der Enthusiasmus
c. eine Bar
d. eine Person oder Sache, die man bewundert oder imitiert
e. wenn man sich nicht wohl fühlt
f. langsam
g. ein Problem

D. Erklären Sie die folgenden Wörter oder Ausdrücke bitte auf deutsch, oder finden Sie Synonyme. Der Kontext hilft Ihnen.

1. sehr hohe Ansprüche *(Z. 21)* _high demand_ _____

2. sich Gedanken machen *(Z. 33)* _thought_ Mann denkt über sich.

3. das Gefühl *(Z. 61)* _feeling_ die Erregung _____

4. wechseln *(Z. 71)* _to change_ _____

5. die Initiative ergreifen *(Z. 91)* _take up_ Mann machen ~~zuerst~~ erst.

6. zahllos *(Z. 93)* _many_ Mehr, weil _____

E. Zur Textform

1. Was für ein Text ist das? Mehrere Antworten können richtig sein.

   a. eine Liebesgeschichte
   b. ein Interview
   c. ein Transkript von einem realen Gespräch
   d. ein Monolog
   e. ein Gedicht

2. Was fällt Ihnen an der Sprache auf? Suchen Sie Stellen im Dialog, die typisch für gesprochene Sprache sind.

3. Was ist der Unterschied zwischen geschriebener und gesprochener Sprache?

4. Warum spricht man anders als man schreibt?

5. Warum soll man meistens nicht so schreiben, wie man spricht?

6. Wann ist es „erlaubt", so zu schreiben, wie man spricht?

Yuppie! Nein, danke!— Oder doch!

ANWENDUNG: Meinung, Diskussion, Phantasie

ZU TEXT UND THEMA

A. Zu Christian   *to imagine*

1. Können Sie sich vorstellen, warum Christian ausgestiegen ist? Hätten Sie das vielleicht auch gemacht?

2. Ist Ihnen Christian sympathisch?

B. Zum Arztberuf

1. Welche Eigenschaften sollten Ärzte/Ärztinnen Ihrer Meinung nach haben? Unterstreichen Sie die Eigenschaften, die bei allen Ärzten/ Ärztinnen wichtig sind; umkreisen Sie die Eigenschaften, die nur in bestimmten Spezialgebieten wichtig sind. Erklären Sie, warum. Ergänzen Sie die Liste!

   geduldig · freundlich · autoritär · gutaussehend · *clean* sauber
   schnell · ruhig · selbstbewußt · kooperativ · dominant
   spontan · präzise · erfinderisch · kreativ · durchsetzungsfähig · kommunikativ · tolerant · intelligent · belastungsfähig · gestreßt · brutal

   _____

   _____

   _____

2. Warum hat der Arztberuf einen so hohen Prestigewert?

3. Warum wollen so viele junge Leute Arzt/Ärztin werden? Warum wollen andere es auf gar keinen Fall?

4. Welche von diesen Personen können Sie sich als Arzt oder Ärztin vorstellen: Albert Einstein, Harriet Tubman, Prinzessin Diana von England, Napoleon, Marlene Dietrich, Mahatma Ghandi, Mutter Theresa, Arnold Schwarzenegger? Warum oder warum nicht?

C. Berufswechsel   *suddenly*

1. Was motiviert Menschen, plötzlich einen neuen Beruf zu ergreifen?

2. Was ist der Unterschied zwischen Menschen, die ihren Beruf wechseln *wollen* und Menschen, die ihren Beruf wechseln *müssen*?

3. Welche Rolle spielt das Geld, wenn man einen Beruf sucht, der einen ganz zufriedenstellt?

**WIE IST DAS IN
IHREM LAND?**

D.   Ist der Arztberuf sehr beliebt? Warum, warum nicht?

E.   **Berufswechsel**

   1.   Wechseln die Menschen ihre Arbeit oft? In welchen Berufen tun
   sie es, in welchen nicht? Meinen Sie, daß es in den deutschsprachigen Ländern anders ist?

   2.   Ziehen die Menschen oft weg, um eine bessere Stelle anzuneh-
   men, oder bleiben sie meistens in einer Stadt?

   3.   Wäre Christians Ausstieg aus seiner Arzt-Karriere in Ihrem Land
   so ungewöhnlich, wie es in Deutschland war?

UND SIE?

F.   **Persönliches zur Arbeitswelt.** Besprechen Sie folgenden die Fragen mit
Ihrem Partner.

   1.   Wären Sie gern Arzt/Ärztin? Warum ja, warum nicht?

   2.   Wäre es für Sie ein Problem, ein Leben lang den gleichen Beruf
   auszuüben? Oder freuen Sie sich darauf, weil es vielleicht die
   richtige Tätigkeit für Sie ist?

   3.   Arbeiten Sie im Moment? Arbeiten Sie wenig, gerade die richtige
   Menge, viel oder zuviel?

   4.   Was könnte Sie motivieren, . . .

      a.   sieben Tage pro Woche zwölf Stunden am Tag zu arbeiten?
      b.   eine Halbtagsstelle statt einer Vollzeitposition anzunehmen?
      c.   Einen Beruf aufzugeben, den Sie viele Jahre lang ausgeübt
      haben?
      d.   ein Leben lang in einem Beruf zu bleiben?

   5.   Haben Sie schon viele Wechsel hinter sich? Welche?

   6.   Sind Sie jemand, der lieber auf ,,Nummer sicher'' geht, oder lieben Sie Abwechslung und Risiko—auch im Beruf?

STELLEN SIE SICH VOR . . .   **G.** Zum Rollenspielen oder Schreiben

1. Christian und seine Situation

a. Christians Vater findet, daß Christians Studium eine Verschwendung von Zeit und Geld war. Er versteht nicht, warum Christian jetzt Kneipenwirt sein möchte. Christian erklärt ihm seine Position.

b. Christian entscheidet sich nach drei Jahren als Kneipier, wieder als Arzt arbeiten zu wollen. Wie erklärt er dem neuen Arbeitgeber im Krankenhaus, warum er seine Karriere als Arzt unterbrochen hat? Wie reagiert der Personalchef oder die Personalchefin?

2. Berufssituationen

a. Sie kommen zur Uni, und ein Polizist sagt Ihnen, daß ab heute alle Unis in Ihrem Land geschlossen sind und Sie nicht mehr studieren könnten. Was würden Sie machen?

b. Sie sind schon 20 Jahre als Pilot/Pilotin tätig. Eines Tages kommt ein Brief von einer Erbtante, die Ihnen eine Million geben will, wenn sie stirbt, aber nur, wenn Sie sich einen weniger gefährlichen Beruf suchen.

c. Sie sind Konzertpianist/Konzertpianistin. Bei einem Autounfall verletzen Sie sich die Hände so, daß Sie nicht mehr Klavier spielen können. Was machen Sie?

d. Sie arbeiten schon lange und erfolgreich in Ihrem Beruf. Mit Ihrem Einkommen ernähren Sie Ihre Familie. In letzter Zeit bekommen Sie aber immer wieder das Gefühl, daß dieser Beruf nicht das richtige für Sie ist. Was machen Sie?

e. Eine Freundin von Ihnen weiß nicht, was sie werden soll. Sie interessiert sich für Computerwissenschaft, Musik und Medizin. Wie beraten Sie sie?

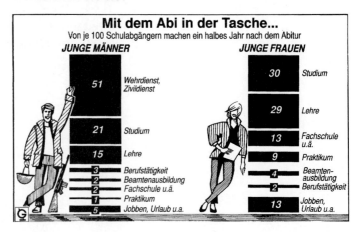

Mit dem Abi in der Tasche...

Von je 100 Schulabgängern machen ein halbes Jahr nach dem Abitur

JUNGE MÄNNER

51	Wehrdienst, Zivildienst
21	Studium
15	Lehre
3	Berufstätigkeit
2	Beamtenausbildung
2	Fachschule u.ä.
1	Praktikum
5	Jobben, Urlaub u.a.

JUNGE FRAUEN

30	Studium
29	Lehre
13	Fachschule u.ä.
9	Praktikum
4	Beamtenausbildung
2	Berufstätigkeit
13	Jobben, Urlaub u.a.

Wie Sie richtig Dampf machen, wenn Ihre Karriere mal bremst.

DISKUSSION ODER AUFSATZ

H. Finden Sie Argumente—pro und contra—für die gegensätzlichen Positionen, und fügen Sie Ihre eigenen Meinungen hinzu.

1. a. Man lebt, um zu arbeiten. Arbeit macht das Leben süß.
   b. Man arbeitet, um zu leben. Es gibt auch noch andere schöne Dinge im Leben. Arbeit ist nur dazu da, Hobbys zu finanzieren.

2. a. Lieber viel Geld und viel Streß, als wenig Streß und wenig Geld.
   b. Lieber Gesundheit und Zufriedenheit als viel Geld und einen Herzinfarkt.

3. a. Nichts ist interessanter, als etwas ganz Neues anzufangen, ein Risiko einzugehen und eine große Herausforderung zu bewältigen.
   b. Sicherheit ist immer das beste. Dann kann man besser schlafen und das Leben genießen.

❖ ROLLEN

8. Männer   9. Kaffee verkehrt   10. Rollen und die Liebe

Vorschau auf das Thema

Was sind überhaupt Rollen? Jede Person in unserer Gesellschaft spielt eine Reihe von sozialen Rollen, z.B. Studentin und Fotografin, Tochter, Schwester und Mutter, oder Freund, Bruder, Kollege, Autoverkäufer oder auch Boß.

Auch die Frauenrolle und die Männerrolle sind soziale Rollen. Es gibt Erwartungen an Männer und Frauen, Mädchen und Jungen. „Eine Frau ist so und so" oder „Ein Mann tut so etwas nicht" hören wir manchmal. Die Geschlechtsrolle beeinflußt uns in allen Bereichen unseres täglichen Lebens, z.B. im Beruf, in der Liebe, in unserem Selbstgefühl und so weiter.

Mit der historischen Entwicklung der Gesellschaft haben sich auch die sozialen Rollen und Normen verändert, d.h. auch die Definitionen der Männerrolle und der Frauenrolle. In den 60er und 70er Jahren wurden viele Frauen in Europa und Nordamerika unzufrieden mit der traditionellen Frauenrolle und strebten neue Frauenbilder, neue Ideale, neue Realitäten an.

Neben den Themen „Gleichberechtigung" und „Frauenemanzipation" diskutieren in den letzten Jahren immer mehr Leute auch die Notwendigkeit einer „Männeremanzipation". Politiker und Politikerinnen, Stars, Schriftsteller und Schriftstellerinnen und „Leute wie du und ich" sprechen und singen über die sozialen Rollen von Mann und Frau in der Vergangenheit, Gegenwart und Zukunft, sowohl im Beruf als auch im Privatleben.

Haben Sie schon einmal über *Ihre* Rolle als Frau oder als Mann nachgedacht? Hier können Sie Ihre Vorstellungen mit den anderen Kursteilnehmern auf deutsch diskutieren.

EIN PAAR FRAGEN ZUM THEMA

1. In welchen Ländern der Welt sind Männer und Frauen gesetzlich gleichberechtigt? Wie ist das in Ihrem Land?

2. Gibt es Ihrer Meinung nach in der Wirklichkeit unterschiedliche Eigenschaften und Verhaltensweisen bei Frauen und Männern?

» Sind wir aber froh . . .
. . . gleichberechtigt
und doch verschieden . . . «

NÜTZLICHE WÖRTER UND AUSDRÜCKE

Hier sind ein paar Wörter und Ausdrücke für dieses Thema. Wenn Ihnen noch mehr einfallen, schreiben Sie sie einfach dazu.

die Geschlechtsrollen

die Frauenrolle		die Rollenerwartung	erwarten
die Männerrolle		das Verhalten	sich verhalten
das Geschlecht	geschlechtlich	das Benehmen	sich benehmen
	geschlechtsspezifisch	die Verhaltensweise	
die Weiblichkeit		die Eigenschaft	typisch
die Männlichkeit			stereotyp
die Norm		der Unterschied	unterschiedlich
die Heterosexualität		(zwischen)	verschieden
die Homosexualität	homosexuell, schwul/		
	lesbisch *(Ugs.)*	von Natur aus	natürlich
		die Erziehung	erziehen

die Gleichberechtigung

das Recht	gleichberechtigt
die Frauenbewegung	
die Männerbewegung	
die Frauenemanzipation	sich emanzipieren/emanzipiert sein
die Männeremanzipation	
die Veränderung	sich verändern

die Liebe

die Beziehung	eine Beziehung haben	die Eifersucht	eifersüchtig
das Verhältnis		die Treue	treu (sein)
das Paar,	sich lieben	die Sexualität	miteinander schlafen
das Liebespaar			
der Freund,	miteinander gehen		
die Freundin			

das Kennenlernen

die Verabredung	sich verabreden
	aus•gehen (mit)
die Bekanntschaft	eine B. machen,
	an•bändeln (Ugs.)
die Anmache (Ugs.)	an•machen (Ugs.)
	auf•reißen (Ugs.)
der Annäherungsversuch	

die Ehe

die Verlobung	sich verloben, verlobt
die Hochzeit	heiraten
die Ehe	verheiratet
die Trennung	sich trennen, getrennt
die Scheidung	sich scheiden lassen
	geschieden
der Witwer	verwitwet
die Witwe	

8   Männer

Einführung in den Text   Man spricht heute viel davon, daß Frauen in unserer Gesellschaft unterprivilegiert sind, daß sie schlechtere Chancen in der Arbeitswelt haben, daß sie schlechter verdienen, und daß sie schon als Kinder darauf programmiert werden, sich unterzuordnen. Seit vielen Jahren gibt es eine Frauenbewegung, die versucht, die Situation der Frau zu verändern, und die auch einige grundlegende Änderungen bewirkt hat: die vielen Ärztinnen, Rechtsanwältinnen, Geschäftsfrauen, Managerinnen und Professorinnen von heute beweisen es.

Aber wie steht es mit der Rolle des Mannes? Manche Menschen finden, daß wir auch eine Männeremanzipation brauchen. Andere sagen, daß es den Männern in unserer Gesellschaft besser als den Frauen geht, daß Männer bessere Stellen bekommen, daß sie besser bezahlt werden, daß sie mehr Einfluß in der Familie und im öffentlichen Leben haben, und daß sie schon als Kinder wilder und selbstbewußter sein dürfen als Mädchen. Andererseits gibt es vielleicht auch Nachteile in der Rolle des Mannes. Und ist diese Männerrolle überhaupt klar definiert?

Herbert Grönemeyer ist ein deutscher Liedermacher. In seinem Lied „Männer" beschreibt er . . . wen? Männer!

FRAGEN ZUM THEMA

1. Welche Eigenschaften gelten traditionell als männlich?
2. Was sind (stereo)typisch männliche Verhaltensweisen?
3. Wie unterscheiden sich die Rollen von Mann und Frau?
4. Wie kommt es, daß sich Frauen und Männer oft unterschiedlich verhalten?
5. Warum meinen manche Leute, daß wir auch eine Männeremanzipation brauchen? Was ist das überhaupt? Was halten Sie davon?
6. Falls Sie eine Aufnahme des Liedes *Männer* haben, hören Sie es sich bitte an, ohne den vollständigen Text mitzulesen. Versuchen Sie mal, den Lückentext auszufüllen. Sie brauchen nicht gleich alles verstehen zu können, denn nach dem ersten Hören vergleichen und ergänzen Sie die Resultate in der ganzen Gruppe.

LESEFRAGEN

1. Was tun Männer, d.h. wie verhalten sich Männer?
2. Wie sind Männer, d.h. welche Eigenschaften haben sie?
3. Welche Einstellung hat Grönemeyer zur Männerrolle?

„DIE MÄNNER HABEN KEINE AHNUNG VON UNS FRAUEN"

Männer

1. Männer nehmen in den Arm.
Männer geben Geborgenheit.
Männer weinen heimlich.
Männer brauchen viel Zärtlichkeit.
5 Männer sind so verletzlich.
Männer sind auf dieser Welt einfach
unersetzlich.

2. Männer kaufen Frauen.
Männer stehen ständig unter Strom.
10 Männer baggern wie blöde.
Männer lügen am Telefon.
Männer sind allzeit bereit.
Männer bestechen durch ihr Geld
und ihre Lässigkeit.

15 Refrain: Männer haben's schwer,
nehmen's leicht.
Außen hart und innen ganz
weich.
Werden als Kind schon auf
20 Mann geeicht.
Wann ist der Mann ein Mann?

3. Männer haben Muskeln.
Männer sind furchtbar stark.
Männer können alles.
25 Männer kriegen 'n Herzinfarkt.
Männer sind einsame Streiter.
Müssen durch jede Wand, müssen
immer weiter.

Refrain: Männer haben's schwer,
30 nehmen's leicht.
Außen hart und innen ganz
weich.

Werden als Kind schon auf
Mann geeicht.
Wann ist der Mann ein Mann? 35

4. Männer führen Kriege.
Männer sind schon als Baby blau.
Männer rauchen Pfeife.
Männer sind furchtbar schlau.
Männer bauen Raketen. 40
Männer machen alles ganz,
ganz genau.

Refrain: Wann ist der Mann ein
Mann?

5. Männer kriegen keine Kinder. 45
Männer kriegen dünnes Haar.
Männer sind auch Menschen.
Männer sind etwas sonderbar.
Männer sind so verletzlich.
Männer sind auf dieser Welt einfach 50
unersetzlich.

Refrain: Männer haben's schwer,
nehmen's leicht.
Außen hart und innen ganz
weich. 55
Werden als Kind schon auf
Mann geeicht.
Wann ist der Mann ein Mann?
Wann ist man ein Mann?

HERBERT GRÖNEMEYER

---

1. **in den Arm nehmen:** umarmen 2. **die Geborgenheit:** Schutz 3. **weinen:** wenn Wasser aus
den Augen kommt 3. **heimlich:** niemand sieht es 4. **die Zärtlichkeit:** *tenderness* 5. **verletzlich:** *vulnerable* 7. **unersetzlich:** *irreplaceable* 9. **unter Strom stehen** *(Ugs.):* berauscht, erregt
sein 10. **baggern** *(Ugs.):* Frauen anmachen 10. **blöde:** verrückt 11. **lügen:** nicht die Wahrheit
sagen 12. **allzeit:** immer 12. **bereit:** *prepared* 13. **bestechen:** *to bribe, impress* 14. **die
Lässigkeit:** Nonchalance 20. **eichen:** *to calibrate* 25. **kriegen:** bekommen 26. **einsam:** allein
26. **der Streiter:** *fighter* 37. **blau** *(Ugs.):* betrunken 39. **schlau:** klug, intelligent 42. **genau:**
präzise 46. **dünn** *(hier):* nicht dicht 48. **sonderbar:** merkwürdig, *peculiar*

TEXTVERSTÄNDNIS

ERSTES LESEN

A. **Stimmt das oder nicht?** Wenn nicht, was stimmt dann?

Gr. ~~S~~   **1.** Männer beschützen Frauen.

_S_   **2.** Männer weinen nicht gern in der Öffentlichkeit.

_N_   **3.** Männer sind auf der Welt eigentlich ~~überflüssig.~~ *unbesetzlich*

N 11 _N_   **4.** Männer ~~sagen immer die Wahrheit.~~ *Lüge am Telefon*

31 _S_   **5.** Eigentlich sind Männer innerlich verletzlich, aber nach außen hin spielen sie den starken Mann.

ln. 23 ✓   **6.** Männer bekommen selten Herzkrankheiten.

26 _S_   **7.** Männer sind oft introvertiert und allein.

38-39 _S_   **8.** Männer trinken oft und rauchen *pfeife* viel.

40 ~~S~~   **9.** Männer arbeiten nicht so präzise.

ln. 46 **N**   **10.** Männer verlieren ihre Haare seltener als Frauen.

„Als Kind schon auf Mann geeicht?"

ZWEITES LESEN

B. Markieren Sie bitte mit Buchstaben am Rand der folgenden Liste, in welche Kategorien folgende Aussagen fallen:

K = körperliche Merkmale (physische, äußere Attribute)
E = Eigenschaften (innere Merkmale)
T = Tätigkeiten (Aktivitäten)

E	brauchen Zärtlichkeit	*T*	bauen Raketen
T	kriegen einen Herzinfarkt	*T*	kaufen Frauen
K	kriegen dünnes Haar	*E*	sind auch Menschen
K	haben Muskeln	*E*	sind etwas sonderbar
E	müssen durch jede Wand	*T*	nehmen in den Arm
E	sind verletzlich	*E*	geben Geborgenheit
E	sind lässig	*T*	baggern wie blöde
E	innen weich, außen hart	*T*	lügen am Telefon
E	sind allzeit bereit	*T*	sind schon als Baby blau
T	machen alles ganz, ganz genau	*T*	stehen ständig unter Strom
T	kriegen keine Kinder	*T*	führen Kriege
K	sind furchtbar stark	*T*	sind einsame Streiter
E	sind furchtbar schlau	*T*	rauchen Pfeife

Konnten Sie alle Aussagen ohne Probleme markieren? Welche Aussagen sind klischeehaft oder stereotyp? Wo finden Sie Widersprüche, und wie interpretieren Sie diese Widersprüche?

Sind Jungens blöd
und Mädchen zickig?

C. **Zum Refrain**

1. Formulieren Sie den Refrain mit Ihren eigenen Worten.

2. Was wird hier über den „männlichen Charakter" gesagt?

3. Was wird über die Erziehung (Sozialisation) von Männern gesagt?

D. Zum Liedermacher

    1. Hat der Autor eine gewisse Distanz zu der Aussage des Liedes?

    2. Wie meint er diese Zeilen?
    „Männer sind auf dieser Welt einfach unersetzlich.''
    „Männer können alles.''

    3. Identifiziert er sich eher mit dem traditionellen oder eher mit einem alternativen Männerbild?

GEHEIMTIP WORTSCHATZ
    E. Erklären Sie die folgenden Wörter oder Ausdrücke auf deutsch, oder finden Sie Synonyme.

      1. brauchen *(Z. 4):* _____

      2. es schwer haben *(Z. 15):* _____

      3. es leicht nehmen *(Z. 16):* _____

      4. weich *(Z. 18):* _____

      5. furchtbar *(Z. 23):* _____

      6. stark *(Z. 23):* _____

      7. rauchen *(Z. 38):* _____

    F. Finden Sie zu einem Wort im Text andere Adjektive, Verben oder Substantive aus der gleichen Wortfamilie.

      ⇨   die Zärtlichkeit: *zart, zärtlich, verzärteln*
         unersetzlich: *ersetzen, der Ersatz, besetzen*

      Wer findet die meisten verwandten Wörter?

      1. die Geborgenheit *(Z. 2):* _____

      2. verletzlich *(Z. 5):* _____

      3. kaufen *(Z. 8):* _____

      4. bereit *(Z. 12):* _____

      5. furchtbar *(Z. 23):* _____

Gewalt gegen Frauen fängt beim Reden an

Mann, Muskeln, Mut: Arnold Schwarzenegger—der Traum aller Frauen?

ANWENDUNG: Meinung, Diskussion, Phantasie

ZU TEXT UND THEMA

A. Zum Lied

1. Wie gefällt Ihnen das Lied? Wie finden Sie den Text? Ist für Sie bei einem Lied der Text oder die Melodie wichtiger?

2. Was für ein Männerbild wird in diesem Lied angesprochen?

3. Ist das auch Ihr Rollenbild? Was finden Sie an dem Rollenbild gut? Was lehnen Sie an diesem Männerbild ab? Welche Aussagen finden Sie übertrieben?

4. Im Text steht „Männer werden als Kind schon auf Mann geeicht.'' Was bedeutet das? Welche Rolle spielt Ihrer Meinung nach die Erziehung und welche die Biologie?

5. Wann ist *Ihrer* Meinung nach ein Mann ein Mann?

B.   Vor- und Nachteile der Männerrolle

1. Wo liegen in der traditionellen Männerrolle Vorteile für Männer/ für Frauen? Wo liegen Nachteile?

2. Nennen Sie ein paar Aspekte einer moderneren, progressiveren Männerrolle. Wo sehen Sie in der neueren Männerrolle Vorteile für Männer/für Frauen? Wo sehen Sie in der neueren Männerrolle Nachteile für Männer/für Frauen?

3. Muß ein Mann immer stark/erfolgreich/mutig sein?

4. Warum spricht man bei schwachen Männern von ,,weibischen Schwächlingen'' und bei starken Frauen von ,,Mannweibern''?

5. Finden Sie es legitim, wenn man unterschiedliche Erwartungen an Männer und Frauen stellt?

C.   Eigenschaften: real und irreal

1. Benutzen Sie die folgenden Eigenschaften, um reale Männer oder Frauen zu beschreiben. Geben Sie Beispiele.

energisch • dominant • spontan • direkt • naiv • launisch • zuverlässig • fleißig • ehrgeizig • spielerisch • kreativ • ungenau • raffiniert • stark • laut • impulsiv • sparsam • risikofreudig • vorsichtig • unpraktisch • neurotisch • hysterisch • destruktiv • faul • loyal • aggressiv • kinderlieb • tolerant • geduldig • langweilig • tapfer • ehrlich • charmant • ängstlich • kritisch • neugierig • betrunken • phantasievoll • emotional • flexibel • witzig • ernst • rational • hilfsbereit • praktisch • realistisch • romantisch • egoistisch • schwach

Der Junior-Paß.
Tolle Typen treffen
und preiswert abfahren.

2. Was ist der Unterschied zwischen Stereotypen und realen Menschen?

3. Welche Eigenschaften müßten Ihrer Meinung nach *ideale* Frauen, *ideale* Männer oder *ideale* Menschen allgemein haben? Diskutieren Sie mit Ihrem Nachbarn, ob und warum Sie bestimmte Eigenschaften für Frauen und/oder Männer besonders wichtig finden. Sicher gibt es verschiedene Meinungen darüber.

4. Finden Sie die folgenden Eigenschaften bei Männern/Frauen negativ (−), positiv (+) oder neutral (+/−)? Warum?

	Frauen	*Männer*	*Menschen*
klein			
dynamisch			
passiv			
kompliziert			
lustig			
ungewöhnlich			
lebhaft			
schlank			
natürlich			
exzentrisch			

5. Wie ist das Ergebnis? Welche Eigenschaften finden Sie für beide Geschlechter gleich schlecht/gut/neutral? Welche unterschiedlichen Meinungen gibt es bei den Kursteilnehmern?

6. Finden Sie eine Einteilung nach Männern und Frauen, bzw. männlichen und weiblichen Personen, überhaupt relevant? Wenn ja, wann? Wenn nicht, warum nicht?

WIE IST DAS IN IHREM LAND?

D. Glauben Sie, daß die Erwartungen an einen Mann in allen Ländern gleich sind? Wissen Sie, ob es da Unterschiede zwischen Ihrem Land und den deutschsprachigen Ländern gibt?

UND SIE?

E. Besprechen Sie die Fragen mit Ihrem Partner.

1. Sind Sie Ihrer Meinung nach eine relativ traditionelle Frau, bzw. ein relativ traditioneller Mann? Oder „fallen Sie aus der Rolle"? Inwiefern?

2. Wie sollte sich Ihrer Meinung nach eine Frau verhalten? Welche Eigenschaften sollte eine Frau haben?

3. Wie sollte sich Ihrer Meinung nach ein Mann verhalten? Welche Eigenschaften sollte ein Mann haben?

4. Ist es Ihrer Meinung nach wichtig, daß Männer und Frauen sich unterschiedlich verhalten?

F. **Hand aufs Herz!** Was wären Sie lieber: eine Frau oder ein Mann? Warum lieber das eine, warum nicht das andere?

G. Welchen Typ auf Seite 100 finden *Sie* interessant?

1. Beschreiben Sie ganz spontan Ihren ersten Eindruck von jeder Person auf der vorigen Seite. Was vermuten Sie über den Beruf, die Eigenschaften und das Leben dieser Person? Versuchen Sie, das Verb **sein** so selten wie möglich zu benutzen.

2. Welcher Mann oder welche Frau gefällt Ihnen am besten und warum? Mit wem wären Sie am liebsten befreundet?

3. Welche Aspekte sind für die meisten Studenten oder Studentinnen wichtig?

  a. Äußerlichkeiten wie Aussehen, Kleidung, Haarschnitt usw.?
  b. Charaktereigenschaften?
  c. soziale Stellung, Beruf, Bildung usw.?

4. Über wen sagen Ihre (ersten) Eindrücke mehr aus: über die Person auf dem Bild oder über die Person, die die Aussage macht?

STELLEN SIE SICH VOR . . . **H.** Zum Rollenspielen oder Schreiben.

1. Sie wachen eines Morgens auf und stellen fest, daß sich Ihr Geschlecht geändert hat. Wenn Sie vorher ein Mann waren, sind Sie jetzt eine Frau. Wenn Sie vorher eine Frau waren, sind Sie jetzt ein Mann. Inwiefern würde das Ihr Leben verändern?

2. Schreiben Sie zehn Sätze oder einen Aufsatz. Denken Sie bitte an den Konjunktiv oder **würde**-Konstruktionen!

  a. Als Studentin: Wenn ich ein Mann wäre, würde ich . . .
  b. Als Student: Wenn ich eine Frau wäre, würde ich . . .

3. Vertauschen Sie die Rollen. Das heißt: eine Studentin spielt einen Mann, und ein Student spielt eine Frau. Nehmen Sie ein paar Gegenstände zu Hilfe, z.B. Handtasche, Schmuck, Aktenkoffer, Hut, Schirm usw., und improvisieren Sie eine Situation . . .

  a. in einem Restaurant.
  b. auf der Autobahn mit einem kaputten Auto.
  c. morgens im Bad.
  d. bei einer Sportsendung im Fernsehen.
  e. beim Einkaufen.
  f. mit einem alten/jungen Ehepaar.

Sind die Darstellungen realistisch oder übertrieben? Die Studenten und Studentinnen, die zugucken, kommentieren die Vorführung hinterher.

*Erst hieß es ,,Kinder,
Küche, Kirche", dann ,,Kar-
riere, Konto, keine Kinder".
Und nun?*

**DISKUSSION ODER
AUFSATZ**

I. Finden Sie bitte Argumente für die beiden extremen Thesen. Und was ist
Ihre eigene Meinung?

1. **a.** Früher waren Männer noch richtige Männer, und Frauen
noch richtige Frauen. Heute kann man sie kaum noch unterscheiden. Das macht ja gar keinen Spaß mehr.
   b. Alle Männer und Frauen sind Menschen. Es sollte außer den
biologischen Unterschieden gar keine verschiedenen Rollen
für Männer und Frauen, Mädchen und Jungen geben.

2. **a.** Ein Mann muß hart sein und Mut haben, sonst nimmt man
ihn gar nicht ernst.
   b. Ich finde Männer, die bei traurigen Filmen weinen, süß!

3. **a.** Männer und Frauen sind von Natur aus unterschiedlich. Daher sind auch ihre sozialen Rollen verschieden.
   b. *Nur* die Erziehung produziert Unterschiede im Verhalten von
Frauen und Männern.

J. Steckt in Ihnen auch ein Liedermacher oder eine Liedermacherin? Seien Sie kreativ! Schreiben Sie zusammen ein Lied.

Frauen

Frauen _____

Frauen _____

Frauen _____

Frauen _____

Und Frauen sind so _____

Frauen sind _____

Frauen _____ Männer.

Frauen _____

Frauen _____

Frauen _____

Und Frauen sind _____

Frauen _____

Frauen _____

_____

_____ als Kind schon _____

Wann ist 'ne Frau 'ne Frau?
Wann ist 'ne Frau 'ne Frau?
Wann ist 'ne Frau 'ne Frau?

Hier sind ein paar Ideen. Seien Sie auch selbst kreativ!

_____ bestechen durch ihre Pfirsichhaut

_____ lassen ihre Gefühle raus

_____ leben länger als Männer

_____ arbeiten Tag und Nacht

_____ essen Schokolade

_____ können Kinder kriegen

_____ hängen lange am Telefon

_____ intelligent und schön

_____ blockieren das Badezimmer

_____ werden im Streß verdammt nervös

_____ weinen sich die Augen aus

_____ sensibel

_____ flexibel

_____ brauchen viel Zärtlichkeit

_____ träumen vom großen Glück

9   Kaffee verkehrt

Einführung in den Text   Bei manchen Leuten in Mitteleuropa gehört der Besuch in der Wirtschaft oder im Café zur täglichen Routine. Manche Leute gehen sonntags zum Frühschoppen° oder abends zum Stammtisch oder zum Skatspielen in die Bar, andere wollen ganz gemütlich allein ein Bierchen oder einen Kaffee trinken und in aller Ruhe ein Buch lesen oder nachdenken. Wieder andere wollen jemanden kennenlernen. Natürlich gibt es sehr viele verschiedene Möglichkeiten, jemanden kennenzulernen.

Wenn jemand einen anderen Menschen nur anspricht, um ihn mit nach Hause und ins Bett zu nehmen, heißt das in der deutschen Umgangssprache „anmachen" oder „aufreißen". Es gibt Personen, die gern in einer Kneipe angesprochen und „angemacht" werden. Anderen Menschen geht das auf die Nerven, und sie finden es furchtbar aufdringlich.

Irmtraud Morgner ist eine Schriftstellerin in der Deutschen Demokratischen Republik. In vielen ihrer Bücher stellt sie die traditionellen Rollen für Frauen und Männer in Frage.

FRAGEN ZUM THEMA

1. Wo kann man Ihrer Meinung nach am besten Leute kennenlernen?
2. Finden Sie eine Bar einen guten Ort, um Freunde zu finden?
3. Sollte es der Mann sein, der beim Kennenlernen die Frau anspricht? Oder sollte die Frau den Mann ansprechen?

LESEFRAGEN

1. Wie betrachten die Frauen den Mann, der das Café betritt?
2. Wie sieht der Mann aus?
3. Wie behandelt die Ich-Erzählerin den Mann?

°Am Morgen in einer Gastwirtschaft Bier oder Wein trinken

konnte, fragte ich den Herrn, ob er heute abend etwas vorhätte, und lud ihn ein ins Kino „International". Eine innere Anstrengung, die zunehmend sein hübsches Gesicht zeichnete, verzerrte es jetzt grimassenhaft, konnte die Verblüffung aber doch endlich lösen und die Zunge, also daß der Herr
30 sprach: „Hören Sie mal, Sie haben ja unerhörte Umgangsformen." — „Gewöhnliche", entgegnete ich, „Sie sind nur nichts Gutes gewöhnt, weil Sie keine Dame sind."

26. **etwas vor•haben:** Pläne haben   27. **die Anstrengung:** der Streß, die Spannung   27. **zunehmend:** immer mehr   28. **zeichnen** *(hier):* markieren   28. **verzerren:** in eine abnormale Form bringen   28. **grimassenhaft:** wie eine furchtbare Maske   29. **die Verblüffung:** die Überraschung, Erstauntheit   30. **unerhört:** unglaublich frech   30. **die Umgangsformen** *(Pl.):* die Manieren   31. **gewöhnlich:** normal   31. **gewöhnt sein:** *to be used to*

Kaffee verkehrt

Irmtraud Morgner

Als neulich unsere Frauenbrigade im Espresso am Alex Kapuziner trank,
betrat ein Mann das Etablissement, der meinen Augen wohltat. Ich pfiff
also eine Tonleiter rauf und runter und sah mir den Herrn an, auch rauf
und runter. Als er an unserem Tisch vorbeiging, sagte ich „Donnerwetter".
5 Dann unterhielt sich unsere Brigade über seine Füße, denen Socken fehlten,
den Taillenumfang schätzten wir auf siebzig, Alter auf zweiunddreißig.
Das Exquisithemd zeichnete die Schulterblätter ab, was auf Hagerkeit
schließen ließ. Schmale Schädelform mit rausragenden Ohren, stumpfes
Haar, das irgendein hinterweltlerischer Friseur im Nacken rasiert hatte,
10 wodurch die Perücke nicht bis zum Hemdkragen reichte, was meine Spezialität ist. Wegen schlechter Haltung der schönen Schultern riet ich zu
Rudersport. Da der Herr in der Ecke des Lokals Platz genommen hatte,
mußten wir sehr laut sprechen.
   Ich ließ ihm und mir einen doppelten Wodka servieren und prostete
15 ihm zu, als er der Bedienung ein Versehen anlasten wollte. Später ging ich
zu seinem Tisch, entschuldigte mich, sagte, daß wir uns von irgendwoher
kennen müßten, und besetzte den nächsten Stuhl. Ich nötigte dem Herrn
die Getränkekarte auf und fragte nach seinen Wünschen. Da er keine hatte,
drückte ich meine Knie gegen seine, bestellte drei Lagen Sliwowitz und
20 drohte mit Vergeltung für den Beleidigungsfall, der einträte, wenn er nicht
tränke.
       Obgleich der Herr weder dankbar noch kurzweilig war, sondern wort-
los, bezahlte ich alles und begleitete ihn aus dem Lokal. In der Tür ließ ich
meine Hand wie zufällig über eine Hinterbacke gleiten, um zu prüfen, ob
25 die Gewebestruktur in Ordnung war. Da ich keine Mängel feststellen

1. **neulich:** vor kurzer Zeit   1. **die Frauenbrigade:** Frauen, die zusammen arbeiten (Ausdruck gebräuchlich in der DDR)   1. **der Alex:** Alexanderplatz im Osten Berlins   1. **der Kapuziner** *(hier):*
cappuccino coffee   2. **das Etablissement** *(Ugs.):* Hotel, Restaurant, Kneipe   2. **wohl•tun:** gut
gefallen   2. **pfeifen:** Töne durch die Lippen oder Zähne blasen   3. **die Tonleiter:** *scale (Mus.)*
4. **Donnerwetter** *(Ugs.):* Ausdruck der Bewunderung   5. **fehlen:** nicht da sein   6. **der Taillenumfang:** Zentimeter um den Bauch   6. **schätzen:** *to estimate*   7. **die Hagerkeit:** wenn jemand
sehr dünn ist   8. **schließen lassen auf:** *to suggest, indicate*   8. **die Schädelform:** die Kopfform
8. **rausragend:** abstehend   8. **stumpf:** nicht glänzend   10. **die Perücke:** falsche Haare   10. **der
Hemdkragen:** Teil des Hemdes oben am Hals   11. **die Haltung** *(hier):* ob jemand gerade geht
oder nicht   11. **raten:** empfehlen   12. **der Rudersport:** *rowing*   12. **das Lokal:** die Gaststätte
14. **zuprosten:** das Glas erheben und durch eine Geste „Prost" sagen   15. **das Versehen** *(hier):*
der Fehler   15. **an•lasten:** verantwortlich machen für   17. **auf•nötigen:** *to force upon*   18. **die
Getränkekarte:** die Liste mit den Getränken   19. **drücken:** pressen   19. **die Lage** *(hier):* eine
Runde   20. **drohen:** *to threaten*   20. **die Vergeltung:** die Revanche   20. **für den Beleidigungsfall:** im Fall des Affronts   20. **ein•treten** *(hier):* passieren   22. **kurzweilig:** amüsant, das Gegenteil von langweilig   23. **begleiten:** mitgehen   24. **wie zufällig:** scheinbar ohne Absicht   24. **die
Hinterbacke:** der Körperteil, auf dem man sitzt   24. **gleiten:** *to slide*   24. **prüfen:** testen
25. **die Gewebestruktur:** die Konsistenz von Haut und Muskeln   25. **der Mangel:** der Fehler
25. **feststellen** *(hier):* finden

TEXTVERSTÄNDNIS

ERSTES LESEN

A. **Stimmt das oder nicht?** Wenn nicht, was stimmt dann?

_____ **1.** Eine Gruppe von Frauen sitzt in einer Bar und beobachtet einen Mann, der hereinkommt.

_____ **2.** Der Mann gefällt der Frau, die die Geschichte erzählt, nicht.

_____ **3.** Der Mann pfeift, als er die Frauen sieht.

_____ **4.** Er geht nicht ganz gerade.

_____ **5.** Die Frauen unterhalten sich sehr laut über den Mann.

_____ **6.** Die Erzählerin bestellt einen Whisky für den Mann.

_____ **7.** Die Frau setzt sich an den Tisch des Mannes und sagt, sie hätten sich schon einmal gesehen.

_____ **8.** Der Mann bezahlt und geht aus der Kneipe.

_____ **9.** Die Frau berührt das Hinterteil des Mannes, um seinen Körper zu testen.

_____ **10.** Der Mann lädt die Frau ins Kino ein.

_____ **11.** Der Mann ist von dem frechen Verhalten der Frau schockiert.

_____ **12.** Die Frau sagt, daß der Mensch diese Situation besser verstehen könne, wenn er eine Frau wäre.

ZWEITES LESEN

B. Welches sind Ihrer Meinung nach die wichtigsten Wörter oder kurzen Sätze in jedem Abschnitt?

1. in Abschnitt 1: _____

_____

2. in Abschnitt 2: _____

_____

3. in Abschnitt 3: _____

_____

Fassen Sie bitte die Abschnitte kurz zusammen.

C. Beantworten Sie bitte die folgenden Fragen:

1. In welcher Stadt spielt die Geschichte?

2. Wie reagieren die Frauen, als der Mann hereinkommt?

3. Für welche Aspekte dieses Mannes zeigen die Frauen besonderes Interesse?

4. Beschreiben Sie den Mann aus den Augen der Frau.

    ➪ Füße: *Socken fehlen.*

    Taillenumfang: _____

    Alter: _____

    Schultern: _____

    Schädel: _____

    Ohren: _____

    Haar: _____

    Haltung: _____

6. Warum sprechen die Frauen so laut?

7. Wie beginnt die Erzählerin ihren Annäherungsversuch? Wie geht sie weiter vor? Machen Sie eine Liste der Schritte der Annäherung. Welche Annäherungsversuche sind verbal und welche körperlich? Benutzen Sie die Wörter: zuerst, dann, danach, später, daraufhin, schließlich, nach einigen Minuten, im Laufe der Zeit usw.

8. Wieviel Interesse hat die Frau für den Mann als Person?

9. Wie reagiert der Mann auf das Verhalten der Frau?

10. Wie fühlt sich der Mann? Woher wissen Sie das?

D. Die Absicht der Geschichte

1. Aus welcher Perspektive ist die Geschichte geschrieben?

2. Warum heißt der Titel der Geschichte „Kaffee verkehrt"?

3. Was bedeutet der letzte Satz „Sie sind nur nichts Gutes gewöhnt, weil Sie keine Dame sind"?

4. Was will die Schriftstellerin mit dieser Geschichte erreichen?

GEHEIMTIP WORTSCHATZ

E. Welche Erklärungen passen zu den Wörtern oder Ausdrücken aus dem Text?

1. hinterweltlerisch *(Z. 9)*
2. im Nacken *(Z. 9)*
3. rasieren *(Z. 9)*
4. meine Spezialität *(Z. 10)*
5. obgleich *(Z. 22)*
6. wortlos *(Z. 22)*

a. unmodern
b. obwohl
c. Haare mit einem Apparat vom Körper entfernen
d. ohne etwas zu sagen
e. hinten am Hals oder Kopf
f. was ich besonders toll finde

F. Erklären Sie bitte die Bedeutungen auf deutsch. Der Kontext hilft Ihnen.

1. betreten *(Z. 2):* _____
2. sich unterhalten *(Z. 5):* _____
3. schmal *(Z. 8):* _____
4. die Bedienung *(Z. 15):* _____
5. bestellen *(Z. 19):* _____
6. dankbar *(Z. 22):* _____
7. in Ordnung *(Z. 25):* _____
8. hübsch *(Z. 28):* _____
9. die Dame *(Z. 32):* _____

Die Frauen von heute sind modebewußt, weil sie selbstbewußt sind.

freundin

Die Frauen von heute haben lieber Schweißperlen auf der Stirn als Ringe um den Bauch.

freundin

G. Suchen Sie bitte . . .

1. alle Wörter heraus, die sich auf den Körper beziehen.
2. alle Adjektive heraus, die den Mann beschreiben.
3. alle Verben heraus, die beschreiben, was die Frau macht.

Fällt Ihnen an diesen Listen etwas auf?

ANWENDUNG: Meinung, Diskussion, Phantasie

ZU TEXT UND THEMA

A. Ihre Meinung zum Text

1. Wie hat der Text auf Sie gewirkt?

2. Finden Sie das Verhalten im Text realistisch?

3. Welche von den Verhaltensweisen der Frau findet man nicht oft bei einer Frau? Und bei Männern?

4. Was halten Sie von solch frechen Verhaltensweisen bei einer Frau/ bei einem Mann? Wählen Sie eine Antwort aus.

   a. Nicht so schlimm.
   b. Kann ich nicht leiden, aber was soll man machen.
   c. Ich bin selbst manchmal so.
   d. Ich finde das ganz normal.
   e. Sowas nervt mich total an!
   f. Ich gehe nicht oft in eine Kneipe.
   g. Ich kenne solche Verhaltensweisen gar nicht.

   Diskutieren Sie diese Einstellungen in Ihrem Kurs.

5. Wie reagieren die „Opfer" von solchen Annäherungsversuchen meistens:

   a. Wenn es Frauen sind?
   b. Wenn es Männer sind?
   c. Kann man das so pauschal (im allgemeinen) sagen?
   d. Was halten Sie für eine gute Reaktion?
   e. Wie würden Sie reagieren?

6. Ein kleines Experiment:

   a. Markieren Sie bitte alle diejenigen Wörter im Text, die auf das Geschlecht der Personen hinweisen.

   ➪   *„Als neulich unsere <u>Frauenbrigade</u> im Espresso am Alex Kapuziner trank, betrat <u>ein Mann</u> das Etablissement, . . ."*

   b. Lesen Sie nun den Text, und setzen Sie bei allen unterstrichenen Wörtern den Ausdruck für das andere Geschlecht ein.

   ➪   er   für *sie*
         Frauen   für *Männer*
         Herr   für *Dame,* usw.

   c. Welche Version finden Sie „normaler"? Warum?

7. Wie finden Sie den Versuch von Irmtraud Morgner, mit dieser Geschichte auf die Situation der Frau aufmerksam zu machen?

8. Meinen Sie, Irmtraud Morgner wünscht sich, daß Frauen und Männer ihre Rollen tauschen?

9. Diese Geschichte stammt aus der sozialistischen DDR. Was wissen Sie über die Rolle der Frau im Sozialismus? Ist diese Rolle eine andere als die der Frau im Westen? In welchen Aspekten?

WIE IST DAS IN IHREM LAND?

B. Vergleichen Sie die Rollenvorstellungen in Ihrem und in den deutschsprachigen Ländern.

1. Wie verhalten sich Männer und Frauen beim Kennenlernen? Gibt es ungeschriebene „Regeln" darüber, was der Mann tut oder was die Frau tut? Oder gibt es Regeln darüber, was die Frau nicht tut, oder was der Mann nicht tut?

2. Ist es in Ihrem Land typisch, in eine Bar zu gehen, um allein zu sein? Ist das überhaupt möglich?

3. Gibt es in Ihrem Land eine Frauenbewegung? Was wollen die Frauen dieser Bewegung?

UND SIE?

C. Sind Sie schon mal in einer Kneipe angemacht worden? Was denken Sie darüber?

1. Ich finde es ganz schön, von einer Frau/einem Mann angemacht zu werden, wenn sie/er nicht aufdringlich (unangenehm) wird.

2. Passive Frauen/Männer finde ich langweilig.

3. Ich suche mir meine (Gesprächs-)Partner lieber selbst aus.

4. Ich gehe nie alleine in eine Kneipe und will da auch niemanden kennenlernen.

5. Wenn ich alleine ausgehe, möchte ich jemanden kennenlernen.

D. Kennenlernen.

1. Wie werden Sie am liebsten kennengelernt? Z.B.: Soll Sie jemand fünfmal am Tag anrufen, Geschenke vorbeibringen, Ihnen die Initiative überlassen?

2. Wie verhalten Sie sich, wenn Sie jemanden neu kennenlernen? Warten Sie ab, sind Sie aktiv oder sogar zu stürmisch, oder sind Sie schüchtern?

3. Wie fühlen Sie sich, wenn jemand Sie von oben bis unten anstarrt?

4. Welche Eigenschaften finden Sie bei einer Person, die Sie neu kennenlernen, beim ersten Eindruck attraktiv oder unattraktiv? Welche davon sind äußere Merkmale, und welche sind Charaktermerkmale?

5. Was heißt ,,Emanzipation'' oder ,,Gleichberechtigung'' für Sie?

STELLEN SIE SICH VOR . . .   **E.** Zum Rollenspielen oder Schreiben.

1. Sie fliegen auf einem fliegenden Teppich in ein fernes Land—Phantalusien. Sie sind Berater oder Beraterin und haben eine respektable Position in diesem Land. Die Menschen hören auf Sie. Welche sozialen Rollen und Aufgaben würden Sie für Frauen und Männer empfehlen? Würden Sie überhaupt einen Unterschied machen?

2. Sie sind allein in einer Kneipe, und eine Person kommt herein, die Sie sehr attraktiv finden, und die Sie gern kennenlernen möchten. Diese Person ist allein, setzt sich zwei Stühle weiter neben Sie an die Bar und beginnt eine Zeitschrift zu lesen. Was denken Sie, und was tun Sie, um diese Person kennenzulernen?

,,Guck mal, der da—
ist der nicht süß?''

DISKUSSION ODER
AUFSATZ

F. Lesen Sie die entgegengesetzten Thesen, und versuchen Sie, sich Argumente für beide Seiten auszudenken. Und was ist Ihre eigene Meinung?

1. **a.** Anmachen ist schon ganz in Ordnung. Der oder die andere kann sich ja wehren.
   b. Man kann gar nicht mehr in eine Kneipe gehen, weil man ständig belästigt wird.

2. **a.** Immer müssen die armen Männer aktiv sein und riskieren, einen Korb zu bekommen (d.h. abgewiesen zu werden). Die Frauen warten bloß darauf, daß ein Mann sie anspricht. Das ist nicht fair.
   b. Frauen sollten Männer nicht ansprechen. Das tun nur Prostituierte.

3. **a.** Frauen machen Männer durch indirekte Signale an, zum Beispiel durch Schminke, Kleidung, Blicke und Körpersprache. Warum tun sie es dann nicht offen?
   b. Frauen gehen genauso aktiv auf Männer zu, wie Männer auf Frauen. Und das ist auch nur fair.

4. **a.** Das Ziel der Frauenbewegung ist es, daß Frauen so werden wie Männer.
   b. Das Ziel der Frauenbewegung ist es, daß Männer so werden wie Frauen.

5. **a.** Über das Thema Gleichberechtigung zwischen Männern und Frauen braucht man eigentlich gar nicht mehr zu sprechen, weil sie doch schon längst gleichberechtigt sind!
   b. Von einer echten Emanzipation sind wir noch meilenweit entfernt. Christa Wolf hat geschrieben: ,,Wie können wir Frauen ‚befreit' sein, solange nicht alle Menschen es sind?''

10   Rollen und die Liebe

Einführung in die Texte   Liebe ist ein zentrales Thema für fast jeden Menschen. Erst hofft man auf den „richtigen" Partner oder die „richtige" Partnerin. Wenn man Glück hat, verliebt man sich und wird Teil eines Liebespaares. Manchmal dauern die Beziehungen ein Leben lang, andere dauern nur einen Tag oder eine Nacht. Leider kommt es oft zu Trennungen, die meistens für beide Partner oder wenigstens für einen Teil schmerzhaft sind. Nach einer Trennung versucht man dann, sein Leben wieder neu einzurichten.

Die folgenden Texte stammen aus den letzten Jahren. Sie sind von drei modernen Schriftstellern oder Liedermachern. Die Texte beschäftigen sich mit Hoffnung, Liebe und Trennung.

FRAGEN ZUM THEMA

1. Wie viele Personen in der Klasse sind ledig, verlobt, verheiratet, verwitwet?
2. Warum ist Liebe für die meisten Menschen so wichtig?
3. Warum wollen sich manche Menschen lieber nicht verlieben?
4. Ist Liebe für Männer und Frauen, alte Menschen und Kinder gleich wichtig?
5. Warum wollen viele Leute heiraten? Warum wollen andere lieber mit jemandem zusammen leben, aber nicht heiraten?
6. Versuchen Sie, Liebe zu definieren: Was ist **Liebe?**

LESEFRAGEN

1. Was wird in diesen Texten vom Partner erwartet?
2. Welche Vorstellungen von Liebe finden Sie in den Texten?

Lesen Sie zuerst nur Text A und Text B und später dann C.

TEXT A

Märchenprinz passé!

Dornröschen

Schlaf weiter:

Ich bin kein Prinz,
ich hab kein Schwert
und keine Zeit
5 zum Heckenschneiden
Mauerkraxeln
Küßchengeben
und Heiraten . . .

Morgen früh
10 muß ich zur Arbeit gehen
(sonst flieg ich raus)

Ich muß zum Träumen
auf den Sonntag warten

und zum Denken auf den Urlaub

15 Schlaf weiter
und träum die nächsten hundert Jahre
vom Richtigen

JOSEF WITTMANN

3. **das Schwert:** *sword*   5. **das Heckenschneiden:** *cutting hedges*   6. **das Mauerkraxeln:** Mauern hinaufsteigen

TEXT B

Mädchen, pfeif auf deinen Prinzen!

Es kommt kein Prinz, der dich erlöst,
wenn du die Jahre blöd verdöst,
wenn du den Verstand nicht übst,
das Denken stets auf morgen schiebst.

5 Es kommt kein Prinz, der dich umfängt,
von nun an deine Schritte lenkt.
Befrei dich selbst vom Dauerschlaf,
sonst bleibst du nur ein armes Schaf.

Es kommt kein Prinz mit einem Kuß,
10 macht nicht mit deinen Sorgen Schluß;
es bringt dich auch kein Königssohn
vom Kochtopf auf den Herrscherthron.

Du kannst dir selbst dein Leben bauen,
mußt allen deinen Kräften trauen.
15 Mach noch heute den Versuch
und pfeif auf den Prinzen im Märchen-
buch!

JOSEF REDING

1. **erlösen:** befreien   2. **verdösen:** verschlafen   3. **der Verstand:** der Intellekt   3. **üben:** trainieren
4. **stets:** immer   4. **auf•schieben:** *to postpone*   5. **um•fangen:** umarmen   6. **lenken:** *to guide*
7. **der Dauerschlaf:** ein sehr langer Schlaf   10. **die Sorge** *(hier):* wenn man an Probleme denkt
10. **der Schluß:** das Ende   12. **der Herrscherthron:** der Thron eines Königs   13. **bauen:** konstruieren   14. **die Kraft:** die Energie, die Stärke   14. **trauen:** *to trust*   16. **auf jemanden pfeifen**
(Ugs.): z.B. sagen: „Den kannste vergessen!"

TEXT C

Ich lieb' dich überhaupt nicht mehr

Es tut nicht mehr weh — endlich nicht
   mehr weh
wenn ich dich zufällig mal wiederseh'
Es ist mir egal, so was von egal
5 und mein Puls geht ganz normal
Mußt nicht glauben, daß ich ohne dich
nicht klarkomm'
Ich komm' sehr gut zurecht
Kannst ruhig glauben, all die andern
10   Frauen
die sind auch nicht schlecht

Ich lieb' dich überhaupt nicht mehr
Das ist aus, vorbei und lange her
Endlich geht's mir wieder gut
15 und ich hab' jede Menge Mut
und ich steh' da richtig drüber

Den Fernseher, den ich eingetreten hab'
den hat die Versicherung voll bezahlt
Die Wohnung sieht jetzt anders aus
20 Nichts erinnert mehr an dich
Ich hab' alles knallbunt angemalt

Wenn ich manchmal nachts nicht
   schlafen kann
geh' ich in die Kneipe und sauf' mir
25   einen an
Du sagst, da wär 'ne Trauer in
   meinem Gesicht
Was für'n Quatsch—
Das ist doch nur das Kneipenlicht

30 Ich lieb' dich überhaupt nicht mehr
Das ist aus, vorbei und lange her

Guck mich bitte nicht mehr so an
Faß mich bitte nicht mehr so an
Das zieht bei mir nicht mehr
35 Geh doch einfach weiter
Es hat keinen Zweck
Ey, du weißt doch
sonst komm' ich da niemals drüber weg
Ich komm' da niemals drüber weg
40 Geh doch einfach weiter . . .

UDO LINDENBERG

2. **es ist mir egal:** es macht mir nichts aus 8. **zurecht•kommen:** *to manage* 17. **ein•treten:**
mit dem Fuß kaputtmachen 18. **die Versicherung:** *insurance* 24. **saufen** *(Ugs.):* viel trinken
26. **die Trauer:** die Melancholie 33. **an•fassen:** berühren 34. **das zieht bei mir nicht:** das funktioniert bei mir nicht 36. **der Zweck:** der Sinn 39. **über etwas weg•kommen:** etwas überwinden

TEXTVERSTÄNDNIS

ERSTES LESEN

Text A: „Dornröschen" und Text B: „Mädchen, pfeif auf deinen Prinzen"

A. Stimmt das oder nicht? Wenn nicht, was stimmt dann?

1. Text A sagt aus, . . .

_____ **a.** daß alle Männer wie Prinzen im Märchen sein wollen.

_____ **b.** daß viele Männer gar keine Zeit dazu haben, wie ein Märchenprinz eine Frau zu erobern.

_____ **c.** daß Männer nur am Wochenende Zeit haben zu träumen.

_____ **d.** daß Männer so viel arbeiten, daß sie nur im Urlaub mal zum Nachdenken kommen.

_____ **e.** daß alle Männer sich eine Frau wie Dornröschen wünschen.

2. Text B . . .

_____ **a.** warnt Frauen davor, auf den idealen Traumpartner zu warten.

_____ **b.** rät Männern, so zu sein wie ein Prinz im Märchen.

_____ **c.** sagt aus, daß gute Köchinnen eine glänzende Karriere machen.

_____ **d.** kritisiert Frauen, die wollen, daß ein Mann immer alles für sie erledigt.

_____ **e.** sagt aus, daß erst ein Mann dem Leben einer Frau einen Sinn gibt.

_____ **f.** will Frauen Mut machen, selbständig zu sein und sich ein eigenes Leben aufzubauen.

ZWEITES LESEN

B. Welche Wörter kommen in beiden Gedichten vor oder drücken ähnliche Aspekte aus?

⇨   *Königssohn, Prinz*

_____

_____

_____

C. Markieren Sie bitte in beiden Gedichten den Vers oder die Verse, die Ihrer Meinung nach die zentrale Aussage des Gedichts ausdrücken. Warum finden Sie gerade diese Zeilen besonders wichtig? Fassen Sie den Inhalt der verschiedenen Verse zusammen.

D. **1.** Was sind die inhaltlichen Gemeinsamkeiten der beiden Gedichte?

  2. Wo liegen die inhaltlichen Unterschiede zwischen den beiden Gedichten?

E. Welche Wörter oder Ausdrücke weisen auf das Märchen „Dornröschen" hin?

  1. In Text A: _____

  2. In Text B: _____

Sammeln Sie bitte Wörter und Ausdrücke, die allgemein an die Märchenwelt erinnern.

F. An welche anderen Märchen erinnert Sie der Inhalt? Kreuzen Sie an:

  1. ____ An Schneewittchen (. . . und die sieben Zwerge.)

  2. ____ An Hänsel und Gretel (Zwei verlorene Kinder im Wald entdecken das Knusperhaus einer Hexe . . .)

  3. ____ An Aschenputtel (Nach dem großen Tanz sucht der Prinz nach dem Mädchen, dessen Fuß in den gläsernen Schuh paßt.)

  4. ____ An Rotkäppchen („Ei, Großmutter, was hast du für große Ohren?" — „Damit ich dich besser hören kann.")

  5. An ein anderes Märchen: _____

  6. An gar kein Märchen, sondern _____

Welche anderen Märchen kennen Sie?

„Wenn wir mal groß sind, machen wir alles ganz anders!"

GEHEIMTIP WORTSCHATZ

G. Erklären Sie bitte auf deutsch:

1. der Prinz *(Z. 2,A):* _____

2. heiraten *(Z. 8,A):* _____

3. rausfliegen *(Z. 11,A):* _____

4. träumen *(Z. 16,A):* _____

5. der Urlaub *(Z. 14,A):* _____

6. der Kochtopf *(Z. 12,B):* _____

H. **Zur Form von Text A und B**

1. Wie kann man die Textsorte erkennen?

2. Inwiefern unterscheidet sich die Form der beiden Texte?

ERSTES LESEN   Text C „Ich lieb' dich überhaupt nicht mehr"

I. **Stimmt das oder nicht?** Wenn nicht, was stimmt dann?

_____ **1.** Der Mann lebt wieder mit seiner früheren Freundin oder Frau zusammen.

_____ **2.** Der Mann hat jetzt eine neue Freundin.

_____ **3.** Es geht dem Mann im Moment richtig gut.

_____ **4.** Er hat die Wohnung renoviert.

_____ **5.** Der Mann ist Mitglied im Club der Anonymen Alkoholiker.

_____ **6.** Der Mann wird ganz nervös, als die Frau ihn ansieht und anfaßt.

_____ **7.** Am Ende sagt er immer wieder, daß er lange über die Trennung von der Frau hinweg ist.

ZWEITES LESEN   **J.** Beantworten Sie die folgenden Fragen.

1. Welche Situation gibt der Text wieder?

   a. ein Gespräch im Kaufhaus
   b. ein Selbstgespräch
   c. ein Telefongespräch zwischen einem Mann und einer Frau
   d. einen Brief

Kann man das ganz klar entscheiden?

2. Suchen Sie in jeder Strophe den wichtigsten Vers heraus. Warum finden Sie gerade diesen Vers so wichtig? Fassen Sie jede Strophe mit Ihren eigenen Worten zusammen.

3. Welches Gefühl drückt der Autor im ersten Vers aus? Hat er die Trennung überwunden?

4. Markieren Sie bitte mindestens vier Äußerungen des Mannes, die ausdrücken, daß es ihm wieder gut geht. Warum sagt er das so oft?

5. Sehen Sie sich den dritten Vers an. Hat er die Trennung _wirklich_ überwunden? Was hat er mit dem Fernseher gemacht? Was macht er, wenn er nicht schlafen kann? Wie sieht er im Gesicht aus?

6. Was erfahren Sie über die Frau?

7. Was erfahren Sie darüber, was in der Vergangenheit passiert ist?

GEHEIMTIP WORTSCHATZ   **K.** Welche Definitionen passen zu folgenden Wörtern und Ausdrücken aus der Umgangssprache?

1. es ist mir so was von egal *(Z. 4)*

2. klarkommen *(Z. 7)*

3. ich steh da richtig drüber *(Z. 16)*

4. knallbunt *(Z. 21)*

5. ich sauf' mir einen an *(Z. 24)*

6. was für'n Quatsch *(Z. 28)*

7. ich komm da niemals drüber weg *(Z. 38)*

a. so ein Unsinn

b. das ist für mich gar kein Problem

c. mit vielen intensiven Farben

d. ich kann es nicht vergessen

e. ich trinke so viel, daß ich betrunken bin

f. es macht mir absolut nichts aus

g. keine Schwierigkeiten haben

L. **Zur Form von Text C**
Kreuzen Sie eine oder mehrere Antworten an.

1. Dieser Text ist . . .

_____ a. gesprochene Sprache.

_____ b. geschriebene Sprache.

_____ c. ein Transkript eines Liedes.

_____ d. gesprochene Sprache in geschriebener Form.

2. Wieviele Personen sprechen in diesem Text?

ANWENDUNG: Meinung, Diskussion, Phantasie

ZU TEXT UND THEMA   **A.** Nennen Sie ein paar stereotype und typische Situationen, die in Märchen immer wieder vorkommen. Was haben diese Stereotype mit dem Thema der Männer- und Frauenrolle zu tun?

B. Nennen Sie ein paar Attribute eines Märchenprinzen und ein paar Attribute einer Märchenprinzessin.

C. Was hat das Lied von Udo Lindenberg mit den beiden Gedichten zu tun?

D. Ihre Meinung zum Lied „Ich lieb' dich überhaupt nicht mehr''

1. Wie gefällt Ihnen der Text und die Musik?

2. Können Sie sich die Situation, in der der Mann ist, vorstellen?

3. Wie fühlt man sich, wenn eine Liebesbeziehung kaputt geht? Beschreiben Sie, welche Gedanken und Gefühle man hat, und wie man sich verhält.

4. Ist es normal, daß man nach einer Trennung böse ist, manchmal so wütend, daß man etwas kaputt machen will? Warum?

5. Kommt es oft vor, daß Personen nicht zugeben wollen, wie traurig sie sind, und daß sie eine geliebte Person vermissen? Kommt das bei Männern häufiger vor als bei Frauen? Warum?

6. Ist es besser, den Partner oder die Partnerin nach einer Trennung nicht mehr zu sehen? Was spricht dafür, was dagegen?

7. Hilft Alkohol gegen emotionalen Schmerz?

E. Was erwarten Frauen und Männer voneinander?

1. Wollen Männer wirklich „Märchenprinzen'' sein? Geben Sie Ihre Gründe an.

2. Erwarten Frauen wirklich, daß Ihre Partner „Märchenprinzen'' sind?

3. Wollen Frauen wirklich „Märchenprinzessinnen'' sein?

4. Erwarten Männer von Frauen wirklich, daß sie „Märchenprinzessinnen'' sind?

5. Sehen Sie eine Gefahr darin, nach der/dem „Richtigen'' zu suchen? Oder ist es besser, mit der Liebe zu warten, bis die Partnerin/der Partner den Erwartungen ganz entspricht?

6. Macht eine Idealfrau oder ein Idealmann schon eine ideale Beziehung?

Relation/Connection/Respect

WIE IST DAS IN IHREM LAND?

F. Heirat und Ehe

1. Ist Heiraten in Ihrem Land im Moment in oder nicht? Gibt es da Unterschiede zwischen den Einstellungen von Männern und Frauen?

2. Wie lange bleiben die meisten Leute verheiratet?

3. Wie alt sind die Leute im Durchschnitt, wenn sie heiraten?

G. Gibt es bei Ihnen einen Tag im Jahr, an dem die Liebe gefeiert wird? Was passiert an diesem Tag?

UND SIE?

H. Besprechen Sie mit Ihrem Partner oder Ihrer Partnerin die folgenden Fragen.

1. Wie soll Ihr Traumpartner oder Ihre Traumpartnerin sein? Welche Eigenschaften soll die Person haben, wie soll sie aussehen, und was wollen Sie gerne mit ihr unternehmen?

2. Finden Sie sich selbst ideal oder zumindest beinahe ideal? Wie wollen Sie selbst am liebsten sein? Sollte man versuchen, einem Ideal nahezukommen?

3. Wie kommt man Ihrer Meinung nach am besten über eine Trennung von einem Ehemann oder einer Ehefrau, einem Freund oder einer Freundin hinweg? Machen Sie eine Liste von Dingen, die man versuchen kann.

4. Was sind Ihrer Meinung nach die wichtigsten Voraussetzungen *(prerequisites)* für eine gute Beziehung oder Ehe?

I. Fragebogen: Was denken Sie über die Liebe? Markieren Sie bitte:

−2 das finde ich überhaupt nicht	−1 das stimmt fast nie	0 ich weiß nicht; kann sein	+1 das stimmt oft, aber nicht immer	+2 das ist ganz meine Meinung

	nein −2	 −1	? 0	 +1	ja +2
1. Liebe bringt nur Probleme.	☐	☐	☐	☐	☐
2. Man liebt im Leben nur einmal.	☐	☐	☐	☐	☐
3. Liebe ist wichtiger als alles andere.	☐	☐	☐	☐	☐
4. Liebe ist, wenn zwei Menschen alles füreinander tun wollen.	☐	☐	☐	☐	☐
5. Wenn man verliebt ist, . . .					
kann man nichts mehr essen.	☐	☐	☐	☐	☐
kann man an nichts anderes denken.	☐	☐	☐	☐	☐
hat man oft Herzklopfen.	☐	☐	☐	☐	☐
lebt man wie im Traum.	☐	☐	☐	☐	☐
bekommt man Angst.	☐	☐	☐	☐	☐
gewinnt man an Selbstbewußtsein.	☐	☐	☐	☐	☐

6. Wenn eine Liebe zuende geht, . . .
   fühlt man sich wieder frei. ☐ ☐ ☐ ☐ ☐
   sucht man schnell nach einer neuen
   Liebe. ☐ ☐ ☐ ☐ ☐
   möchte man nicht mehr leben. ☐ ☐ ☐ ☐ ☐
   glaubt man nicht daran, daß man je
   wieder glücklich sein wird. ☐ ☐ ☐ ☐ ☐
   arbeitet man viel, um sich abzulen-
   ken. ☐ ☐ ☐ ☐ ☐
   kann man an nichts anderes denken. ☐ ☐ ☐ ☐ ☐

7. Mit Liebe kann man die Welt
   verändern. ☐ ☐ ☐ ☐ ☐

8. Eifersucht ist ein Zeichen von Liebe. ☐ ☐ ☐ ☐ ☐

9. Liebe macht verletzbar. ☐ ☐ ☐ ☐ ☐

10. Durch Liebe wird man stärker. ☐ ☐ ☐ ☐ ☐

11. Zu lieben heißt, alle Gefühle und Ge-
    danken austauschen zu können. ☐ ☐ ☐ ☐ ☐

12. Liebe ist, wenn man der/dem anderen
    alle Freiheit geben kann. ☐ ☐ ☐ ☐ ☐

13. Liebe ist vollstes Vertrauen. ☐ ☐ ☐ ☐ ☐

14. Liebe ist, wenn man sich nie streitet. ☐ ☐ ☐ ☐ ☐

15. Liebe ist, wenn man Konflikte miteinan-
    der lösen kann. ☐ ☐ ☐ ☐ ☐

16. Lieben heißt, alles zu verzeihen. ☐ ☐ ☐ ☐ ☐

17. Wenn man sich liebt, lösen sich alle an-
    deren Probleme von selbst. ☐ ☐ ☐ ☐ ☐

18. Liebe fühlt man immer nur für Augen-
    blicke. ☐ ☐ ☐ ☐ ☐

19. Liebe lenkt nur von den wichtigen Din-
    gen des Lebens ab. ☐ ☐ ☐ ☐ ☐

20. Liebe ist Interesse und Sensibilität für
    die Mitmenschen. ☐ ☐ ☐ ☐ ☐

LIEBE IST TAUSENDMAL BESSER
ALS SCHOKOLADE

Was halten Sie von den Aussagen über die Liebe auf Seite 125?

1. Welche würden Sie eher einer traditionellen Vorstellung von der Liebe zuordnen?

2. Welche würden Sie eher einer fortschrittlichen Auffassung von der Liebe zuordnen?

STELLEN SIE SICH VOR . . .   **J.**   Zum Rollenspielen oder Schreiben

1. Ist es schon lange her, seit Sie das letzte Mal ein Märchen gehört haben? Dann wird es ja höchste Zeit, daß Sie mal wieder eins lesen oder hören! Suchen Sie sich bitte zu Hause ein Märchen aus, lesen Sie es noch einmal und veranstalten Sie dann in der Klasse einen Wettbewerb im Märchenerzählen oder Märchenvorspielen. Vielleicht kann Ihre Lehrperson Ihnen ein paar kurze Märchentexte zur Verfügung stellen.

2. Erzählen Sie ein modernes Märchen: „Dornröschen im 21. Jahrhundert".

3. Mit einem Partner des anderen Geschlechts wählen Sie eine von diesen zwei Situationen, denken Sie sich ungefähr den Verlauf des Gesprächs aus, und improvisieren Sie das Gespräch vor der Klasse.

a. Eine Freundin oder ein Freund hat gerade Freund oder Freundin verloren. Wie können Sie sie oder ihn trösten?

b. Sie trennen sich von Ihrem Freund/Ehemann oder Ihrer Freundin/Ehefrau. Sechs Monate sehen und hören Sie nichts voneinander, und plötzlich treffen Sie sich auf der Straße vor einem Café. Was sagen Sie, was tun Sie?

DISKUSSION ODER AUFSATZ   **K.**   Beschreiben Sie in einem Aufsatz . . .

1. Ihre ideale Partnerin/Ihren idealen Partner und Ihre Vorstellung von einer idealen Beziehung. (Dabei können Sie noch weitere Aspekte berücksichtigen: Beruf, Schulbildung, Religion, Nationalität, politische Ansichten, Hobby, Sport, Interessen, Rollenverhalten, Aufgaben im Haus, Kinderwunsch usw.)

2. eine Beziehung, die für Sie gut wäre. Das muß keine permanente Beziehung sein, kann aber eine solche sein.

Ich Du
Partner und Partnerinnen

L. Finden Sie bitte Argumente für die beiden extremen Thesen. Und was ist Ihre eigene Meinung?

1. a. Die große Liebe kommt nur einmal und nie wieder. Man muß nur geduldig warten können und sie dann festhalten.
    b. Viele Menschen warten ihr Leben lang auf die große Liebe, anstatt die Partner oder Partnerinnen zu schätzen, die sie finden.

2. a. In der Liebe muß man treu sein, sonst geht sie kaputt.
    b. Man kann mehr als eine Person gleichzeitig lieben.

3. a. Beziehungen funktionieren nur, wenn beide Personen aus der gleichen Kultur und der gleichen Klasse kommen.
    b. Beziehungen basieren auf Liebe. Alles andere ist egal.

4. a. Entweder funktioniert eine Beziehung, oder sie funktioniert nicht. Harmonie ist das Wichtigste. Wenn man über Probleme sprechen muß, ist es meistens bald vorbei.
    b. Keine Beziehung funktioniert von alleine. Man muß daran arbeiten, und Probleme sind dazu da, gelöst zu werden. Man muß nur darüber sprechen wollen.

❖ MEDIEN

11. Fernsehen—die Schule fürs Leben?   12. Anweisung für Zeitungsleser   13. Von der Last zur Lust. Arbeit am Computer

Vorschau auf das Thema

Medien sind Mittel der Kommunikation. Früher vermittelte man Informationen durch gesprochene Sprache und visuelle oder akustische Zeichen. Dann begann man zu schreiben und später zu drucken. Schließlich fing man im letzten Jahrhundert an, Informationen mit dem Telegraphen und Telefon an weit entfernte Orte zu übermitteln.

Obwohl es traditionell in der Bibel heißt: „Am Anfang war das Wort", scheint inzwischen das Bild ebenso wichtig geworden zu sein wie die Sprache in Ton und Schrift. Seit dem 19. Jahrhundert gibt es das Medium Film, das Begebenheiten zum ersten Mal mit visueller Authentizität dokumentieren konnte. Auch durch das Radio konnten erstmalig Sofortnachrichten und sogar „live"-Übertragungen gesendet werden. Heute gibt es in fast allen Teilen der Erde Fernsehen oder Radios, die die Menschen informieren, unterhalten und manipulieren.

Einen großen Sprung nach vorn hat in den letzten Jahren die Bearbeitung und Übermittlung von Informationen durch die Erfindung und Entwicklung des Computers gemacht. Nicht nur große Organisationen und Firmen benutzen Computer zur elektronischen Datenverarbeitung (EDV), sondern auch Privatleute arbeiten mit dem Computer schneller und effizienter. Wohin uns diese Entwicklung führt, welche Vor-, aber auch Nachteile es dabei gibt, können Sie in diesem Kapitel diskutieren.

EIN PAAR FRAGEN ZUM THEMA

1. Welche verschiedenen Sorten von „Sprachen" gibt es?
2. Was für Medien gibt es?
3. Welche sind Ihrer Meinung nach die Medien, die in Ihrem Land am meisten gebraucht werden?
4. Warum ist es nützlich, Nachrichten schnell über weite Entfernungen übermitteln zu können?

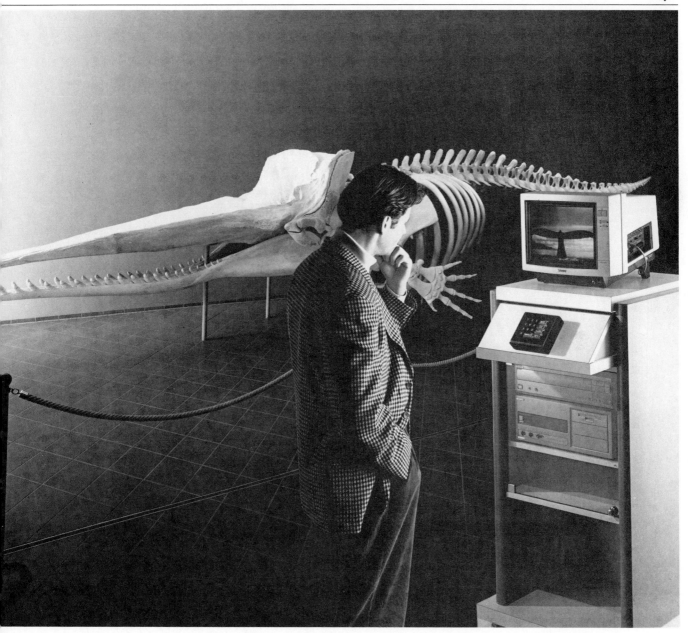

NÜTZLICHE WÖRTER UND AUSDRÜCKE

Allgemein zum Thema

die Kommunikation	kommunizieren mit, mit•teilen
die Nachricht	eine Nachricht übertragen, übermitteln, senden
das Medium, die Medien	

das Fernsehen

das Fernsehen	fern•sehen,
der (Farb-)Fernseher	*Fernsehen*
die Flimmerkiste, Glotze	*gucken*
(Ugs.)	
das Fernsehprogramm	
die Sendung	senden
der Bildschirm	
die Lautstärke	

der Film

der Regisseur/	(die) Regie
die Regisseurin	führen
der Schauspieler/	schauspielen
die Schauspielerin	
die Rolle	eine Rolle spielen
der (Haupt)Darsteller/die	dar•stellen
(Haupt)Darstellerin	
die Figur	
der Charakter	
der Held/die	
Heldin	
das Drehbuch	ein Drehbuch
	schreiben
die Dreharbeiten	einen Film drehen
die Aufnahme	auf•nehmen
der Ton	
die Szene	
der Schnitt	
der Cutter/	cutten, schneiden
die Cutterin	

die Zeitung

die Tages-, Wochen-, Überregional-, Lokal-, Boulevardzeitung	
die Zeitschrift	
die Fachzeitschrift, die Illustrierte	
der Journalist/die Journalistin	
die Meldung	
der Artikel	
die Anzeige	
das Abonnement	abonnieren
die Redaktion	
der Redakteur/	redigieren
die Redakteurin	

der Computer

die Computerwissenschaft	
die Elektronische Datenverarbeitung (EDV)	
computergesteuert	
computerisiert	
der Personalcomputer	
die Diskette	Information auf
	Diskette
	speichern
die Textverarbeitung	Texte verarbeiten
die Software	
die Hardware	

11   Fernsehen—die Schule fürs Leben?

Einführung in den Text   Das Fernsehen ist ein schnell wachsendes Kind der Neuzeit. Inzwischen gibt es fast überall auf der Welt das Fernsehen, und manche Menschen verbringen viele Stunden am Tag vor der „Flimmerkiste". Einerseits bringt das Fernsehen viele interessante Informationen visuell ins Haus, andererseits können Phantasie, Kreativität und Eigeninitiative auch unter zu viel Fernsehen leiden.

In den deutschsprachigen Ländern sind die Fernsehsender meistens öffentlich-rechtliche, das heißt staatliche Institutionen. Es gibt neuerdings aber auch private Kanäle und Kabelfernsehen. Anders als zum Beispiel in den USA oder Kanada kann man nicht 24 Stunden am Tag fernsehen oder unendlich viele Sender empfangen. Man kann morgens Fernsehen gucken und dann wieder von ungefähr vier Uhr nachmittags bis kurz nach Mitternacht. In der Bundesrepublik Deutschland beispielsweise können die Zuschauer zwischen drei bis vier staatlichen und regionalen Programmen wählen. Alle Programme senden eine Mischung von Spielfilmen, Unterhaltungssendungen, Sportsendungen und politischen, kulturellen und anderen Sendungen. Zu festgelegten Zeiten bringen die einzelnen Programme internationale und nationale Nachrichten. Werbesendungen unterbrechen die anderen Sendungen nicht, sondern werden nur im Block zu bestimmten Zeiten gesendet.

Seit einigen Jahren haben natürlich viele Leute Videogeräte und machen sich zu Hause ihr eigenes Kino.

Ursula Hauckes Hörspiel *Fernsehen—die Schule fürs Leben?* ist eine Folge der Serie *Papa, Charlie hat gesagt,* in der ein kleiner Sohn geschickt die Ansichten seines Vaters in Frage stellt. In diesem Hörspiel geht es darum, ob und wie man von Kriminalfilmen oder Liebesgeschichten lernen kann und soll.

FRAGEN ZUM THEMA

1. Welche Sorten von Sendungen sehen Sie am liebsten?
2. Was ist Ihre Lieblingssendung und warum?
3. Welches sind die beliebtesten Sendungen in Ihrem Land?
4. Warum sehen die Leute fern? Welche Funktion hat das Fernsehen?

LESEFRAGEN

1. Welche Einstellung hat der Vater zu Kriminalfilmen und Liebesfilmen?
2. Was hält der Sohn von Kriminalfilmen und Liebesgeschichten?
3. Welche Strategie benutzt der Sohn in seiner Argumentation gegenüber dem Vater?

Fernsehen—die Schule fürs Leben?

Junge: Papa, Charly hat gesagt, sein Vater hat gesagt, wegen der vielen Verbrechen, da braucht man sich gar nicht zu wundern!

Vater: So? Wundert er sich nicht mehr? Ich wundere mich allerdings! Ich habe
nämlich nicht vor, mich an den täglichen Banküberfall als Frühstückslektüre zu gewöhnen! Wo leben wir denn eigentlich? In Chikago? 5

Junge: Reg dich doch nicht auf, Papa. Charly sagt ja nur, sein Vater sagt, die
kriegen das ja jeden Tag vorgemacht.

Vater: Wer kriegt was vorgemacht?

Junge: Na, alle kriegen das vorgemacht. Wie man 'n Safe knackt oder einen ab-
knallt, oder wo man hinstechen muß, damit jemand auch gleich tot ist. 10
Und wie man keine Spuren macht, natürlich!

Vater (nicht ganz aufmerksam):
Wie?

Junge: Na, im Fernsehen, Papa!

Vater: Ah ja—das böse Fernsehen wieder mal . . . 15

Junge (eifrig):
Findest du denn nicht, daß man im Fernsehen alles lernen kann? Wie man
sich von hinten anschleicht, und dann, schwupp, Schlinge um den Hals!
Oder wie man irgendwas Elektrisches in die Badewanne schmeißt, oder . . .

Vater (unterbricht): 20
Danke, es genügt mir! Du hast ja offenbar gut aufgepaßt.

Junge: Ich passe immer gut auf, Papa; das soll ich doch auch, nicht?

Vater: Ja, das sollst du, aber an der richtigen Stelle!

Junge: Wo ist denn die richtige Stelle?

Vater: Zum Beispiel da, wo die Verbrecher gefaßt werden! Dir wird ja nicht ent- 25
gangen sein, daß die Täter in den Fernsehspielen immer gefaßt werden. Die
Moral von der Geschichte ist doch: Verbrechen lohnen sich nicht; und
genau das soll den Zuschauern auch vermittelt werden.

---

1. **das Verbrechen:** eine kriminelle Tat   4. **der Banküberfall:** der Bankraub   4. **die Frühstückslektüre:** Lesematerial zum Frühstück   5. **sich gewöhnen an:** etwas mit der Zeit normal finden
7. **vormachen:** zeigen, wie etwas gemacht wird   9. **knacken** *(Ugs.):* aufbrechen   9. **abknallen:**
erschießen   10. **hinstechen:** *stab a particular place*   11. **die Spur:** *trail of evidence*   18. **sich
anschleichen:** leise an etwas herangehen   18. **schwupp** *(Ugs.):* Ausdruck für eine plötzliche Bewegung   18. **die Schlinge:** *noose*   25. **fassen:** fangen   27. **sich lohnen:** wert sein   28. **vermitteln:** sagen, kommunizieren

Junge:	Aber Charly sagt, sein Vater sagt, wenn jemand 'n Ding dreht, denkt er immer, er wird nicht geschnappt. Sonst würde er gar nicht erst anfangen. **30**
Vater:	Er denkt das vielleicht, aber er irrt sich eben.
Junge:	Aber wenn einer immer die Krimis anguckt, dann kann er doch lernen, wie er's besser machen muß!
Vater (energisch):	
	Da ist nichts besser zu machen. Irgendeinen Fehler macht jeder Verbrecher. **35** Und die Polizei schläft ja auch nicht.
Junge:	Charly sagt, sein Vater sagt, die meisten Sachen kommen gar nicht raus.
Vater:	Alle vielleicht nicht. Aber die meisten eben doch. Sag mal, was ist das eigentlich für eine Rederei? Was, bitte, willst du mir klarmachen?
Junge:	Gar nichts. Bloß, daß man in den Krimis richtig angelernt wird. **40**
Vater:	Unfug! Dafür entsprechen die Kriminalfilme viel zu wenig der Wirklichkeit. Außerdem kommt es schließlich darauf an, wer sich das ansieht. Glaubst du vielleicht, ich würde plötzlich losgehen und einen Überfall machen, nur weil ich's im Krimi gesehen habe?
Junge:	Du natürlich nicht. Aber wer gern einen Überfall machen würde, der sieht **45** den Krimi doch auch!
Vater:	Ja, und der sieht auch, wie solche Sachen schiefgehen! Das sagte ich bereits.
Junge:	Und dann überlegt er eben, wie er's besser machen kann—hab' ich ja auch schon gesagt! Aber Papa, wenn du gar nichts lernen willst, warum siehst **50** du dir denn immer die Krimis an?
Vater:	Du verwechselst anscheinend Lernen mit Nachmachen. Natürlich habe ich nicht das Bedürfnis, alles nachzumachen, was in Fernsehspielen passiert!
Junge:	Und lernen tust du dabei gar nichts?
Vater:	Na ja, lernen kann man da wohl nicht viel. Krimis sieht man sich vor **55** allem an, weil man sich ein bißchen ablenken und entspannen möchte.
Junge (erstaunt):	
	Entspannst du dich, wenn du Krimis siehst?
Vater:	Ja, das tue ich.

29. **ein Ding drehen** *(Ugs.):* etwas Kriminelles tun   30. **schnappen** *(Ugs.):* fangen   31. **sich irren:** nicht recht haben   41. **der Unfug:** der Unsinn   41. **entsprechen:** gleich sein   42. **schließlich:** am Ende   47. **schiefgehen** *(Ugs.):* nicht funktionieren   48. **bereits:** schon   52. **verwechseln:** vertauschen   52. **anscheinend:** *apparently*   52. **das Nachmachen:** das Imitieren   53. **das Bedürfnis:** was man braucht oder will   56. **sich ablenken:** an etwas anderes denken

Junge: Du entspannst dich, wenn da jemand ermordet wird?   60

Vater: Mein Gott, den Mord sieht man ja meistens gar nicht. Außerdem ist alles doch nur ein Spiel; der Ermordete ist ein Schauspieler, steht anschließend wieder auf, zieht das Hemd mit der roten Farbe aus und geht nach Hause!

Junge: Aber aufregend ist es trotzdem. Kannst du dich bei anderen Filmen nicht viel besser entspannen? Bei 'ner Liebesgeschichte zum Beispiel?   65

Vater (lacht ironisch):
    Was einem heute als Liebesgeschichte angeboten wird, das kann einen doch bloß aufregen!

Junge: Wie meinst du das?

Vater (irritiert):   70
    Wie? Ich meine, daß das alles nicht mehr anzusehen ist, das meine ich! Kannst du deine Fragerei langsam einstellen? Ich muß nämlich noch weg.

Junge: Ja, gleich. Aber Charly sagt, sein Vater sagt, Liebesfilme sind für die Jugend besser als Krimis!

Vater: Ach nein, warum wohl?   75

Junge: Weil— was sie da lernen, müssen sie sowieso lernen.

62. **anschließend:** hinterher   64. **aufregend:** spannend   72. **etwas einstellen** *(hier):* mit etwas aufhören

Vater: Was müssen die sowieso lernen?

Junge: Na, wie man das alles so macht. Wie man jemand, in den man verknallt ist, auch rumkriegt!

Vater: Rumkriegt? Was soll das heißen?   80

Junge: Ach, Papa, du tust aber auch, als hättest du keine Ahnung!

Vater: Das hat nichts mit Ahnung zu tun, sondern mit Geschmack! Und es ist einfach geschmacklos, wenn gewisse Leute Gefühle mit Technik verwechseln! Liebe ist ein Gefühl, ein sehr tiefes, ernstzunehmendes Gefühl für einen anderen Menschen. Alles andere ergibt sich schon von selbst.   85

Junge: Du meinst, da muß man nichts lernen.

Vater (entschieden):
           Nein, da muß man nichts lernen.

Junge: Papa, ich wüßte aber nicht, wie ich das mache, wenn ich verknallt bin.

Vater: Wenn du alt genug bist, wirst du das schon wissen.   90

Junge: Aber ich könnte doch ruhig vorher schon gucken, wie andere das machen.

Vater: Nein, das könntest du nicht! Das ist überflüssig und bringt dich nur auf ganz falsche Gedanken!

Junge: Auf was für Gedanken? Denkst du, ich mach' das alles gleich nach?

Vater: Nein, das denke ich nicht. Du mit deinen zehn Jahren!   95

Junge: Dann kann ich doch aber ganz ruhig . . .

Vater: Du kannst nicht! Ist das endlich klar?

Junge: Na schön. Aber Krimis kann ich gucken?

Vater: Wenn es ein guter Krimi ist, ja. Allerdings— heute ist man ja nicht mal mehr in einem anständigen Krimi vor unpassenden Bettszenen sicher . . .   100

Junge: Aber wenn der Krimi keine Bettszenen hat, dann ist er anständig, oder?

Vater: Man kann es immerhin hoffen.

Junge: Papa? — Ist Umbringen denn anständiger als Lieben?

           URSULA HAUCKE

---

78. **verknallt sein** *(Ugs.):* verliebt sein   79. **jemanden rumkriegen** *(Ugs.):* jemanden überreden, mit einem zu schlafen   82. **der Geschmack:** *taste*   85. **es ergibt sich von selbst:** es passiert von alleine   92. **überflüssig:** nicht nötig   100. **anständig:** moralisch gut   100. **unpassend:** *improper, inappropriate*   103. **das Umbringen:** das Morden

TEXTVERSTÄNDNIS

ERSTES LESEN

A. **Stimmt das oder nicht?** Wenn nicht, was stimmt dann?

_____ 1. Charlys Vater sagt, daß im Fernsehen gezeigt wird, wie man einen Safe knackt oder wie man jemandem eine Schlinge um den Hals legt.

_____ 2. Der Vater sagt, daß die meisten Verbrecher sowieso keine Fehler machen.

_____ 3. Der Junge sagt, daß man durch das Fernsehen lernen kann, ein erfolgreicher Verbrecher zu werden.

_____ 4. Der Vater meint, daß Kriminalfilme sowieso so unrealistisch sind, daß niemand die kriminellen Taten nachmachen will.

_____ 5. Der Vater kann sich nicht entspannen, wenn er im Fernsehen Krimis ansieht, aber Liebesgeschichten findet er gut.

_____ 6. Charlys Vater sagt, daß Liebesgeschichten für die Jugendlichen besser sind als Kriminalfilme.

_____ 7. Der Vater meint, man könne aus Liebesgeschichten viel über Liebe und Sexualität lernen.

_____ 8. Der Sohn fragt, ob nach Meinung des Vaters Morden besser als Lieben sei.

ZWEITES LESEN

B. Was sind Ihrer Meinung nach die fünf wichtigsten Wörter in diesem Text? Warum finden Sie gerade diese Wörter so wichtig?

1. _____

2. _____

3. _____

4. _____

5. _____

C. Markieren Sie, worum es Ihrer Meinung nach in diesem Text geht. Begründen Sie bitte Ihre Antwort.

1. Fernsehen gucken

2. Familienstreit

3. Konfliktlösung

4. Wahl des Fernsehprogramms

5. Kommunikation beim Fernsehen

6. Fernsehtechnik

7. Rhetorik

8. professionelle Filmkritik

D. Bitte beantworten Sie die folgenden Fragen.

1. Wer ist Charly?

2. Was kann man nach Meinung des Sohnes alles von Kriminalfilmen lernen?

3. Was kann man nach Meinung des Vaters von Kriminalfilmen
   lernen?

4. Warum sieht sich der Vater Krimis an?

5. Warum ist der Sohn schockiert darüber, daß der Vater sich bei
   Kriminalfilmen entspannen kann?

6. Warum findet der Vater einen Mord im Fernsehen nicht so
   schlimm?

7. Was kritisiert der Vater an Liebesgeschichten im Fernsehen?

8. Warum meint Charlys Vater, daß Liebesfilme besser für die
   Jugend seien als Kriminalfilme?

9. Welche Einstellung hat der Vater zu Liebe und Sexualität?

10. Warum möchte der Sohn Liebesfilme sehen, obwohl er noch sehr
    jung ist? Was meint der Vater dazu?

11. Was sagt der Vater über Liebesszenen in Krimis?

12. Wie legt der Sohn die „verbale Schlinge" um den Hals des
    Vaters?

E. Fassen wir zusammen.

1. Welches ist das Hauptargument des Vaters?

2. Welche Ansichten vertritt der Sohn, und welche Strategie benutzt
   er in seiner Argumentation?

3. Welche Funktion hat „Charlys Vater"?

4. Was macht den Text lustig? Oder finden Sie ihn eigentlich nicht
   so komisch?

GEHEIMTIP WORTSCHATZ

F. Welche Definitionen (rechts) passen zu Wörtern oder Ausdrücken aus dem Text (links)?

1. sich wundern *(Z. 3)*

2. aufmerksam *(Z. 12)*

3. schmeißen *(Z. 19)*

4. es kommt darauf an *(Z. 42)*

5. plötzlich *(Z. 43)*

6. überlegen *(Z. 49)*

7. ja, gleich *(Z. 73)*

8. so tun als ob (+ Konjunktiv) *(Z. 81)*

a. über etwas nachdenken
b. es hängt davon ab
c. genau aufpassend
d. auf einmal
e. werfen
f. überrascht sein
g. etwas vorgeben, was nicht stimmt
h. nur noch einen Moment

Das Kulturprogramm der ARD über Satellit.

Das Satellitenfernsehen des deutschen Sprachraumes von ZDF, des österreichischen ORF und der schweizerischen SRG.

G. Erklären Sie bitte die folgenden Wörter oder Ausdrücke auf deutsch, oder finden Sie Synonyme.

1. etwas vorhaben *(Z. 3)*: _____

2. gut aufpassen *(Z. 21)*: _____

3. der Verbrecher *(Z. 25)*: _____

4. die Polizei schläft nicht *(Ugs.)* *(Z. 36)*: _____

5. der Überfall *(Z. 45)*: _____

6. jemanden ermorden *(Z. 60)*: _____

7. der Ermordete *(Z. 62)*: _____

8. das ist nicht anzusehen *(Z. 71)*: _____

9. Was soll das heißen? *(Z. 80)*: _____

10. keine Ahnung haben *(Z. 81)*: _____

ANWENDUNG: Meinung, Diskussion, Phantasie

ZU TEXT UND THEMA

A. **Ihr Eindruck**

1. Wie würden Sie den Vater, und wie den Sohn beschreiben? Wer hat Ihnen besser gefallen und warum?

2. Was wäre wohl die Antwort des Vaters auf die letzte Frage: ,,Ist Umbringen denn anständiger als Lieben?''

B. **Kriminal- und Liebesfilme**

1. Finden Sie Kriminalfilme oder Liebesfilme . . .

   a. anständiger?
   b. spannender?
   c. interessanter?
   d. gefährlicher für Kinder?
   e. langweiliger?

2. Was für Fernsehsendungen gibt es sonst noch? Machen Sie bitte eine Liste.

3. Ordnen Sie die Filmsorten von 1 bis 13 (1 = sehe ich am allerliebsten! 13 = sehe ich gar nicht gern).

Krimi • Liebesfilm • Western • Komödie • Kriegsfilm • Dokumentarfilm • Märchenfilm • Musical • Horrorfilm • Heimatfilm • historischer Film • Abenteuerfilm • Science-Fiction-Film

4. Welche sind Ihre Lieblingsfilme? Lieblingsschauspieler, -schauspielerinnen? Lieblingsfilmemacher, -filmemacherinnen? Warum?

5. Macht es für Sie einen Unterschied, ob Sie einen Film zu Hause oder im Kino sehen? Wenn ja, welchen?

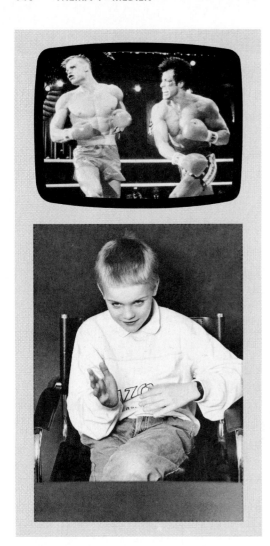

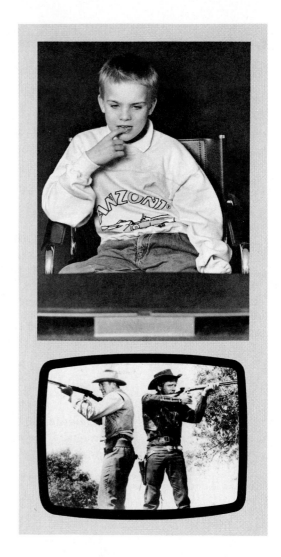

C. Fernsehen

1. Wie hat sich die Welt seit der Erfindung des Fernsehens
   verändert?

2. Bitte machen Sie eine Liste von Vorteilen und Nachteilen des
   Fernsehens als Freizeitbeschäftigung und diskutieren Sie sie.

3. Was halten Sie davon, wenn Kinder viel Fernsehen gucken?

4. Was halten Sie davon, wenn das Fernsehen einfach immer automatisch läuft? Warum stellen manche Leute das Fernsehen sofort
   an, wenn sie nach Hause kommen?

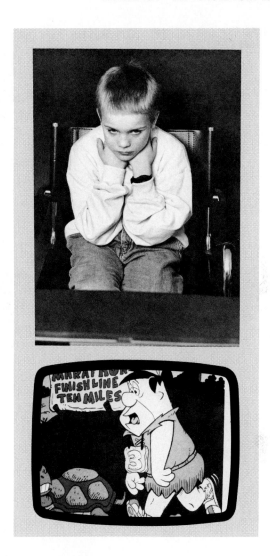

5. Was halten Sie von Gewalt im Fernsehen?

6. Was halten Sie von nackten Menschen und Sexualität im Fernsehen?

7. Was halten Sie von Reklame? Warum gibt es soviel Werbung?

8. Glauben Sie, daß die Nachrichten objektiv sind?

9. Glauben Sie, daß das Fernsehen Sie manipuliert? Wenn ja, wie? Wenn nein, warum nicht?

10. Können Sie sich ein Leben ohne Fernsehen vorstellen? Was wäre dann anders? Was wäre besser, was schlechter?

D. Aktivitäten

1. Bitte sehen Sie sich heute abend die Nachrichten an und berichten Sie morgen über die Anzahl und Länge von . . .

   a. den Lokalnachrichten.
   b. den Nationalnachrichten.
   c. den internationalen Nachrichten.
   d. der Wettervorhersage.
   e. dem Sportbericht.
   f. anderen vermischten Nachrichten.

2. Sehen Sie sich bitte in der Programmzeitschrift das heutige Abendprogramm zwischen zwanzig Uhr und Mitternacht an. Was für Sendungen und was für Themen kommen am häufigsten vor?

3. Denken Sie sich eine kleine Geschichte aus, die Sie verfilmen wollen. Dann leihen Sie sich eine Videokamera mit Rekorder aus. Nehmen Sie Ihre Geschichte auf Videoband auf, und zeigen Sie Ihren Film im Kurs.

4. Versuchen Sie, in Ihrem Videoladen einen deutschsprachigen Film auf Videokassette auszuleihen. Sehen Sie ihn sich an, und berichten Sie der Klasse, was Sie daran gut oder nicht so gut fanden, und welche Unterschiede Sie im Stil und Inhalt zu den Filmen in Ihrem Land bemerkten.

1. Programm	2. Programm		Bayern 3	Südwest 3	Hessen 3	WEST 3	NDR/RB/SFB
10.03 Internat. Tennis-Turnier. Damen-Einzel. Eiskunstlauf-WM. Kür Eistanz. 11.35 Mensch Meier. 14.20 Wochenendgeschichen. 15.30 Trickfilmschau. Mit Barney Bear. 15.45 Speedway. Amerikanischer Spielfilm (1968, 90 Min.) mit „Rockidol" Elvis Presley.	10.00 Vormittagsprogramm 13.15 Bild(n)er der Chemie 14.45 Bilder, die die Welt bewegten 15.10 Hotel. Serie 16.00 Timm Thaler (2). Nach dem Roman von James Krüss.		9.00 Actualités 9.15 Schulfernsehen 15.15 Television 16.00 Der Teppich von Bayeux	8.20 Tele-Gymnastik 8.30 Gesunde Ernährung. Biologie im Telekolleg II	8.05–10.00 Schulfernsehen		(SFB: 11.30 Der Aktienmarkt)

WIE IST DAS IN IHREM LAND?

E. Hier können Sie analysieren, wie es bei Ihnen ist.

1. Gibt es viele Programme oder Kanäle?

2. Gibt es Sendungen rund um die Uhr?

3. Wann gibt es Werbung?

4. Sehen die Menschen im allgemeinen viel Fernsehen? Wie viele Stunden am Tag im Durchschnitt?

5. Sehen Kinder auch viel fern?

6. Haben die meisten Haushalte mehr als einen Fernseher?

7. Gibt es oft Streit um die Programmwahl?

8. Sehen sich die meisten Leute einmal am Tag die Nachrichten an?

9. Was für Sendungen sind am beliebtesten? Welche sind nicht so populär?

   Spielfilme · die Nachrichten · Sportsendungen · Kriminalfilme · Dokumentarfilme · wissenschaftliche Filme · Kulturfilme · politische Reportagen · Kinderprogramme · Quizsendungen · Konzert-, Oper- oder Theaterübertragungen · Fernstudienkurse/ Lehrsendungen · Serien · Horrorfilme?

   Falls nicht alle Studenten einer Meinung sind, diskutieren Sie die unterschiedlichen Ansichten.

10. Haben die meisten Haushalte einen Videorekorder?

11. Wissen Sie, welche amerikanischen oder kanadischen Serien und Filme in der Deutschen Demokratischen Republik, der Bundesrepublik Deutschland, Österreich oder der Schweiz ausgestrahlt werden?

12. Wissen Sie, welche Rolle das Fernsehen im Leben der Menschen in den deutschsprachigen Ländern spielt? Ist es dort ähnlich oder anders als in Ihrem Land?

Österreich I	Österreich II	Schweiz	DDR I	DDR II	RTL-plus	TELE 5	3SAT	1 plus	SAT 1
20.15 Derrick Kein Risiko. Kriminalfilm mit Horst Tappert, Fritz	20.15 Apropos Film 21.00 Buch des Monats 21.20 Betrifft:	20.05 Fyraabig. 70 Jahre Jakob Farner. Sepp Trütsch präsentiert die	20.00 Bereitschaft Dr. Federau 21.05 Eiskunstlauf-	20.00 Film Ihrer Wahl 21.30 Aktuelle Kamera 22.00 Probe	19.25 Der Hammer. US-Serie. Countdown für Hammer	Horrortrip. Horrorkomödie (95 Min.) 2. Jagd durchs Feuer. Krimi-	20.00 Special 21.00 Sounds of Silence 22.00 Made in Germany	19.30 Die Buchholzens. Chronik 20.15 Zur Sache	20.00 Nachr. 20.15 Eiskunstlauf-WM. Kür der Herren. Live	20.10 Love Boat. Serie 21.10 Prinzessin Olympia Komödie

UND SIE?

F. Besprechen Sie die Fragen mit Ihrem Partner.

1. Welche Rolle spielt das Fernsehen in Ihrem eigenen Leben?

2. Wann, wie oft, wie lange sehen Sie fern?

3. Warum sehen Sie gern oder nicht gern fern?

4. Was für Sendungen sehen Sie am liebsten? Suchen Sie sich unter E.9. die drei Sorten von Sendungen aus, die Sie am liebsten sehen, und die drei, die Sie am langweiligsten finden. Erklären Sie, warum. Benutzen Sie bitte die Formen **gern, lieber, am liebsten.**

5. Gibt es Sendungen, die Sie auf keinen Fall verpassen wollen? Welche?

6. Wie groß ist der Fernsehkonsum in Ihrer Familie oder Wohngemeinschaft?

STELLEN SIE SICH VOR . . .

G. **Zum Rollenspielen oder Schreiben**

1. Sie leben bei Ihrer Familie oder in einer Wohngemeinschaft. Drei Personen sitzen vor dem Fernseher. Eine Person möchte jetzt unbedingt eine aktuelle Sportsendung sehen. Eine andere Person möchte unbedingt einen ganz tollen Spielfilm sehen. Die dritte Person möchte jeden Konflikt vermeiden. Es gibt keinen anderen Fernseher und kein Videogerät im Haus.

2. Moderne Dichtung: Finden Sie zu jedem Anfangsbuchstaben ein passendes Wort. Wer kann es so arrangieren, daß die Wörter zusammen einen Satz bilden?

F _____

E _____

R _____

N _____

S _____

E _____

H _____

E _____

N _____

Mit Kabelanschluß mehr erleben.

3. Bilden Sie eine kleine Gruppe und erfinden Sie . . .

    a. eine Nachrichtensendung zu einem Thema, das gerade aktuell ist.

    b. einen Wetterbericht.

    c. eine Quizsendung.

    d. einen kurzen Spielfilm (Liebes- oder Kriminalfilm).

    e. einen Werbespot oder eine ironische/kritische Parodie auf einen Werbespot.

Seien Sie kreativ und lustig; es muß nicht unbedingt realistisch sein! Spielen Sie Ihren Spot der Klasse vor.

4. Nehmen Sie einen 2–5minütigen Auszug aus einem Videoband eines Spielfilms oder einer anderen Sendung (nur eine Szene), und drehen Sie den Ton ganz ab. Mit ein paar Freunden können Sie einen Dialog entwerfen und spielen, der zu der Situation im Video paßt.

DISKUSSION UND AUFSATZ

H. Wählen Sie einen der vier Themenbereiche, finden Sie Argumente für die kontroversen Thesen, und diskutieren Sie Ihre persönliche Meinung dazu.

1. a. Gewalt im Fernsehen ist gut. Da können die Zuschauer ihre Aggressionen loswerden, ohne daß sie in der Wirklichkeit brutal werden.

    b. Gewalt im Fernsehen sollte verboten werden. Denn Brutalität im Fernsehen scheint auch offene Aggression in der Realität legitim zu machen.

2. a. Es ist gut, daß es im mitteleuropäischen Fernsehen Werbung nur zu bestimmten Zeiten gibt, und daß die Reklame die anderen Sendungen nicht unterbricht. Eigentlich sollte Reklame im Fernsehen überhaupt verboten werden.

    b. Werbung ist die finanzielle Basis für die meisten Kanäle. Und wenn sie nicht alle 5 Minuten käme, gäbe es keine richtigen Pinkelpausen und man müßte ununterbrochen vor der Glotze sitzen, verdursten und verhungern.

3. a. Wenn ich Kinder kriege, dürfen sie überhaupt nicht fernsehen, höchstens einmal in der Woche, wenn es eine besonders gute Sendung für sie gibt.

    b. Mir ist es lieber, meine Kinder gucken fern, als daß sie sich auf der Straße herumtreiben und Drogen nehmen.

4. a. Sexualität ist etwas Natürliches. Je mehr sie davon im Fernsehen zeigen, desto besser.

    b. Nackte Personen und Bettszenen gehören nur ins Schlafzimmer und nicht auf den Bildschirm.

12   Anweisung für Zeitungsleser

Einführung in den Text   Seitdem man relativ einfach und schnell drucken kann, ist die Zeitung ein wichtiges Medium der Nachrichtenübermittlung, weil sie regelmäßig täglich oder wöchentlich über aktuelle Ereignisse berichtet. Natürlich hat die Zeitung seit der Erfindung des Fernsehens ihr Nachrichtenmonopol verloren. Besonders bei den Jugendlichen sind die akustischen Medien weit beliebter als Bücher, Zeitungen oder Zeitschriften.

Trotz dieser Entwicklung lesen die Bürger der deutschsprachigen Länder heute mehr Zeitung als in den fünfziger Jahren. Bekannte Zeitungen in der Bundesrepublik Deutschland sind die relativ simple *Bild-Zeitung*, die konservative *Welt*, die konservativ-liberale *Frankfurter Allgemeine Zeitung*, die liberalere *Süddeutsche Zeitung* oder die linksliberalen Zeitungen *Frankfurter Rundschau* oder *taz* in Berlin. In der Deutschen Demokratischen Republik ist das Parteiorgan *Neues Deutschland* am meisten verbreitet, in Österreich das *Neue Österreich* und in der Schweiz die *Neue Zürcher Zeitung*. Das Nachrichtenmagazin *Der Spiegel* und die Illustrierten *Stern*, *Quick* und die *Bunte* gehören zu den verschiedenen Zeitschriften, die man auch im Ausland kaufen kann.

Die meisten lokalen Zeitungen haben heute keine ganz selbständige Redaktion mehr, sondern gehören Verlagsketten an, die sich den Markt teilen.

Der folgende Text wurde von Horst Bienek verfaßt, einem Autor, der früher in der DDR lebte und heute bei München in der Bundesrepublik wohnt.

FRAGEN ZUM THEMA

1. Lesen die meisten Menschen in Ihrem Land oft Zeitung? Warum lesen sie Zeitung, oder warum lesen sie keine Zeitung?
2. Welche großen Zeitungen gibt es in Ihrem Land?
3. Welche lokalen Zeitungen gibt es in Ihrer Stadt?
4. Wie informieren Sie sich darüber, was in Ihrer Stadt, in Ihrem Land oder in der Welt passiert?
5. Finden Sie Zeitungen oder Fernsehnachrichten wichtiger?
6. Sind Pressemeldungen objektiv?

LESEFRAGEN

1. Welche Einstellung hat der Autor zur Objektivität von Nachrichten?
2. Was will der Autor bei den Lesern erreichen?

Anweisung für Zeitungsleser

Horst Bienek

I Prüft jedes Wort
prüft jede Zeile
vergeßt niemals
man kann
5 mit einem Satz
auch den Gegen-Satz ausdrücken

II Mißtraut den Überschriften
den fettgedruckten
sie verbergen das Wichtigste
10 mißtraut den Leitartikeln
den Inseraten
den Kurstabellen
den Leserbriefen
und den Interviews am Wochenende

15 Auch die Umfragen der Meinungsforscher
sind manipuliert
die Vermischten Nachrichten
von findigen Redakteuren erdacht
mißtraut dem Feuilleton
20 den Theaterkritiken Die Bücher
sind meistens besser als ihre Rezensenten
lest das was sie verschwiegen haben
Mißtraut auch den Dichtern
bei ihnen hört sich alles
25 schöner an auch zeitloser
aber es ist nicht wahrer nicht gerechter

"Seit hier nicht mehr dabei steht, ob für Jugendliche ungeeignet, weiß man überhaupt
nicht mehr, was man sich ansehen soll!"

die Anweisung: die Empfehlung; der Befehl   1. prüfen: untersuchen, testen   7. mißtrauen:
(+ Dat.): nicht glauben, skeptisch sein   9. verbergen: verstecken, nicht zeigen   10. der Leitartikel: *lead story*   11. das Inserat: die Anzeige   12. die Kurstabelle: *stock and foreign exchange
market reports*   15. die Umfrage: *poll*   15. der Meinungsforscher: *pollster*   18. findig: *clever*
19. das Feuilleton: die kulturellen Seiten einer Zeitung   22. verschweigen: nicht sagen wollen
23. der Dichter: der Poet   26. gerecht: *just*

*TAZ-Redaktion
auf Spurensuche*

III Übernehmt nichts
  ohne es geprüft zu haben
  nicht die Wörter und nicht die Dinge
30 nicht die Rechnung und nicht das Fahrrad
  nicht die Milch und nicht die Traube
  nicht den Regen und nicht die Sätze
  faßt es an schmeckt es dreht es nach allen Seiten
  nehmt es wie eine Münze zwischen die Zähne
35 hält es stand? Seid ihr zufrieden?

IV Ist Feuer noch Feuer und Laub noch Laub
  ist Flugzeug Flugzeug und Aufstand Aufstand
  ist eine Rose noch eine Rose?

  Hört nicht auf
40   euren Zeitungen zu mißtrauen
    auch wenn die Redakteure
    oder Regierungen wechseln

27. **übernehmen** *(hier):* als Meinung oder Idee annehmen   31. **die Traube:** *grape*   33. **anfassen:**
to touch   34. **die Münze:** das Geldstück   36. **das Laub:** alte Blätter, die von Bäumen abfallen
37. **der Aufstand:** die Revolte   42. **wechseln:** sich ändern

TEXTVERSTÄNDNIS

ERSTES LESEN

A. Was ist das für ein Text? Mehrere Antworten sind möglich.

1. Eine Kurzgeschichte.   **3.** Ein Gedicht.

2. Ein journalistischer Text.   **4.** Ein Lied.

B. Stimmt das oder nicht? Wenn nicht, was steht sonst im Text?

_____ **1.** Jeder Satz in der Zeitung ist absolut wahr.

_____ **2.** Umfragen von Meinungsforschungsinstituten werden manipuliert.

_____ **3.** Redakteure denken sich die Nachrichten selbst aus.

_____ **4.** Buchrezensionen sind oft schlechter als die Bücher, die sie bewerten.

_____ **5.** Nur Dichter beschreiben die Welt so schön, wie sie in Wirklichkeit ist.

_____ **6.** Man soll gegenüber allen Nachrichten skeptisch sein.

ZWEITES LESEN

C. Lesen Sie den Text noch einmal, und beantworten Sie die Fragen.

1. Warum soll man jedes Wort prüfen?

2. Warum soll man den Überschriften mißtrauen?

3. Woher kommen die Nachrichten?

4. Warum soll man den Dichtern mißtrauen?

5. Was meint der Autor mit diesen Ausdrücken oder Sätzen?

   a. man kann mit einem Satz
   auch den Gegen-Satz ausdrücken (Strophe I)

   b. nehmt es wie eine Münze zwischen die Zähne
   hält es stand? (Strophe III)

   c. ist . . . Aufstand Aufstand
   ist eine Rose noch eine Rose? (Strophe IV)

   d. Hört nicht auf
   euren Zeitungen zu mißtrauen
   auch wenn die Redakteure
   oder Regierungen wechseln (Strophe IV)

6. Markieren Sie bitte alle Wörter, die ausdrücken, *wem* die Leser mißtrauen sollen, und *warum.*

*Mach mal Pause: Zeit für
die Zeitung*

GEHEIMTIP WORTSCHATZ

D. Bitte erklären Sie auf deutsch, oder finden Sie Synonyme.

1. vergessen *(Z. 3):* _____

2. die Überschrift *(Z. 7):* _____

3. Vermischte Nachrichten *(Z. 17):* _____

4. zeitlos *(Z. 25):* _____

5. zufrieden *(Z. 35):* _____

6. die Regierung *(Z. 42):* _____

E. Markieren Sie bitte . . .

1. mit *einer* Farbe alle Wörter, die zum Thema „Zeitung'' gehören,
z.B.: **Zeile, Überschriften,** usw.

2. mit einer *anderen* Farbe alle Imperative in Verbindung mit dem
dazugehörigen Satz, z.B.: **prüft jedes Wort** usw.

Warum gebraucht der Autor so viele Imperative?

ANWENDUNG: Meinung, Diskussion, Phantasie

ZU TEXT UND THEMA

A. Ihr Eindruck

1. Können Sie verstehen, warum der Autor den Zeitungen und Nachrichten gegenüber so skeptisch ist? Welche Gründe könnte er für seinen Pessimismus haben?

2. Teilen Sie den Pessimismus des Autors? Begründen Sie Ihre Antwort mit konkreten Beispielen aus Ihren Erfahrungen mit der Presse.

3. Halten Sie diese Skepsis für eine typisch deutsche Eigenschaft, oder findet man sie auch in Ihrem Land?

B. Die Presse

1. Was ist die Aufgabe der Presse, das heißt der Zeitungen, der Zeitschriften und der Journalisten?

2. Finden Sie, eine Zeitung sollte politisch und weltanschaulich neutral sein? Ist das möglich? Oder sollte sie ihre Position offenlegen?

3. Was ist Pressefreiheit, und warum ist die Pressefreiheit ein Grundrecht in den Verfassungen von Demokratien?

Der erboste Leserbriefschreiber

C. Aktivitäten

1. Besorgen Sie sich von Ihrer Lehrkraft, aus der Bibliothek oder aus der Germanistikabteilung eine deutsche, österreichische oder Schweizer Zeitschrift oder Zeitung. Lesen Sie einen kurzen Artikel, der Sie interessiert, und berichten Sie der Klasse davon.

2. Suchen Sie einen Artikel, der etwas mit den deutschsprachigen Ländern zu tun hat, in einer Zeitung oder Zeitschrift Ihres Landes und berichten Sie der Klasse davon.

**WIE IST DAS IN
IHREM LAND?**

D. Analysieren Sie die Situation in Ihrem Land und stellen Sie Vergleiche an.

1. Gibt es in Ihrem Land Pressefreiheit?

2. Wer oder welche Gruppen beeinflussen, was in der Zeitung steht?

3. Meinen Sie, daß die Presse in Ihrem Land relativ neutral ist, oder gibt es Zeitungen, die sich klar an der einen oder anderen Partei orientieren?

4. Was für Zeitschriften oder Zeitungen gibt es, in denen Kleinigkeiten übertrieben werden oder Halbwahrheiten in großen Schlagzeilen (Überschriften) verarbeitet werden? Denken Sie an die Publikationen an den Kassen in den Supermärkten.

5. Sind Reporter in Ihrem Land gut angesehen?

UND SIE?

E. Besprechen Sie die Fragen bitte mit Ihrem Partner.

1. Lesen Sie eine oder mehrere Zeitungen oder Zeitschriften? Wie oft? Welche? Was für Publikationen sind das?

2. Wenn Sie eine Zeitschrift oder Zeitung lesen, welchen Teil lesen Sie dann zuerst, z.B. Sport, Politik, über Börsennachrichten, das Feuilleton (die Kulturseiten), Klatschspalten und Skandale usw.?

3. Interessieren Sie sich für die Nachrichten? Mehr für lokale, nationale oder mehr für internationale Nachrichten?

4. Was ist für Sie wichtiger, eine Zeitung oder das Fernsehen? Warum?

STELLEN SIE SICH VOR . . .

F. Zum Rollenspielen oder Schreiben. Wählen Sie sich eine dieser Situationen aus, und denken Sie sie mündlich oder schriftlich weiter.

1. Sie haben ein Kind vor dem Ertrinken gerettet. Eine „Herz-Schmerz-Gazette" möchte die Geschichte bringen. Geben Sie eine Beschreibung von sich selbst und dem Ereignis, wie so etwas in solch einer Zeitung stehen könnte.

2. Eines Tages finden Sie Ihren Namen und die Beschreibung Ihrer Person in der Zeitung als Sympathisant/Sympathisantin von einer Terroristengruppe, die einen Bombenanschlag auf ein Flugzeug unternommen hat. Sie haben nichts mit der Sache zu tun, aber alle Ihre Freunde, Bekannten, Mitarbeiter usw. haben den Artikel schon gelesen und behandeln Sie jetzt ganz komisch. Was tun Sie?

3. Eine Frau ist vergewaltigt *(raped)* und beraubt worden. Ein Journalist teilt ihr mit, daß seine Zeitung einen Artikel über diesen Fall mit ihrem Namen veröffentlichen will. Er hat ihren Namen und ihre Telefonnummer von einem Zeugen. Nun möchte er noch ein paar Details von ihr erfragen. Die Frau will ihm aber weder weitere Informationen geben, noch ihren Namen in der Zeitung gedruckt sehen. Diskutieren Sie beide Perspektiven und spielen Sie das Gespräch.

4. Schreiben Sie zu einem der folgenden Ereignisse zwei Artikel, die dasselbe Ereignis aus ganz verschiedenen Perspektiven darstellen.

   a. Die Basketballmannschaft der Universität ABC hat gegen die Mannschaft der Universität DEF gewonnen. Artikel erscheinen in beiden Universitätszeitungen.
   b. Das Alter für den Alkoholkonsum ist herabgesetzt worden. Jetzt dürfen Jugendliche ab 16 Jahren Alkohol trinken. Artikel erscheinen in einem Flugblatt „Mütter gegen Trunkenheit am Steuer" und in der *Fachzeitschrift für den Alkoholgroßhandel.*
   c. Ein Flüchtling entkommt über die deutsch-deutsche Grenze. Er verletzt sich, gelangt aber in den Westen. Zeitungen in Ost und West berichten davon.

DISKUSSION ODER AUFSATZ

G. Suchen Sie sich eins der folgenden Themen aus. Finden Sie Argumente für die sehr unterschiedlichen Meinungen. Wie denken Sie selbst darüber?

1. **a.** Die Nachrichten in der Zeitung oder im Fernsehen basieren auf objektiven Fakten.
   b. Objektive Informationen gibt es nicht. Alle Nachrichten sind entweder von der Regierung manipuliert oder von den Kommunisten.

2. **a.** Journalisten sollten immer neutral sein. Sie dürfen ihre eigenen Meinungen in bezug auf Dinge, über die sie berichten, nicht miteinbeziehen. Sie sind dazu da, die Öffentlichkeit zu informieren, nicht zu manipulieren.
   b. Neutrale Journalisten gibt es gar nicht. Schon die Auswahl der Informationen ist manipulativ.

13 Von der Last zur Lust. Arbeit am Computer

Einführung in den Text Der Computer ist eines der neuesten Medien und verändert die Welt kolossal, weil mit seiner Hilfe eine große Anzahl von Daten konzentriert erfaßt werden kann und sehr schnell an verschiedenen Orten abgerufen° werden kann.

Die Elektronische Datenverarbeitung (EDV) wird inzwischen nicht nur in Spezialgebieten wie der Raumfahrt oder in militärischen Einrichtungen° eingesetzt, sondern dringt überall in den praktischen Alltag ein. Die neueren Autos enthalten—genau wie computergesteuerte Systemkomponenten—Stereoanlagen und Fernsehgeräte. Auch Privatpersonen kaufen sich Personalcomputer, an denen sie Videospiele spielen oder zu Hause arbeiten, z.B. schreiben, rechnen, entwerfen°.

Während die Computerentwicklung in den Vereinigten Staaten von Amerika schon sehr weit fortgeschritten ist, sind EDV-Anlagen in Europa noch nicht ganz so selbstverständlich. Erst langsam stellen sich die Universitäten, Schulen und Menschen auf die Arbeit mit Computern um°. Nicht wenige Leute haben auch eine undefinierbare Angst vor Computern und möchten nichts mit ihnen zu tun haben.

Weil es in deutschsprachigen Ländern noch nicht genug geprüfte Computerexperten und -expertinnen gibt, ist die Nachfrage° auf dem Arbeitsmarkt auf diesem Gebiet groß. Inzwischen beginnen allerdings mehr Studenten und Studentinnen das Studium der Computerwissenschaften, und andere Akademiker—vor allem arbeitslose—lassen sich umschulen°, um in diesem Bereich arbeiten zu können.

Susanne Theml beschreibt in ihrem Artikel aus den *Nürnberger Nachrichten* eine typische Entwicklung: eine arbeitslose Lehrerin läßt sich zur Kommunikationsprogrammiererin umschulen.

Kaufen Sie sich am 12. März DIE WELT:
Der BERUFS-WELT-Sonderteil gibt Ihnen den Sofort-Überblick über interessante Stellenangebote aus der Elektronik/EDV-Branche.
Wenn Sie wollen, erhalten Sie die BERUFS-WELT 4 Wochen kostenlos (einschließlich der Ausgabe vom 12. März). Lieferbeginn: schnellstmöglich.
Bitte mit dem Coupon anfordern.

Wichtiger denn je
DIE ● WELT
UNABHÄNGIGE TAGESZEITUNG FÜR DEUTSCHLAND

ab•rufen: *to call up*
die Einrichtung: die Institution
entwerfen: *to design*

sich um•stellen: sich auf etwas Neues vorbereiten
die Nachfrage: *demand*
um•schulen: einen neuen Beruf lernen

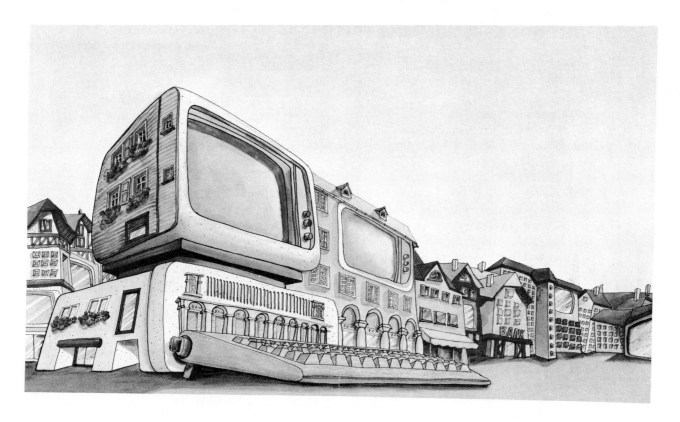

FRAGEN ZUM THEMA

1. Welche technischen Geräte und Instrumente mit eingebautem Computer sind Ihnen aus dem Alltag bekannt?
2. In welchen Geschäften oder Büros benutzt man Computer?
3. Welchen Fortschritt bringt der Computer? Nennen Sie ein paar allgemeine und ein paar spezifische Vorteile.
4. Was für negative Entwicklungen bringt der Computer mit sich? Denken Sie an Schnelligkeit, Datenschutz° usw.

LESEFRAGEN

1. Was für Leute schulen auf Informatik um?
2. Welche Einstellung hat Barbara Liebold zum Computer?
3. Welche Fakten erhalten Sie über die „Computerlandschaft" in der Bundesrepublik?

der **Datenschutz:** *data protection*

Von der Last zur Lust. Arbeit am Computer

Ehemalige Lehrerin drückt ein Jahr die Schulbank—Arbeitsamt übernimmt die Kosten

Während im vergangenen Jahrzehnt in vielen Bereichen Stellen abgebaut wurden, sind in der Datenverarbeitung Arbeitskräfte gesuchter denn je. Freilich: qualifiziert müssen sie sein. Die Rede ist von etwa 10 000 Fachleuten im Jahr. 1987 verließen jedoch nur 1500 Diplominformatiker die Hochschulen. Andere Akademiker hingegen bleiben lange arbeitslos. Seit einiger Zeit bietet sich Geistes- und Naturwissenschaftlern, vor allem aber Lehrern ohne Anstellung eine Perspektive. Sie können sich zum Kommunikationsprogrammierer umschulen lassen. Das Arbeitsamt übernimmt dafür die Kosten. Wer bereits gearbeitet und Angestelltenversicherung bezahlt hat, kann auch Unterstützung zum Lebensunterhalt beanspruchen. In Nürnberg schulen verschiedene Institutionen Akademiker um. Eine davon ist die Siemens-Schule für Kommunikations- und Datentechnik, kurz auch K-Schule genannt.

Barbara Liebold sah „kein Land mehr", war verzweifelt und hatte nach einem halben Jahr ohne Beschäftigung schließlich schon Angst, zu „verblöden". Der Grund: für die Realschullehrerin mit den Fächern Biologie und Sport war in ganz Bayern keine Planstelle frei und auch keine in Aussicht.

Erst nach vergeblichen Versuchen, eine Beschäftigung zu finden, wagte die junge Frau den Weg zum Fachvermittlungsdienst des Arbeitsamtes. Daß es für sie der richtige war, davon ist sie heute überzeugt. Das Arbeitsamt empfahl ihr die Umschulung zum Programmierer. Barbara Liebold hatte vorher noch nie mit Computern und Datenverarbeitung zu tun gehabt, sich auch nicht dafür interessiert. Sie gibt sogar zu, daß sie sich wahrscheinlich davor „gedrückt" hätte, wenn sie in ihrem früheren Beruf damit konfrontiert worden wäre.

Doch davon ist längst keine Rede mehr. In drei Monaten schließt sie ihren Kurs an der K-Schule ab und hat inzwischen auch das richtige „Verständnis für den Computer" gefunden: „Ich bin an einem Punkt, wo ich ungeheure Lust auf die Praxis habe", sagt die 25jährige ebenso selbstsicher wie entschlossen.

---

die Last: die Bürde   1. **ehemalig:** früher   5. **abbauen:** reduzieren   7. **denn je:** als jemals vorher
7. **freilich:** natürlich   10. **Diplominformatiker:** Computerexperten mit einem Universitätsexamen   14. **Geisteswissenschaftler:** *majors in the humanities*   14. **Naturwissenschaftler:** *science majors*   15. **ohne Anstellung:** arbeitslos   20. **die Angestelltenversicherung:** *employee retirement plan*   21. **die Unterstützung:** die Hilfe   21. **beanspruchen:** *claim*   30. **die Beschäftigung:** die Arbeit   35. **in Aussicht:** in Zukunft möglich   36. **vergeblich:** ohne Erfolg   37. **wagen:** den Mut finden   38. **der Fachvermittlungsdienst:** Leute, die Fachleuten zu Stellen verhelfen
41. **überzeugt sein:** fest glauben, daß etwas richtig ist   47. **sich drücken** *(Ugs.): to cop out*
52. **ab•schließen:** beenden   56. **ungeheuer** *(Ugs.) (hier):* sehr groß   58. **entschlossen:** *resolutely, with determination*

Am Anfang freilich war die Situation
60 doch noch recht schwer für die Lehrerin, die schon einen Monat nach
Kursbeginn von Würzburg nach
Nürnberg umgezogen ist. „Problematisch war für mich vor allem, acht
65 Stunden am Tag in der Schulbank zu
sitzen, statt wie bisher davor zu stehen." Hinzu kam, daß sie „ordentlich
pauken" mußte, um mithalten zu
können. Doch hat sie bis jetzt noch
70 keine Stunde intensiven Lernens bereut.

Daß ihr dieses Lernen auch nach Kursende und Einstieg in den neuen Beruf
nicht erspart bleiben wird, ist Barbara
Liebold schon heute klar. Denn Kom-
75 munikationstechnik und Datenverarbeitung entwickeln sich ständig fort. Wer
in diesem Bereich arbeitet, ist gezwungen, sein Fachwissen permanent zu aktualisieren, um den Anschluß nicht zu
80 verlieren.

Vier Lehrgänge im Jahr, vierteljährlich
versetzt und mit einer Dauer von zwölf
Monaten, bietet die K-Schule an. Die
Teilnehmer, 32 pro Kurs, sind meist
85 Mitte bis Ende 20, selten jedoch älter
als 35 Jahre. Die gelernten Geisteswissenschaftler, wie Lehrer oder Sozial-

pädagogen — zur Zeit „büffeln" auch ein
evangelischer und ein katholischer
Theologe und eine Ernährungswissen- 90
schaftlerin —, unterziehen sich zunächst
dem dreistündigen Eignungstest.

Wie seine Mit-Umschülerin ist auch
der ehemalige Sport- und Geographielehrer Thomas Götz zuversichtlich, 95
rechtzeitig den richtigen Ausweg aus
der Arbeitslosigkeit gefunden zu haben.

Immerhin warten derzeit 35 000 bis
40 000 offene Stellen in der Datenverarbeitung auf qualifizierte Kräfte. Zumin- 100
dest an Umschülern dürfte kein Mangel
sein; denn „jetzt kommen Ärzte und Juristen", die keine Anstellung finden
werden, prognostiziert Adolf Schreier.
Für Barbara Liebold und Thomas Götz 105
indes, die noch vor Jahresende ihre
Abschlußprüfung machen, beginnt
schon bald die „heiße Phase" der Bewerbungen. Mit ihrer soliden Ausgangsbasis, so Schreier, braucht ihnen jedoch 110
vor dem Schritt in eine neue berufliche
Zukunft nicht bange zu sein, ob sie nun
als Kommunikationsprogrammierer oder
Software-Entwickler ihren Platz finden.

SUSANNE THEML

---

68. **pauken** *(Ugs.):* intensiv lernen   70. **bereuen:** schade finden, daß man etwas (nicht) gemacht
hat   72. **der Einstieg** *(hier):* der Beginn   77. **zu etwas gezwungen sein:** etwas tun müssen
79. **den Anschluß verlieren:** (nicht) Schritt halten   81. **der Lehrgang:** der Kurs   91. **sich einer
Sache unterziehen:** etwas machen   92. **der Eignungstest:** die Qualifikationsprüfung   95. **zuversichtlich:** optimistisch   98. **derzeit:** im Moment   101. **der Mangel:** wenn von etwas nicht genug da ist   107. **die Abschlußprüfung:** das Endexamen   108. **die Bewerbung:** *application*
112. **bange:** ängstlich

TEXTVERSTÄNDNIS

A. **Stimmt das oder nicht?** Wenn nicht, was stimmt dann?

1. In der Datenverarbeitung werden pro Jahr etwa 10 000 Fachleute gesucht.

2. In Nürnberg können Akademiker, die keine Stelle haben, zu Kommunikationsprogrammierern umgeschult werden.

3. Barbara Liebold war verzweifelt, denn sie konnte in Bayern keine Stelle als Lehrerin für Biologie und Sport bekommen.

4. Barbara Liebold hatte sich schon immer für Computer interessiert.

5. Während des Kurses verliert Barbara Liebold die Lust an der Datenverarbeitung.

6. Der Kurs in der Siemens-Schule für Kommunikations- und Datentechnik war leichter, als sie gedacht hatte.

7. Oft sind die Teilnehmer dieser Kurse älter als 35.

8. Vor der Umschulung muß man einen Test machen, um zu zeigen, daß man sich für die Computerwissenschaft eignet.

9. Auch Thomas Götz ist sicher, nach der Umschulung eine Stelle finden zu können.

B. Lesen Sie den Text bitte nochmal durch und beantworten Sie dann diese Verständnisfragen.

1. Wer bezahlt die Umschulung arbeitsloser Akademiker zu Informatikern?

2. Wie kam Barbara Liebold auf die Idee, zur K-Schule zu gehen?

3. Warum war das Sitzen auf der Schulbank für Frau Liebold besonders schwierig?

4. Warum ist es mit dem Lernen für Computerexperten auch nach der Ausbildung nicht vorbei?

5. Wie lange dauert die Ausbildung an den K-Schulen?

6. Aus welchen Berufen stammen die Umschulungskandidaten?

7. Wie schwer ist es, eine gute Stelle zu finden, wenn man die K-Schule besucht hat?

GEHEIMTIP WORTSCHATZ

C. Welche der Erklärungen (rechts) passen zu den Wörtern und Ausdrücken aus dem Text (links)?

1. sie sah „kein Land mehr" *(Z. 28)*

2. sie hatte Angst, zu „verblöden" *(Z. 31)*

3. davon ist keine Rede mehr *(Z. 51)*

4. in der Schulbank . . . sitzen *(Z. 65)*

5. Kommunikationstechnik und Datenverarbeitung entwickeln sich ständig fort *(Z. 74)*

6. man ist gezwungen, sein Fachwissen permanent zu aktualisieren *(Z. 77)*

7. es beginnt die „heiße Phase" *(Z. 108)*

8. solide Ausgangsbasis *(Z. 109)*

a. sie glaubte, dümmer zu werden

b. darüber spricht niemand mehr

c. guter Start

d. in der Computertechnik gibt es immer neue Entwicklungen

e. jetzt geht es richtig intensiv los

f. sie wußte nicht mehr, was sie tun sollte

g. man muß immer dazulernen

h. Student oder Schüler sein und lernen

Geschichtenschreiber
Ein Computersprachbastelbuch

Bilderregen
Ein Tastenzauber um Buchstaben und Zahlen

Streng geheim
Mein persönliches Archiv

D. Bitte erklären Sie auf deutsch oder finden Sie Synonyme.

1. die Kosten übernehmen *(Z. 2)*: _____

2. der Lebensunterhalt *(Z. 22)*: _____

3. verzweifelt *(Z. 29)*: _____

4. empfehlen *(Z. 41)*: _____

5. selbstsicher *(Z. 58)*: _____

6. umziehen *(Z. 63)*: _____

7. mithalten *(Z. 68)*: _____

8. der Ausweg *(Z. 96)*: _____

E. Bitte sammeln Sie Wörter zu bestimmten Konzepten.

1. Alle Ausdrücke, die etwas mit Computern zu tun haben. Wenn es Komposita sind, zerlegen Sie sie bitte in ihre Einzelteile.

⇨ *die Datenverarbeitung: die Daten + Verarbeitung*
der Diplominformatiker: das Diplom + der Informatiker

_____

_____

_____

_____

_____

_____

_____

_____

2. Alle Ausdrücke, die etwas mit Arbeit zu tun haben.

> ➪ *die Stelle*
> *die Arbeitskraft: die Arbeit + die Kraft*
> *die Fachleute: das Fach + die Leute*

_____

_____

_____

_____

_____

_____

_____

F. Warum sind manche Wörter oder Ausdrücke in diesem Artikel in Anführungszeichen gesetzt, z. B. sah „kein Land mehr"? Suchen Sie ein paar Beispiele, und geben Sie eine oder mehrere Erklärungen.

ANWENDUNG: Meinung, Diskussion, Phantasie

ZU TEXT UND THEMA

A. Ihr Eindruck

1. Warum haben manche Menschen wie Barbara Liebold Angst vor Computern?

2. Wie fühlen sich Leute, die arbeitslos sind und einfach keine Anstellung finden?

3. Was halten Sie davon, daß in der Bundesrepublik der Staat Umschulungen bezahlt? Warum tut er das?

B. **Computer**

    1. Was kann man mit einem Computer alles machen? Machen Sie eine Liste von Anwendungen/Arbeiten.

    2. Computer im Beruf:

        a. In welchen Berufen kann man ohne Computer auskommen?
        b. Nennen Sie zehn Berufe, in denen Computer dringend gebraucht werden. Welche Funktionen haben die Computer dort?

Beruf　　　　　　　　　　　　　　　*Funktion des Computers*

_____

_____

_____

_____

_____

_____

_____

_____

    3. Was kann eine Privatperson mit einem Computer zu Hause anfangen?

C. **Aktivität**

Sehen Sie deutsche Zeitschriften nach Anzeigen über Computer durch. Suchen Sie vor allem nach Ausdrücken aus der Computerwelt. Bringen Sie die Anzeigen in die Klasse, und stellen Sie sie vor.

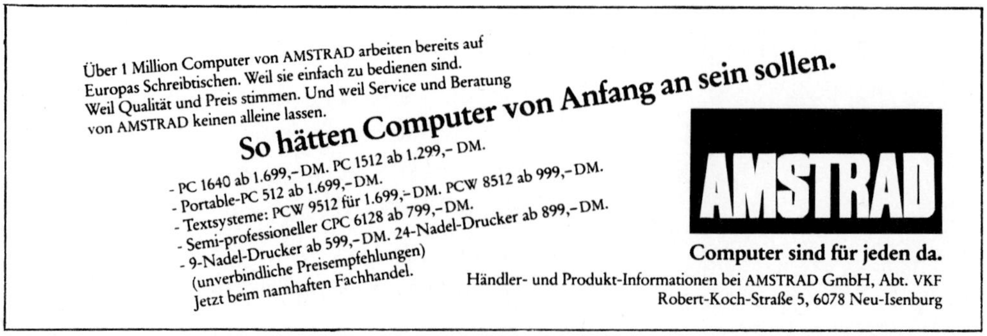

D. Hier können Sie die Situation in Ihrem eigenen Land besprechen.

1. Muß man in den meisten Berufen auf irgendeine Weise mit einem Computer arbeiten?

2. Werden in Ihrem Land, verglichen mit anderen Ländern, Computer oft oder selten im Alltag benutzt?

3. Lernen die Kinder schon in der Schule, mit Computern umzugehen? In welchem Alter?

4. Gibt es schon viele Informatiker? Ist der Beruf beliebt? Warum, oder warum nicht?

5. Gibt es in Ihrem Land auch so viele arbeitslose Akademiker? Werden die auch zu Informatikern umgeschult? Wenn ja, wer bezahlt das?

6. Was für einen Ruf hat die Computerwissenschaft Ihres Landes in der Welt?

7. Wer fühlt sich in Ihrem Land für die Arbeitslosen verantwortlich?

UND SIE?

E. Besprechen Sie die Fragen mit Ihrem Partner.

1. Haben Sie irgendwo in Ihrem Leben mit Computern zu tun?

2. Wenn Sie noch nie am Computer gearbeitet haben:

   a. Wollen Sie eines Tages lernen, mit Computern umzugehen? Warum, warum nicht?
   b. Warum hatten Sie bis jetzt noch nichts damit zu tun?

3. Wenn Sie schon mit Computern zu tun hatten:

   a. Wann hatten Sie zum ersten Mal mit Computern zu tun?
   b. Warum haben Sie angefangen, sich mit Computern zu beschäftigen?
   c. Wie und wo haben Sie es gelernt? Hatten Sie anfangs Angst davor?
   d. Sind Sie ein richtiger Computerexperte, bzw. eine -expertin, oder benützen Sie Computer einfach so wie andere ein Auto?
   e. Was machen Sie alles mit Computern?
   f. Gebrauchen Sie Computer beruflich oder privat?
   g. Könnten Sie Ihre Arbeit auch ohne Computer erledigen?
   h. Macht es Ihnen Spaß, mit dem Computer zu arbeiten? Warum, warum nicht?

4. Welche Dinge würden Sie mit dem Computer am liebsten machen? Markieren Sie bitte.

	nie	vielleicht	au ja!
Computerspiele	☐	☐	☐
Textverarbeitung	☐	☐	☐
Musik machen	☐	☐	☐
Briefe schreiben	☐	☐	☐
Steuern berechnen	☐	☐	☐
Artikel schreiben	☐	☐	☐
Designs entwerfen	☐	☐	☐
Berichte schreiben	☐	☐	☐
Zeichnen	☐	☐	☐
Bücher schreiben	☐	☐	☐

Spaß für Kinder mit Computern.

Home-Computer-Programme von Ravensburger®
... damit Denken ins Spiel kommt.

STELLEN SIE SICH VOR . . .

F. **Zum Rollenspielen oder Schreiben**

1. Eine Firma gibt Ihnen den größten und schnellsten Computer der Welt. Was würden Sie damit machen?

2. Ab morgen fallen alle Computer aus. Wie würde das Ihr Leben beeinflussen?

3. Ihr Vater oder Ihre Mutter will nicht lernen, wie man mit dem Computer umgeht. Wie überzeugen Sie ihn oder sie?

4. Ihre Großtante Hilde will einen Computer kaufen. Sie sieht wirklich nicht aus, als ob sie sich da gut auskennt—so denkt der Verkäufer. Aber da irrt er sich! Spielen Sie die Situation.

DISKUSSION ODER AUFSATZ

G. Wählen Sie eins der vier kontroversen Themen aus. Sammeln Sie Argumente für beide Seiten, und äußern Sie Ihre eigene Meinung.

1. a. Computer regieren bald die Welt, dann hat der Mensch gar nichts mehr zu sagen. Man sollte sie alle zerstören!
   b. Computer machen das Leben so viel einfacher. Ohne Computer geht nichts mehr!

2. a. Computer nehmen uns die Arbeitsplätze weg. Bald haben nur noch ein paar Computerexperten einen Job, und wir anderen sind arbeitslos.
   b. Computer machen es möglich, daß der Mensch nicht mehr so viele Stunden pro Tag arbeiten muß und mehr Freizeit hat.

3. a. Durch die Arbeit am Computer stumpfen die Menschen ab und werden auch schon zum kalten Roboter.
   b. Die Computer machen es erst möglich, daß Menschen, die sich gar nicht kennen, über große Entfernungen hinweg miteinander kommunizieren können.

4. a. Computer speichern so viele persönliche Daten über uns, daß wir gar kein richtiges Privatleben mehr haben. Bald können uns die, die Zugang zu diesen Daten haben, kontrollieren.
   b. Die genauen Datenkarteien machen es möglich, daß Prozesse des täglichen Lebens, wie zum Beispiel einen Kredit bei der Bank bekommen usw., schneller ablaufen.

❖ MITEINANDER

14. Generationen   15. Freundschaft   16. Nicht alles gefallen lassen   17. Drei Ringe

Vorschau auf das Thema

Der Mensch ist ein soziales Wesen°. Man kann vielleicht sogar sagen, daß die Menschen andere Menschen—vor allem Freunde—brauchen, nicht nur um zu existieren und zu überleben, sondern auch um sich gegenseitig auf intellektueller und emotionaler Ebene° zu stimulieren und zu unterstützen. Andererseits braucht ein Mensch natürlich auch Zeit für sich und einen Freiraum, wo ihn niemand stört.

Abgesehen von° wenigen Ausnahmen leben die Menschen in Gruppen miteinander, zum Beispiel in Paaren, in Familien, mit Freunden, in Nachbarschaften usw. Die Menschheit als Ganzes kann in religiöse, ethnische, nationale Gruppen, Städte, Länder, Staaten usw. unterteilt werden. Jedes Individuum ist dabei gleichzeitig Mitglied von mehreren Gruppen, zum Beispiel von einer Familie, einem Sportverein, einer Universität, einer Firma, einer Stadt, einem Land, einer Religionsgemeinschaft.

Wie in den meisten Ländern gibt es auch in der Schweiz, in Liechtenstein, in der DDR, in der Bundesrepublik Deutschland sowie in Österreich arme und reiche, alte und junge Leute, Mitglieder verschiedener religiöser Gemeinden und Nationalitäten.

Wenn so viele Menschen miteinander leben, treffen natürlich die unterschiedlichen Bedürfnisse und Interessen von verschiedenen Individuen oder von verschiedenen Gruppen aufeinander. So haben zum Beispiel Kinder oder Jugendliche oft andere Bedürfnisse als ihre Eltern, eine bestimmte Bevölkerungsgruppe hat andere Interessen als eine andere, oder ein Land hat andere ökonomische, politische und soziale Ziele als ein anderes. Dann muß man überlegen, welche verschiedenen Möglichkeiten es gibt, die „kleinen" individuellen und auch die „großen" politischen Konflikte zu lösen. Der Konfrontationskurs kann *eine* Alternative, der Weg der Toleranz eine andere sein.

das Wesen: die Kreatur   **die Ebene:** *level*   **abgesehen von:** außer

EIN PAAR FRAGEN ZUM THEMA

1. Wozu ist eine Familie da?
2. Was bedeutet Freundschaft für Sie?
3. Welche Konflikte kann es mit den Nachbarn geben?
4. Welche religiösen Gruppen gibt es in Ihrem Land?
5. Wie kommt es, daß viele Menschen intolerant gegenüber Leuten sind, die nicht zur gleichen Gruppe gehören?
6. Welche prinzipiellen Möglichkeiten gibt es, Konflikte zu lösen?

NÜTZLICHE WÖRTER UND AUSDRÜCKE

Allgemein

die Gesellschaft	gesellschaftlich	das Gespräch	miteinander reden/ sprechen
die Gemeinschaft			
das Mitglied	an•gehören (+ *Dat.*)	das Argument	argumentieren
die Diskussion	diskutieren	die Unterhaltung	sich unterhalten
	besprechen	die Kritik	kritisieren

die Generation

der Generationsunterschied		der Gehorsam	gehorchen, gehorsam
der Generationskonflikt		der Widerspruch	widersprechen
die Erziehung	erziehen	die Autorität	autoritär
die Lebensweise		die Macht	mächtig
der Lebensstil		„Solange du deine Füße unter meinen Tisch stellst, . . .!"	

die Harmonie/der Konflikt

der Freund/ die Freundin	freundlich, sich befreunden	das Vertrauen	vertrauen, vertraulich
die Freundschaft	miteinander befreundet sein	die Beziehung die Konkurrenz	
der/die Bekannte		der Streit	(sich) streiten
der Nachbar/ die Nachbarin	benachbart	die Auseinander- setzung	sich mit . . . ausein- ander•setzen
der Feind/ die Feindin	verfeindet sein, feindlich	das Vorurteil (gegen)	
die Feindschaft	(nicht) gut miteinander aus•kommen miteinander gegeneinander füreinander voneinander	das Mißverständnis die Gewalt	mißverstehen Gewalt anwenden, gewaltsam, gewalttätig
		der Kompromiß	einen Kompromiß schließen
die Einsamkeit	einsam, vereinsamen	die Lösung, der Ausweg	eine Lösung/einen Ausweg finden
die Nähe	nah(e)	die Versöhnung	sich versöhnen
die Unterstützung	einander unterstützen		

Religion

	religiös		
die Kirche	kirchlich, zur Kirche gehen	der Mohammedaner/ die Moham- medanerin	mohammedanisch
die Sekte			
der Glaube	glauben	der Buddhismus	buddhistisch
das Gebet	beten	der Atheismus	atheistisch
das Christentum	christlich	der Papst	
der Christ/ die Christin		der Priester der Pastor/ die Pastorin	
der Katholizismus	katholisch		
der Protestantismus	evangelisch, lutherisch	die Predigt der Rabbiner/	predigen
das Judentum	jüdisch	die Rabbinerin	
der Jude/die Jüdin		die Prophezeihung	prophezeien
die Bibel		der Prophet	prophetisch
der Islam	islamisch	die Verfolgung	verfolgen
		die Toleranz	tolerieren

14   Generationen

Einführung in die Texte Die Familie ist eine soziale, ökonomische und emotionale Einheit, in die jeder Mensch hineingeboren wird. Nicht immer ist eine Familie vollständig, und manchmal handelt es sich um eine Adoptivfamilie, oder ein Waisenhaus wird dem Kind zur „Familie". Früher lebten oft noch die Großeltern und andere Familienangehörige mit in einem Haushalt, doch heute wohnen meistens nur noch zwei Generationen zusammen: Eltern und Kinder.

Aufgrund der unterschiedlichen Bedürfnisse und Interessen kommt es in manchen Familien zu Konflikten zwischen der älteren und der jüngeren Generation. Manche Eltern finden, daß ihnen die Kinder „auf der Nase herumtanzen", und es gibt Kinder, die sich von zu strengen oder dominanten Eltern unterdrückt fühlen. Prinzipiell ändert sich das Verhältnis zwischen Kindern und Eltern von Generation zu Generation: Unsere Eltern hatten noch ein anderes Verhältnis zu ihren Eltern als wir es zu unseren Eltern haben. Und wir selbst werden wieder anders mit unseren eigenen Kindern umgehen, und sie mit uns.

TEXT A: BRIEF AN DEN VATER

In dem berühmten Brief von Franz Kafka an seinen Vater können wir lesen, wie sich der Schriftsteller Kafka in seinem Verhältnis zu seinem Vater fühlte.

Franz Kafka wurde 1883 als Sohn eines jüdischen Kaufmanns in Prag geboren. Er studierte für kurze Zeit Germanistik, dann Jura und machte 1906 seinen Doktor. Ein Jahr lang hatte er seine eigene Praxis als Rechtsanwalt und arbeitete dann zwischen 1908 und 1922 als Jurist für die „Arbeiter-Unfall-Versicherungs-Anstalt". Kafka hat seine Werke meistens nachts geschrieben, hielt sie auch nicht für gute Literatur und bat seinen Freund Max Brod, fast alle seine Manuskripte nach seinem Tod zu verbrennen. Seit 1917 litt Kafka an Tuberkulose, und er starb daran 1924 im Alter von 41 Jahren.

In seinen Kurzgeschichten (*Vor dem Gesetz*, *Die Verwandlung* u.a.) und in den Romanen (*Das Schloß*, *Der Prozeß*, *Amerika*) stellt Kafka den einzelnen Menschen isoliert dar: er kämpft mit einer gewaltigen, unverständlichen und oft überwältigenden Welt. Kafkas Prosa erinnert an furchtbare Alpträume. Manche Leute erklären Kafkas literarische Beschäftigung mit übermächtigen Autoritäten aus seinem Verhältnis zu seinem übermächtigen Vater.

FRAGEN ZUM THEMA

1. Warum kommt es zwischen Eltern und Kindern oft zu Konflikten? Was sind typische Konflikte zwischen Eltern und Kindern?
2. Inwiefern ist das Verhältnis zwischen Eltern und Kindern heute anders als früher?
3. Wie stellen Sie sich ein ideales Verhältnis zwischen Eltern und Kindern vor?
4. Haben Sie schon einmal von Kafka gehört oder sogar schon etwas von ihm gelesen?

LESEFRAGEN

1. Was erfahren Sie über Kafkas Vater?
2. Wie fühlt sich der kleine Franz?
3. Warum wurden Mahlzeiten im Hause Kafka so unangenehm? Was für eine Atmosphäre herrschte dort?
4. Was für ein Verhältnis hat Franz Kafka als Erwachsener zu seinem Vater?

Brief an den Vater

Franz Kafka

Franz Kafka (1883–1924)

Liebster Vater,

Du hast mich letzthin einmal gefragt, warum ich behaupte, ich hätte
Furcht vor Dir. Ich wußte Dir, wie gewöhnlich, nichts zu antworten, zum
Teil eben aus der Furcht, die ich vor Dir habe, zum Teil deshalb, weil zur
5 Begründung dieser Furcht zu viele Einzelheiten gehören, als daß ich sie im
Reden halbwegs zusammenhalten könnte. Und wenn ich hier versuche, Dir
schriftlich zu antworten, so wird es doch nur sehr unvollständig sein, weil
auch im Schreiben die Furcht und ihre Folgen mich Dir gegenüber behin- *Prevent*
dern und weil die Größe des Stoffs über mein Gedächtnis und meinen Ver-
10 stand weit hinausgeht. . . .
    Da ich als Kind hauptsächlich beim Essen mit Dir beisammen war,
war Dein Unterricht zum großen Teil Unterricht im richtigen Benehmen
bei Tisch. Was auf den Tisch kam, mußte aufgegessen, über die Güte des
Essens durfte nicht gesprochen werden—Du aber fandest das Essen oft un-
15 genießbar; nanntest es „das Fressen"; das „Vieh" (die Köchin) hatte es verdorben. Weil Du entsprechend Deinem kräftigen Hunger und Deiner besonderen Vorliebe alles schnell, heiß und in großen Bissen gegessen hast,
mußte sich das Kind beeilen, düstere Stille war bei Tisch, unterbrochen
von Ermahnungen: „Zuerst iß, dann sprich" oder „schneller, schneller,
20 schneller" oder „siehst Du, ich habe schon längst aufgegessen." Knochen
durfte man nicht zerbeißen, Du ja. Essig durfte man nicht schlürfen, Du ja.
Die Hauptsache war, daß man das Brot gerade schnitt; daß Du das aber mit
einem von Sauce triefenden Messer tatest, war gleichgültig. Man mußte
achtgeben, daß keine Speisereste auf den Boden fielen, unter Dir lag
25 schließlich am meisten. Bei Tisch durfte man sich nur mit Essen beschäftigen, Du aber putztest und schnittest Dir die Nägel, spitztest Blei-
stifte, reinigtest mit dem Zahnstocher die Ohren. Bitte, Vater, verstehe
mich recht, das wären an sich vollständig unbedeutende Einzelheiten gewesen, niederdrückend wurden sie für mich erst dadurch, daß Du, der für
30 mich so ungeheuer maßgebende Mensch, Dich selbst an die Gebote nicht
hieltest, die Du mir auferlegtest. . . .

2. **letzthin:** neulich 2. **behaupten:** sagen 3. **die Furcht:** die Angst 5. **die Begründung:** die
Erklärung 8. **die Folge:** das Resultat 9. **der Stoff:** das Material 9. **das Gedächtnis:** die Erinnerung 9. **der Verstand:** der Intellekt, das Verstehen 11. **beisammen:** zusammen 12. **das Benehmen** (*hier*): die Manieren 14. **ungenießbar:** nicht eßbar 15. **das Vieh:** das Tier 14. **verdorben (verderben):** ruinieren 16. **entsprechend:** *in accordance with* 17. **die Vorliebe:** die Präferenz 18. **sich beeilen:** schnell machen 18. **düster:** dunkel 19. **die Ermahnung:** die Warnung
20. **der Knochen:** ein Teil des Skeletts 21. **der Essig:** *vinegar* 21. **schlürfen:** laut trinken
23. **triefend:** wenn Flüssigkeit von etwas tropft 23. **gleichgültig:** egal 24. **acht•geben:** aufpassen 24. **der Speiserest:** Essensrest 24. **der Boden:** *floor* 26. **schnittest (schneiden):** *to cut*
26. **der Nagel:** *fingernail* 26. **spitzen:** *to sharpen* 27. **reinigen:** saubermachen 27. **der Zahnstocher:** *toothpick* 28. **an sich:** *per se* 28. **vollständig:** total, komplett 28. **unbedeutend:**
nicht wichtig 28. **die Einzelheit:** das Detail 29. **niederdrückend:** deprimierend 30. **ungeheuer** (*hier*): sehr 30. **maßgebend:** wichtig 30. **das Gebot:** die Regel 31. **auferlegen:** *to impose*

TEXTVERSTÄNDNIS

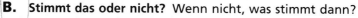

TEXT A: Brief an den Vater

ERSTES LESEN

A. Was für ein Text ist das?

  1. ein fiktiver Brief

  2. ein authentischer Brief

  3. eine Kurzgeschichte

B. Stimmt das oder nicht? Wenn nicht, was stimmt dann?

____ **1.** Kafka hatte große Angst vor seinem Vater.

____ **2.** Kafka mußte als Kind immer alles aufessen, was auf seinem Teller war.

____ **3.** Kafkas Vater hatte die Köchin besonders gern.

____ **4.** Der Vater und der Sohn aßen immer sehr schnell, und wer zuerst fertig war, hatte gewonnen.

____ **5.** Kafka durfte beim Essen nicht sprechen.

____ **6.** Der Vater kritisierte seinen Sohn selten.

____ **7.** Der Sohn schnitt das Brot mit einem schmutzigen Messer.

____ **8.** Weil der Vater nie Essensreste unter seinen Stuhl fallen ließ, durfte das Kind das auch nicht.

____ **9.** Kafka war enttäuscht, daß der Vater seine eigenen Regeln nicht befolgte, es aber von ihm erwartete.

Gemeinsam sind wir stark

ZWEITES LESEN

C. Noch ein paar Fragen zum Text.

1. Warum konnte Kafka mit seinem Vater nicht über seine Furcht sprechen?

2. Welche Tischregeln gab es für Kinder? Wie benahm sich der Vater? Machen Sie eine Liste.

Regeln für die Kinder	Was der Vater tat

3. Beschreiben Sie die Gefühle des Sohnes gegenüber seinem Vater . . .

   a. als Kafka ein Kind war.
   b. als Kafka ein Erwachsener war.

4. Wie stellen Sie sich Kafka als erwachsenen Mann vor? Fragen Sie Ihre Lehrperson, was man von Kafka weiß.

GEHEIMTIP WORTSCHATZ

D. Welche Ausdrücke und Definitionen gehören zusammen? Der Kontext hilft Ihnen dabei.

1. die Einzelheit *(Z. 5)*

2. halbwegs *(Z. 6)*

3. unvollständig *(Z. 7)*

4. Dir gegenüber *(Z. 8)*

5. über . . . hinausgehen *(Z. 9–10)*

6. die Güte *(Z. 13)*

7. das Fressen *(Z. 15)*

8. sich beschäftigen mit *(Z. 25)*

  a. mehr sein als
  b. wenn ich mit dir kommuniziere
  c. die Qualität
  d. das Detail
  e. sich auf etwas konzentrieren
  f. zur Hälfte
  g. nicht komplett
  h. das Essen für Tiere

E. Erklären Sie bitte die folgenden Wörter oder Ausdrücke mit Ihren eigenen Worten. Der Kontext hilft Ihnen dabei.

1. wie gewöhnlich *(Z. 3):* _____

2. das Reden *(Z. 6):* _____

3. unterbrechen *(Z. 18):* _____

4. zerbeißen *(Z. 21):* _____

5. die Hauptsache *(Z. 22):* _____

6. schließlich *(Z. 25):* _____

F. Beschreiben Sie bitte mit je 5–10 Adverben oder Adjektiven in kurzen Sätzen den Vater, den Sohn, die Atmosphäre. Vermeiden Sie das Verb **sein**. Verben wie **sich benehmen, sich fühlen, sich verhalten, auftreten, wirken, scheinen** können Ihnen helfen. Denken Sie auch an die Adjektivendungen!

➪ *Der Vater benimmt sich wie ein Tier.*

G. Beschreiben Sie das Verhalten des Vaters und des Sohnes Kafka und die Atmosphäre im Hause Kafka. Benutzen Sie die angegebenen oder andere Adjektive und Adverben. Versuchen Sie, das Verb **sein** zu vermeiden. Erinnern Sie sich bitte an die Steigerungsformen.

groß · größer · am größten · der/die/das größte
(nicht) so groß wie · größer als

➪ *Der Vater ißt schneller als der Sohn.*

jung · alt · sensibel · klein · groß · introvertiert · dominant · autoritär · ängstlich · oft · viel · hilflos · intolerant · unterwürfig · höflich · egoistisch · rücksichtslos · schnell · unsicher · wenig · niederdrückend · streng

H. Die folgenden Ausdrücke beziehen sich auf Zeitpunkte und Zeitspannen. Erklären Sie sie mit eigenen Worten, oder benutzen Sie sie in einem Beispielsatz.

1. wie gewöhnlich *(Z. 3):* _____

2. hauptsächlich *(Z. 11):* _____

3. zuerst *(Z. 19):* _____

4. schon längst *(Z. 20):* _____

5. schließlich *(Z. 25):* _____

TEXT B: KINDER

Bettina Wegener ist eine Liedermacherin aus der DDR. In ihrem Lied „Kinder" regt sie die Leser oder Hörer dazu an, sich Gedanken über Kindererziehung zu machen und sich zu überlegen, was aus Kindern wird, die sich nicht frei entwickeln können.

FRAGEN ZUM THEMA

1. Finden Sie, daß man Kinder eher streng oder nicht so streng erziehen soll? Warum das eine oder das andere?
2. Darf man Kinder schlagen?
3. Sollen Kinder immer machen dürfen, was sie wollen?
4. Warum bekommen Leute Kinder?

LESEFRAGEN

1. Wie beschreibt Bettina Wegener Kinder?
2. Wie soll man Kinder nicht behandeln, und warum?
3. Was für ein Menschenideal hat Bettina Wegener?

TEXT B

Kinder

Sind so kleine Hände
winz'ge Finger dran.
Darf man nie drauf schlagen
die zerbrechen dann.

5 Sind so kleine Füße
mit so kleinen Zeh'n.
Darf man nie drauf treten
könn'n sie sonst nicht geh'n.

Sind so kleine Ohren
10 scharf und ihr erlaubt.
Darf man nie zerbrüllen
werden davon taub.

Sind so schöne Münder,
sprechen alles aus.
15 Darf man nie verbieten
kommt sonst nichts mehr 'raus.

Sind so klare Augen,
die noch alles seh'n.
Darf man nie verbinden
20 könn'n sie nichts versteh'n.

Sind so kleine Seelen
offen und ganz frei.
Darf man niemals quälen
geh'n kaputt dabei.

25 Ist so'n kleines Rückgrat
sieht man fast noch nicht.
Darf man niemals beugen
weil es sonst zerbricht.

Grade klare Menschen
30 wär'n ein schönes Ziel,
Leute ohne Rückgrat
hab'n wir schon zuviel.

BETTINA WEGENER

2. **winzig:** sehr klein   7. **treten:** *to step (on)*   11. **zerbrüllen:** so laut schreien, daß etwas kaputt geht   12. **taub:** wenn man nichts mehr hören kann   19. **verbinden** (*hier*): *to blindfold*   21. **die Seele:** *soul*   23. **quälen:** mißhandeln   25. **das Rückgrat:** *spine*   27. **beugen:** *to bend*

TEXTVERSTÄNDNIS

TEXT B: „Kinder"

ERSTES LESEN

A. Stimmt das oder nicht? Wenn nicht, was stimmt dann?

1. Kleine Kinder müssen manchmal eins auf die Finger kriegen.

2. Kinderohren sind noch nicht so scharf.

3. Wenn man Kindern nicht erlaubt zu sagen, was sie denken, werden sie stumm.

4. Kinder sehen mehr, als man denkt.

N 5. Auch Kinder haben schon Vorurteile.

S 6. Wenn man Kinder schlecht behandelt, deformiert man ihre Psyche.

N 7. Es ist besser für eine Gesellschaft, nicht zu viele selbstbewußte Menschen zu haben.

ZWEITES LESEN

B. Aufgaben zum Text

1. Welches ist Ihrer Meinung nach das wichtigste Wort in jeder Strophe? Diskutieren Sie, warum Sie das eine oder andere Wort wichtiger finden.

2. Markieren Sie bitte mit verschiedenen Farben:

   a. Alle Körperteile. Was symbolisieren die einzelnen Körperteile hier?
   b. Alle Adjektive. Wie werden die Körperteile beschrieben?
   c. Alle Verben. Was hält Bettina Wegener für eine falsche Behandlung von Kindern? Was passiert nach Meinung der Liedermacherin, wenn sie so behandelt werden?

3. Fassen Sie kurz den Inhalt jeder Strophe zusammen. Benutzen Sie dabei die drei Konjunktionen **weil**, **da** und **denn**.

   a. Erklären Sie die Bedeutung zuerst konkret.
   b. Interpretieren Sie dann die Symbolik der Bilder.

4. Welche Ordnung sehen Sie innerhalb der Strophen?

   a. Was beschreibt der erste Vers in jeder Strophe?

   _____

   b. Was beschreibt der zweite Vers in jeder Strophe?

   _____

   c. Was beschreibt der dritte Vers in jeder Strophe?

   _____

   d. Was beschreibt der vierte Vers in jeder Strophe?

   _____

   Sind *alle* Strophen nach dem gleichen Prinzip aufgebaut?

5. Glauben Sie, daß die Liedermacherin die Strophen absichtlich in dieser Reihenfolge angeordnet hat? Warum oder warum nicht?

6. Warum beschreibt Wegener gerade die Hände, Füße, Ohren, Münder, Augen der Kinder?

7. Welche Vorstellung hat Wegener von der Psyche von Kindern?

8. Warum benutzt die Liedermacherin in der vorletzten Strophe das Rückgrat als Metapher? Was bedeutet das hier?

9. Welche Aussage macht Bettina Wegener in der letzten Strophe? Warum benutzt sie hier den Konjunktiv?

10. Spricht Bettina Wegener in diesem Lied nur von Kindererziehung? Welche Befürchtungen und welche Hoffnung äußert sie?

Geld regiert die Welt.

○

terre des hommes
– Hilfe für Kinder in Not –
Postfach 4126 · 4500 Osnabrück

Geld verleiht Macht. Wer Geld hat, hat etwas zu sagen. Wer nichts hat, zählt nicht. Wer nichts hat, hat keine Rechte. Wer nichts hat, muß sich ausbeuten lassen. So wird Geld zur Waffe gegen die Armen. Natürlich kommt das Kinderhilfswerk terre des hommes ohne Geld auch nicht aus. Aber terre des hommes setzt Geld anders ein. terre des hommes unterstützt in der Dritten Welt Menschen, die für ihre Rechte kämpfen. Und für die Rechte ihrer Kinder. terre des hommes fördert Entwicklungsprojekte. Für Gesundheit. Für Bildung. Gegen Ausbeutung. Dafür braucht terre des hommes Ihre Unterstützung. Für eine *Erde der Menschlichkeit.*

Spendenkonto 700
Bank für Gemeinwirtschaft Osnabrück
Stichwort: Kinder in Not

Schicken Sie mir Informationen über die Arbeit von terre des hommes

Abs. _____

_____

An terre des hommes. Postfach 4126. 45 Osnabrück

GEHEIMTIP WORTSCHATZ

C. Bitte erklären Sie folgende Wörter oder Ausdrücke, oder finden Sie Synonyme.

1. zerbrechen *(Z. 4):* _____

2. die Zehe *(Z. 6):* _____

3. erlauben *(Z. 10):* _____

4. verbieten *(Z. 15):* _____

5. fast *(Z. 26):* _____

6. Leute ohne Rückgrat *(Z. 31):* _____

D. **Zu Form und Stil**

1. Woran erkennt man, daß es sich bei diesem Text um ein Lied handelt? Nennen Sie ein paar Merkmale.

2. Finden Sie den Stil des Liedes einfach oder kompliziert?

3. Warum wählte die Liedermacherin gerade diesen Stil?

<u>ANWENDUNG: Meinung, Diskussion, Phantasie</u>

ZU TEXT UND THEMA

A. **Zu Text A: Brief an den Vater**

1. Wessen Benehmen finden Sie unmöglicher: das des Vaters oder das des Autors? Warum?

2. Warum mußte Kafka seinem Vater diese Gedanken wohl in einem Brief übermitteln?

3. Schreiben Sie einen Antwortbrief von Kafkas Vater an seinen Sohn.

B. **Zu Text B: ,,Kinder''**

1. Wie hat der Liedtext auf Sie gewirkt?

2. Würden Sie dieses Lied als Kinderlied bezeichnen? Warum ja, oder warum nicht?

3. Stimmen Sie mit Bettina Wegeners Meinung über Kindererziehung und über Menschen ,,ohne Rückgrat'' überein?

4. Welchen Zusammenhang sehen Sie zwischen der Herkunft der Liedermacherin (DDR) und dem Inhalt ihres Liedes?

5. Wo sehen Sie eine Verbindung zwischen Kafkas *Brief an den Vater* und Wegeners Lied ,,Kinder''?

C. **Kindererziehung**

1. Welche verschiedenen Erziehungsphilosophien gibt es? Wie sollen Kinder aufwachsen? Wie soll man sie erziehen? Wie wirkt sich die Erziehung, die die Eltern genossen haben, auf die Erziehung ihrer Kinder aus?

2. Welche Dinge lernt man . . .

    a. in der Familie?   **b.** in der Schule?   **c.** von Freunden?

3. Welche Folgen hat die Kindheit und die Erziehung auf das spätere Leben eines Menschen?

D. Angst

1. Finden Sie es normal und gesund, daß Kinder eine gewisse Angst vor Erwachsenen haben? Warum oder warum nicht?

2. Was ist der Unterschied zwischen Angst und Respekt vor einer anderen Person?

3. Manche Leute haben eine gewisse Furcht vor Polizisten, Lehrern, Beamten in Büros und ähnlichen Autoritätspersonen oder Institutionen. Geben Sie noch ein paar Beispiele. Wo ist die Furcht berechtigt, wo ist sie unnötig und übertrieben?

4. Darf ein Mensch Macht über einen anderen Menschen haben? Warum oder warum nicht? Begründen Sie bitte Ihre Antworten.

E. Selbstbewußtsein

1. Beschreiben Sie Menschen „ohne Rückgrat" und „mit Rückgrat". Welche Eigenschaften haben sie, und was tun sie?

2. Welchen Vorteil kann es haben, „kein Rückgrat" zu haben, welche Nachteile bringt es mit sich?

3. Wie kann man Kinder so erziehen, daß sie „ein Rückgrat haben", aber nicht ständig Schwierigkeiten mit Autoritäten bekommen?

4. Was kann aus Kindern werden, die zu selbstbewußt sind? Was kann aus Kindern werden, die zu wenig Selbstbewußtsein haben?

F. Generationskonflikt

1. Worüber gibt es in vielen Familien Konflikte zwischen Eltern und Kindern im Alter von 5, 10, 15, 20, 30?

   5 Jahren: _____   20 Jahren: _____

   10 Jahren: _____   30 Jahren: _____

   15 Jahren: _____

2. Ist das Verhältnis zwischen den Generationen heute anders als früher? In welcher Weise hat es sich geändert?

3. Welche Dinge, die früher tabu waren, hält man heute für ganz normal?

4. Glauben Sie, daß ein Generationskonflikt normal und gesund ist? Warum ja, warum nicht?

5. Welche Möglichkeiten gibt es, Konflikte zwischen Eltern und Kindern oder Jugendlichen zu lösen?

**WIE IST DAS IN
IHREM LAND?**

G. Vergleichen sie die Situationen mit denen in Ihrem Land.

1. Markieren Sie bitte: Welche von den folgenden Tischmanieren finden Sie bei uns normal, normal bei den Deutschen oder völlig unmöglich oder unhöflich?

	normal bei uns	normal bei Dt.	unmöglich
niesen	☐	☐	☐
sich in den Zähnen stochern	☐	☐	☐
Lippenstift auflegen	☐	☐	☐
den Ellenbogen aufstützen	☐	☐	☐
mit Messer *und* Gabel essen	☐	☐	☐
reden	☐	☐	☐
die Nase mit der Serviette putzen	☐	☐	☐
Zeitung lesen	☐	☐	☐
eine Hand auf dem Schoß haben	☐	☐	☐
telefonieren	☐	☐	☐
schmatzen	☐	☐	☐
die Beine auf den Tisch legen	☐	☐	☐
Hunde und Katzen füttern	☐	☐	☐
das Essen kritisieren	☐	☐	☐
alles sofort salzen	☐	☐	☐
rülpsen	☐	☐	☐
ein Glas Leitungswasser beim Essen trinken	☐	☐	☐
beim Fernsehen essen	☐	☐	☐
Wurst *und* Käse auf ein Brot legen	☐	☐	☐
den Teller mit einer Scheibe Brot sauberwischen	☐	☐	☐
sich als Gast vom Kühlschrank bedienen	☐	☐	☐

Fällt Ihnen noch mehr dazu ein? _____

2. Was passiert in Ihrem Land, wenn sich jemand—ein Kind oder eine erwachsene Person—bei Tisch schlecht benimmt?

UND SIE?

H. Besprechen Sie diese Themen mit Ihrem Partner.

1. Wie war das bei Ihnen zu Hause? Waren Ihre Eltern eher streng oder relativ großzügig und liberal?

2. Welche festen Regeln gab es in Ihrem Elternhaus, z.B. Essenszeiten, zur Kirche gehen, Schlafenszeiten, usw.?

3. Welche Dinge fanden Sie in Ihrem Elternhaus besonders gut? Welche Dinge fanden Sie in Ihrem Elternhaus besonders schlecht? Würden Sie diese Dinge mit Ihren Kindern auch/nie machen?

4. Wohnen Sie bei Ihren Eltern? Wenn ja, welche Vorteile und welche Nachteile hat das? Wenn Sie nicht bei Ihren Eltern wohnen: Könnten Sie sich vorstellen, wieder bei ihnen zu leben?

5. Könnten Sie sich vorstellen, daß Ihre Eltern bei Ihnen leben, wenn sie alt werden?

6. Gibt es außerdem noch Autoritätspersonen, die Sie besonders respektieren? Gibt es andere, vor denen Sie Angst haben? Warum? Wie verhalten Sie sich dann?

STELLEN SIE SICH VOR . . .

I. Zum Rollenspielen oder Schreiben

1. Sie sind ein guter Freund der Familie Kafka, und zwar zu der Zeit, als Franz noch klein war. Sie essen oft bei der Familie zu Mittag. Sie respektieren Herrn Kafka senior, aber Sie mögen den kleinen Franz auch sehr gern. Sprechen Sie mit Vater Kafka, mit Sohn Kafka, oder halten Sie sich aus den Familienangelegenheiten heraus?

2. Der Vater und der erwachsene Sohn Kafka treffen sich, nachdem Vater Kafka den Brief bekommen hat. Worüber reden sie?

3. Spielen Sie eine Fernsehdiskussion: Die eine Hälfte der Klasse repräsentiert Jugendliche, die andere Hälfte der Klasse repräsentiert Eltern. Dann gibt es noch einen Moderator oder eine Moderatorin. Die Gruppen haben ein paar Minuten Zeit, um innerhalb ihrer Gruppe verschiedene Meinungen zum jeweiligen Thema des Abends zu sammeln.
   Wählen Sie das Thema des Abends, oder diskutieren Sie alle vier.

   a. Dürfen junge Leute, nachdem Sie den Führerschein gemacht haben, das Auto ihrer Eltern fahren, oder müssen sie arbeiten, um sich ein eigenes zu kaufen?

b. Dürfen junge Leute, die noch zu Hause wohnen, aber schon 18 Jahre alt sind, ihren Freund oder ihre Freundin nachts mit nach Hause bringen und dort mit ihnen übernachten?

c. Dürfen junge Leute nach Abschluß der High School allein mit Freunden ins Ausland fahren?

d. Wie lange dürfen 16jährige Mädchen und Jungen abends ausbleiben?

DISKUSSION ODER AUFSATZ

J. Wählen Sie eins der Themen. Suchen Sie bitte Argumente für beide kontroversen Thesen und äußern Sie Ihre eigene Meinung in einer Debatte oder in einem Aufsatz.

1. **a.** Man soll Kinder frei nach dem Laissez-faire-Prinzip aufwachsen lassen. Die gesellschaftlichen Regeln lernen sie schon früh genug.
    b. Man muß Kinder streng erziehen. Selbstdisziplin ist der einzige Weg zum Erfolg.

2. **a.** Kinder sollen spielen. Im Spielen lernen sie die wichtigsten sozialen und kognitiven Fähigkeiten.
    b. Man kann nicht früh genug anfangen, Kinder auszubilden. Je früher sie mit Computern umgehen und andere Lernspiele spielen, desto bessere Chancen haben sie für eine erfolgreiche Karriere.

3. **a.** Die frühkindliche Erziehung bestimmt das ganze Leben eines Menschen. Durch die Erlebnisse der ersten Jahre werden wir geformt. Alles, was man später tut, kann man darauf zurückführen.
    b. Ein Mensch ist schon, was er ist, wenn er geboren wird. Die Gene und seine Natur bestimmen sein Leben, nicht die sozialen Einflüsse.

K. Schreiben Sie bitte . . .

1. einen Brief über das vergangene oder gegenwärtige Verhältnis zwischen einem Elternteil und Kindern:

    a. von einem Kind an seine Eltern. Sie können auch an Ihren eigenen Vater oder Ihre eigene Mutter schreiben.
    b. von einer Mutter oder einem Vater an ihr oder sein erwachsenes Kind.

2. einen Bericht über Ihre Kindheit oder Jugend. Beginnen Sie mit ,,Als ich ein Kind/Teenager war, . . .'' Denken Sie bitte daran, konsequent in den Zeitformen der Vergangenheit zu schreiben.

15   Freundschaft

Einführung in die Texte   Manche Menschen brauchen immer viele andere Menschen um sich und fühlen sich verloren und einsam, wenn sie allein sind. Andere sind gern oder sogar lieber allein und werden auch gar nicht traurig dabei. Bei einer dritten Gruppe kommt es ganz auf die Situation und Laune an: manchmal sind sie gern für sich, und zu anderen Zeiten lieber unter Menschen.

Aber nicht alle Leute, die man kennt und mit denen man Zeit verbringt, sind wirklich enge Freunde. In der deutschen Sprache unterscheidet man zwischen „Freunden" und „Bekannten". Bekannte sind Personen, die man oberflächlich° kennt. Freunde dagegen stehen einem emotional näher.

Aber was ist ein wirklicher Freund oder eine wirkliche Freundin? Jemand, den man einfach gern hat? Jemand, dem man vertraut? Jemand, der immer für einen da ist? Jemand, den man schon sehr lange kennt? Jemand, den man oft sieht? Jemand, der einem immer sagt: „Ja, du hast recht"? Jemand, der immer auf unserer Seite ist? Jemand, der einen auch mal kritisiert? Jemand, mit dem man alles besprechen kann?

Die beiden kurzen Texte von Gina Ruck-Pauquet und Simone Z. beschäftigen sich mit dem Verhältnis eines Individuums zu seinen Mitmenschen.

FRAGEN ZUM THEMA

Da es sich um ein sehr persönliches Thema handelt, werden die Personen in Ihrem Kurs unterschiedliche Meinungen haben. Begründen Sie Ihre Meinungen.

1. Was ist für Sie ein richtiger Freund oder eine richtige Freundin? Die Fragen oben zur Definition des Wortes Freund bzw. Freundin helfen Ihnen, diese Frage zu beantworten.
2. Was kann man gut allein machen? Was macht mehr Spaß, wenn man es mit anderen zusammen tut?
3. In welcher Stimmung ist man lieber allein, in welcher lieber mit anderen zusammen?

LESEFRAGE

Wie stellen sich die beiden Autorinnen das Verhältnis zwischen einem Menschen und einem Freund oder einer Freundin vor?

oberflächlich: *superficially*

TEXT A *gedicht – poem*

In meinem Haus

In meinem Haus
da wohne ich,
da schlafe ich,
da esse ich,
5 und wenn du willst,
dann öffne ich
die Tür
und laß' dich ein.

In meinem Haus
10 da lache ich,
da weine ich,
da träume ich,
und wenn ich will,
dann schließe ich
15 die Tür
und bin allein.

GINA RUCK-PAUQUET

TEXT B

Ein Freund

Ein Freund ist ein Mensch,
der mich so nimmt,
wie ich bin—
und nicht so,
5 wie er am wenigsten Schwierigkeiten
mit mir hat.

SIMONE Z. (18 JAHRE)

TEXTVERSTÄNDNIS

TEXT A: In meinem Haus

A. Was für ein Text ist das?

    1. ein Dialog   **3.** ein Gedicht ohne Reime

    2. ein Monolog   **4.** ein Lied

B. **Stimmt das oder nicht?** Wenn nicht, was stimmt dann?

    _____ **1.** Der Text handelt von einer Person, die nicht oft zu Hause ist.

    _____ **2.** Wenn das lyrische Ich traurig ist, geht es lieber unter Leute, um nicht daran denken zu müssen.

    _____ **3.** Das lyrische Ich will selbst bestimmen, wann es allein sein will.

    _____ **4.** Das Haus ist sehr wichtig für das lyrische Ich.

C. Beantworten Sie die Fragen, nachdem Sie den Text nochmal gelesen haben.

    1. Markieren Sie bitte die wichtigsten Wörter oder Teile des Textes. Warum finden Sie gerade diese Textstellen so wichtig?

    2. Welche Personen kommen in dem Gedicht vor?

    3. Was möchte das Ich in seinem Haus alles machen? Markieren Sie bitte die Verben, die diese Vorgänge ausdrücken, mit einer bestimmten Farbe Ihrer Wahl.

    4. Vergleichen sie die Verben der ersten Strophe mit den Verben der zweiten Strophe. Was fällt Ihnen auf?

    5. Was symbolisieren „Haus" und „Tür" in diesem Gedicht?

    6. Was sagt das Gedicht über das Verhältnis zwischen einem „Ich" und einem „Du"?

    7. Wie könnte ein Titel für dieses Gedicht lauten?

    _____

    8. Bedeutet „allein sein" in diesem Gedicht etwas Negatives oder etwas Positives? Begründen Sie Ihre Interpretation.

TEXT B: Ein Freund

ERSTES LESEN

A. Was für ein Text ist das?

1. ein Gespräch
2. ein Gedicht mit Reimen
3. ein Gedicht ohne Reime
4. ein Spruch

B. **Stimmt das oder nicht?** Wenn nicht, was stimmt dann?

_____ **1.** Für Simone Z. kann auch ein Hund ein guter Freund sein.

_____ **2.** Simone Z. will so akzeptiert werden, wie sie ist.

_____ **3.** Simone will keine Menschen als Freunde haben, die immer nur ihr „Sonntagsgesicht" sehen wollen.

ZWEITES LESEN

C. Lesen Sie den Text noch einmal, und überlegen Sie sich die Antworten.

1. Aus welcher Perspektive ist das Gedicht geschrieben?
2. Markieren Sie bitte die zentrale Definition von „Freund".
3. Ist mit „ein Freund" hier nur ein Mann gemeint?
4. Was wünscht sich das Ich?
5. Was für Menschen will das Ich nicht als Freund haben?
6. Was könnte mit „Schwierigkeiten" gemeint sein?

GEHEIMTIP WORTSCHATZ

D. Sammeln Sie Wörter oder Ausdrücke, in denen der Stamm **-freund-** vorkommt. Hier sind ein paar Suffixe, Präfixe und Wörter zum Zusammensetzen, die Ihnen helfen. Kennen Sie noch mehr?

-schaft   -keit   Kreis   Haus

Jugend | -freund- | Geschäft

an-   Gast   un-   -lich   be-

Erklären Sie die Wörter auf deutsch.

E. Sammeln Sie Wörter oder Ausdrücke, die Sie mit Freundschaft assoziieren.

⇨ *vertrauen, nah, sich verlassen können auf, . . .*

_____

_____

_____

_____

F. Es gibt ein paar Ausdrücke, die man im Zusammenhang mit Freundschaft benutzt. Erklären Sie die Ausdrücke. Welche drücken eine positive und welche eine negative Beziehung aus?
Spielen oder schreiben Sie mit Ihrem Partner ein Gespräch zwischen zwei Freunden oder Freundinnen, und benutzen Sie mehrere dieser Sätze.

„Ist das *dein* Freund/*deine* Freundin oder *ein* Freund/*eine* Freundin *von dir?*"

„Wir gehen zusammen durch dick und dünn."

„Schwörst du mir ewige Freundschaft?"

„Laß mich nicht im Stich."

„Als alter Freund/alte Freundin sage ich dir: . . ."

„Wir sind Freunde auf Leben und Tod."

„Wir wollen immer zusammenhalten."

„Wir sind ganz dicke Freunde."

„Das ist ja ein feiner Freund!"

„Und sowas nennt sich nun Freundschaft!"

„Kannst du mir einen Freundschaftsdienst erweisen, bitte?"

„Hier diese Blumen als kleines Zeichen meiner Freundschaft."

„Ich kündige dir die Freundschaft."

G. **Zu Form und Stil.**

1. Finden Sie den Stil der Texte eher kompliziert oder einfach?

2. Wie passen Form und Inhalt in den beiden Texten Ihrer Meinung nach zusammen?

ANWENDUNG: Meinung, Diskussion, Phantasie

ZU TEXTEN UND THEMA

A. Ihr Eindruck

    1. Sehen Sie einen Zusammenhang zwischen den beiden Texten? Wo liegen Parallelen, wo gibt es Unterschiede?

    2. Welches der beiden Gedichte gefällt Ihnen besser? Warum?

B. Zwischenmenschliche Beziehungen

    1. Sie arbeiten bei einer Firma, die Karten herstellt. Sie sollen Texte für Freundschaftskarten entwerfen. Ein paar sollen so anfangen:

Freundschaft ist, wenn _____

Freundschaft ist, wenn _____

Freundschaft ist, wenn _____

    2. Hat Freundschaft mehr mit Nähe oder mit Freiheit zu tun . . .

        a. im individuellen Bereich?

        b. als politisches Konzept für ein ganzes Land oder die ganze Welt?

**WIE IST DAS IN
IHREM LAND?**

C. Hier können Sie die Situation in Ihrem Land mit der in den deutschsprachigen Ländern vergleichen.

1. In den deutschsprachigen Ländern ist man neuen Bekannten gegenüber meistens erst etwas distanziert, und es dauert relativ lange, bis man jemanden eine „Freundin" oder einen „Freund" nennt. Aber dann ist es meistens auch eine wirkliche Freundschaft. Haben Sie auch solche Erfahrungen gemacht? Wie ist das in Ihrem Land? Wo gefällt es Ihnen besser? Warum?

2. Wie würden Sie die Einstellung Ihrer Landsleute beschreiben? Sind sie eher offen gegenüber Menschen, oder eher verschlossen? Sind es Freunde, mit denen man rechnen kann?

3. In den deutschsprachigen Ländern macht man in einer Wohnung die Türen zu den einzelnen Zimmern immer zu. Und wenn jemand hereinkommen möchte, klopft er oder sie an. Finden Sie das eine gute Regelung? Wie ist das in Ihrem Land?

4. Welche Gruppen sind in Ihrem Land oft sehr einsam? Wie kommt das? Was könnte man dagegen tun?

UND SIE?

D. **Interview.** Schreiben Sie zuerst Ihre eigenen Antworten auf. Dann befragen Sie und ein oder zwei andere sich gegenseitig.

1. Welche Dinge machen Sie lieber allein, welche lieber mit anderen zusammen? Schreiben Sie (a) für allein und (z) für zusammen.

    lesen _____ • fernsehen _____ • ins Kino gehen _____ • träumen _____ • sich sonnen _____ • reisen _____ • wandern _____ • joggen _____ • Musik hören _____ • duschen _____ • arbeiten _____ • schwimmen _____ • schlafen _____ • lernen _____ • Musik machen _____

2. Welche Dinge machen Sie am liebsten mit einem guten Freund oder einer guten Freundin?

3. Welche zehn Eigenschaften sind Ihnen bei einem Freund oder einer Freundin am wichtigsten? Sammeln Sie 10 Adjektive! Welche von diesen treffen auch auf Sie selbst zu?

4. Finden Sie es leicht oder schwer, eine platonische Freundschaft mit dem anderen Geschlecht zu führen? Welche besonderen Schwierigkeiten gibt es für eine solche Freundschaft?

5. Welche Eigenschaften können Sie an einer Freundin/einem Freund nicht leiden?

6. Zeigen Sie Ihren Freundinnen/Freunden auch, wenn es Ihnen nicht gut geht? Oder setzen Sie oft ein „Sonntagsgesicht" auf?

7. Sind Sie schon einmal sehr von einem Freund oder einer Freundin enttäuscht worden? Was war passiert?

8. Ist es Ihnen wichtiger, viele Freunde zu haben, auch wenn Sie sie vielleicht nicht so gut kennen, oder haben Sie lieber weniger Freunde, die Sie aber wirklich sehr gut kennen?

9. Fühlen Sie sich manchmal einsam, obwohl lauter Leute da sind? Was machen Sie dann?

zusammen durch dick und dünn

STELLEN SIE SICH VOR . . .   **E.**   **Zum Rollenspielen oder Schreiben**

1. Sie haben einen netten Bekannten oder eine nette Bekannte. Aber Sie möchten nicht so oft Zeit mit ihm/ihr verbringen, wie er oder sie das möchte. Was machen Sie?

2. Sie haben neuerdings jemanden kennengelernt, der/die Ihnen gut gefällt. Auch er/sie hat sich gefreut, Ihre Bekanntschaft gemacht zu haben, aber weiter nichts. Sie wollen diese Person besser kennenlernen, aber Sie sehen einander nur einmal in der Woche / im Vorbeigehen an der Uni / in der Kaffeepause usw. Was können Sie machen?

3. Sie haben ein A in einem Test geschrieben, und Ihre beste Freundin/Ihr bester Freund hat ein F bekommen, obwohl Sie sich gemeinsam vorbereitet haben. Was machen Sie?

4. Wie reagieren Sie? Ein sehr guter Freund/eine sehr gute Freundin von Ihnen hat . . .

   a. ein ganz tolles Erlebnis, z.B. er/sie hat sich verliebt, will heiraten, hat ein Gasthaus in Österreich geerbt, ein Tennisturnier gewonnen.
   b. ein ganz schreckliches Erlebnis, z.B. hat einen schlimmen Autounfall gehabt, der Hund ist gestorben, das Haus ist abgebrannt.

5. Ihr bester Freund und Ihre Freundin verlieben sich, bzw. Ihre beste Freundin und Ihr Freund verlieben sich. Wie reagieren Sie?

DISKUSSION ODER AUFSATZ

F. Suchen Sie sich *eins* der folgenden kontroversen Meinungspaare aus. Finden Sie Argumente für beide Seiten, und äußern Sie Ihre eigene Meinung dazu.

1. a. Es ist schön, wenn man Freunde hat. Aber wenn man keine hat, ist es auch gut. Man kann sowieso niemandem wirklich trauen.
    b. Nur aus der Freundschaft schöpft man Kraft. Ohne Freunde ist man nichts.

2. a. Freundschaft heißt, alles für einen anderen Menschen tun.
    b. Freundschaft heißt, einen anderen Menschen sehr gern haben, aber auch nicht blind gegenüber seinen Fehlern zu sein.

3. a. Freundschaften soll man nicht mit Problemen belasten, sondern man soll soviel Spaß wie möglich miteinander haben. Mit seinen Problemen muß jeder allein fertig werden.
    b. Nichts ist schöner, als mit einer Freundin oder einem Freund zu telefonieren, und sich zu erzählen, wie schlecht die Welt ist.

150 words

G. Schreiben Sie einen Brief an einen fiktiven oder echten guten Freund oder eine gute Freundin, der/die nach Europa gezogen ist.

H. Ist ein poetisches Genie in Ihnen versteckt? Lassen Sie es heraus! Schreiben Sie selbst ein Gedicht über Freundschaft oder über das Zusammenleben von Menschen.
Hier ist ein Beispiel von konkreter Poesie:

Ein Freund ist ein Mensch,
„der mich nimmt, wie ich
bin."

So geht es auch:

F _____

R _____

E _____

U _____

N _____

D _____

S _____

C _____

H _____

A _____

F _____

T _____

Oder so. Lassen Sie Ihrer Kreativität freien Lauf!

(Titel) _____ von (Ihr Künstlername) _____

_____

_____

_____

_____

16   Nicht alles gefallen lassen

Einführung in den Text   Haben Sie sich schon einmal über jemanden geärgert, weil er Ihnen ein „Unrecht" angetan hat? Oft sieht man den Konflikt nur aus seiner eigenen Perspektive und findet, daß der andere angefangen hat und man selbst nur auf ihn reagiert, weil man sich ja „nicht alles gefallen lassen kann". Manchmal werden Freunde durch ein Mißverständnis zu Feinden, und die erste Handlung führt zu einer zweiten, die zweite zu einer dritten usw. Und wenn die Feindschaft erst einmal angefangen hat, interpretiert jede Seite die Handlungen der anderen Partei als Beleidigung, auch wenn sie vielleicht gar nicht so gemeint waren. So kann eine relativ kleine Sache manchmal Schritt für Schritt zum „Krieg" eskalieren.

Gerhard Zwerenz' Kurzgeschichte *Nicht alles gefallen lassen* beschreibt eine solche Eskalation zwischen zwei Nachbarfamilien. Im Kleinen zeigt Zwerenz in seinem lustig-makaberen Text, was auch in der Weltpolitik passieren kann.

FRAGEN ZUM THEMA

1. Warum tendieren Menschen dazu, in Kategorien von WIR und IHR zu denken? Geben Sie ein paar Beispiele.
2. Warum sieht man die Konflikte meistens nur aus der eigenen Perspektive und ist blind für die Perspektive der anderen Seite?
3. Manchmal ist man sich in einer Streitsituation absolut sicher, daß man recht hat. Aber was hat man davon, auf sein Recht zu pochen? Wie kann man eine befriedigende Lösung finden, ohne sein „Gesicht", d.h. den Respekt vor sich und den anderen, zu verlieren?

LESEFRAGEN

1. Aus welcher Perspektive ist der Text geschrieben?
2. Welche einzelnen Schritte auf jeder Seite führen zur Eskalation der Situation?
3. Wie ist der Titel gemeint?

Nicht alles gefallen lassen ▮

Gerhard Zwerenz

Wir wohnten im dritten Stock mitten in der Stadt und haben nie etwas Unrechtes getan, auch mit den Dörfelts von gegenüber waren wir seit Jahren befreundet, bis die Frau sich kurz vor dem Fest unsre Bratpfanne auslieh und nicht zurückbrachte.

5   Als meine Mutter dreimal vergeblich gemahnt hatte, riß ihr eines Tages die Geduld, und sie sagte auf der Treppe zu Frau Muschg, die im vierten Stock wohnt, Frau Dörfelt sei eine Schlampe.

    Irgendwer muß das den Dörfelts erzählt haben, denn am nächsten Tag überfielen Klaus and Achim unsern Jüngsten, den Hans, und prügelten ihn 10 windelweich.

    Ich stand gerade im Hausflur, als Hans ankam und heulte. In diesem Moment trat Frau Dörfelt drüben aus der Haustür, ich lief über die Straße, packte ihre Einkaufstasche und stülpte sie ihr über den Kopf. Sie schrie aufgeregt um Hilfe, als sei sonst was los; dabei drückten sie nur die Glas-15 scherben etwas auf den Kopf, weil sie ein paar Milchflaschen in der Tasche gehabt hatte.

    Vielleicht wäre die Sache noch gut ausgegangen, aber es war just um die Mittagszeit, und da kam Herr Dörfelt mit dem Wagen angefahren.

    Ich lief schnell ins Haus zurück, doch Elli, meine Schwester, die mit-20 tags zum Essen heimkommt, fiel Herrn Dörfelt in die Hände. Er schlug ihr ins Gesicht und zerriß dabei ihren Rock. Wegen des Geschreis lief unsre Mutter ans Fenster, und als sie sah, wie Herr Dörfelt Elli behandelte, warf unsre Mutter mit Blumentöpfen nach ihm. Von nun an waren die Familien erbitterte Feinde.

25   Weil wir nun Dörfelts mißtrauten, installierte Herbert, mein ältester Bruder, der bei einem Optiker in die Lehre geht, ein Scherenfernrohr am Küchenfenster. Da konnte unsre Mutter, waren wir alle unterwegs, die Dörfelts beobachten.

---

1. **der Stock:** die Etage   3. **das Fest** (*hier*): das Weihnachtsfest   3. **die Bratpfanne:** *frying pan*
4. **aus•leihen:** borgen   5. **vergeblich:** ohne Erfolg   5. **mahnen:** jemanden an etwas erinnern
5. **jemandem reißt die Geduld:** jemand hat keine Geduld mehr   7. **die Schlampe** (*Ugs.*): eine Frau, die einen schmutzigen Haushalt führt   9. **überfallen:** angreifen; *to assault, attack*
9. **prügeln:** schlagen   10. **windelweich** (*Ugs.*): grün und blau   11. **der Hausflur:** das Treppenhaus   11. **heulen:** weinen   13. **stülpen:** *to turn inside out and cover with*   14. **aufgeregt:** nicht ruhig   14. **als sei sonst was los:** als wenn etwas Großes passiert wäre   14. **drücken:** pressen
14. **die Glasscherbe:** abgebrochenes Glas   25. **mißtrauen:** nicht glauben   26. **die Lehre:** Ausbildungszeit von Lehrlingen   26. **das Scherenfernrohr:** *periscope-like binoculars*   27. **unterwegs:** nicht zu Hause

Augenscheinlich besaßen diese ein ähnliches Instrument, denn eines
30 Tages schossen sie von drüben mit einem Luftgewehr herüber. Ich zerstörte
das feindliche Fernrohr dafür mit einem Kleinkalibergewehr. An diesem
Abend explodierte unser Volkswagen unten im Hof.

Unser Vater, der als Oberkellner im erstklassigen Café Imperial arbeitete, nicht schlecht verdiente und immer für Kompromisse war, meinte,
35 wir sollten uns jetzt an die Polizei wenden.

Aber unserer Mutter paßte das nicht, denn Frau Dörfelt erzählte in der
ganzen Straße, wir, das heißt, unsre gesamte Familie, seien so schmutzig,
daß wir mindestens zweimal jede Woche badeten und für das hohe Wasser-
geld aller Mieter verantwortlich wären.

40 Wir beschlossen also, allein und in aller Härte weiterzukämpfen. Auch
konnten wir nicht mehr zurück, verfolgte doch die gesamte Nachbarschaft
gebannt, wie unser Streit weiterging.

Am nächsten Morgen schon wurde die Straße durch ein mörderisches
Geschrei geweckt.

45 Wir lachten uns halbtot, Herr Dörfelt, der früh als erster das Haus verließ, war in eine tiefe Grube vor seiner Haustür gefallen.

29. **augenscheinlich:** anscheinend   30. **das Luftgewehr:** *BB gun*   30. **zerstören:** kaputt machen
31. **das Kleinkalibergewehr:** *small-bore rifle*   32. **der Hof:** der Platz vor oder hinter einem Haus
35. **sich wenden an** (+ *Akk.*): *to turn to*   36. **jemandem paßt etwas nicht:** jemand findet etwas
nicht gut   39. **verantwortlich:** *responsible*   40. **beschlossen (beschließen):** eine Entscheidung
treffen   41. **verfolgen** (*hier*): zuschauen, beobachten   42. **gebannt:** fasziniert   46. **die Grube:**
ein Loch im Boden

Er zappelte ganz schön in dem Stacheldraht, den wir gezogen hatten; nur mit dem linken Bein zappelte er nicht; das hielt er fein still; das hatte er sich gebrochen.

50 Dabei hatte der Mann noch Glück—denn für den Fall, daß er die Grube bemerkt und umgangen hätte, hatten wir eine Plastikbombe in seinem Wagen versteckt. Damit ging kurze Zeit später Klunker-Paul, ein Untermieter von Dörfelts, in die Luft, der den Arzt holen wollte.

Es ist bekannt, daß die Dörfelts leicht übelnehmen. So gegen zehn Uhr 55 begannen sie unsre Hausfront mit einer Kanone zu beschießen. Sie mußten sich erst einschießen, und die Schüsse kamen nicht alle in die Nähe unserer Fenster.

Das konnte uns nur recht sein, denn jetzt ärgerten sich auch die anderen Hausbewohner, und Herr Lehmann, der Hausbesitzer, begann um den 60 Putz zu fürchten. Eine Weile sah er sich die Sache noch an, als aber zwei Granaten in seiner Wohnung explodierten, wurde er nervös und übergab uns den Schlüssel zum Boden.

Wir krochen sofort hinauf und rissen die Tarnung von der Atomkanone.

65 Es lief alles wie am Schnürchen, wir hatten oft genug geübt. Die werden sich jetzt ganz schön wundern, triumphierte unsre Mutter.

Als wir das Rohr genau auf Dörfelts Küche eingestellt hatten, sah ich drüben gegenüber im Bodenfenster ein gleiches Rohr; das hatte freilich keine Chance mehr. Elli, unsre Schwester, die wegen ihres zerrissenen 70 Rockes noch immer böse war, hatte „Feuer" gerufen.

Mit einem unvergeßlichen Fauchen verließ die Atomgranate das Rohr, zugleich fauchte es auch auf der Gegenseite. Die beiden Geschosse trafen sich genau in der Straßenmitte.

Natürlich sind wir nun alle tot. Die Straße ist hin, und wo unsre Stadt 75 früher stand, breitet sich jetzt ein graubrauner Fleck aus.

Aber eins muß man sagen; wir haben das unsre getan; schließlich kann man sich nicht alles gefallen lassen. Die Nachbarn tanzen einem sonst auf der Nase herum.

---

47. **zappeln:** sich unruhig bewegen   47. **der Stacheldraht:** *barbed wire*   53. **der Untermieter:** eine Person, die ein Zimmer in einer Wohnung mietet   53. **in die Luft gehen:** explodieren 54. **übel•nehmen:** böse werden   56. **sich ein•schießen:** schießen üben   58. **jemandem ist etwas recht:** jemand hat nichts dagegen   60. **der Putz:** *plaster*   60. **sich eine Sache eine Weile an•sehen:** warten, was passiert   62. **der Boden** (*hier*): der Raum unter dem Dach   63. **krochen (kriechen):** *to crawl*   63. **reißen:** *to tear*   63. **die Tarnung:** *camouflage*   65. **wie am Schnürchen** (*Ugs.*): wie geplant   67. **das Rohr:** *barrel*   67. **ein•stellen** (*hier*): fixieren   71. **das Fauchen:** ein Geräusch, wie von einem Panther   72. **das Geschoß:** was aus einer Kanone herauskommt 74. **hin** (*Ugs.*): kaputt   75. **sich aus•breiten:** *to spread*   75. **der Fleck:** *spot*   77. **sich etwas gefallen lassen:** erlauben, daß jemand einem etwas Böses tut   77. **jemand tanzt einem auf der Nase herum:** jemand tut, was er will, ohne Rücksicht auf die anderen zu nehmen

TEXTVERSTÄNDNIS

A. Fragen zur Struktur der Erzählung

    1. Wer erzählt die Geschichte?

    2. Welche Perspektive hat der Erzähler?

B. **Stimmt das oder nicht?** Wenn nicht, was stimmt dann?

    ____ 1. Anfangs war die Familie des Erzählers mit Dörfelts befreundet.

    ____ 2. Frau Dörfelt bringt die geliehene Bratpfanne sofort zurück.

    ____ 3. Die Mutter des Erzählers wird sauer und redet schlecht über Frau Dörfelt.

    ____ 4. Die Dörfelt-Kinder schenken Hans, dem kleinen Bruder des Erzählers, Schokolade.

    ____ 5. Der Erzähler hilft Frau Dörfelt, ihre Einkaufstasche zu tragen.

    ____ 6. Der Vater ist für Kompromisse, die Mutter nicht.

    ____ 7. Im Kampf werden Worte, Blumentöpfe, Luftgewehre, Bomben, Kanonen, Granaten und Atomkanonen als Waffen benutzt.

    ____ 8. Die anderen Nachbarn interessieren sich überhaupt nicht für den Streit zwischen der Familie und den Dörfelts.

    ____ 9. Der Vater des Erzählers fällt in eine Grube und bricht sich ein Bein.

    ____ 10. Dörfelts Untermieter explodiert in Dörfelts Wagen.

    ____ 11. Die Familie des Erzählers will verhindern, daß man beginnt, mit Atomkanonen zu schießen.

    ____ 12. Alle Familienmitglieder und die ganze Stadt sterben in der Geschichte.

    ____ 13. Der Erzähler ist traurig, daß die Situation so eskaliert ist, und würde es jetzt anders machen.

C. Lesen Sie die Geschichte noch einmal durch. Markieren Sie bitte die Namen der verschiedenen Figuren in der Geschichte mit unterschiedlichen Farben, z.B. rot für die Familienmitglieder des Erzählers, blau für die Familienmitglieder der Dörfelts und grün für Unbeteiligte.

D. Noch ein paar Fragen zum Text.

    1. Wie bricht der Streit aus?

    2. Wie entwickeln sich der Streit und die Feindschaft? Numerieren Sie die verschiedenen Etappen der Eskalation Schritt für Schritt am Rand des Textes.

    3. Warum eskaliert die Situation?

    4. Welche Einstellung hat der Erzähler: neutral oder parteiisch?

    5. Wann werden die Waffen und Reaktionen überdimensional und inadäquat?

    6. Ab wann ist die Geschichte nicht mehr komisch?

E. Schreiben oder erzählen Sie . . .

    1. eine Zusammenfassung der Geschichte.

    2. die Entwicklung der Situation aus der Perspektive von Frau Dörfelt.

F. Eine Person vom Mars findet Überreste eines Tagebuchs von Klaus Dörfelt und rekonstruiert, was passiert ist.

Ich bin der Sohn von _____

_____. Eines Tages

_____ unsere Mutter _____.

Unsere Nachbarin _____

_____.

Achim und ich warteten auf den kleinen Hans und _____

_____. Der Nachbarsjunge sah das und wurde so

wütend, daß _____

_____.

Unsere Mutter _____

_____.

Gerade kam mein Vater nach Hause und _____

_____.

Da warf die Nachbarin _____.

Jetzt bauten wir ein Fernrohr und sahen bei den Nachbarn auch eins. Wir

schossen mit dem Luftgewehr, und sofort _____

_____.

Dafür legten wir eine Bombe _____.

Jetzt fing der Kampf erst richtig an. Die Nachbarn aus der ganzen Straße

_____.

Am nächsten Tag ging mein Vater früh aus dem Haus und _____

_____.

Leider starb unser Untermieter, als _____

_____.

Dann schossen wir auf die Hauswand und warfen zwei Granaten in die

Wohnung des _____. Plötzlich öffnete sich das

Bodenfenster im Haus auf der anderen Straßenseite. Aber wir waren gut

vorbereitet. _____

_____.

Natürlich hat niemand überlebt. Wenn ich jetzt daran zurückdenke, _____

_____

_____

_____.

G. Wenn man die Geschichte als Parabel für eine mögliche weltpolitische Entwicklung liest, was könnten die einzelnen Personen und Ereignisse dann symbolisieren?

1. die Familie des Erzählers: *die Einwohner eines Landes* _____

2. die Mutter: _____

3. der Vater: _____

4. die Kinder: _____

5. Dörfelts: _____

6. die zwei Mietshäuser: _____

7. die Bratpfanne: _____

8. die Eskalation im Gebrauch der Waffen: _____

9. der Untermieter von Dörfelts: _____

10. die anderen Hausbewohner und Nachbarn: _____

11. die Stadt: _____

12. die Katastrophe am Ende: _____

H. Wozu so eine Geschichte?

1. Ist es eine realistische, fiktionale oder absurde Geschichte? Oder besser: Inwiefern ist sie realistisch, inwiefern ist sie Fiktion, inwiefern ist sie absurd?

2. Wie erklären Sie die letzten Sätze: „Schließlich kann man sich nicht alles gefallen lassen. Die Nachbarn tanzen einem sonst auf der Nase herum.''?

3. Was könnte die Absicht des Autors gewesen sein, als er diese Geschichte schrieb?

I. Verbinden Sie bitte die folgenden Sätze mit einer Konjunktion, so daß sie jeweils zusammen einen *logischen* Sinn ergeben. Achten Sie bitte auf die Wortstellung. Hier sind ein paar Hauptsatzkonjunktionen:

und · oder · denn · aber · sondern

und ein paar Nebensatzkonjunktionen:

weil · da · als wenn · obwohl · so daß · indem · daß · ob · nachdem · bevor · während · wie/wann/wo/wen/warum/wer

1. Achim und Klaus Dörfelt verprügeln Hans. Der Erzähler stülpt Frau Dörfelt die Einkaufstasche über den Kopf.

2. Familie Dörfelt beschießt das Nachbarhaus. Dörfelts Untermieter stirbt bei einer Explosion.

3. Frau Dörfelt schreit um Hilfe. Die Glasscherben drücken sie.

4. Die Parteien sprechen nicht miteinander. Sie lassen den Streit eskalieren.

5. Der Vater ist zu Kompromissen bereit. Die Familie bereitet einen Krieg vor.

6. Die Familie will Dörfelts Haus zerstören. Sie beschießen das Nachbarhaus mit einer Kanone.

7. Der Erzähler meint, man dürfe sich nicht alles gefallen lassen. Am Ende ist die Nachbarschaft zerstört.

8. Frau Dörfelt erzählt den Nachbarn Lügen. Die Familie des Erzählers beginnt den harten Kampf.

,,Eine Schachtel Pillen, bitte. Möglichst harte. Vielleicht haben Sie welche aus Stahl.''

GEHEIMTIP WORTSCHATZ

J. Welche Erklärungen passen zu den Ausdrücken oder Wörtern aus dem Text?

1. gut ausgehen *(Z. 17)*
2. behandeln *(Z. 22)*
3. werfen *(Z. 22)*
4. schießen *(Z. 30)*
5. mindestens *(Z. 38)*
6. beschließen *(Z. 40)*
7. bemerken *(Z. 51)*
8. verstecken *(Z. 52)*
9. es ist bekannt, daß *(Z. 54)*
10. sich ärgern *(Z. 58)*

a. jemandem etwas tun
b. mit einer Pistole oder Kanone katapultieren
c. mit der Hand etwas durch die Luft bewegen
d. sehen
e. sauer werden
f. etwas so legen, daß andere es nicht finden
g. man weiß, daß
h. zu einem guten Ende kommen
i. sich entscheiden
j. wenigstens, als Minimum

K. Erklären Sie bitte auf deutsch, oder finden Sie Synonyme.

1. von gegenüber *(Z. 2):* _____

2. just *(Z. 17):* _____

3. der Rock *(Z. 21):* _____

4. das Geschrei *(Z. 21):* _____

5. der Feind *(Z. 24):* _____

6. verdienen *(Z. 34):* _____

7. schmutzig *(Z. 37):* _____

8. sich halbtot lachen *(Z. 45):* _____

L. Suchen Sie bitte im Text . . .

1. zehn Wörter oder Ausdrücke, die zeigen, daß Personen emotional reagieren. Warum finden sich so viele Ausdrücke dieser Sorte in diesem Text?

2. sieben Wörter oder Ausdrücke, die mit Kämpfen oder Krieg zu tun haben. Warum kommen solche Ausdrücke in dieser Geschichte so häufig vor?

ANWENDUNG: Meinung, Diskussion, Phantasie

ZU TEXT UND THEMA

A. Zum Text

1. Wie hat Ihnen die Geschichte gefallen?

2. Wie hätte man die Situation vermeiden können?

B. Konflikte zwischen Personen

1. Soll man sich alles gefallen lassen, oder soll man sich nichts gefallen lassen?

2. Ist Konkurrenzdenken den Menschen angeboren? Warum ja/nein? Wann ist Konkurrenz gut, wann nicht?

3. Kann man Gewalt mit Gewalt stoppen?

4. Ist es jemals legitim, einen/viele Menschen zu töten? Wenn ja, in welcher Situation?

5. Wie könnte man reagieren, wenn der Gegner schießt?

C. Konflikte zwischen Ländern

1. Mit welchen historischen oder politischen Situationen könnte man die Geschichte von Gerhard Zwerenz vergleichen?

2. Wie kommt es zu Konflikten zwischen Ländern?

3. Was soll sich ein Land gefallen lassen, was nicht?

4. Wie könnten Länder Kriege vermeiden und den Frieden wahren?

5. Was versteht man unter dem „Kalten Krieg"? Was hat das mit der Bundesrepublik Deutschland und der DDR zu tun? Fragen Sie Ihre Lehrperson, oder sehen Sie in einem Lexikon nach.

6. Wußten Sie, daß Österreich und die Schweiz politisch neutral sind? Was bedeutet das?

D. Hier sind ein paar Gesprächsstrategien, die man in einer heißen Diskussion gebrauchen kann.

Es ist richtig, daß . . ., aber

Ich schlage vor, daß . . .

Das kommt überhaupt nicht in Frage.

Wie wäre es, wenn . . .

Auf der einen Seite . . ., auf der anderen Seite . . .

Darüber brauchen wir gar nicht weiter zu diskutieren.

Lassen Sie uns doch noch einmal in Ruhe darüber reden.

Ich bestehe darauf, daß . . .

Ich werde drüber schlafen.

Ein Kompromiß wäre, wenn . . .

Das ist ja lächerlich!

Ich gehe.

1. Erklären Sie bitte auf deutsch, was die Gesprächsstrategien bedeuten.

2. Markieren Sie mit + und −, mit welchen Satzanfängen man Ihrer Meinung nach am besten eine Lösung für einen Konflikt finden kann, und welche nicht sehr produktiv sind. Begründen Sie Ihre Auswahl.

3. Versuchen Sie, diese Strategien in den nächsten Aktivitäten zu benutzen.

WIE IST DAS IN IHREM LAND?

E. Hier geht es um einen Vergleich mit der Situation in Ihrem Land.

1. Gibt es bei Ihnen Stadtteile oder Gruppen, die sich bis aufs Blut hassen, und bei denen Gewalt und Brutalität als Mittel benutzt werden?

2. Gibt es in Ihrem Land Sportfans verschiedener Klubs und Städte, die „Krieg" gegeneinander führen? Wie kommt es zu diesen WIR-Gefühlen und IHR-Gefühlen bei den Fans?

3. Was für Banden gibt es unter Jugendlichen bzw. Erwachsenen in Ihrer Stadt? Gibt es in Ihrer Stadt Bandenkriege? Wie kommt es dazu?

4. Was tut Ihre Polizei oder Ihre Regierung, um die Konflikte zwischen den Gruppen zu vermindern und Gewalt zu vermeiden?

UND SIE?

F. Besprechen Sie diese Fragen mit einem Partner.

1. Sind Sie ein friedlicher Mensch oder eher das Gegenteil, also jähzornig und streitsüchtig?

2. Vermeiden Sie lieber Konflikte? Oder sagen Sie immer, was Sie denken, auch wenn es dadurch zum Streit kommen kann?

3. Wie ist/war das in Ihrer Familie? Gibt es dort manchmal Konflikte? Wie werden sie gelöst?

4. Halten Sie Konflikte für etwas Positives oder etwas Negatives? Sollte man Harmonie um jeden Preis bewahren?

5. Haben Sie manchmal das Gefühl, Sie möchten jemandem am liebsten den Hals umdrehen? Was machen Sie dann mit Ihren Aggressionen?

6. Haben Sie schon mal erlebt, daß eine Situation eskaliert ist, und Sie sich richtig böse von einer Ihnen nahe stehenden Person getrennt haben? Wie haben Sie sich da gefühlt?

STELLEN SIE SICH VOR . . .

G. Zum Rollenspielen oder Schreiben

1. Schreiben oder spielen Sie eine Eskalationsgeschichte mit gutem oder schlechtem Ende. Hier sind ein paar Vorschläge:

a. Zwei Wohngenossen: Einer leiht etwas aus, und der andere gibt es monatelang nicht zurück: z.B. Geld, ein Lieblingskleid, ein Fahrrad!

b. Folgende umgangssprachliche Sätze kommen in einem Dialog vor. Denken Sie sich bitte den Rest aus. Lassen Sie Ihre Phantasie spielen!

_____

,,Du verstehst mich sowieso nicht!''
,,Aber du mich, was?!''

_____

,,Nun mach aber mal einen Punkt!''

_____

,,Hast du nicht mehr alle Tassen im Schrank?''

_____

,,Jetzt reicht's mir aber! Immer mußt du . . .''

_____

,,Du Vollidiot!''

_____

,,Jetzt bist du wohl total übergeschnappt.''

_____

,,Ach, laß mich doch in Ruhe!''

_____

2. Ihr Nachbar spielt um vier Uhr morgens laute Musik, und zwar gerade die Art von Musik (klassische oder Heavy Metal), die Sie nicht mögen. Was tun Sie?

3. Auf dem Parkplatz fährt Ihnen jemand in Ihr nagelneues Auto und hat keine Versicherung. Wie reagieren Sie? Es ist . . .

   a. Ihr bester Freund/ Ihre beste Freundin.
   b. der neue Freund von Ihrer Ex-Freundin, den Sie noch nie leiden konnten/Die neue Freundin von Ihrem Ex-Freund, die Sie sowieso nicht leiden können.
   c. Ihre Professorin/Ihr Professor, bei der/dem Sie ein A haben wollen, aber der letzte Test war ein B+.
   d. Ihr Nachbar/Ihre Nachbarin, der/die neulich schon eine Beule in den Kotflügel Ihres alten Autos gemacht hatte.
   e. eine Person, die Sie schon lange gern kennenlernen wollten.

**DISKUSSION ODER
AUFSATZ**

H. Wählen Sie eines dieser drei Themen. Finden Sie Argumente für oder gegen die beiden kontroversen Thesen. Entwickeln Sie dann logische Argumente für Ihren eigenen Standpunkt, und verteidigen Sie ihn in einer Debatte oder in einem Aufsatz.

1. a. Streiten ist gesund. Wer nicht weiß, wie man sich streitet, kann auch nicht lieben. Konflikte sind dazu da, daß man Lösungen findet.
   b. Streit ist das Schlimmste auf der Welt. Wenn man erst anfängt, sich zu streiten, ist alles aus.

2. a. Wenn uns ein anderes Land angreift, müssen wir uns wehren, mit Atomwaffen, wenn es nötig ist.
   b. Man muß Gewalt um jeden Preis vermeiden. Lieber unter einer anderen Regierung leben, als tot sein.

3. a. Jeder soll das Recht haben, einen Revolver zu tragen, damit er oder sie sich verteidigen kann. Wenn einer in mein Haus einbricht, schieße ich ihn gleich über den Haufen!
   b. Nur weil so viele Leute so leicht an Waffen herankommen, gibt es so viele Verbrechen und Morde.

17 Drei Ringe

Einführung in den Text Religion hat eine zentrale Bedeutung im Leben vieler Menschen, seien sie Juden, Mohammedaner, Christen, Buddhisten, Moonies oder Anhänger von anderen Religionen oder Sekten. Andere sind als Atheisten aus der Kirche ausgetreten. Für manche Menschen ist ihre Religion eine sehr private Angelegenheit, und sie reden nicht gern darüber. Andere verkünden° ihren Glauben öffentlich oder führen im Namen der Religion sogar Kriege.

In den deutschsprachigen Ländern leben die Anhänger von verschiedenen Religionen heute relativ friedlich nebeneinander. In der Bundesrepublik Deutschland sind 43% der Einwohner Protestanten, d.h. Lutheraner, 43,3% Römisch-Katholische und 2,8 % Mohammedaner. In der DDR sind 7,7% der Bevölkerung Protestanten und 1,2% Katholiken. Die Schweizer sind zu 44,4% protestantisch, zu 47,6% römisch-katholisch, zu 3% christkatholisch° und zu 3% jüdisch. Und in Österreich sind dagegen nur 5,6% der Bevölkerung Anhänger der protestantischen Kirche, 84,3% der katholischen Kirche, und 1% sind Mohammedaner.

Den Zustand der friedlichen Koexistenz hat es in der europäischen und deutschen Geschichte nicht immer gegeben. Die Juden hatten schon vor der Hitlerzeit jahrhundertelang einen besonders schlechten Stand: sie durften beispielsweise nur wenige Berufe ausüben und hatten kein Bürgerrecht. Aber auch innerhalb der christlichen Kirche gab es seit Martin Luther (1483–1546) und der Reformation bittere Kämpfe.

Gotthold Ephraim Lessings (1729–1781) Drama *Nathan der Weise* (1779) ist ein engagierter und berühmter Beitrag zur Frage der religiösen Toleranz, wie sie schon im aufgeklärten 18. Jahrhundert diskutiert wurde. Lessing schrieb dieses Drama, weil die Zensur ihm die direkte öffentliche Meinungsäußerung zum Thema Religionsfreiheit verboten hatte. Der Dichter versetzt seine Zuschauer zurück ins mittelalterliche Jerusalem zur Zeit der Kreuzzüge°. Damals waren nordeuropäische christliche Ritter nach Jerusalem gezogen, in der Absicht, das „Heilige Land" vor den dort lebenden Mohammedanern und Juden zu retten. Letzten Endes erweisen sich die Vertreter der drei verfeindeten Religionen Islam, Judentum und Christentum in Lessings Stück als Mitglieder ein und derselben Familie.

Das Kernstück innerhalb des Dramas ist die sogenannte Ringparabel: Der islamische Sultan Saladin fragt den weisen Juden Nathan, welches die rechte Religion sei, und wie man sie erkenne. Anstatt direkt auf die Frage zu antworten, erzählt Nathan ihm die alte Parabel von den drei Ringen.

verkünden: *to profess*
christkatholisch: *Old Catholic*
der Kreuzzug: *crusade*

FRAGEN ZUM THEMA

1. Welche Religionen kennen Sie?
2. Warum gibt es Religionen? Warum glauben Menschen an etwas Höheres? Welche Funktionen kann Religion für den einzelnen Menschen haben? Welche Aufgaben haben Kirchen?
3. Warum gibt es so oft Konflikte zwischen den Anhängern verschiedener Religionen, Sekten oder Kirchen? Geben Sie ein paar Beispiele aus der Gegenwart oder Vergangenheit.
4. Glauben Sie, daß es in Ihrem Land Leute gibt, die für Ihre Religion mit Waffen kämpfen würden?
5. Was ist eine Parabel?

LESEFRAGEN

1. Welche Wunderkraft hat der Ring?
2. Was machte der Vater, der jeden seiner drei Söhne gleich liebte?
3. Welche zweite, tiefere Bedeutung haben die drei Ringe?
4. Was symbolisiert der Streit der Söhne?

Drei Religionen in Jerusalem: Moschee, Kirche und Klagemauer

Drei Ringe ◨

Gotthold Ephraim Lessing

Nathan: Vor grauen Jahren lebt' ein Mann im Osten,
Der einen Ring von unschätzbarem Wert
Aus lieber Hand besaß. Der Stein war ein
Opal, der hundert schöne Farben spielte,
5 Und hatte die geheime Kraft, vor Gott
Und Menschen angenehm zu machen, wer
In dieser Zuversicht ihn trug. Was Wunder,
Daß ihn der Mann im Osten darum nie
Vom Finger ließ, und die Verfügung traf,
10 Auf ewig ihn bei seinem Hause zu
Erhalten? Nämlich so. Er ließ den Ring
Von seinen Söhnen dem geliebtesten;
Und setzte fest, daß dieser wiederum
Den Ring von seinen Söhnen dem vermache,
15 Der ihm der liebste sei; und stets der liebste,
Ohn' Ansehn der Geburt, in Kraft allein
Des Rings, das Haupt, der Fürst des Hauses werde.

So kam nun dieser Ring, von Sohn zu Sohn,
Auf einen Vater endlich von drei Söhnen,
20 Die alle drei ihm gleich gehorsam waren,
Die alle drei er folglich gleich zu lieben
Sich nicht entbrechen konnte. Nur von Zeit
Zu Zeit schien ihm bald der, bald dieser, bald
Der dritte,— sowie jeder sich mit ihm
25 Allein befand, und sein ergießend Herz
Die andern zwei nicht teilten,— würdiger
Des Ringes, den er denn auch einem jeden
Die fromme Schwachheit hatte, zu versprechen.
Das ging nun so, solang es ging.— Allein
30 Es kam zum Sterben, und der gute Vater
Kommt in Verlegenheit. Es schmerzt ihn, zwei
Von seinen Söhnen, die sich auf sein Wort

---

2. **unschätzbar:** sehr, sehr kostbar   3. **etwas besitzen:** etwas haben; wenn einem etwas gehört
5. **geheim:** *secret*   5. **die Kraft:** *power*   6. **angenehm** (*hier altmodisch):* beliebt   7. **die Zuversicht:** der Optimismus, die Hoffnung   9. **die Verfügung treffen:** befehlen, anordnen   10. **bei seinem Hause zu erhalten** (*altmodisch*): in seiner Familie zu behalten   14. **vermachen:** vererben; geben, nachdem man stirbt   16. **ohne Ansehen:** *regardless*   17. **das Haupt:** der Kopf
17. **der Fürst:** hoher Aristokrat, Prinz   20. **gehorsam:** wenn jemand tut, was ihm befohlen wird
22. **sich nicht entbrechen können** (*altmodisch*): etwas nicht lassen können   25. **ergießend:** fließend   26. **würdig:** wert; wenn man etwas verdient   28. **fromm:** sehr religiös   31. **die Verlegenheit** (*hier*): die Beschämung   31. **schmerzen:** weh tun

Verlassen, so zu kränken.— Was zu tun?—
Er sendet insgeheim zu einem Künstler,
35 Bei dem er, nach dem Muster seines Ringes,
Zwei andere bestellt, und weder Kosten
Noch Mühe sparen heißt, sie jenem gleich,
Vollkommen gleich zu machen. Das gelingt
Dem Künstler. Da er ihm die Ringe bringt,
40 Kann selbst der Vater seinen Musterring
Nicht unterscheiden. Froh und freudig ruft
Er seine Söhne, jeden insbesondere;
Gibt jedem insbesondere seinen Segen,—
Und seinen Ring,— und stirbt.— Du hörst doch, Sultan?

Saladin: Ich hör', ich höre!— Komm mit deinem Märchen
46 Nur bald zu Ende,— Wird's?

Nathan: Ich bin zu Ende.
Denn was noch folgt, versteht sich ja von selbst.—
Kaum war der Vater tot, so kommt ein jeder
50 Mit seinem Ring, und jeder will der Fürst
Des Hauses sein. Man untersucht, man zankt,
Man klagt. Umsonst; der rechte Ring war nicht
Erweislich.—
(nach einer Pause, in welcher er des Sultans Antwort erwartet)
55   Fast so unerweislich, als
Uns jetzt— der rechte Glaube.

Saladin: Wie? Das soll
Die Antwort sein auf meine Frage?

Nathan: Soll
60 Mich bloß entschuldigen, wenn ich die Ringe
Mir nicht getrau' zu unterscheiden, die
Der Vater in der Absicht machen ließ,
Damit sie nicht zu unterscheiden wären.

Saladin: Die Ringe! Spiele nicht mit mir!— Ich dächte,
65 Daß die Religionen, die ich dir
Genannt, doch wohl zu unterscheiden wären.

---

33. **sich verlassen auf:** *to rely on* 33. **kränken:** beleidigen 34. **insgeheim:** heimlich 35. **das Muster** (*hier*): das Modell 36. **weder Kosten noch Mühe sparen:** *to spare no expense, to take the greatest care* 38. **etwas gelingt einem:** jemand erreicht etwas 42. **insbesondere** (*hier*): separat 43. **der Segen:** *blessing* 51. **untersuchen:** forschen, prüfen 51. **zanken:** streiten 52. **umsonst:** ohne Erfolg 53. **erweislich** (*hier*): zu finden 61. **sich getrauen:** wagen, *to dare*

Nathan: Laß auf unsre Ring'
Uns wieder kommen. Wie gesagt; die Söhne
Verklagten sich; und jeder schwur dem Richter,
70 Unmittelbar aus seines Vaters Hand
Den Ring zu haben. — Wie auch wahr! — Nachdem
Er von ihm lange das Versprechen schon
Gehabt, des Ringes Vorrecht einmal zu
Genießen. — Wie nicht minder wahr! — Der Vater,
75 Beteu'rte jeder, könne gegen ihn
Nicht falsch gewesen sein; und eh' er dieses
Von ihm, von einem solchen lieben Vater,
Argwohnen laß', eh' müß' er seine Brüder,
So gern er von ihnen nur das Beste
80 Bereit zu glauben sei, des falschen Spiels
Bezeihen; und er wolle die Verräter
Schon auszufinden wissen; sich schon rächen.

Saladin: Und nun, der Richter? — Mich verlangt zu hören
Was du den Richter sagen lässest. Sprich!

Nathan: Der Richter sprach: Wenn ihr mir nun den Vater
86 Nicht bald zur Stelle schafft, so weis' ich euch
Von meinem Stuhle. Denkt ihr, daß ich Rätsel
Zu lösen da bin? Oder harret ihr,
Bis daß der rechte Ring den Mund eröffne? —
90 Doch halt! Ich höre ja, der rechte Ring
Besitzt die Wunderkraft, beliebt zu machen,
Vor Gott und Menschen angenehm. Das muß
Entscheiden! Denn die falschen Ringe werden
Doch das nicht können! — Nun, wen lieben zwei
95 Von Euch am meisten? — Macht, sagt an! Ihr schweigt?
Die Ringe wirken nur zurück? und nicht
Nach außen? Jeder liebt sich selber nur
Am meisten? — O, so seid ihr alle drei
Betrogene Betrüger! Eure Ringe
100 Sind alle drei nicht echt. Der echte Ring
Vermutlich ging verloren. Den Verlust

69. **verklagen:** *to sue* 69. **schwören:** versprechen, versichern 69. **der Richter:** *judge* 70. **unmittelbar:** direkt 73. **ein Vorrecht genießen:** privilegiert sein 74. **minder:** weniger 75. **beteuern:** versichern 78. **argwöhnen:** mißtrauen, Schlechtes über jemanden denken 78. **eh'(eher):** lieber 81. **bezeihen (altmodisch):** anklagen, *to accuse* 81. **der Verräter:** *traitor* 82. **sich rächen:** Revanche üben 83. **mich verlangt zu hören (altmodisch):** ich möchte hören 84. **lässest (altmodisch):** läßt 86. **zur Stelle schaffen:** herbringen 86. **von einem Ort weisen:** wegschicken 87. **das Rätsel:** *riddle* 88. **lösen (hier):** herausfinden 88. **harren (altmodisch):** warten 99. **betrügen:** *to cheat* 99. **der Betrüger:** jemand, der betrügt 101. **vermutlich:** wahrscheinlich 101. **der Verlust:** was verloren gegangen ist

Immer noch modern? Lessing: Theologe und Dramatiker der Aufklärung

                Zu bergen, zu ersetzen, ließ der Vater
                Die drei für einen machen.

Saladin: Herrlich! herrlich!

Nathan: Und also, fuhr der Richter fort, wenn ihr
106 Nicht meinen Rat, statt meines Spruches, wollt:
      Geht nur!— Mein Rat ist aber der: ihr nehmt
      Die Sache völlig wie sie liegt. Hat von
      Euch jeder seinen Ring von seinem Vater,
110 So glaube jeder sicher seinen Ring
      Den echten.— Möglich, daß der Vater nun
      Die Tyrannei des einen Ringes nicht länger
      In seinem Hause dulden wollen!— Und gewiß,
      Daß er euch alle drei geliebt, und gleich
115 Geliebt, indem er zwei nicht drücken mögen,
      Um einen zu begünstigen.— Wohlan
      Es eifre jeder seiner unbestochnen,
      Von Vorurteilen freien Liebe nach!
      Es strebe von euch jeder um die Wette,
120 Die Kraft des Steins in seinem Ring an Tag
      Zu legen! komme dieser Kraft mit Sanftmut,
      Mit herzlicher Verträglichkeit, mit Wohltun,
      Mit innigster Ergebenheit in Gott
      Zu Hilf'! Und wenn sich dann der Steine Kräfte
125 Bei euern Kindes-Kindeskindern äußern:
      So lad' ich über tausend tausend Jahre
      Sie wiederum vor diesen Stuhl. Da wird
      Ein weiserer Mann auf diesem Stuhle sitzen
      Als ich und sprechen. Geht!— So sagte der
130 Bescheidene Richter.

        aus NATHAN DER WEISE

---

102. **bergen** (*hier*): verbergen, verstecken 102. **ersetzen:** an die Stelle von etwas setzen
104. **herrlich:** wunderbar 105. **fort•fahren:** weitersprechen 106. **der Rat:** *advice* 106. **der Spruch** (*hier*): *judgment* 113. **dulden:** tolerieren 115. **drücken** (*hier*): unterdrücken, schlecht behandeln 116. **begünstigen:** besser behandeln als andere 116. **wohlan:** nun denn 117. **einer Sache nacheifern:** streben nach etwas 117. **unbestochen:** *uncorrupted* 118. **von Vorurteilen frei:** *unprejudiced* 119. **um die Wette streben:** konkurrieren 120. **an (den) Tag legen:** zeigen, hervorbringen 121. **die Sanftmut:** *gentleness* 122. **die Verträglichkeit:** *agreeability* 122. **das Wohltun:** wenn man Gutes tut 123. **innigst:** sehr intensiv 123. **die Ergebenheit:** *devotion*
125. **sich äußern** (*hier*): sich zeigen, zum Ausdruck kommen 126. **über** (*hier altmodisch*): in
127. **wiederum:** wieder 130. **bescheiden:** *modest*

TEXTVERSTÄNDNIS

A. **Stimmt das oder nicht?** Wenn nicht, was stimmt dann?

_____ 1. Der Ring war alt und wertlos.

_____ 2. Der Stein auf dem Ring hat viele Farben.

_____ 3. Der Ring wurde immer vom Vater an den ältesten Sohn weitergegeben.

_____ 4. Wer den Ring bekam, wurde Oberhaupt der Familie.

_____ 5. Eines Tages verlor der Vater den Ring.

_____ 6. Ein Künstler stellte zwei Ringe her, die aber etwas anders aussahen als der Originalring.

_____ 7. Bevor der Vater starb, sagte er jedem seiner Kinder—zwei Söhnen und einer Tochter—, wie sehr er sie liebte, und gab ihnen seinen Segen.

_____ 8. Jedes Kind dachte, der Vater liebe die anderen Kinder mehr.

_____ 9. Nach dem Tode des Vaters wollte jeder der Söhne Oberhaupt der Familie werden.

_____ 10. Der Richter fand heraus, welcher Ring der richtige war.

_____ 11. Der Richter sagte, der Ring solle seine Wunderkraft durch die guten Handlungen der Person, die ihn trägt, beweisen.

_____ 12. Nach drei Generationen sollten die Urenkel dieser drei Männer wieder zum selben Richter kommen, und zeigen, ob der Ring sie reich gemacht habe. Der reichste wäre dann der Besitzer des Originalringes.

B. Hier sind noch ein paar Aktivitäten zum Textverständnis.

1. Welche Wunderkraft hatte der Ring?

2. Warum versprach der Vater _jedem_ seiner drei Söhne den Ring? Warum ließ der Vater nicht drei verschiedene Ringe für seine Söhne anfertigen?

3. Warum sind die drei Söhne nicht glücklich über ihre Ringe, sondern beginnen sich zu streiten?

4. Welche zwei verschiedenen Möglichkeiten gibt es nach Meinung des Richters dafür, daß der Vater nicht nur einen Ring, sondern drei Ringe vererbt hat?

5. Welchen Rat gibt der weise Richter? Was sollen die drei Söhne tun, um die Kraft des Steins in ihrem Ring zu beweisen?

6. Warum verweist der Richter auf die zukünftigen Generationen und einen weiseren Mann auf dem Richterstuhl?

7. Schreiben Sie bitte auf, was diese Aspekte symbolisieren:

    a. die drei Ringe: _____

    b. der Vater: _____

    c. die drei Söhne: _____

    d. die Liebe des Vaters zu jedem Sohn: _____

    _____

    e. das Mißtrauen der Söhne untereinander: _____

    _____

    f. die wunderbare Kraft des Ringes: _____

    _____

    g. der weise Richter: _____

8. Warum erzählt Nathan dem Sultan Saladin die Geschichte? Was hält Saladin von der Geschichte?

9. Was meint Nathan, wenn er Folgendes sagt?

    a. „. . . ; der rechte Ring war nicht
    Erweislich. —
                   Fast so unerweislich, als
    Uns jetzt—der rechte Glaube." *(Z. 52)*

    b. „. . . , wenn ich die Ringe
    Mir nicht getrau' zu unterscheiden, die
    Der Vater in der Absicht machen ließ,
    Damit sie nicht zu unterscheiden wären." *(Z. 60)*

Hamburger Rundschau

„Sie scheinheiliger Patron – wollen Sie mir weismachen, Ihr Leben sei in Palästina gefährdet?"

GEHEIMTIP WORTSCHATZ

C. Welche Erklärungen passen zu Wörtern oder Ausdrücken aus dem Text?

1. ewig *(Z. 10)*
2. insgeheim *(Z. 34)*
3. vollkommen *(Z. 38)*
4. (das) versteht sich ja von selbst *(Z. 48)*
5. wirken *(Z. 96)*
6. die Tyrannei *(Z. 112)*

a. für immer
b. perfekt, total
c. die Herrschaft
d. ohne daß es jemand weiß
e. das ist natürlich, man braucht es nicht zu sagen
f. einen Effekt haben

D. Bitte erklären Sie folgende Ausdrücke auf deutsch.

1. gleich *(Z. 20):* _____
2. etwas versprechen *(Z. 28):* _____
3. der Künstler *(Z. 34):* _____
4. unterscheiden *(Z. 41):* _____
5. froh *(Z. 41):* _____
6. die Pause *(Z. 54):* _____
7. der Glaube *(Z. 56):* _____
8. entscheiden *(Z. 93):* _____
9. schweigen *(Z. 95):* _____

E. Wie kann man diese alten Wendungen in modernem Deutsch ausdrücken? Der Kontext hilft Ihnen.

1. vor grauen Jahren *(Z. 1):*

2. „. . .Nur von Zeit
   Zu Zeit schien ihm bald der, bald dieser, bald
   Der dritte,— . . . —würdiger
   Des Ringes, den er denn auch einem jeden
   Die fromme Schwachheit hatte, zu versprechen." *(Z. 22)*

3. „Es kam zum Sterben . . ." *(Z. 30)*

4. „. . . Nachdem
   Er von ihm (dem Vater) lange das Versprechen schon
   Gehabt, des Ringes Vorrecht einmal zu
   Genießen." *(Z. 71)*

5. „. . . Der Vater,
Beteu'rte jeder, könne gegen ihn
Nicht falsch gewesen sein." *(Z. 74)*

6. „. . . Hat von
Euch jeder seinen Ring von seinem Vater,
So glaube jeder sicher seinen Ring
Den echten.— *(Z. 108)*

7. „Es strebe von euch jeder um die Wette,
Die Kraft des Steins in seinem Ring an Tag
Zu legen!" *(Z. 119)*

8. „. . . Und wenn sich dann der Steine Kräfte
Bei euern Kindes–Kindeskindern äußern:
So lad' ich über tausend tausend Jahre
Sie wiederum vor diesen Stuhl." *(Z. 124)*

Türkische Schriftstellerin als deutsche Stadtschreiberin

F. Nennen Sie fünf Textstellen, bei denen die Wortstellung nicht den grammatischen Regeln entspricht. Warum gebraucht Lessing hier wohl eine so ungewöhnliche Wortstellung?

G. Welche für Märchen typische Elemente und Wörter kommen in dieser Parabel vor?

H. Zur äußeren Form.

1. Zu welcher Textsorte gehört Lessings Text? Mehrere Antworten können richtig sein. Begründen Sie Ihre Antwort.

   a. ein Drama
   b. ein Roman
   c. ein Gedicht
   d. ein Gespräch
   e. eine Parabel
   f. eine Novelle in Prosa
   g. ein dramatisches Gedicht

2. Was fällt Ihnen an der Form dieses Textes auf?

3. Welches Merkmal, das sonst für Gedichte typisch ist, fehlt?

4. Warum beginnt ein neuer Satz manchmal mitten im Vers?

5. Warum sind das Satzende und das Versende oft nicht identisch, d.h. warum gehen manche Sätze ohne Pause über das Versende hinweg bis auf den nächsten Vers?

6. Warum ist der Anfang von–beispielsweise–Saladins Frage in *Zeile 57*, und der Anfang von Nathans Antwort in *Zeile 59* vom Drukker an das Ende der Zeile gesetzt worden?

7. Lesen Sie mehrere Verse laut vor.

   a. Wieviele Silben betonen Sie in jedem Vers? Wenn eine Silbe betont wird, nennt man das Hebung, wenn sie nicht betont wird, Senkung. Setzen Sie über jede Hebung einen Akzent.
   b. Muß die erste Silbe in jedem Vers betont werden oder nicht?
   c. Können Sie einen Rhythmus entdecken, der sich in jedem Vers wiederholt?

ANWENDUNG: Meinung, Diskussion, Phantasie

ZU TEXT UND THEMA

A. Ihr Eindruck von der Ringparabel

1. Wie hat die Geschichte von Nathan dem Weisen auf Sie gewirkt?

2. Was ist Ihrer Meinung nach die Essenz, bzw. der zentrale Aspekt der Parabel?

3. Halten Sie Nathan für weise—oder nur für schlau? Warum antwortet Nathan nicht direkt auf Saladins Frage nach der wahren Religion?

4. Was halten Sie von der Idee, daß man die beste Religion daran erkennen soll, wieviel Gutes sie den Menschen bringt? Wie könnte das in der Realität aussehen?

5. Warum geht es in Lessings Drama nur um das Judentum, das Christentum und den Islam?

6. Glauben Sie, daß Judentum, Islam und Christentum einen gemeinsamen Ursprung haben? Was spricht dafür, was dagegen? Welche Gemeinsamkeiten und welche Unterschiede gibt es?

B. **Aktivität.** Nehmen Sie sich ein Lexikon, schlagen Sie folgende Begriffe nach, und schreiben Sie kurze Definitionen auf.

1. Gotthold Ephraim Lessing
2. *Nathan der Weise*
3. der Islam
4. der Koran
5. der Sultan
6. das Christentum
7. das Judentum
8. die Parabel

Tauschen Sie die gefundenen Informationen im Kurs aus.

C. Christentum, Judentum, Islam

1. Wie heißen die Gotteshäuser der Juden, Christen und Mohammedaner?

2. Wie nennt man die Geistlichen in den verschiedenen Religionen? Dürfen in diesen Religionen auch Frauen Geistliche sein? In welchen?

3. Welche Gruppierungen gibt es heute innerhalb der jüdischen, christlichen und islamischen Glaubensgemeinschaften? Wie würden Sie diese in das Bild von Nathans Ringparabel einordnen?

4. Welche der Zehn Gebote kennen Sie? Welche finden Sie besonders wichtig?

5. Warum setzten sich der Deutsche Martin Luther (1483–1546) und der Schweizer Johannes Calvin (1509–1564) für die Trennung der Protestanten vom Papst und von der katholischen Kirche ein?

6. Was ist das Alte Testament und die Torah? Was ist das Ewige Licht? Was bedeutet „koscher"? Warum essen Mohammedaner und Juden kein Schweinefleisch? Was ist der Koran? Was wissen Sie über Schiiten und Sunis? Welche Einstellung zur Frau finden Sie in den Texten der Religionen?

D. Religionen, Kirchen, Sekten

1. Versuchen Sie „Religion", „Kirche" und „Sekte" zu definieren. Geben Sie Beispiele an.

2. Was halten Sie von religiöser Toleranz? Glauben Sie, man kann sie weltweit verwirklichen?

3. Hat religiöse Toleranz Grenzen? Sollte man *alle* Sekten tolerieren? Sollten manche Sekten verboten werden? Warum?

4. Welchen Vorteil hätte es Ihrer Meinung nach, in einem Land nur eine Religion—in der Sprache von Lessings Parabel „die Dominanz eines Ringes"—zu haben? Welchen Vorteil hätte es, die Existenz von mehreren Religionen—also verschiedenen „Ringen"—zu erlauben?

5. Welche Dinge finden Sie an der praktischen Arbeit der verschiedenen Religionsgemeinschaften positiv? Gibt es auch etwas, was Sie kritisieren?

6. Karl Marx schrieb: „Religion ist Opium für das Volk." Was meinte er damit? Was halten Sie von dieser Aussage? Welche Konsequenzen hat diese Einstellung für die kommunistischen Gesellschaften?

Koranschule im Ruhrgebiet

**WIE IST DAS IN
IHREM LAND?**

E. Vergleichen Sie die Verhältnisse in Ihrem Land mit denen in den deutschsprachigen Ländern.

1. Welche Religionen gibt es in ihrem Land? Welches sind große Gemeinden, welches kleine?

2. Was meinen Sie, wieviel Prozent der Bevölkerung Ihres Landes ihre Religion aktiv ausüben?

3. Wird Religionsfreiheit in der Verfassung garantiert?

4. Sind die Leute in Ihrem Land Andersgläubigen gegenüber tolerant? In welchen Fällen schon, in welchen Fällen nicht?

5. Was für eine Tradition hat Ihr Land in bezug auf die Verschiedenheit von Religionen und Kirchen?

6. Gibt es bestimmte religiöse Gruppen, Sekten oder Kulte, die verboten sind? Wenn ja, warum sind sie verboten?

7. Haben die religiösen Gruppierungen in Ihrem Land einen starken Einfluß auf die Politik des Landes?

8. Gibt es Fernsehsendungen zum Thema Religion? Welche? Was halten Sie davon?

9. Welche religiösen Feiertage werden in Ihrem Land von vielen Menschen gefeiert? Was machen die Leute meistens an diesen Feiertagen?

> **Typisch jüdisch!**
>
> Erfinder, Gauner, Künstler, Ketzer,
> Reiche Juden, Arme Gojim, Zionisten,
> Masochisten, Propheten, Querulanten,
> Intendanten, Nebbichs, Nudniks,
> Pazifisten, Sozialisten, Talmudisten,
> Lieder, Sprüche, Namen, Daten, Witze,
> Zitate und Geschichten von Woody
> Allen bis Carl Zuckmayer und Schalom
> Alejechem bis Peter Zadek.
>
> Der Jüdische Kulturkalender für ein
> Jahr mit 13 Monden. Ein Almanach aus
> Kultur und Geschichte der Juden aller
> Länder.
> Herausgegeben von Henryk M. Broder
> und Hilde Recher.
> Soeben wieder erschienen!
> 272 Seiten, Taschenbuch, DM 14,80.
> Im Buchhandel oder im Ölbaum-Verlag,
> Henisiusstr. 1, 8900 Augsburg.

UND SIE?

F. Besprechen Sie mit Ihrer Nachbarin/Ihrem Nachbarn, wie Sie zur Religion stehen.

1. Finden Sie, daß Religion ein Thema ist, über das man ruhig mit anderen sprechen kann, oder sprechen Sie lieber nicht darüber? (Wenn Sie nicht über Ihren persönlichen Glauben sprechen wollen, bitten Sie Ihre Lehrperson, Ihnen eine andere Aufgabe zu geben.)

2. Was bedeutet Religion für Sie persönlich? Warum finden Sie Religion wichtig oder nicht wichtig?

3. Sind Sie religiös? Eher aktiv oder passiv? Welcher Religion gehören Sie an?

4. Welche Religionen finden Sie interessant? Über welche wüßten Sie gern mehr?

5. Würden Sie in einer Kirche oder einem Tempel heiraten? Oder haben Sie es schon getan? Warum, oder warum nicht?

6. Würden Sie Ihre Kinder religiös erziehen?

7. Könnten Sie als religiöse Person einen Atheisten oder eine Atheistin lieben? Oder könnten Sie als Atheist oder Atheistin eine sehr religiöse Person lieben?

8. Ist es für Sie sehr wichtig, daß Ihr Partner oder Ihre Partnerin das gleiche glaubt wie Sie?

9. Würden Sie für Ihren Glauben kämpfen?

10. Würden Sie Ihr Land verlassen, wenn Sie dort ab morgen Ihren Glauben nicht mehr ausüben dürften?

STELLEN SIE SICH VOR . . .

G. **Zum Rollenspielen oder Schreiben**

1. Sie sind sehr verliebt in jemanden, der eine ganz andere Religion als Sie hat. Diese Person möchte, daß Sie zu dieser Religion übertreten, sonst können Sie nicht heiraten. Was machen Sie? Überlegen Sie zuerst, um welche Religion es sich handeln könnte, und denken Sie sich dann Argumente für beide Seiten aus.

2. Ihr Bruder oder Ihre Schwester ist Mitglied einer Sekte geworden. Sie merken, daß er oder sie eine Gehirnwäsche durchgemacht hat. Sie wollen ihn oder sie wieder aus der Sekte herausholen. Wie machen Sie das?

3. Eine kleine, freundliche, jedoch aggressive Gruppe von Missionaren aus einer fundamentalistischen Sekte versucht, Sie für ihre Sekte zu gewinnen. Sie versuchen, höflich aber bestimmt Ihre eigene Religion bzw. Glaubensfreiheit zu verteidigen.

DISKUSSION ODER AUFSATZ

H. Suchen Sie sich eins der Themen aus, finden Sie Argumente für beide kontroversen Thesen, und sagen Sie dann Ihre eigene Meinung zu dem Thema. Und warum, natürlich!

1. a. Ohne Religion kann man nicht leben. Nur Religion gibt dem Leben einen höheren Sinn.
   b. Religion ist ein Machwerk der Menschen, um andere Menschen unter Kontrolle zu halten.

2. a. Religion ist eine ganz persönliche Sache. Mit Hilfe der Religion verbindet sich der einzelne Mensch mit einer größeren Einheit.
   b. Religion wird nur als Alibi für ökonomische und politische Konflikte benutzt. Mit Hilfe der Religion wird die Bevölkerung fanatisiert, was man heute in vielen Ländern beobachten kann.

3. a. Früher enthielten die Religionen praktische Regeln für das Leben und organisierten das Zusammenleben der Menschen in einer Gesellschaft. Heute sind die meisten Religionen veraltet. Wir brauchen sie nicht mehr.
   b. Eine Religion enthält eine ewige Wahrheit, die durch gesellschaftliche Veränderung nicht vermindert wird.

❖ KULTUR UND ALLTAG

18. Kunst im Alltag   19. Wilde Wiener Wunderknaben: Mozart und Falco   20. Die jüdische Frau

Vorschau auf das Thema

Was ist Kultur überhaupt? Für manche hat Kultur mit der Welt von Dichtern und Denkern, Musik, Kunst, Theater, Philosophie und deren Ausdrucksformen zu tun. Viele Leute finden, daß man in Europa besonders viel Kultur finden kann. Damit meinen die Leute dann die Museen, die alten Schlösser, Kirchen und Häuser, oder die Opernhäuser und Theater, die Bibliotheken voll alter Bücher oder auch die Bildung und stilbetontere Lebensart mancher Europäer. Nach solchen Vorstellungen scheinen nur alte Dinge oder Sitten voller Tradition als Kultur zu gelten.

Man kann Kultur aber auch als alles das betrachten, was nicht aus der Natur kommt, sondern was der Mensch für sich und seine Mitmenschen geschaffen hat. Dann läßt sich Kultur als Gesamtheit der geistigen und künstlerischen Ausdrucksformen eines Volkes definieren, und dann gehören neben der sogenannten hohen Kultur auch ganz alltägliche Dinge dazu, wie zum Beispiel ganz normales Geschirr, Möbel, Autos, Plakate, Filme, Sportveranstaltungen, Rockkonzerte, Volksfeste, Tanzkurse, Diskotheken usw. Auch wie die Menschen miteinander und mit ihrer Umwelt umgehen, fällt unter den Begriff „Kultur", z.B. wie Geschäftsleute miteinander verhandeln, wie und womit ein Bauer seine Äcker anbaut, wie der Professor mit seinen Studenten verfährt°, wie Eltern ihre Kinder erziehen usw.

EIN PAAR FRAGEN ZUM THEMA

1. Was verstehen Sie unter dem Begriff „Kultur"? Was gehört Ihrer Meinung nach dazu?
2. Welche Bereiche der Kultur sind in Ihrem Land besonders populär?

verfahren: umgehen

3. Für welche Bereiche der Kultur sind Österreich, die Schweiz, die Deutsche Demokratische Republik und die Bundesrepublik Deutschland bekannt?
4. Was ist ein Kulturschock? Haben Sie das schon einmal an sich oder an anderen erlebt?
5. Was ist Kulturaustausch? Geben Sie ein paar Beispiele.

NÜTZLICHE WÖRTER UND AUSDRÜCKE

Allgemein

die Kultur	kulturell, kultiviert	der Architekt/	
die Kunst		die Architektin	
der Künstler/		die Literatur	literarisch
die Künstlerin	künstlerisch	der Schriftsteller/	
das Gemälde		die Schriftstellerin	
der Maler/die Malerin	malen	der Entwurf	entwerfen
die Skulptur, die Plastik		der Geschmack	*Über Geschmack läßt sich streiten.*
der Bildhauer/			
die Bildhauerin		die Kreation	(er)schaffen
die Architektur	architektonisch	die Schöpfung	schöpferisch tätig sein

die Musik

der Musiker/	Musik machen/spielen	die Tournee	auf Tournee gehen
die Musikerin		der Dirigent/	
die Komposition	komponieren	die Dirigentin	dirigieren
der Komponist/		das Orchester	
die Komponistin		die Kapelle	
der Gesang		die Band	
der Sänger/die Sängerin	singen	der Chor	
das Lied		die Kammermusik	
das Instrument			

das Theater

das (Theater)Stück	Theater spielen	der Charakter	
die Aufführung	ein Stück auf•führen	die (Haupt)Figur	
die Vorstellung	etwas vor•führen	der Autor/die Autorin	
die Rolle	eine Rolle spielen	der Akt	
der Regisseur/	Regie führen	die Szene	inszenieren
die Regisseurin		die Bühnenanweisung	
der Schauspieler/	schauspielen		
die Schauspielerin			

18   Kunst im Alltag

Einführung in den Text   Manche Menschen denken, daß Kunst etwas Höheres ist, etwas, das man nur von Weitem bewundern kann, das weit über dem Alltäglichen steht oder sogar gar nichts mit dem normalen Leben der Leute zu tun hat.

Manche Leute wollen andererseits wenig mit Kunst zu tun haben, weil sie sie nicht verstehen. Aber ist Kunst wirklich etwas, das so weit entfernt ist? Begegnet sie einem nicht täglich, auch wenn man es nicht immer merkt? Wir sehen überall Fotografien und andere Bilder, wir sehen uns Filme, Theaterstücke und Fernsehsendungen an. Wir sehen so manche Skulptur oder Plastik in unseren öffentlichen Parks oder vor öffentlichen Gebäuden. Oft fällt unser Blick auf ein besonderes Haus oder Gebäude, das eine interessante Architektur aufweist. Manchmal wird auch eine ganze Hauswand mit Graffiti oder sogar mit einem großen Gemälde bemalt. Oder unsere Möbel zu Hause haben eine bestimmte Form. Alle Produkte, die wir kaufen, haben ein Design. Oder wir stellen Blumen in eine Vase oder decken den Tisch besonders schön. Was davon ist Kunst, und was nicht?

Hier unterhält sich Susanne mit Yvonne, die erzählt, wie die Kunst uns im täglichen Leben berühren kann. Yvonne hat in Berlin und München an der Kunstakademie studiert, und war für kurze Zeit als Kunstlehrerin am Gymnasium tätig. Heute ist sie Malerin in Bayern und malt hauptsächlich Kinderportraits.

FRAGEN ZUM THEMA

1. Wo gibt es in Ihrem Leben und Alltag Kunst?
2. Welche Art von Kunst finden Sie selbst besonders interessant?
3. Was ist für Sie ein Kunstwerk? Was ist kein Kunstwerk?
4. Welchen Einfluß kann die Kunst auf das tägliche Leben der Menschen haben?
5. Von welchen Künstlern/Künstlerinnen aus den deutschsprachigen Ländern haben Sie schon gehört?

LESEFRAGEN

1. Welche verschiedenen Bereiche der Kunst werden in diesem Gespräch angesprochen?
2. Was, meint Yvonne, hat Kunst mit dem täglichen Leben zu tun?
3. Was wird über die Einstellung der Bevölkerung deutschsprachiger Länder zur Kunst gesagt?
4. Warum ist Yvonne so sehr von dem Hundertwasser-Wohnblock in Wien begeistert?

*„Der arme Poet" vom Bie-
dermeier-Maler Carl Spitzweg (1808–1885)*

Kunst im Alltag

Susanne: Du wohnst hier in München, was natürlich 'ne Stadt ist, wo es wahnsinnig
viele Galerien gibt und viele Museen und viele Ausstellungen. Du selber
gehst da ziemlich häufig hin, nicht? Und auch mit deinen Kindern und
deinem Mann und so, oder eben auch alleine. Was für Leute, würdest du
sagen, gehen hauptsächlich in Kunstausstellungen? **5**

Yvonne: Also ich denke, es gibt schon eine Art *Scene*, die sich da immer wieder
trifft, ein doch sehr spezielles Publikum. Was anderes ist es bei diesen ganz
großen Ausstellungen. Also München hat dieses „Haus der Kunst", wo
sehr, sehr groß angelegte Ausstellungen stattfinden, wo es auch für den
Durchschnittsbürger ein „Muß" ist, hinzugehen. Also, es war jetzt neulich **10**
in München eine Spitzweg-Ausstellung— ich meine, das ist 19. Jahrhundert, und jeder kennt's von irgendwelchen lustigen Postkarten— aber diese
Schlangen, die da vor dem Haus standen, die sind mir eigentlich gar nicht
so erklärlich! Außer, daß es ab 'ner bestimmten Größe der Ausstellung ein
„Muß" ist, ein: „Was, da warst du nicht?" Ich find', das is' eben gut, daß **15**
wenigstens diese Ausstellungen auch den letzten von seinem Stuhl aufstehen lassen und mal diese Räume betreten läßt, weil doch bei vielen
Bevölkerungsteilen eine große Hemmschwelle ist, in Museen oder Galerien
überhaupt zu gehen. Weil auch so ein Mißtrauen besteht gerade gegenüber

2. **die Ausstellung:** *exhibition, exposition* 3. **häufig:** *oft* 9. **groß angelegt:** *großzügig aus-
gestattet* 9. **statt•finden:** *to take place* 10. **der Durchschnittsbürger:** *average citizen* 13. **die
Schlange:** *wenn Leute hintereinander stehen und warten* 18. **die Hemmschwelle:** *eine innere
Barriere, die Leute hindert, etwas zu tun* 19. **bestehen:** *existieren*

der modernen Kunst, und: ,,Was die können, kann ich auch, das kann ja   20
mein kleiner Josef schon besser!'' Und natürlich ist dann auch so jemand
wie Spitzweg, 19. Jahrhundert, da ist es klar, der will einen nicht irgendwie
provozieren, sondern der malt. Man sieht, was da gemeint ist. Da ist doch
das Verständnis bei den breiten Teilen der Bevölkerung noch sehr zurück,
oder nicht mitgewachsen.   25

Susanne: Ich hab' gehört, daß in der DDR fast alle Museen frei sind und daß das sozusagen fast zum Sonntagssport wird, in Museen zu gehen, also sowohl in
naturkundliche oder in naturhistorische Museen als auch eben künstleri-
sche Museen, und daß da wirklich ganz breite Bevölkerungsschichten sich
mit Kultur und Kunst befassen. Weißt du irgendwas darüber?   30

Yvonne: Ja, das wundert mich gar nicht. Die Kluft gibt's nicht, lange nicht so stark
wie bei uns im Westen, zwischen dem Künstler, der sich irgendwie alleine
da verkaufen muß, und den Leuten, dem Publikum. Sondern da ist eine
Verbindung da. Und die fühlen, daß sie gebraucht werden. Und dadurch
kann ich das sehr gut verstehen, daß da die Leute auch gar keine Hem-   35
mungen haben— mit Museen oder Kunstausstellungen.

Susanne: Hast du von diesem Haus von dem Künstler Hundertwasser gehört, das er
in Wien gebaut hat?

Yvonne: Ja, hab' ich gehört.

Susanne: Der hat da halt in einem ganz normalen Wohnviertel 'n großen Wohnblock   40
gebaut, der aber nicht so normal ist wie die grauen oder weißen Häuser
rundrum, sondern es ist halt 'n ganz schönes Haus, ziemlich unregelmäßig,
mit vielen, vielen Farben, und halt was Ungewöhnliches, und hat aber
wohl den Preis für die Wohnungen doch relativ niedrig gehalten, sodaß
auch wirklich jeder in dieses Haus einziehen kann. Was hältst du von   45
solchen Projekten?

Yvonne: Find' ich wunderbar. Find' ich ganz wunderbar und eine schöne Zukunftsaussicht, wenn mehr Künstler Raum und Geld dafür kriegen würden, um
solche Dinge zu verwirklichen. Genau das sind Arbeitsfelder für Künstler,
die einfach nicht ausgeschöpft werden. Man muß nach Wien fahren, um   50
sowas zu sehen. Und es gibt so viele wirklich ganz wie tot aussehende
Wohngegenden, wo für alle sich das Lebensgefühl erheblich steigern würde,
wenn schon von Anfang an menschenfreundlicher gebaut würde.

---

24. **zurück** (*hier: Ugs.*): *lagging behind*   25. **nicht mit•wachsen:** sich nicht gleich schnell entwickeln   28. **naturkundlich:** naturwissenschaftlich   29. **sich befassen mit:** sich beschäftigen
mit   31. **die Kluft:** *gap*   35. **die Hemmung:** die innere Barriere   40. **das Wohnviertel:** der Teil
der Stadt, wo man wohnt   42. **unregelmäßig:** irregulär   43. **das Ungewöhnliche:** das Nicht-
Normale, was man nicht so oft sieht   47. **die Zukunftsaussicht:** die Zukunftsperspektive
49. **verwirklichen:** realisieren   50. **aus•schöpfen:** ganz nutzen   52. **erheblich:** sehr, extrem
52. **steigern:** verbessern   53. **menschenfreundlicher:** besser für die Menschen

Susanne: Wo siehst du den Vorteil von einem bunten Haus oder einem Haus, wo es
was zu gucken gibt, gegenüber so grauen Häusern? Was ist für dich der Un- 55
terschied?

Yvonne: Ja, der Mensch hat ja nun mal Sinne. Und die Sinne wollen was sehen, was
fühlen. Und die können einfach auch verkümmern. Und wenn 'ne Mauer
grau und glatt ist und ohne Profilierungen und ohne irgendwelche Farb-
abstufungen, dann ist es so öde für die Sinne. Und natürlich überträgt sich 60
das auf das Seelische oder auf den ganzen Organismus. Wir kennen das
alle, daß, wenn man morgens aufwacht, und entweder scheint die Sonne
schön ins Zimmer und 'ne Blüte geht auf, oder wir hören einen Vogel singen, dann hebt sich unsere Stimmung, genau so, wie sie halt gedämpft
bleibt, wenn alles— wenn man sich vorstellt, wir sind in 'nem Kranken- 65
haus, alles weiß, kahl, steril. Da fehlt was.

Susanne: Wir haben ja jetzt hauptsächlich immer von der bildenden Kunst gesprochen, also von Bildermalen und Skulpturenmachen und so weiter. Es gibt
ja im Kunstbereich noch viele andere Sachen, wie zum Beispiel Theaterspielen oder eben Schreiben, Literatur schreiben, oder Musik machen. 70
Machst du sowas auch? Findest du das genauso wichtig im Alltag?

Yvonne: Ja, natürlich, also gerade Musik ist eigentlich— ist ja ein Genuß. Ich erleb'
überhaupt die Kunst hauptsächlich als Genuß und als Bereicherung. Und
gerade Musik, also davon ernähr' ich mich manchmal richtig, gerade wenn
ich ausgepumpt bin und mich schlecht fühle oder ohne Kraft bin. Wenn 75
ich dann Musik höre, dann ist es wie 'ne Quelle, 'ne Quelle der Freude und
der Kraft. Und das ist bei Musik, glaub' ich, das ganz Besondere, daß Musik
eigentlich alle anspricht, daß Musik direkt ins Herz— oder wie man es
nennen will— geht. Was bei der bildenden Kunst schwieriger ist. Und
Theaterspielen zählt selbstverständlich auch dazu, und mach' ich auch. 80
Ich geh' gern ins Theater, selber spiel' ich nicht, außer Kasperletheater
für Kinder. Aber das zähl' ich unbedingt dazu, alle diese Bereiche.

57. **der Sinn:** der Sinn zum Riechen, Sehen, Schmecken, Fühlen, Hören 58. **verkümmern:** degenerieren 59. **die Farbabstufung:** verschiedene dunkle und helle Farben 60. **öde:** sehr langweilig 60. **übertragen:** transferieren 61. **das Seelische:** die Psyche 64. **die Stimmung:** wie
man sich gerade fühlt 64. **gedämpft:** nicht mit voller Intensität 72. **der Genuß:** etwas, was
Spaß und Freude macht 73. **die Bereicherung:** etwas, was einen innerlich oder äußerlich reicher macht 75. **ausgepumpt** (Ugs.) *hier:* müde von der Arbeit 75. **die Kraft:** die Energie
76. **die Quelle:** *source* 81. **das Kasperletheater:** Puppentheater, meistens für Kinder

TEXTVERSTÄNDNIS

ERSTES LESEN

A. **Stimmt das oder nicht?** Wenn nicht, was stimmt dann?

_____ 1. In München gibt es nur wenige Galerien und Museen.

_____ 2. Yvonne meint, es sei ein besonderes Publikum, das in Kunstausstellungen geht.

_____ 3. Yvonne stellt fest, daß viele Leute zögern, die „heiligen" Hallen der Museen zu betreten.

_____ 4. Yvonne vermutet, daß viele Leute denken, daß sich moderne Künstler einen Spaß mit ihnen machen.

_____ 5. Soweit Yvonne weiß, braucht man in der DDR meistens keinen Eintritt in Museen zu bezahlen.

_____ 6. Yvonne meint, in der DDR seien die Künstler und die anderen Bürger stärker miteinander verbunden.

_____ 7. Hundertwasser ist ein Maler in Berlin.

_____ 8. Der Mensch hat fünf Sinne, und die brauchen Anregung, meint Yvonne.

_____ 9. Der Mensch ist in seiner seelisch-psychologischen Stimmung unabhängig von seiner Umwelt, glaubt Yvonne.

_____ 10. Yvonne benutzt Musik dazu, neue Energie zu schöpfen.

_____ 11. Für Yvonne gehört Kasperletheater nicht zur Kunst.

Yvonne: „Der Mensch hat nun mal Sinne. Und die Sinne wollen was sehen, was fühlen."

ZWEITES LESEN

B. Lesen Sie den Text noch einmal durch, und beantworten Sie die Fragen.

1. Was erfahren wir über Yvonne als Person? Wie stellen Sie sie sich vor? (Sie können die Adjektivliste im Anhang bei Ihrer Beschreibung zu Hilfe nehmen.)

2. Warum gehen so viele Menschen in eine Spitzweg-Ausstellung?

3. Warum haben die Menschen Schwierigkeiten mit der modernen Kunst?

4. Warum gehen manche Menschen nicht so gern ins Museum?

5. Welche Unterschiede im Kunstinteresse und in der Kunstproduktion gibt es zwischen einerseits der DDR und andererseits der BRD, der Schweiz und Österreich?

6. Was für ein Experiment hat der Maler und Architekt Hundertwasser in Wien unternommen?

7. Warum findet Yvonne es wichtig, die alltägliche Umwelt zu verschönern?

8. Welche Einstellung hat Yvonne zur Musik?

9. Was ist bei der Musik anders als bei anderen Kunstformen?

GEHEIMTIP WORTSCHATZ

C. Welche Erklärungen passen zu den Wörtern oder Ausdrücken im Text?

1. neulich *(Z. 10)*

2. der Raum *(Z. 17)*

3. betreten *(Z. 17)*

4. das wundert mich nicht *(Z. 31)*

5. das Arbeitsfeld *(Z. 49)*

6. glatt *(Z. 59)*

7. die Blüte *(Z. 63)*

8. kahl *(Z. 66)*

9. selbstverständlich *(Z. 80)*

a. das überrascht mich nicht
b. das Zimmer
c. natürlich
d. hineingehen
e. ohne Profil
f. ein Tätigkeitsbereich
g. ohne Form und Farbe
h. der farbige obere Teil einer Blume
i. vor kurzer Zeit

D. Bitte erklären Sie auf deutsch, oder finden Sie Synonyme.

   1. gebraucht werden *(Z. 34):* _____

   2. bauen *(Z. 38):* _____

   3. niedrig *(Z. 44):* _____

   4. einziehen *(Z. 45):* _____

   5. kriegen *(Z. 48):* _____

   6. der Alltag *(Z. 71):* _____

ALEXANDER GOEBEL SOLO
Nichts für schwache Nerven
Der PHANTOM-OF-THE-OPERA-Star präsentiert Höhepunkte
seines Kabarettprogramms
AKADEMIETHEATER AM 1. MÄRZ, 20.30 UHR

E. Was meinen Susanne und Yvonne mit diesen zum Teil umgangssprachlichen Ausdrücken? Bitte erklären Sie sie aus dem Kontext.

   1. wahnsinnig viele Galerien *(Z. 1):* _____

   2. es gibt eine Art *Scene* *(Z. 6):* _____

   3. die [Schlangen] sind mir gar nicht erklärlich *(Z. 13):* _____

   4. daß diese Ausstellungen auch den letzten von seinem Stuhl aufstehen lassen *(Z. 16):* _____

   5. das kann ja mein kleiner Josef schon besser *(Z. 21):* _____

   6. davon [von der Musik] ernähr' ich mich manchmal richtig *(Z. 74):* _____

F. Überfliegen Sie den Text, und markieren Sie bitte oder schreiben Sie heraus . . .

   1. die Wörter oder Ausdrücke, die direkt mit Kunst bzw. Museen usw. zu tun haben.

   2. fünf Wörter oder Ausdrücke aus dem Text, die die positive Wirkung von Kunst ausdrücken.

   3. fünf Wörter oder Ausdrücke, die eine tendenziell negative Haltung zur Kunst ausdrücken.

KUNST ZUM KAUFEN INTERNATIONALE PLAKATKUNST

G. Stilistische Beobachtungen

1. Welche Besonderheiten des Textes zeigen, daß es sich um ein authentisches Gespräch, also um gesprochene Sprache handelt? Nennen Sie bitte mindestens drei Merkmale, und geben Sie Beispiele dafür.

2. Nennen Sie ein paar Wörter oder Ausdrücke in diesem Gespräch, die Sie selten in einem formellen Text finden würden. Welche Funktion haben diese Wörter im Gespräch?

3. Wie kommt es, daß Menschen nicht so sprechen, wie sie schreiben würden? Und warum schreiben Sie nicht so, wie sie reden?

4. Finden Sie es schwerer, ein authentisches Gespräch oder einen „gesäuberten" Text zu lesen? Geben Sie Ihre Gründe an!

ANWENDUNG: Meinung, Diskussion, Phantasie

ZU TEXT UND THEMA

A. Ihr Eindruck

1. Sind Sie der gleichen Meinung wie Yvonne, daß die Kunst den grauen Alltag freundlicher macht? Können Sie Beispiele aus Ihrem eigenen Leben geben, falls das bei Ihnen der Fall ist?

2. Warum ruft Kunst oft solche extremen Meinungen hervor: extreme Begeisterung oder extreme Ablehnung?

3. Was könnten Gründe dafür sein, daß in der sozialistischen Gesellschaft der DDR offenbar breitere Bevölkerungsschichten als im Westen an der Kunst interessiert sind?

4. Was halten Sie davon, daß in der DDR viele Künstler vom Staat unterstützt werden, statt allein auf dem freien Markt zu stehen?

5. An der Hauswand von Hundertwassers buntem Haus in Wien ist ein Schild mit einem Zitat von Hundertwasser: „Damit das Paradies gleich um die Ecke herum beim Nachbarn beginnt, soll man nicht darauf warten, sondern es selbst machen."

   a. Sehen Sie sich das Bild auf Seite 239 genau an. Was halten Sie von diesem Projekt? Welche Vor- und Nachteile hat so eine Architektur?
   b. Welche Vor- und Nachteile haben Wohnviertel, in denen jeder Block gleich aussieht?
   c. Was finden Sie besser? Warum?

Kreatives Wohnen:
Hundertwassers verrückter
Wohnblock in Wien

B. **Kunst**

1. Wozu ist Kunst Ihrer Meinung nach überhaupt gut?

2. Ist Kunst für alle da, auch wenn nicht alle Experten sind?

3. Warum haben Ihrer Meinung nach manche Menschen . . .

   a. gar kein Interesse an Kunst?
   b. eine gewisse Scheu oder sogar Angst, in Theater, Galerien oder Museen zu gehen?

C. **Aktivitäten**

1. Nehmen Sie den Veranstaltungskalender der Woche/des Monats aus Ihrer Stadt.

   a. Suchen Sie sich eine Veranstaltung heraus, die Sie selbst interessant finden, und überzeugen Sie die Klasse davon, daß es sich lohnt, dorthin zu gehen.
   b. Welche Veranstaltungen in Film, Theater oder Kunst gibt es jetzt oder in nächster Zeit, die etwas mit Deutsch oder den deutschsprachigen Ländern zu tun haben? Organisieren Sie einen gemeinsamen Besuch.

2. Gehen Sie in die Bibliothek, versuchen Sie einen deutschen Brockhaus oder ein anderes deutschsprachiges Lexikon zu finden. Jede Gruppe schlägt eins der folgenden Stichwörter nach: Bauhaus, Expressionismus, Realismus, Barock, Jugendstil, Hundertwasser. Tragen Sie die Informationen im Kurs zusammen.

**WIE IST DAS IN
IHREM LAND?**

D. Vergleichen Sie Ihr Land mit den deutschsprachigen Ländern.

1. Wo gibt es in Ihrem Land/in Ihrer Stadt Kunst, die nicht in Museen oder Galerien hängt?

2. Welche Art von Kunst ist in Ihrem Land (im Moment) besonders populär?

3. Gibt es in Ihrem Land Straßenkunst? Was halten Sie davon?

4. Wie hält man sich in Ihrem Land finanziell „über Wasser", wenn man Künstler oder Künstlerin ist, aber noch nicht berühmt ist?

5. Welche Baustile sind in Ihrem Land typisch für die Architektur auf dem Land und in den großen Städten? Gibt es Unterschiede zwischen verschiedenen geographischen Teilen Ihres Landes?

6. In den deutschsprachigen Ländern ist die Innenstadt in den meisten Städten das Zentrum des Kulturlebens. Dort sind die Kinos, die Restaurants, die Theater, Opernhäuser, Kneipen, Kaufhäuser usw. Wie ist das in Ihrem Land und in Ihrer Stadt?

UND SIE?

E. Besprechen Sie die Fragen bitte mit Ihrem Partner.

1. Interessieren Sie sich tendenziell für Kultur, oder sind Sie ein „Kulturmuffel"?

2. Welche Bereiche der Kunst interessieren Sie?

3. Sind Sie auch selbst künstlerisch tätig?

4. Was besuchen Sie lieber? Eine Kunstausstellung, ein Theaterstück, ein Museum, einen guten Film im Kino oder ein Fußballspiel? Erklären Sie bitte, warum.

5. Wann waren Sie das letzte Mal in einem Museum? Was für ein Museum war das? Was für Museen würden Sie besuchen, wenn Sie Zeit dazu hätten: naturwissenschaftliche Museen, Museen für Kunst, Volkskunstmuseen, naturhistorische Museen, Museen für Technik, Völkerkundemuseen, andere Museen, keine?

6. Haben Sie Künstlerinnen oder Künstler unter Ihren Freunden? Was für Kunst machen sie? Wie verkaufen sie sie?

7. Was halten Sie von moderner Kunst, wo man auf den ersten Blick nichts versteht?

8. Gefällt Ihnen alte oder neue Architektur besser? Begründen Sie bitte Ihre Meinung.

THEATERSCHULE KÖLN

„Könnte glatt meine Großmutter sein!" *(Sub-)Kultur im Pergamon Museum (Berlin).*

STELLEN SIE SICH VOR . . .   **F.   Zum Rollenspielen oder Schreiben**

1. Ein Freund/eine Freundin von Ihnen weiß nicht, ob er/sie lieber Kunst oder lieber Ingenieurwesen studieren soll, und bittet Sie um Rat. Welche Aspekte müssen überlegt werden? Was spricht für das eine oder das andere Studium? Helfen Sie Ihrem Freund oder Ihrer Freundin bei der Wahl. Sie können das gleiche auch als Gespräch zwischen Studenten und Eltern durchspielen.

2. Sie sind Kunstfreund und haben eine neue Freundin/einen neuen Freund, die/der Kunst stinklangweilig findet und sich weder für Malerei, für Skulpturen, noch für Fotografie, Theater oder sonst irgendetwas interessiert. Bereiten Sie Argumente vor, um die Person davon zu überzeugen, daß Kunst auch für sie etwas bedeuten kann. Spielen Sie das Gespräch mit Ihrem Partner.

3. Sie werden ausgewählt, als Architekt oder Architektin ein neues Stadtviertel am Rande einer Großstadt zu planen: Was muß es dort alles geben, z.B. Parks, Supermärkte, Kindergärten usw.? Was für Gebäude müssen Sie planen? Wie wollen Sie das alles finanzieren?

4. Schreiben und spielen Sie ein Kasperletheater für Kinder. Wählen Sie erst die Figuren, z.B. Kasperle, die Prinzessin, die Räuber oder so. Improvisieren Sie dann eine kurze Szene und spielen Sie sie. Sie können die Puppengesichter schnell auf Ihre Finger malen und einen kleinen Papierhut draufsetzen oder Handpuppen von zu Hause mitbringen.

DISKUSSION ODER AUFSATZ

G. Suchen Sie sich eins der Themen aus. Finden Sie Argumente für beide Seiten und vertreten Sie Ihre eigene Meinung.

1. **a.** Kunst ist stinklangweilig und hat mit dem richtigen Leben nichts zu tun. Die Künstler sollten lieber was Nützliches machen statt diesen überflüssigen Luxus.
   b. Ohne Kunst könnte unsere Zivilisation nicht weiter existieren, denn dann wäre unsere Welt kalt und langweilig. Die Kunst ist das Einzige, wofür es sich lohnt zu leben.

2. **a.** Abstrakte Kunst ist eine alberne Schmiererei. So was kann ich auch: ein paar Striche und Punkte auf eine Leinwand malen! Realistische Malerei kann man wenigstens noch verstehen, da sieht man konkret, was auf einem Bild drauf ist. Aber heute versteht man die (post)modernen Künstler gar nicht mehr.
   b. Kunst ist nicht dazu da, etwas Bestimmtes darzustellen, sondern in den Betrachtern Gefühle und Ideen zu wecken.

3. **a.** Graffiti ist Kunst des Volkes, denn jeder kann seinen künstlerischen Beitrag auf Hauswänden und Toiletten leisten. Graffiti ist repräsentativ für unsere Kultur, auch wenn es nicht im traditionellen Sinne ästhetisch ist.
   b. Kunst schaffen können nur richtige Künstler, die Genies sind und denen das Talent angeboren ist. Sonst könnte ja jeder kommen und sagen, er sei Künstler.

4. **a.** Künstler machen ihre Kunst nur für sich. Sie denken dabei gar nicht ans Publikum.
   b. Künstler sind wie alle anderen Arbeiter: Sie wollen mit ihrer Arbeit hauptsächlich Geld verdienen.

Heute nur noch ein Museumsstück: Die Berliner Mauer 1989

19   Wilde Wiener Wunderknaben: Mozart und Falco

Einführung in die Texte   In der Welt der Rock- und Popmusik ist wohl heute Englisch die Sprache, die auf der ganzen Welt am meisten benutzt wird. Doch gibt es seit den 70er Jahren auch in den Heimatländern von Bach, Mozart und Beethoven einen neuen Sound: die Neue Deutsche Welle.

Rockmusik in deutscher Sprache spielte Mitte der 70er Jahre nur Udo Lindenberg mit seinem Panikorchester. Dann begann auch die extravagante Opern- und Rocksängerin Nina Hagen, die früher in der DDR lebte und arbeitete, Songs auf deutsch zu singen, und bald entstanden im ganzen deutschsprachigen Raum neue Gruppen wie BAP, Trio und Extrabreit, die oft sogar im Dialekt sangen und zum Teil noch heute singen.

Viele deutsche Lieder der 80er Jahre behandeln politische und gesellschaftskritische Themen. Sie drücken zum Beispiel Skepsis gegenüber der atomaren Rüstung aus wie Nenas ,,99 Luftballons" und Peter Schillings ,,Major Tom", die sogar auf den amerikanischen Hit-Listen vordere Plätze erreichten.

Mit aktueller großer Politik hat dagegen die deutsch-englische Mischung ,,Rock me Amadeus" von dem Österreicher Falco weniger zu tun, dafür aber mit der rebellierenden jüngeren Generation. Es scheint fast, als wenn sich Falco den um 200 Jahre älteren, nonkonformistischen und provokanten Wolfgang Amadeus Mozart als einen ,,Punker" des 18. Jahrhunderts vorstellt.

Im Jahre 1791 starb der noch heute bewunderte Komponist Wolfgang Amadeus Mozart, dem die Musikstücke ,,mit gleichsam magischer Mühelosigkeit" einfielen. Er hatte Zeit seines Lebens finanzielle Schwierigkeiten und schrieb trotzdem über 600 Werke. Als Wunderkind konnte er schon mit vier Jahren Klavier und Violine spielen und komponieren und machte mit seinem Vater und seiner Schwester Konzertreisen zu den Fürstenhöfen in ganz Europa. Später rebellierte er gegen die Musiktradition und schrieb seine Opern auf deutsch, statt auf italienisch. Erfüllt von den Freiheitsgedanken der Französischen Revolution verarbeitete er in seinen Werken revolutionäre Themen, z.B. in ,,Die Entführung aus dem Serail" (1782) und ,,Figaros Hochzeit" (1786).

Der erwachsene Mozart fand leider nicht mehr das Wohlgefallen des Wiener Hofs, wie es für eine erfolgreiche Karriere in Wien nötig gewesen wäre. Man sah in ihm mehr den temperamentvollen, rebellierenden Außenseiter und weniger das musikalische Genie. Seine letzten Jahre verbrachte Mozart in relativer Vergessenheit und Armut. In seinen Briefen schilderte er sein Leben und Leiden in sehr lebendiger, leidenschaftlicher Sprache.

Fast genau zweihundert Jahre nach Mozart wurde ein weiterer österreichischer Musiker geboren: Hans Hoelzel, der als Falco mit seinem Pop-Song „Rock Me Amadeus" weltweit berühmt geworden ist. Falco erzählt von sich selbst: „Meine Mutter hat mich zum Vorspielen in die Musik-Akademie gebracht. Der Professor soll danach gesagt haben: ,Da haben Sie ihren kleinen Mozart. Er kann zwar überhaupt nicht spielen, aber er hat das absolute Gehör° ' ". Falco benutzt knappe Reizworte° sowie den Musikstil Rap, um relevante Aussagen zu unserer Zeit in seinen Texten unterzubringen°. Zu seinen Hits in den letzten Jahren gehören „Der Kommissar", „Vienna Calling", „Jeanny I und II", sowie der hier abgedruckte Text.

FRAGEN ZUM THEMA

1. Ein paar der größten Komponisten aller Zeiten stammten aus den deutschsprachigen Ländern. Welche sind Ihnen bekannt?
2. Kennen Sie andere berühmte Leute, die schon als Kinder Großes geleistet haben? Welche Probleme bringt das manchmal mit sich?
3. Was sind wahrscheinlich die Gründe dafür, daß Englisch die universale Sprache der Pop- und Rockmusik wurde und ist?
4. Welche Arten von Musik hören Sie am liebsten—und welche können Sie absolut nicht ausstehen? Können Sie in Worten erklären, was Ihnen an diesen bestimmten musikalischen Stilarten gefällt bzw. mißfällt? Teilen Ihre Eltern Ihren musikalischen Geschmack oder nicht? Woran liegt das wohl?
5. Was wissen Sie alles über Wolfgang Amadeus Mozart?

LESEFRAGEN

Text A: Falcos „Rock Me Amadeus"

1. Welche Informationen bekommen Sie über Mozarts Leben?
2. Als was für einen Menschen stellt Falco Mozart dar?

Nach der Oper gleich hinter die Oper

Café Mozart

RESTAURANT MITSUKOSHI

TISCHRESERVIERUNG 52 27 07

ALBERTINAPLATZ 2   MAYSEDERGASSE 5

das absolute Gehör haben: Noten genau hören und wiedergeben können; Zitat aus: *Jugendscala 1/1987*

die Reizworte (*Pl.*): *slogans*
unter•bringen: hineintun

TEXT A

Wilde Wiener Wunderknaben: Falco als Mozart im Videoclip ,,Rock me Amadeus"

Rock me Amadeus

Rock me, rock me, . . . rock me,
   Amadeus . . .

Er war ein Punker,
und er lebte in der großen Stadt.
5 Es war in Wien, war Vienna,
wo er alles tat.
Er hatte Schulden, denn er trank,
doch ihn liebten alle Frauen.
Und jede rief:
10 Come and rock me Amadeus.

Er war ein Superstar.
Er war populär.
Er war so exaltiert,
because er hatte Flair.
15 Er war ein Virtuose,
war ein Rockidol
und alles rief:
Come and rock me, Amadeus.

   Amadeus, Amadeus . . .

Es war um 1780,   20
und es war in Wien.
No plastic money anymore,
die Banken gegen ihn.
Woher die Schulden kamen,
war wohl jedermann bekannt. 25
Er war ein Mann der Frauen,
Frauen liebten seinen Punk.

Er war ein Superstar.
Er war so populär.
Er war so exaltiert,   30
genau das war sein Flair.
Er war ein Virtuose,
war ein Rockidol
und alles ruft noch heute:
Come and rock me, Amadeus. 35

   Amadeus, Amadeus . . .

FALCO

TEXTVERSTÄNDNIS

Text A: Falcos „Rock me Amadeus"

ERSTES LESEN

A. Stimmt das oder nicht? Wenn nicht, was stimmt dann?

1. Mozart lebte im 17. Jahrhundert.

2. Er hatte nie genug Geld.

3. Besonders bei Frauen war Mozart beliebt.

4. Mozart war ein Mensch voller Lebensfreude.

ZWEITES LESEN

B. Lesen Sie sich den Text noch einmal durch, bevor Sie die folgenden Aufgaben bearbeiten.

1. Markieren Sie bitte mit verschiedenen Farben . . .

   a. alle „harten" Fakten über Mozarts Leben.
   b. seine Erscheinung und Wirkung auf andere.

2. Welches sind Ihrer Meinung nach die drei oder vier wichtigsten Wörter oder kurzen Sätze in diesem Lied? Warum finden Sie gerade diese Äußerungen am wichtigsten?

3. Über welche Bereiche von Mozarts Leben erfahren Sie etwas? Was für Informationen bekommen Sie in den beiden Strophen, und was für welche im Refrain?

4. Welche Informationen würden Sie zum Beispiel in einem Lexikonartikel über Mozart finden? Was ist der Unterschied zwischen Falcos Darstellung und einem Lexikonartikel?

5. Was für ein Bild zeichnet Falco von Mozart? Warum? Was für einen Eindruck bekommen die Zuhörer von Mozart?

6. Was könnte es bedeuten, daß Falco Mozart mit seinem *Vornamen* anredet: Amadeus? Denken Sie daran, daß das in den deutschsprachigen Ländern nicht so üblich ist wie vielleicht in Ihrem Land.

C. Schreiben Sie bitte Ihre eigene Zusammenfassung der Informationen aus dem Lied.

Mozart lebte _____. Weil

_____, hatte er Schulden. Er war bei

_____ sehr beliebt,

_____. In seiner

Erscheinung war er sehr _____ und _____.

GEHEIMTIP WORTSCHATZ

D. Erklären Sie bitte mit Synonymen oder Definitionen auf deutsch.

    1. der Punker *(Z. 3):* _____

    2. die Schulden (*Pl.*) *(Z. 7):* _____

    3. populär *(Z. 12):* _____

    4. exaltiert *(Z. 13):* _____

    5. er hatte Flair *(Z. 14):* _____

    6. der Virtuose *(Z. 15):* _____

    7. das Idol *(Z. 16):* _____

E. Suchen Sie . . .

    1. Wörter, die ganz bestimmt nicht aus Mozarts Welt des 18. Jahrhunderts, sondern aus der modernen Welt kommen.

    2. die englischen Ausdrücke.

Warum benutzt Falco solche Wörter in seinem Lied?

LESEFRAGEN

Text B: Briefe von Mozart

    1. Was für eine Einstellung hat Mozart zum Leben?

    2. Was können Sie aus den Briefzitaten über Mozarts Charakter erfahren?

TEXT B

Konzerttour zu den europäischen Fürstenhöfen: der kleine Mozart mit Vater und Schwester

Briefe von Mozart

An den Vater, 1777
Glückwünsche zum Namens- und Geburtstag

Allerliebster Papa!

Ich kann nicht poetisch schreiben; ich bin kein Dichter. Ich kann die Re-
5 densarten nicht so künstlich eintheilen, daß sie Schatten und Licht geben,
ich bin kein Maler. Ich kann sogar durchs Deuten und durch Pantomime
meine Gesinnungen und Gedanken nicht ausdrücken, ich bin kein Tänzer.
Ich kann es aber durch Töne, ich bin ein Musiker. Ich werde auch morgen
eine ganze Gratulation für dero Namens- als Geburtstag bey Cannabich auf
10 dem Clavier spielen.

5. **die Redensart** (*hier*): der Stil   5. **künstlich:** *artificially*   5. **der Schatten:** wo die Sonne nicht
scheint   6. **das Deuten** (*hier*): die Gestik   7. **die Gesinnung:** die Einstellung   8. **der Ton:** musi-
kalisches Geräusch   9. **dero** (*altmodisch*): Ihr(en), Eu(e)r(en)   10. **das Clavier** (alte Form): das
Piano

An den Vater, 1781
Begründung für den Wunsch, zu heiraten

Die Natur spricht in mir so laut, wie in jedem andern, und vielleicht lauter
als in manchem großen, starken Lümmel. Ich kann ohnmöglich so leben,
15 wie die meisten dermaligen jungen Leute.—Erstens habe ich zu viel Religion, zweytens zu viel Liebe des Nächsten und zu ehrliche Gesinnungen,
als daß ich ein unschuldiges Mädchen anführen möchte, und drittens zu
viel Grauen und Ekel, Scheu und Forcht vor die Krankheiten und zu viel
Liebe zu meiner Gesundheit, als daß ich mit Huren herumbalgen könnte.
20 Dahero kann ich auch schwören, daß ich noch mit keiner Frauens-Person
auf diese Art etwas zu thun gehabt habe. . . . Ich . . . kann mir nichts
Nöthigeres denken als eine Frau.—Ich versichere Sie, was ich nicht
Unnützes öfters ausgebe, weil ich auf nichts acht habe. Ich bin überzeugt,
daß ich mit einer Frau (mit dem nämlichen Einkommen, das ich allein
25 habe) besser auskommen werde als so. . . . Ein lediger Mensch lebt in
meinen Augen nur halb. . . . Nun aber wer ist der Gegenstand meiner
Liebe?— . . . meine gute, liebe Konstanza . . . O mein bester Vater, ich
könnte ganze Bögen vollschreiben . . . Sie ist nicht häßlich, sie ist nichts
weniger als schön. Ihre ganze Schönheit besteht in zwey kleinen schwarzen
30 Augen und in einem schönen Wachsthum. Sie hat keinen Witz, aber gesunden Menschenverstand genug, um ihre Pflichten als eine Frau und Mutter erfüllen zu können. . . . Versteht die Hauswirthschaft, hat das beste
Herz der Welt,—ich liebe sie und sie liebt mich von Herzen!—Sagen Sie
mir, ob ich eine bessere Frau wünschen könnte?—

35 An Freiherrn von Jacquin, 1787
über den Erfolg der „Hochzeit des Figaro"

Ich sah aber mit ganzem Vergnügen zu, wie alle diese Leute auf die Musik
meines Figaro, in lauter Contretänze und Teutsche verwandelt, so innig
vergnügt herumsprangen, denn hier wird von nichts gesprochen als von—
40 Figaro; nichts gespielt, geblasen, gesungen und gepfiffen als—Figaro. Keine
Oper besucht als—Figaro und ewig Figaro. Gewiß große Ehre für mich.

14. **der Lümmel:** frecher junger Mann oder Junge   14. **ohnmöglich** (*alte Form*): unmöglich
15. **dermaligen** (*altmodisch*): heutigen   17. **an•führen:** einen gemeinen Spaß treiben mit, (*hier*)
verführen: *to seduce*   18. **das Grauen:** *the creeps*   18. **der Ekel:** wenn man etwas sehr unappe-
titlich findet   18. **die Scheu:** die Schüchternheit   18. **die Forcht** (*alte Form*): die Furcht, die
Angst   19. **die Hure:** die Prostituierte   19. **sich herum•balgen mit:** *to mess around with*
20. **dahero** (*alte Form*): daher, deshalb   22. **nicht Nöthigeres** (*altmodisch*): nichts Nötigeres,
Wichtigeres   24. **nämlich** (*hier*): gleich   25. **ledig:** unverheiratet   26. **der Gegenstand:** das Objekt   28. **häßlich:** nicht schön   30. **das Wachsthum** (*alte Form*): das Wachstum, die Figur
31. **der gesunde Menschenverstand:** *common sense*   31. **die Pflicht:** die Aufgabe   37. **das Vergnügen:** die Freude, der Spaß   38. **lauter** (*hier*): viele   38. **Contretänze, Teutsche:** *types of
dances*   38. **verwandeln:** transformieren   38. **innig:** intensiv   40. **blasen** (*hier*): *to play a wind
instrument*   40. **pfeifen:** *to whistle*   41. **gewiß:** sicher   41. **die Ehre:** der Ruhm

An seine Frau, 1789

Liebstes Weibchen, hätte ich doch auch schon einen Brief von Dir! Wenn ich dir alles erzählen wollte, was ich mit deinem lieben Portrait anfange,
45 würdest du wohl oft lachen. Zum Beyspiel, wenn ich es aus Deinem Arrest herausnehme, so sage: Grüß dich Gott, Stanzerl!—Grüß dich Gott, Spitzbub!—Krallerballer!—Spitzignas!—Bagatellerl—schluck und druck! Und wenn ich es wieder hineinthue, so lasse ich es nach und nach hineinrutschen und sage immer: Nu—Nu—Nu—Nu! Aber mit dem gewissen
50 Nachdruck, den dieses so viel bedeutende Wort erfordert und bey dem letzten schnell: Gute Nacht, Mauserl, schlaf gesund!—Nun glaube ich so ziemlich was Dummes (für die Welt wenigstens) hingeschrieben zu haben, für uns aber, die wir uns so innig lieben, ist es gerade nicht dumm. Heute ist der 6. Tag, daß ich von Dir weg bin und bey Gott, mir scheint es schon
55 ein Jahr zu seyn.—Du wirst oft Mühe haben, meinen Brief zu lesen, weil ich in Eile und folglich etwas schlecht schreibe.

1791, kurz vor seinem Tode
[Aus dem Italienischen]

Ich merke an meinem Zustand: Die Stunde schlägt; ich fühle mich nahe
60 dem Tode. Ich bin am Ende, bevor ich mich meines Talentes freuen durfte. Und das Leben war doch so schön, meine Laufbahn begann unter so glücklichen Umständen. Aber an dem zugemessenem Geschick läßt sich nichts ändern. Keiner kann seine Lebenszeit bestimmen. Man muß sich fügen, wie es der Vorsehung gefällt. So beendige ich meinen Grabgesang,
65 ich darf ihn nicht unfertig zurücklassen.

---

43. **das Weibchen** (*altmodisch*): das Frauchen 44. **etwas mit etwas an•fangen** (*hier*): machen, planen 45. **der Arrest** (*hier*): das Etui, die Box 46. **der Spitzbub:** *rascal* 47. **das Bagatellerl** (*österr.*): die kleine Trivialität 48. **hinein•rutschen:** *to slide in* 50. **mit Nachdruck:** mit Autorität, Festigkeit 50. **bedeutend:** wichtig 50. **erfordern:** *to demand* 51. **das Mauserl** (*österr.*): das Mäuschen 55. **Mühe haben:** Schwierigkeiten haben 56. **in Eile:** schnell 56. **folglich:** daher, deshalb 59. **merken:** fühlen 59. **der Zustand:** die Kondition, Situation 59. **die Stunde schlägt:** die Zeit ist gekommen 61. **die Laufbahn:** die Karriere 62. **die Umstände** (*Pl.*): *circumstances* 62. **zugemessen:** *intended, predetermined* 62. **das Geschick** (*altmodisch*): das Schicksal 63. **bestimmen:** festlegen, determinieren 64. **sich fügen:** sich anpassen 64. **die Vorsehung:** *providence* 64. **der Grabgesang:** Musikstück für eine tote Person

„Als nächstes möchten wir ein Stück spielen,
das Mozart schrieb, als er vier Jahre alt war."

TEXTVERSTÄNDNIS

Text B: Briefe von Mozart

ERSTES LESEN

A. **Stimmt das oder nicht?**

_____ **1.** Mozart fühlt sich nicht nur als Musiker und Komponist, sondern auch als Dichter, Maler und Tänzer.

_____ **2.** Mozart glaubt, daß er genauso männlich wie andere junge Männer sei, aber sensibler als sie.

_____ **3.** Mozart meint, daß er mit einer Frau zusammen mehr Geld ausgeben würde, als er es allein tut.

_____ **4.** Mozart findet es schöner, verheiratet zu sein, als allein zu leben.

_____ **5.** Konstanza ist häßlich und hat keinen Witz, aber sie würde seiner Meinung nach eine gute Hausfrau werden.

_____ **6.** Mozart und Konstanza lieben sich von Herzen.

_____ **7.** Auf Reisen ist Mozart zu beschäftigt, um an Konstanza zu denken.

_____ **8.** Mozart starb ganz überraschend.

_____ **9.** Mozart war immer melancholisch und hat das Leben nie wirklich geliebt.

_____ **10.** Vor seinem Tod wird Mozart fatalistisch und akkzeptiert seinen Mißerfolg als Musiker.

ZWEITES LESEN

B. **Hier sind noch ein paar Fragen zum Text.**

1. Wie drücken Dichter, Maler, Tänzer und Musiker ihre Gedanken und Einstellungen aus?

2. Welche Gründe führt Mozart gegenüber seinem Vater dafür an, daß er . . .

   a. kein Verführer unschuldiger Mädchen sei?
   b. noch nie eine Prostituierte besucht hätte?

3. Was erfahren wir über die finanzielle Situation Mozarts?

4. Warum will Mozart heiraten?

5. Wie beschreibt Mozart Konstanza Weber?

6. Welchen Eindruck bekommen Sie von Mozarts Gefühlen für Konstanza?

7. Wie beschreibt Mozart die Reaktion des Publikums auf „Die Hochzeit des Figaro"?

8. Für die, die den „Figaro" kennen: Inwiefern hat die Struktur des Briefes an den Freiherrn von Jacquin etwas mit der Musik der Oper „Die Hochzeit des Figaro" zu tun?

9. Was macht Mozart mit Konstanzas Bild, das er auf Reisen mit sich hat? Warum tut er das?

10. Welche Kosenamen hat Mozart für seine Frau? Was bedeuten sie?

11. Was für ein Verhältnis haben Konstanza und Wolfgang Mozart zueinander?

12. Wie erwartete Mozart den Tod? Wie blickte er auf sein Leben zurück?

13. Was sagt er über das „Requiem", das er, wie man weiß, als Auftrag für jemand anderen geschrieben hat?

C. **Bitte schreiben Sie folgende Satzanfänge zu Ende. Achten Sie bitte auf die Wortstellung.**

1. Mozart war ein Künstler. Von sich selbst sagt er, daß er

   kein _____

   und nicht _____,

   sondern _____

   _____.

2. Mozart liebte Frauen, aber _____

_____ .

3. Mozart bittet seinen Vater um Erlaubnis, Konstanza Weber

heiraten zu dürfen. Er _____

_____ .

4. Mozart hatte immer Geldprobleme. Als er heiratete, hoffte

er, _____

_____ .

5. Mozart liebte sein Stanzerl sehr. Er fand _____

_____ .

6. Als „Die Hochzeit des Figaro" in Wien herauskam, _____

_____ .

7. Manchmal war Mozart sehr albern. Wenn er auf Reisen ging,

_____

_____ .

8. Kurz vor seinem Tod _____

_____ .

SAMSTAG **11**	19.00–22.15 **Stadtabo '89 Preise V**** **LE NOZZE DI FIGARO** von Wolfgang Amadeus Mozart Leitung: Marin Ghazarian, Kenny, Sima, Gonda, Sasaki; Hampson, Prey, Evangelides, Kasemann, Mazzola, Stajnc

GEHEIMTIP WORTSCHATZ   **D.** Welche Wörter oder Ausdrücke passen zusammen?

1. der Dichter *(Z. 4)*

2. die Natur spricht in mir so laut *(Z. 13)*

3. ein unschuldiges Mädchen *(Z. 17)*

4. sich etwas wünschen *(Z. 34)*

5. vergnügt *(Z. 39)*

6. die Stunde schlägt *(Z. 59)*

a. meine Triebe sind stark
b. eine Jungfrau
c. die Zeit ist da
d. fröhlich
e. der Poet, Schriftsteller
f. hoffen, daß man etwas bekommt

E.　Bitte erklären Sie auf deutsch, oder finden Sie Synonyme.

　　1. der Glückwunsch *(Z. 2):* _____

　　2. der Gedanke *(Z. 7):* _____

　　3. ehrlich: *(Z. 16):* _____

　　4. schwören *(Z. 20):* _____

　　5. mit dem Einkommen auskommen *(Z. 24):* _____

　　6. die Hauswirt(h)schaft *(Z. 32):* _____

　　7. von Herzen lieben *(Z. 33):* _____

　　8. Portrait *(Z. 44):* _____

　　9. ,,Grüß dich Gott'' *(Z. 46):* _____

　10. nach und nach *(Z. 48):* _____

　11. beendigen *(Z. 64):* _____

F.　Suchen Sie 5–10 Wörter heraus, die man heute anders schreibt. Wie erklären Sie sich die ungewöhnliche Schreibweise hier?

die Mozartkugel

ANWENDUNG: Meinung, Diskussion, Phantasie

ZU TEXTEN UND THEMA

A.　Ihr Eindruck

　　1. Können Sie sich vorstellen, warum Falco so ein Lied über Mozart gedichtet und komponiert hat?

　　2. Was für einen Eindruck machen die Briefe von Mozart auf Sie? Haben Sie sich ihn so vorgestellt?

　　3. Welche Gemeinsamkeiten und Unterschiede können Sie in den Personen Mozart und Falco entdecken? Wie gefallen Ihnen diese beiden Personen?

　　4. Was war angeblich Mozarts Hauptproblem? Was halten Sie davon?

B. **Wolfgang Amadeus Mozart**

1. Was wissen Sie sonst noch alles über sein Leben? Tragen Sie Tatsachen über Mozart zusammen. Fehlende Daten zu seinem Leben finden Sie in einem Lexikon.

Geboren (wann und wo)	
Kindheit	
Reisen	
Spielte welche Instrumente?	
Lebte wo?	
Arbeitgeber	
Erfolge, warum?	
Mißerfolge, warum?	
Konflikte	
Kannte die Werke anderer Musiker	
Ehe mit wem?	
Kinder	
Charakter	
Einkommen	
Tod	
Was für Kompositionen?	
Werke	
Werke, die heute besonders bekannt sind	

2. **Eine Anekdote:** Mozart soll im Alter von 6 Jahren ein Blatt Papier mit vielen Noten und Tintenklecksen vollgeschmiert haben. Als sein Vater sich das Blatt genauer ansah, stellte er fest, daß es ein komplettes und sehr schwieriges Klavierkonzert war. Als er zu Mozart sagte: ,,Das Stück ist so schwer, daß es kein Mensch spielen kann,'' soll der sechsjährige Mozart geantwortet haben: ,,Dann müssen die Leute es halt üben!'', setzte sich hin und spielte das Stück vor.

Welche von Mozarts Eigenschaften kann man auch in dieser Anekdote ablesen?

Mozart: Punker des 18. Jahrhunderts! Szene aus dem Film „Amadeus"

C. Zum Film oder Bühnenstück „Amadeus"

1. Haben Sie den Film oder das Bühnenstück gesehen?

2. Was passiert darin?

3. Wie hat Ihnen der Film oder das Stück gefallen?

4. Entspricht der Inhalt des Filmes der Wirklichkeit, oder ist hier ziemlich viel erfunden worden, um eine dramatische Wirkung zu erzielen? Was meinen Sie, was wissen Sie davon?

D. Aktivitäten

1. Machen Sie eine Disko-Stunde: Bitten Sie alle Studentinnen und Studenten und Ihre Lehrperson, ein paar Platten, Kassetten oder Discs mit den Songs von Popstars aus den deutschsprachigen Ländern mitzubringen. Machen Sie in Ihrer Klasse eine Hitparade. Schreiben Sie alle Titel an die Tafel, und stimmen Sie darüber ab, welche die drei beliebtesten Songs sind? Warum? Ist die Melodie oder der Text wichtiger?

2. Besuchen Sie ein größeres Musikgeschäft. Schauen Sie nach, wie viele deutschsprachige Rock-Stars und Klassiker auf Platten, Kassetten oder Compact Discs zu bekommen sind.

3. Schauen Sie in den Veranstaltungskalender Ihrer Uni oder Ihrer Stadt. Was gibt es da demnächst für große oder kleine Musikveranstaltungen? Wo würden Sie am liebsten hingehen, wenn Sie Zeit und Geld hätten? Stellen Sie Ihre Wahl und die Gründe dafür in der Klasse vor. Vielleicht möchte jemand mit!

**WIE IST DAS IN
IHREM LAND?**

E. Hier können Sie Ihr Land mit den deutschsprachigen Ländern vergleichen.

1. Was für Musik ist in Ihrem Land besonders populär bei jungen Leuten, bei der Generation Ihrer Eltern, bei der Generation Ihrer Großeltern?

2. Wovon handeln die meisten Rocksongs in Ihrem Land?

3. Welche Musikstars zählen Ihrer Meinung nach zu den zehn beliebtesten im Land? Welche davon mögen Sie auch, welche finden Sie furchtbar?

4. Machen viele Leute selbst Instrumentalmusik zu Hause?

5. Gibt es bei Ihnen Popsongs in anderen Sprachen, die man regelmäßig im Radio hören kann? Welche Sprachen können Sie da hören, wie oft, und wie gefällt Ihnen die Musik? Wie finden Sie Lieder in anderen Sprachen, bei denen Sie die Worte nicht verstehen?

6. Was für Radiosender gibt es in Ihrer Gegend? Welchen Sender hören Sie meistens? Warum? Was für Musik spielen sie? Wem gehören diese Sender und wer entscheidet, was gespielt wird?

7. Welche berühmten Wunderkinder aus der Musik- oder Filmwelt kennen Sie?

a. Was ist aus ihnen später geworden?
b. Welche Vor- und Nachteile hat ein solcher öffentlicher Erfolg für ein Kind, auch wenn es ein Genie ist?

UND SIE?

F. Setzen Sie sich zu einem/einer Ihnen bisher weniger bekannten Kursteil-nehmer/Kursteilnehmerin und stellen Sie ihm/ihr die folgenden Fragen zu seinem/ihrem Musikgeschmack. Hier sind ein paar nützliche Aus-drücke:

klassische Musik · Opern/Operetten · Musicals · Volksmusik · Schlager · Chansons · Blues · Soul · Jazz · Punk · Heavy Metal · Rap · Country & Western

1. Welche Rolle spielt Musik in Ihrem Leben?

   a. Was für Musik mögen Sie? Was gefällt Ihnen daran beson-ders gut?
   b. In welcher Stimmung hören Sie welche Art von Musik?
   c. Was für eine Einstellung haben Sie zur Rockmusik?

2. Ist Ihnen bei einem Lied der Text oder die Musik wichtiger? Was für Rhythmen und was für Themen finden Sie gut?

3. Nach welcher Musik tanzen Sie am liebsten? Wohin gehen Sie, wenn Sie tanzen wollen?

4. Spielen Sie ein Instrument? Welches? Wie lange schon? Wie oft spielen Sie es? Was für Stücke spielen Sie gern?

5. Welche alten oder neuen Liedermacher und Liedermacherinnen, Gruppen, Sänger und Sängerinnen, Komponisten und Komponi-stinnen usw. gefallen Ihnen am besten?

6. Gehen Sie manchmal ins Konzert? Welche klassischen oder Rock-Konzerte haben Sie besucht?

7. Kaufen Sie sich manchmal Platten, Kassetten oder Compact Discs? Was haben Sie in letzter Zeit gekauft?

8. Wen schlagen Sie für die nächsten Grammy-Preise vor?

9. Welche Rockmusikerinnen/Rockmusiker werden Ihrer Meinung nach Klassiker und werden auch in 100 Jahren noch nicht verges-sen sein?

STELLEN SIE SICH VOR . . .

G. **Zum Rollenspielen oder Schreiben.** Bilden Sie Dreier- oder Vierer-grüppchen, und diskutieren Sie, wie Sie sich in einer der folgenden Si-tuationen verhalten würden. Eine Person in jeder Gruppe führt Proto-koll, d.h. macht ausführliche Notizen.

1. Sie teilen mit jemandem ein Zimmer. Diese Person spielt den ganzen Tag laut Radio. Und nicht nur das; es ist noch dazu eine Art Musik, die Sie wirklich nicht besonders schön finden. Was machen Sie? Welche verschiedenen Lösungsmöglichkeiten könnte es für dieses Problem geben?

2. Sie und ein Freund oder eine Freundin unterhalten sich über Musik. Einer/eine von Ihnen mag nur Songs in deutscher Sprache, der/die andere nur solche, die auf englisch gesungen werden. Jede Person versucht, die andere von ihrem Standpunkt zu überzeugen.

3. Sie lieben klassische Musik. Ihre Freundin oder Ihr Freund interessiert sich nicht besonders dafür. Sie wollen sie/ihn überreden, wenigstens einmal mit in ein klassisches Konzert oder eine Oper zu kommen.

4. Sie finden einen bestimmten Rockstar besonders toll. Nach einem Konzert schaffen Sie es, an allen Aufpassern vorbei hinter die Bühne zu kommen, und Sie stehen plötzlich allein in der Garderobe Ihres Idols. Was sagen Sie, und was sagt er/sie?

Vergleichen Sie die Vorschläge, die die verschiedenen Gruppen ausgedacht haben, oder spielen Sie sie vor!

Schallplatten

You want it — we got it! Top-Scheiben — stapelweise

DISKUSSION ODER AUFSATZ

H. Lesen Sie die folgenden kontroversen Themen durch, und wählen Sie sich eins davon aus. Nehmen Sie dann zum Thema persönlich Stellung — pro oder contra.

1. **a.** Erst seit es elektronische Musik gibt, hat die richtige Musik angefangen. Vorher war die Musik doch stinklangweilig!
b. Die Zeiten der großen klassischen Komponisten sind vorbei. Sie werden uns aber ewig erhalten bleiben. Die moderne Musik ist doch nur noch Remmidemmi° für Primitivlinge und eine Tortur für jedes feine Ohr.

2. **a.** Heavy Metal bringt die Leute auf schlechte Gedanken und treibt sie zum Drogenmißbrauch und zum Selbstmord. Solche Musik sollte verboten werden.
b. Solange junge Leute ihre Frustration nur in der Musik äußern, ist es ja harmlos. Auf diese Weise können sie die Gesellschaft kritisieren, ohne jemandem weh zu tun.

das Remmidemmi (*Ugs.*): Lärm

20   Die jüdische Frau

Einführung in den Text   In den deutschsprachigen Ländern gibt es eigentlich keine Theatermetropole. Große Schauspielhäuser befinden sich in Wien, Bern, Zürich, München, Hamburg, Düsseldorf und natürlich in beiden Teilen Berlins. Fast alle Theater werden vom Staat finanziert und ihre Eintrittspreise dadurch relativ niedrig gehalten. In jeder Spielzeit bieten sie ein festes Repertoire von Stücken an, die sich täglich abwechseln. Aber auch in vielen kleineren Städten finden sich ausgezeichnete Ensembles in sehr schönen, zum Teil alten Theatern oder kleinen experimentellen Bühnen. Ein paar Gruppen spezialisieren sich auf Kindertheater oder Straßentheater.

Neben Shakespeares Stücken wurden in den letzten 30 Jahren am häufigsten die deutschen Klassiker Lessing, Goethe und Schiller gespielt. Zu den jüngeren Dramatikern seit dem Ende des Zweiten Weltkriegs zählen der Schweizer Friedrich Dürrenmatt, der Österreicher Peter Handke, Ulrich Plenzdorf aus der DDR und aus der Bundesrepublik Rolf Hochhuth, Botho Strauss und andere.

Der Dichter und Dramatiker Bertolt Brecht (1898–1956) zählt sicher zu den Großen des deutschen Dramas. International bekannt sind von ihm vor allem die *Dreigroschenoper*, für die Kurt Weill die Musik komponierte, *Leben des Galilei* und *Mutter Courage und ihre Kinder*. Brecht ist der Erfinder des sogenannten Epischen Theaters: mit seinen Stücken wollte er die Zuschauer eher rational als emotional ansprechen und sie dadurch zum Nachdenken über gesellschaftliche Phänomene bringen.

Wie viele andere kritische Schriftsteller mußte Brecht 1933 das Dritte Reich verlassen. Über Schweden, Finnland, Rußland und Sibirien ging er schließlich nach Kalifornien ins Exil, wo viele seiner besten Stücke entstanden. Nachdem er vor dem House Un-American Activities Committee verhört worden war, kehrte er 1948 nach Europa zurück, folgte schließlich einer Einladung nach Ost-Berlin und gründete dort das „Berliner Ensemble", das zu den besten Theatern der Welt zählt.

Anhand von Augenzeugenberichten schrieb Brecht zwischen 1935 und 1939 im Ausland das Stück *Furcht und Elend des Dritten Reiches*, eine Reihe von Szenen aus dem Alltag im nationalsozialistischen Deutschland. Mit diesen Szenen, zu denen unter anderem „Die jüdische Frau" gehört, wollte er das Ausland auf die katastrophale Situation unter dem faschistischen Regime aufmerksam machen. Den Hintergrund für diese Szene bilden die rassistischen Nürnberger Gesetze vom September 1935, die deutsche Juden zu Bürgern zweiter Klasse erklärten.

FRAGEN ZUM THEMA

1. Was wissen Sie über das Dritte Reich? Wie lange gab es dieses „Reich"? Wie und warum kam Hitler an die Macht? Sammeln Sie alle Informationen in der Klasse.
2. Was wissen Sie über die Judenverfolgung? Warum wurden gerade die Juden verfolgt? Waren die Juden auch Deutsche? Haben Sie schon einmal von Anne Frank gehört? Welche anderen Gruppen außer den Juden wurden von den Nazis verfolgt? Wie reagierten die anderen Deutschen auf die Diskriminierung und Verfolgung in ihrem Land?
3. Welche Funktion hat Ihrer Meinung nach das Theater? Soll es unterhalten oder uns zum Nachdenken bringen?
4. Welche Unterschiede sehen Sie zwischen Kino und Theater? Wohin gehen Sie lieber? Warum?

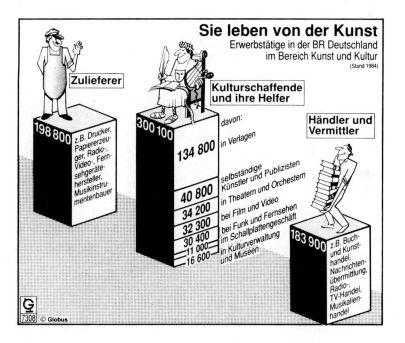

LESEFRAGEN

1. Welchen Plan hat die „jüdische Frau"?
2. Wie reagieren Judith Keiths Freunde auf ihren Abschied?
3. Was erfahren Sie über die Ehe von Judith und Fritz Keith? Welche Reaktion antizipiert die Frau von ihrem Mann? Wie reagiert er dann in Wirklichkeit?
4. Welche Informationen bekommen Sie über die Situation von Juden im Dritten Reich?

Die jüdische Frau

Und dort sehn wir jene kommen
Denen er ihre Weiber genommen
Jetzt werden sie arisch gepaart.
Da hilft kein Fluchen und Klagen
Sie sind aus der Art geschlagen   5
Er schlägt sie zurück in die Art.

*Frankfurt, 1935. Es ist Abend. Eine Frau packt Koffer. Sie wählt aus, was
sie mitnehmen will. Mitunter nimmt sie wieder etwas aus dem Koffer und
gibt es an seinen Platz im Zimmer zurück, um etwas anderes einpacken
zu können. Lange schwankt sie, ob sie eine große Photographie ihres   10
Mannes, die auf der Kommode steht, mitnehmen soll. Dann läßt sie das
Bild stehen. Sie wird müde vom Packen und sitzt eine Weile auf einem
Koffer, den Kopf in die Hand gestützt. Dann steht sie auf und telefoniert.*

Die Frau: Hier Judith Keith. Doktor, sind Sie es? — Guten Abend. Ich wollte nur
eben mal anrufen und sagen, daß ihr euch jetzt doch nach einem neuen   15
Bridgepartner umsehen müßt, ich verreise nämlich. — Nein, nicht für so
sehr lange, aber ein paar Wochen werden es schon werden. — Ich will nach
Amsterdam. — Ja, das Frühjahr soll dort ganz schön sein. — Ich habe
Freunde dort. — Nein, im Plural, wenn Sie es auch nicht glauben. — Wie
ihr da Bridge spielen sollt? — Aber wir spielen doch schon seit zwei Wo-   20
chen nicht. — Natürlich, Fritz war auch erkältet. Wenn es so kalt ist, kann
man eben nicht mehr Bridge spielen, das sagte ich auch! — Aber nein, Doktor, wie sollte ich? — Thekla hatte doch auch ihre Mutter zu Besuch. — Ich
weiß. — Warum sollte ich so was denken? — Nein, so plötzlich kam es gar
nicht, ich habe nur immer verschoben, aber jetzt muß ich . . . Ja, aus un-   25
serm Kinobesuch wird jetzt auch nichts mehr, grüßen Sie Thekla. — Vielleicht rufen Sie ihn sonntags mal an? — Also, auf Wiedersehen! — Ja, sicher, gern! — Adieu!

Sie hängt ein und ruft eine andere Nummer an.

Hier Judith Keith. Ich möchte Frau Schöck sprechen. — Lotte? — Ich wollte   30
rasch Adieu sagen, ich verreise auf einige Zeit. — Nein, mir fehlt nichts,
nur um mal ein paar neue Gesichter zu sehen. — Ja, was ich sagen wollte,
Fritz hat nächsten Dienstag den Professor hier zu Abend, da könntet ihr
vielleicht auch kommen, ich fahre, wie gesagt, heute nacht. — Ja, Dienstag. — Nein, ich wollte nur sagen, ich fahre heute nacht, es hat gar nichts   35
zu tun damit, ich dachte, ihr könntet dann auch kommen. — Nun, sagen

---

4. **das Klagen:** nicht zufrieden sein und das ausdrücken   5. **aus der Art schlagen:** nicht dazu
gehören   10. **schwanken** (*hier*): nicht wissen, was man tun will   16. **sich um•sehen nach:**
suchen nach

wir also: obwohl ich nicht da bin, nicht?— Das weiß ich doch, daß ihr
nicht so seid, und wenn, das sind doch unruhige Zeiten, und alle Leute
passen so auf, ihr kommt also?— Wenn Max kann? Er wird schon können,
der Professor ist auch da, sag's ihm.— Ich muß jetzt abhängen. Also,   40
Adieu!

Sie hängt ein und ruft eine andere Nummer an.

Bist du es, Gertrud? Hier Judith. Entschuldige, daß ich dich störe.— Danke.
Ich wollte dich fragen, ob du nach Fritz sehen kannst, ich verreise für ein
paar Monate.— Ich denke, du, als seine Schwester . . . Warum möchtest du   45
nicht?— So wird es aber doch nicht aussehen, bestimmt nicht für Fritz.—
Natürlich weiß er, daß wir nicht so— gut standen, aber . . . Dann wird er
eben dich anrufen, wenn du willst.— Ja, das will ich ihm sagen.— Es ist
alles ziemlich in Ordnung, die Wohnung ist ja ein bißchen zu groß.— Was
in seinem Arbeitszimmer gemacht werden soll, weiß Ida, laß sie da nur   50
machen.— Ich finde sie ganz intelligent, und er ist gewöhnt an sie.— Und
noch was, ich bitte dich, das nicht falsch aufzunehmen, aber er spricht
nicht gern vor dem Essen, könntest du daran denken? Ich hielt mich da immer zurück.— Ich möchte nicht gern darüber diskutieren jetzt, mein Zug
geht bald, ich habe noch nicht fertig gepackt, weißt du.— Sieh auf seine   55
Anzüge und erinnere ihn, daß er zum Schneider gehen muß, er hat einen
Mantel bestellt, und sorg, daß in seinem Schlafzimmer noch geheizt wird,
er schläft immer bei offenem Fenster, und das ist zu kalt.— Nein, ich
glaube nicht, daß er sich abhärten soll, aber jetzt muß ich Schluß machen.— Ich danke dir sehr, Gertrud, und wir schreiben uns ja immer mal   60
wieder.— Adieu.

Sie hängt ein und ruft eine andere Nummer an.

Anna? Hier ist Judith, du, ich fahre jetzt.— Nein, es muß schon sein, es
wird zu schwierig.— Zu schwierig!— Ja, nein, Fritz will es nicht, er weiß
noch gar nichts, ich habe einfach gepackt.— Ich glaube nicht.— Ich glaube   65
nicht, daß er viel sagen wird. Es ist einfach zu schwierig für ihn, rein
äußerlich.— Darüber haben wir nichts verabredet.— Wir sprachen doch
überhaupt nie darüber, nie!— Nein, er war nicht anders, im Gegenteil.—
Ich wollte, daß ihr euch seiner ein wenig annehmt, die erste Zeit.— Ja,
sonntags besonders, und redet ihm zu, daß er umzieht.— Die Wohnung ist   70
zu groß für ihn.— Ich hätte dir gern noch Adieu gesagt, aber du weißt ja,
der Portier!— Also, Adieu, nein, komm nicht auf die Bahn, auf keinen
Fall!— Adieu, ich schreib mal.— Sicher.

---

57. **sorgen**: sich kümmern um   57. **heizen**: die Zimmer warm halten   67. **etwas verabreden**:
besprechen, daß man etwas tun wird   69. **sich seiner ein wenig an•nehmen**: sich um ihn
kümmern

Sie hängt ein und ruft keine andere Nummer mehr an. Sie hat geraucht.
Jetzt zündet sie das Büchlein an, in dem sie die Telefonnummern nach- 75
geschlagen hat. Ein paarmal geht sie auf und ab. Dann beginnt sie zu
sprechen. Sie probt die kleine Rede ein, die sie ihrem Mann halten will.
Man sieht, er sitzt in einem bestimmten Stuhl.

Ja, ich fahre jetzt also, Fritz. Ich bin vielleicht schon zu lange geblieben,
das mußt du entschuldigen, aber . . . 80

Sie bleibt stehen und besinnt sich, fängt anders an.

Fritz, du solltest mich nicht mehr halten, du kannst es nicht . . . Es ist
klar, daß ich dich zugrunde richten werde, ich weiß, du bist nicht feig, die
Polizei fürchtest du nicht, aber es gibt Schlimmeres. Sie werden dich nicht
ins Lager bringen, aber sie werden dich nicht mehr in die Klinik lassen, 85
morgen oder übermorgen, du wirst nichts sagen dann, aber du wirst krank
werden. Ich will dich nicht hier herumsitzen sehen, Zeitschriften blät-
ternd, es ist reiner Egoismus von mir, wenn ich gehe, sonst nichts. Sage
nichts . . .

Sie hält wieder inne. Sie beginnt wieder von vorn. 90

Sage nicht, du bist unverändert, du bist es nicht! Vorige Woche hast du
ganz objektiv gefunden, der Prozentsatz der jüdischen Wissenschaftler sei
gar nicht so groß. Mit der Objektivität fängt es immer an, und warum sagst
du mir fortwährend, ich sei nie so nationalistisch jüdisch gewesen wie
jetzt. Natürlich bin ich das. Das steckt ja so an. Oh, Fritz, was ist mit uns 95
geschehen!

Sie hält wieder inne. Sie beginnt wieder von vorn.

Ich habe es dir nicht gesagt, daß ich fort will, seit langem fort will, weil
ich nicht reden kann, wenn ich dich ansehe, Fritz. Es kommt mir dann so
nutzlos vor, zu reden. Es ist doch alles schon bestimmt. Was ist eigentlich 100
in sie gefahren? Was wollen sie in Wirklichkeit? Was tue ich ihnen? Ich
habe mich doch nie in die Politik gemischt. War ich für Thälmann? Ich bin
doch eines von diesen Bourgeoisweibern, die Dienstboten halten usw., und
plötzlich sollen nur noch die Blonden das sein dürfen? In der letzten Zeit
habe ich oft daran gedacht, wie du mir vor Jahren sagtest, es gäbe wertvolle 105
Menschen und weniger wertvolle, und die einen bekämen Insulin, wenn
sie Zucker haben, und die andern bekämen keins. Und das habe ich einge-
sehen, ich Dummkopf! Jetzt haben sie eine neue Einteilung dieser Art gemacht, und jetzt gehöre ich zu den Wertloseren. Das geschieht mir recht.

75. **an•zünden:** Feuer machen, in Brand setzen   75. **nach•schlagen:** in einem Buch blättern, um
eine Information zu bekommen   77. **proben:** *to rehearse*   83. **zugrunde richten:** ruinieren
83. **feig(e):** nicht mutig, ängstlich   90. **inne•halten:** einen Moment warten   94. **fortwährend:**
immer wieder   100. **nutzlos:** sinnlos   101. **in sie gefahren:** *got into them*   103. **halten** (*hier*):
haben   107. **Zucker haben** (*hier*): Diabetiker sein   107. **ein•sehen:** verstehen

Sie hält wieder inne. Sie beginnt wieder von vorn.   110

Ja, ich packe. Du mußt nicht tun, als ob du das nicht gemerkt hättest die
letzten Tage. Fritz, alles geht, nur eines nicht: daß wir in der letzten
Stunde, die uns bleibt, einander nicht in die Augen sehen. Das dürfen sie
nicht erreichen, die Lügner, die alle zum Lügen zwingen. Vor zehn Jahren,
als jemand meinte, das sieht man nicht, daß ich eine Jüdin bin, sagtest du   115
schnell: doch, das sieht man. Und das freut einen. Das war Klarheit. Warum jetzt um das Ding herumgehen? Ich packe, weil sie dir sonst die Ober-
arztstelle wegnehmen. Und weil sie dich schon nicht mehr grüßen in deiner Klinik und weil du nachts schon nicht mehr schlafen kannst. Ich will
nicht, daß du mir sagst, ich soll nicht gehen. Ich beeile mich, weil ich dich   120
nicht noch sagen hören will, ich soll gehen. Das ist eine Frage der Zeit.
Charakter, das ist eine Zeitfrage. Er hält soundso lange, genau wie ein
Handschuh. Es gibt gute, die halten lange. Aber sie halten nicht ewig. Ich
bin übrigens nicht böse. Doch, ich bin's. Warum soll ich alles einsehen?
Was ist schlecht an der Form meiner Nase und der Farbe meines Haares?   125
Ich soll weg von der Stadt, wo ich geboren bin, damit sie keine Butter zu
geben brauchen. Was seid ihr für Menschen, ja, auch du! Ihr erfindet die
Quantentheorie und den Trendelenburg und laßt euch von Halbwilden
kommandieren, daß ihr die Welt erobern sollt, aber nicht die Frau haben
dürft, die ihr haben wollt. Künstliche Atmung und jeder Schuß ein Ruß!   130
Ihr seid Ungeheuer oder Speichellecker von Ungeheuern! Ja, das ist unvernünftig von mir, aber was hilft in einer solchen Welt die Vernunft? Du
sitzt da und siehst deine Frau packen und sagst nichts. Die Wände haben
Ohren, wie? Aber ihr sagt ja nichts! Die einen horchen, und die anderen
schweigen. Pfui Teufel. Ich sollte auch schweigen. Wenn ich dich liebte,   135
schwiege ich. Ich liebe dich wirklich. Gib mir die Wäsche dort. Das ist
Reizwäsche. Ich werde sie brauchen. Ich bin sechsunddreißig, das ist nicht
zu alt, aber viel experimentieren kann ich nicht mehr. Mit dem nächsten
Land, in das ich komme, darf es nicht mehr so gehen. Der nächste Mann,
den ich kriege, muß mich behalten dürfen. Und sage nicht, du wirst Geld   140
schicken, du weißt, das kannst du nicht. Und du sollst auch nicht tun, als
wäre es nur für vier Wochen. Das hier dauert nicht nur vier Wochen. Du
weißt es, und ich weiß es auch. Sage also nicht: es sind schließlich nur ein
paar Wochen, während du mir den Pelzmantel gibst, den ich doch erst im
Winter brauchen werde. Und reden wir nicht von Unglück. Reden wir von   145
Schande. Oh, Fritz!

---

114. **der Lügner:** jemand, der nicht die Wahrheit sagt   114. **zwingen:** *to force*   117. **die Ober-
arztstelle:** eine höhere Position eines Arztes in der Krankenhaushierarchie   118. **grüßen** (*hier*):
„Guten Tag" sagen   123. **ewig:** für immer   131. **das Ungeheuer:** das Monster   131. **der Speichellecker:** *boot licker*   131. **unvernünftig:** nicht rational   137. **die Reizwäsche:** schöne Unterwäsche, die Interesse beim Partner weckt   144. **der Pelzmantel:** warmer Mantel aus Tierfell
145. **das Unglück:** das Gegenteil von Glück   146. **die Schande:** *shame*

Theater als politische Aufklärung: Furcht und Elend des Dritten Reiches (1933–1945)

Sie hält inne. Eine Tür geht. Sie macht sich hastig zurecht. Ihr Mann tritt ein.

Der Mann: Was machst du denn? Räumst du?

Die Frau: Nein.   150

Der Mann: Warum packen?

Die Frau: Ich möchte weg.

Der Mann: Was heißt das?

Die Frau: Wir haben doch gesprochen, gelegentlich, daß ich für einige Zeit weggehe. Es ist doch nicht mehr sehr schön hier.   155

Der Mann: Das ist doch Unsinn.

---

147. **hastig:** sehr schnell   147. **sich zurechtmachen:** sich schön/ausgehfertig machen   154. **gelegentlich:** manchmal

Die Frau: Soll ich denn bleiben?

Der Mann: Wohin willst du denn?

Die Frau: Nach Amsterdam. Eben weg.

Der Mann: Aber dort hast du doch niemanden.   **160**

Die Frau: Nein.

Der Mann: Warum willst du denn nicht hierbleiben? Meinetwegen mußt du bestimmt nicht gehen.

Die Frau: Nein.

Der Mann: Du weißt, daß ich unverändert bin, weißt du das, Judith?   **165**

Die Frau: Ja.

               Er umarmt sie. Sie stehen stumm zwischen den Koffern.

Der Mann: Und es ist nichts sonst, was dich weggehen macht?

Die Frau: Das weißt du.

Der Mann: Vielleicht ist es nicht so dumm. Du brauchst ein Ausschnaufen. Hier er-   **170**
               stickt man. Ich hole dich. Wenn ich nur zwei Tage jenseits der Grenze bin,
               wird mir besser sein.

Die Frau: Ja, das solltest du.

Der Mann: Allzulang geht das hier überhaupt nicht mehr. Von irgendwoher kommt
               der Umschwung. Das klingt alles wieder ab wie eine Entzündung.— Es ist   **175**
               wirklich ein Unglück.

Die Frau: Sicher. Hast du Schöck getroffen?

Der Mann: Ja, das heißt, nur auf der Treppe. Ich glaube, er bedauert schon wieder, daß
               sie uns geschnitten haben. Er war direkt verlegen. Auf die Dauer können
               sie uns Intellektbestien doch nicht so ganz niederhalten. Mit völlig   **180**
               rückgratlosen Wracks können Sie auch nicht Krieg führen. Die Leute sind
               nicht mal so ablehnend, wenn man ihnen fest gegenübertritt. Wann willst
               du denn fahren?

Die Frau: Neun Uhr fünfzehn.

---

167. **umarmen:** die Arme um jemanden legen   170. **das Ausschnaufen** (*Ugs.*): Ruhepause zur
Erholung   170. **ersticken:** keine Luft bekommen   171. **holen:** *to fetch*   175. **der Umschwung:**
die Wende, die Änderung   175. **die Entzündung:** die Infektion   179. **jemanden schneiden** (*hier*):
jemandem absichtlich nicht „Guten Tag" sagen oder so tun, als hätte man die Person nicht gesehen   179. **verlegen:** *embarrassed*   179. **auf die Dauer:** für lange Zeit   180. **die Intellekt-
bestien:** die Intelligenz, Klasse der Intellektuellen   180. **nieder•halten:** unterdrücken, klein halten   181. **rückgratlos:** *spineless*   182. **ablehnend:** wenn man gegen etwas ist

Der Mann: Und wohin soll ich das Geld schicken? 185

Die Frau: Vielleicht hauptpostlagernd Amsterdam.

Der Mann: Ich werde mir eine Sondererlaubnis geben lassen. Zum Teufel, ich kann doch nicht meine Frau mit zehn Mark im Monat wegschicken! Schweinerei, das Ganze. Mir ist scheußlich zumute.

Die Frau: Wenn du mich abholen kommst, das wird dir guttun. 190

Der Mann: Einmal eine Zeitung lesen, wo was drinsteht.

Die Frau: Gertrud habe ich angerufen. Sie wird nach dir sehen.

Der Mann: Höchst überflüssig. Wegen der paar Wochen.

Die Frau (die wieder zu packen begonnen hat): Jetzt gib mir den Pelzmantel herüber, willst du? 195

Der Mann (gibt ihn ihr): Schließlich sind es nur ein paar Wochen.

BERTOLT BRECHT
9. Szene aus *Furcht und Elend des Dritten Reiches*

---

186. **hauptpostlagernd:** *general delivery*   187. **die Sondererlaubnis:** *special permission/permit*
188. **zehn Mark** (*hier*): Juden durften nicht mehr als eine ganz kleine Summe mitnehmen, wenn sie Deutschland verließen. Daher zögerten manche so lange mit der Emigration.   188. **die Schweinerei** (*Ugs.*): eine schmutzige Sache   189. **jemandem ist scheußlich zumute:** jemand fühlt sich ganz schrecklich   193. **höchst:** sehr   193. **überflüssig:** nicht nötig

TEXTVERSTÄNDNIS

ERSTES LESEN

A. Stimmt das oder nicht? Wenn nicht, was stimmt dann?

_S_ **1.** Die Frau ruft zuerst einen Doktor an, mit dem sie immer Bridge gespielt hat.

_N_ **2.** Judith will in die neutrale Schweiz reisen.

_S_ **3.** Lotte Schöck soll nächste Woche zum Abendessen kommen.

_N_ **4.** Gertrud ist die Kusine von Herrn Keith.

_N_ **5.** Judith hat mit ihrem Mann genau durchgesprochen, daß sie abreisen wird.

_S_ **6.** Anna weiß über Judiths Plan Bescheid.

_N_ **7.** Fritz Keith ist auch Jude.

_S_ **8.** Fritz Keith ist Arzt, und manche Leute sagen ihm nicht mehr „Guten Tag", weil er eine jüdische Frau hat.

_S_ **9.** Fritz könnte ins KZ (Konzentrationslager) kommen, weil er mit Judith verheiratet ist.

_N_ **10.** Judith hat Freunde in Amsterdam.

_S_ **11.** Fritz will, daß Judith bei ihm bleibt.

_N_ **12.** Fritz meint, daß die Intellektuellen sich von den Nazis keine Angst machen lassen.

_S_ **13.** Judith fährt im Winter weg, deshalb muß sie den Pelzmantel mitnehmen.

Hitlerjugend (HJ) 1933–1945

ZWEITES LESEN

B. Bitte lesen Sie sich den Text noch einmal durch, und machen Sie folgende Aktivitäten.

1. Wann und wo spielt die Szene?

2. In welche Situation führt die Bühnenanweisung am Anfang der Szene die Zuschauer oder Leser ein?

3. Markieren Sie bitte bei jedem Telefongespräch den Namen der Person, mit der Judith Keith spricht.

4. Was sagt Judith Keith über die Länge ihrer Reise?

   a. Zum Doktor: _ein paar Wochen_

   b. Zu Lotte Schöck: _eine weile_

   c. Zu Gertrud: _ein paar Monaten_

   d. Zu Fritz: _ein paar Wochen_

   Warum sind ihre Zeitangaben so unterschiedlich?

5. Welche Vorbereitung trifft Judith Keith für ihren Mann für die Zeit, wo sie nicht mehr da sein wird? Was sollen folgende Personen tun?

   a. der Doktor soll _____

   b. Lotte Schöck soll _kommen am Dienstag_

   c. Gertrud soll _____

   d. Anna soll _ihm um ziehen_

   Warum bittet sie die Leute, sich um Fritz zu kümmern?

6. Warum soll Anna wohl nicht auf den Bahnhof kommen, und warum verbrennt Judith ihr kleines Telefonbüchlein?

7. In welcher Weise könnte Fritz Keith diskriminiert werden, wenn seine Frau Judith bei ihm bliebe?

8. Judith hält vier Reden an Fritz. Numerieren Sie sie am Rand mit den Zahlen 1–4. Welche Funktion haben hier die kurzen Bühnenanweisungen? Welches sind Ihrer Meinung nach die wichtigsten Wörter oder Sätze in jeder Rede? Fassen Sie bitte zusammen, welche Haltung sie von ihrem Mann in jedem der vier kleinen Monologe antizipiert.

   1. Rede: _____

   _____

   2. Rede: _____

   _____

Kristallnacht, 9. November 1938: Zerstörung jüdischer Geschäfte

3. Rede: _____

_____

4. Rede: _____

_____

9. Wen meint Judith, wenn sie sagt:

   a. „Was wollen sie in Wirklichkeit? Was tue ich ihnen?'' *(Z. 101)?*
   b. „Was seid ihr für Menschen?'' *(Z. 127)?*

10. Was hatte Fritz Judith früher über Diabetiker erzählt? Warum denkt sie jetzt daran?

11. Lesen Sie das Gespräch zwischen Judith und ihrem Mann laut der Klasse vor oder mit Ihrem Partner. Welche der Reaktionen, die Judith bei ihrem Mann vorausgesehen hat, treten auch wirklich ein? Nennen Sie mindestens drei.

12. Wie wird sich die politische Lage in Deutschland nach Fritz Keiths Meinung verbessern?

13. Warum redet das Ehepaar Keith nicht offen miteinander? Warum spielt Judith am Ende das Spiel, das ihr Mann spielt?

GEHEIMTIP WORTSCHATZ **C.** Welche Wörter oder Ausdrücke passen zusammen?

for 4|19

1. etwas verschieben *(Z. 25)*
2. einhängen *(Z. 29)*
3. falsch aufnehmen *(Z. 52)*
4. umziehen *(Z. 70)*
5. geschehen *(Z. 96)*
6. wertvoll *(Z. 105)*
7. das geschieht mir recht *(Z. 109)*
8. tun, als ob *(Z. 111)*
9. schließlich *(Z. 196)*

a. mißverstehen
b. in eine andere Wohnung ziehen
c. passieren
d. vorgeben, daß
e. etwas später machen
f. am Ende
g. kostbar
h. das Telefon auflegen
i. das habe ich verdient

D. Bitte finden Sie Synonyme, oder erklären Sie auf deutsch.

1. verreisen *(Z. 16):* _____
2. eine Rede halten *(Z. 77):* _____
3. übermorgen *(Z. 86):* _____
4. unverändert *(Z. 91):* _____
5. der Wissenschaftler *(Z. 92):* _____
6. wertlos *(Z. 109):* _____
7. sich beeilen *(Z. 120):* _____

E. Zur Form

1. Was unterscheidet diese Szene von einer Geschichte?
2. Lesen Sie bitte alle Bühnenanweisungen noch einmal durch. Welche Funktion haben die längere Bühnenanweisung am Anfang und die kürzeren später?
3. Welche Merkmale eines Dramas können Sie entdecken? Nennen sie mindestens drei.

Weiterer Verlauf der Ereignisse + der unglaubliche Fall Galy Gay in Bertolt Brechts LUSTSPIEL

MANN = MANN

ANWENDUNG: Meinung, Diskussion, Phantasie

ZU TEXT UND THEMA

A. **Ihre Meinung dazu**

1. Was für einen Eindruck hat die Szene „Die jüdische Frau" auf Sie gemacht?

2. Können Sie sich die Situation von Judith und Fritz Keith vorstellen? Was hätten Sie an ihrer Stelle gemacht?

3. Glauben Sie, daß Bertolt Brecht sein Ziel, die Welt auf die Misere im rassistischen Deutschland aufmerksam zu machen, mit seinen Szenen erreicht hat? Warum vielleicht ja, warum vielleicht nicht?

4. Finden Sie, daß das Theater ein geeignetes Medium ist, auf die politische Situation eines Landes aufmerksam zu machen?

5. Welche Möglichkeiten gibt es, durch Kunst oder auf andere Weise Diskriminierung abzubauen?

6. Warum gibt es Ihrer Meinung nach heute in verschiedenen Ländern wieder Neo-Nazi-Vereinigungen? In welchen Ländern gibt es solche Parteien? Wie heißen sie, und inwiefern haben sie politischen Erfolg gehabt?

B. **Zur Geschichte des Dritten Reiches.** Was wissen Sie über das Dritte Reich und die Verfolgung von Juden und anderen Minderheiten?

1. Warum konnte Hitler mit seinen rassistischen und nationalistischen Parolen Ihrer Meinung nach an die Macht kommen?

2. Warum haben nicht alle Juden sofort das Land verlassen?

3. Warum beschäftigen sich heute—mehrere Jahrzehnte nach dem Ende des Dritten Reiches—immer noch so viele Menschen mit der Hitlerzeit?

4. In den deutschsprachigen Ländern haben die Vertreter der verschiedenen Generationen oft verschiedene Meinungen zu den Ereignissen im Dritten Reich: Manche älteren Menschen betonen immer wieder die Schuld der Deutschen, die nie wieder gutgemacht werden kann. Manche jüngeren Leute wollen von der Schuld nichts wissen, sondern interessieren sich für die Nazi-Zeit eher als ein historisches, psychologisches, religiöses oder ökonomisches Phänomen. Wie erklären Sie sich diesen Unterschied, und was halten Sie davon?

5. Heute leben ungefähr dreißigtausend Juden in der Bundesrepublik. Was meinen Sie, warum sie immer noch oder wieder dort leben?

C. Aktivitäten

1. Teilen Sie sich in Gruppen auf. Suchen Sie in einem Geschichtslexikon Informationen über einen der folgenden Aspekte:

   a. die Nürnberger Gesetze
   b. die Reichskristallnacht
   c. die Wannseekonferenz
   d. die Konzentrationslager
   e. die Nürnberger Kriegsverbrecherprozesse

2. Wenn Sie eine jüdische Person kennen, die über den Holocaust sprechen möchte, fragen Sie diesen Menschen, was er darüber denkt. Seien Sie vorsichtig, denn nicht alle wollen darüber sprechen!

3. Gehen Sie in die Bibliothek und suchen Sie in der Zeitschrift *Journal of Abnormal and Social Psychology* von 1963 (67. Jahrgang, Seite 371–378) den Artikel „Behavioral Study of Obedience" von Stanley Milgram (Yale University). Berichten Sie der Klasse davon. Was hat das mit der Judenverfolgung im Dritten Reich zu tun?

Markierung der Verfolgten: Judenstern am Mantel, „J" im Paß, 1940

WIE IST DAS IN IHREM LAND?

D. Was ist in Ihrem Land anders, was gibt es auch bei Ihnen?

1. Gibt es in Ihrem Land Gruppen, die diskriminiert werden? Warum gerade diese Gruppen?

2. Gibt es in Ihrem Land antisemitische Tendenzen? Wie machen sich diese bemerkbar?

22.35 Neue deutsche Filme
Eine Liebe in Deutschland
Nach dem Roman von Rolf Hochhuth
Ein Film von Adrzej Wajda

Polen-Liebchen

Im Dorf Brombach bei Lörrach an der Schweizer Grenze wohnen im Jahr 1941 einige Kriegsgefangene bei den Bauern. Der 21jährige Pole Stanislaw Zasada arbeitet als Zwangsarbeiter bei dem Kohlenhändler Melchior. Der nimmt es mit den Vorschriften nicht so genau und schließt »seinen Polen« nachts nicht ein. Stanislaw schleicht sich dann zu der 35jährigen Gemüsehändlerin Pauline Kopp. Wenn sie entdeckt werden, droht ihm der Galgen, ihr das KZ . . . Foto: Hanna Schygulla

3. Was wissen Sie darüber, ob es heute immer noch Antisemitismus in den deutschsprachigen Ländern gibt?

4. Wie und wo bekommt man in Ihrem Land Informationen über das Dritte Reich?

5. In welchem Maße wird das allgemeine Bild, das die Leute in Ihrem Land von den Deutschen haben, von der Nazi-Vergangenheit bestimmt? Finden Sie das verständlich, fair, gerecht, akkurat, der Wirklichkeit entsprechend?

6. Welches Bild geben die Unterhaltungsmedien (Film, Fernsehen, Literatur usw.) von den Deutschen? Wie werden Deutsche darin typischerweise dargestellt? Geben Sie ein paar Beispiele!

7. Hat Ihr Land auch einen „schwarzen Fleck" in seiner Geschichte, etwas, worauf Sie nicht stolz sind? Welche Einstellung haben die Menschen dazu?

8. Gibt es Filme oder Theaterstücke, die auf Phänomene in Ihrer Gesellschaft aufmerksam machen wollen? Geben Sie Beispiele. Wie finden sie solche Produktionen?

UND SIE?

E. Suchen Sie sich einen Partner, und unterhalten Sie sich über folgende Fragen.

1. Haben Sie Kontakt zu Personen, die den Holocaust miterlebt haben? Sprechen sie darüber?

2. Interessieren Sie sich für die Entwicklung in Deutschland zur Zeit des Dritten Reiches?

3. Waren Sie selbst schon mal in der Situation—z.B. in einem anderen Land oder einem anderen Stadtteil— daß man Sie schon aufgrund Ihres Aussehens als „anders" identifizieren konnte? Wie haben Sie sich da gefühlt?

4. Wie würden Sie sich verhalten, wenn Sie sehen, daß jemand auf der Straße eine Person aus einer Minderheit schlecht behandelt?

5. Wie würden Sie sich als Deutsche oder Deutscher im Ausland fühlen, wenn Sie öfter „Nazi" genannt werden?

6. Gehen Sie manchmal ins Theater? Wo waren Sie das letzte Mal? Was für Theaterstücke finden Sie gut, und welche mögen Sie nicht besonders? Warum?

7. Halten Sie politisch orientiertes Theater für überholt und altmodisch, oder ist es noch aktuell? Haben Sie mal ein politisches Theaterstück gesehen? Was hielten Sie davon?

8. Spielen Sie selbst manchmal Theater?

STELLEN SIE SICH VOR . . .

(a) th̄ wort

F.   Zum Rollenspielen oder Schreiben. Suchen Sie sich eine der folgenden Situationen aus.

1. Judith schreibt Fritz einen Brief aus Amsterdam.
   Oder: Fritz schreibt Judith einen Brief nach Amsterdam.

2. Judith hat den Krieg überlebt, weil sie nach New York weitergereist war. Fünf Jahre nach Kriegsende trifft sie Fritz eines Tages auf der Straße. Überlegen Sie, in welcher privaten und beruflichen Situation beide dann leben, und was sie zueinander sagen.

3. In Ihrem Land übernimmt eine rechts- oder linksextremistische Regierung, mit der Sie gar nicht einverstanden sind, das Kommando. Sie haben unter dem alten Regime eine gute Position gehabt, sind etabliert mit Familie, Haus usw. Die neuen Machthaber sind von Ihrer Arbeit begeistert und bieten Ihnen eine große Karriere an. Was tun Sie: Verlassen Sie das Land, oder bleiben Sie? Welche Faktoren (Sprache, Geld, Freunde usw.) beeinflussen Ihre Entscheidung?

Berliner Ensemble: Brecht und Helene Weigel bei den Proben zu „Mutter Courage"

Politisch Verfolgte genießen Asylrecht.

40 Jahre Grundgesetz. Die neue Serie in der Süddeutschen Zeitung konfrontiert Verfassungsanspruch und Verfassungswirklichkeit. Jeden Dienstag und Samstag.

Süddeutsche Zeitung
Die große deutsche Tageszeitung.

Wo denn?

DISKUSSION ODER AUFSATZ

G. Hier sind ein paar kontroverse Aussagen. Wählen Sie sich eines der Themen, finden Sie Argumente für beide Seiten, und vertreten Sie dann—in einer Debatte und/oder schriftlich—Ihre eigene Meinung.

1. a. So etwas wie die Judenverfolgung im Dritten Reich kann theoretisch jederzeit wieder auf der Welt passieren. Es erfordert nur eine schlechte ökonomische und psychologische Situation in einem Volk, eine charismatische Führerpersönlichkeit und eine autoritäre Gesellschaftsstruktur.

   b. Die Judenverfolgung im Dritten Reich ist ein spezifisch deutsches Phänomen und hat mit der deutschen Mentalität zu tun. Es ist noch nie woanders so ein Völkermord geschehen und wird auch nie wieder woanders passieren.

2. a. Ich könnte mich nie so verhalten wie der Mann in „Die jüdische Frau''. Wer die Augen absichtlich zumacht, ist ein Verbrecher und Schwächling. Ich hätte gegen die Nazis gekämpft.

   b. In jedem Menschen steckt ein Feigling, wenn nicht sogar ein Mörder. Ich wäre wahrscheinlich auch ein Nazi gewesen oder hätte mich an sie angepaßt, wenn ich als Deutscher oder Deutsche im Dritten Reich gelebt hätte.

3. a. Man soll die alten Geschichten über die Judenverfolgung und so endlich vergessen. Was nützt es uns heute, immer und immer wieder darüber zu reden? Man sollte lieber in die Zukunft sehen.

   b. Man kann gar nicht oft genug über den Holocaust reden. Man darf so etwas nie vergessen. Es ist das wichtigste Thema in diesem Jahrhundert.

4. a. Im Theater versteht man nie, worum es eigentlich geht. Warum ist das bloß immer alles so abstrakt. Ich geh' schon gar nicht mehr hin, schau' mir lieber zu Hause ein Video an!

   b. Im Theater wird man viel mehr zum Nachdenken angeregt als im Kino. Als kultivierter Mensch muß man mindestens einmal im Monat ins Theater, in die Oper oder ins Konzert gehen.

GESUNDHEIT UND UMWELT

❖

21. Kalorien   **22. Trotz allem ein Apfelbäumchen**   **23. Liebe B.**

Vorschau auf das Thema

Die körperliche und geistige° Gesundheit gehört zu den kostbarsten° Dingen, die der Mensch hat. Um unsere Gesundheit zu erhalten, müßten wir also gesund leben. Manche Leute in den deutschsprachigen Ländern versuchen zum Beispiel, sich durch Sport fit zu halten oder kaufen gesunde Nahrungsmittel° in Reformhäusern oder Naturkostläden. Gesundheit setzt aber auch eine saubere Umwelt voraus, d.h. genug sauberes Wasser, genug saubere Luft, genug Öl, genug Rohstoffe und genug Nahrungsmittel.

Die Menschen in den Industrieländern, also auch in den deutschsprachigen Ländern, genießen° einen relativ hohen Lebensstandard und wollen diesen auch in Zukunft behalten. Wenn sie diese existenziellen Grundlagen auch in Zukunft noch nutzen wollen, müssen sie darauf achten, daß sie sie nicht verschmutzen oder verschwenden°.

EIN PAAR FRAGEN ZUM THEMA

1. Wie kann man im täglichen Leben möglichst gesund bleiben?
2. Was für Dinge tun Menschen im Alltag, die für ihre Gesundheit schlecht sind?
3. Wie kann man im täglichen Leben versuchen, die Umwelt so wenig wie möglich zu verschmutzen?
4. Was für Dinge tun Menschen im Alltag, die für die Umwelt schädlich sind?
5. Welche verschiedenen Arten von Umweltverschmutzung gibt es? Geben Sie ein paar verschiedene Kategorien und Beispiele an.

geistig: *mental*
kostbar: wertvoll
das Nahrungsmittel: das Essen

genießen *(hier)*: haben
verschwenden: mehr benutzen als man braucht

6. Welche Gruppen oder Organisationen kennen Sie, die sich für diese Aspekte engagieren:
   a. Für gesunde Lebensführung?
   b. Für eine saubere Umwelt?
   Was für Ziele haben diese Gruppen, und wie wollen sie sie verwirklichen?

NÜTZLICHE WÖRTER UND AUSDRÜCKE

die Gesundheit

die Gesundheit	gesund, gesundheitsbewußt
die Krankheit	krank
die Fitneß	sich fit halten
das Trimm-dich	sich trimmen
die Drogen	drogenabhängig
das Rauchen	rauchen
der Alkohol	alkoholisch, alkoholfrei

die Ernährung

das Essen	essen
die Speise	speisen
die Ernährung	sich ernähren
das Rezept	kochen
die Diät	Diät essen, eine Diät machen
die Kalorie	kalorienbewußt
das Gewicht	
das Fett	fett
der Zucker	
der Süßstoff	süß, süßen
das Konservierungsmittel	
der Vegetarier/die Vegetarierin	vegetarisch
die Naturkost	
die Vitamine	vitaminreich, vitaminarm
aus natürlichem Anbau	

die Umwelt

die Umwelt

umweltfreundlich
umweltfeindlich
umweltbewußt sein

die Umweltverschmutzung   verschmutzen, verschmutzt
der Umweltschutz   schützen
die UV-Strahlung
die Verseuchung   verseuchen, verseucht
das Gift, die Vergiftung   vergiften, vergiftet
der Müll(-berg)
das Abwasser
die Chemikalien (*meist Pl.*)

das Kohlenmonoxyd/-dioxyd
der Sauerstoff
der Ozonmantel/die Ozonschicht
der Smog
der Treibhauseffekt
die Spraydose
das Treibgas
der saure Regen
die (Auto-)Abgase
bleifreies Benzin

das Waldsterben
das Tiersterben

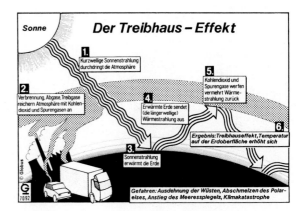

die Energie

die Atomkraft, das Atomkraftwerk
die Radioaktivität   radioaktiv
die Verstrahlung   verstrahlt
der Atommüll
die Entsorgung   entsorgen
der Supergau (GAU = Größter Anzunehmender Unfall)
die alternativen Energiequellen   energiesparend
das Solarsystem, die Sonnenenergie

21 Kalorien

Einführung in den Text   Nach dem Zweiten Weltkrieg waren viele Güter in den deutschsprachigen Ländern sehr knapp°. Butter, Eier, Gemüse und Obst wurden zu hohen Tauschpreisen° gehandelt. Als es endlich wieder genug zu essen gab und die Bundesrepublik Deutschland sich seit den 50er Jahren zu einer Wohlstandsgesellschaft („Wirtschaftswunder") entwickelt hatte, aßen viele Leute der Nachkriegsgeneration viel zu viel ungesunde, jedoch traditionelle deutsche Kost: dick geschmierte Butterbrote mit Wurst und Käse, panierte Schnitzel und Koteletts, Braten mit Soße und Nudeln, Klößen oder Kartoffeln, und die geliebte tägliche Kaffeestunde mit Kuchen, Torten und Schlagsahne! Läuft Ihnen da nicht das Wasser im Mund zusammen?

Die Frage nach der Schönheit und nach dem Schlankheitsideal kam erst wieder auf, als fast niemand mehr hungerte. Nun gingen auf einmal viele Menschen freiwillig auf Diät. Seit den 70er Jahren erkennen viele, daß man gut essen und doch schlank und fit sein kann, daß auch gesunde Kost schmecken kann, und daß man sich dabei sogar viel besser fühlt und nicht so leicht krank wird.

In diesem Artikel geht es um Kalorien und warum wir auf sie achten müssen.

FRAGEN ZUM THEMA

1. Welche Speisen schmecken sehr gut, haben aber viele Kalorien?
2. Welche Speisen sind gesund, welche ungesund? Welche sind kalorienarm, welche nicht?
3. Wo kann man Informationen über gesundes Essen bekommen?
4. Warum wollen viele Menschen schlank sein? Warum bleiben einige mollige° Leute lieber mollig?

LESEFRAGEN

1. Was sind Kalorien, und wofür brauchen wir sie?
2. Wie viele Kalorien braucht der Mensch?
3. Wie kann man herausfinden, wie viele Kalorien man selbst braucht?

knapp: nicht genug
der Tauschpreis: *means of barter*
mollig: rundlich, etwas dick

Kalorien

Als Kalorien bezeichnet man die Energiemenge, die nötig ist, um einen Liter Wasser um ein Grad zu erwärmen. Mit dieser Maßeinheit mißt man auch die
5 Energie, die in unseren Nahrungsmitteln gespeichert ist, und die unser Körper in Wärme und Kraft umsetzen kann. Kalorien brauchen wir also zum Leben. Wenn wir aber unserem Körper
10 mehr Kalorien zuführen, als er für Energie- und Wärmeleistung verbraucht, dann speichert er diese überschüssige Energie in Form von Fettpolstern für Notzeiten. Einfach, weil Fett bei klein-
15 stem Gewicht die größten Energiemengen liefert. Ein Gramm Kohlenhydrate und ein Gramm Eiweiß haben jeweils nur 4,1 Kalorien, Fett hat mehr als das Doppelte, nämlich 9,3 Kalorien. Der
20 Körper arbeitet also ganz vernünftig und haushälterisch.

Wieviel genau darf man essen, das heißt, wie viele Kalorien sollte man zu sich nehmen, ohne Mangel zu leiden,
25 aber ohne andererseits dick zu werden? Genaue Zahlenangaben werden Sie hier vergeblich suchen. Denn der individuelle Kalorienbedarf ist bei jedem Menschen unterschiedlich. Er richtet
30 sich nach dem Geschlecht, der Größe, dem Alter, aber auch nach den Lebensumständen (so kann der Kalorienbedarf nach extremen Diäten um fast die Hälfte absinken). Ein Mann zwischen 19 und 35 Jahren braucht, laut Tabelle der 35 Deutschen Gesellschaft für Ernährung, ungefähr 2600 Kalorien pro Tag, bis zum Alter von 65 Jahren ist sein täglicher Kalorienbedarf auf 1900 gesunken. Bei Frauen sinkt er im gleichen 40 Lebensabschnitt von 2200 auf 1700 Kalorien. Aber das sind nur Annäherungswerte.

Geräte, mit deren Hilfe man seinen individuellen Kalorienbedarf messen las- 45 sen kann, gibt es bisher nur drei in Europa: in Wien, Genf und in Bonn. Wer keinen Zugang zu diesen Geräten hat, aber trotzdem wissen will, wieviel Kalorien er pro Tag braucht, dem bleibt nur 50 folgende Methode übrig: eine Woche lang genau alle Kalorien aufschreiben und dabei das Gewicht kontrollieren. Nach einer Woche den durchschnittlichen Kalorienkonsum errechnen. Hat 55 man während dieser Woche weder abnoch zugenommen, so kennt man damit seinen individuellen Kalorienbedarf.

„Enthaltsamkeit ist entweder Liebe zur Gesundheit oder Unfähigkeit, viel 60 zu essen."
— La Rochefoucauld

---

4. **die Maßeinheit:** *unit of measure*   4. **messen:** *to measure*   7. **um•setzen:** transformieren
10. **zu•führen:** geben   11. **die Wärmeleistung:** Wärmeproduktion   12. **speichern:** sammeln, aufbewahren   12. **überschüssig:** überflüssig   13. **das Fettpolster:** Stellen am Körper, wo man etwas zuviel Fett hat   14. **die Notzeit:** eine sehr schlechte Zeit, z.B. nach einem Krieg   15. **das Gewicht:** *weight*   16. **liefern:** *to provide*   16. **das Kohlehydrat:** *carbohydrate*   17. **das Eiweiß:** das Weiße vom Ei, Protein   24. **der Mangel:** wenn nicht genug von etwas da ist   27. **vergeblich:** ohne Erfolg   28. **der Kalorienbedarf:** die Kalorien, die man braucht   35. **laut** (*hier*): entsprechend   41. **der Lebensabschnitt:** eine bestimmte Zeit im Leben   42. **der Annäherungswert:** ein Wert, der ungefähr stimmt   44. **das Gerät:** der Apparat   48. **der Zugang:** *access*   54. **durchschnittlich:** *on the average*   55. **errechnen:** kalkulieren   57. **ab•nehmen, zu•nehmen:** dünner oder dicker werden   59. **die Enthaltsamkeit** (*hier*): Selbstdisziplin beim Essen   60. **die Unfähigkeit:** wenn man etwas nicht kann

Essen in Renaissance und Gegenwart

TEXTVERSTÄNDNIS

ERSTES LESEN

A. Stimmt das oder nicht? Wenn nicht, was stimmt dann?

_____ **1.** Kalorien sind nur dafür da, Wasser zu erhitzen.

_____ **2.** Kalorien helfen dem Menschen, Wärme und Kraft zu produzieren.

_____ **3.** Ein Gramm Fett hat genauso viele Kalorien wie ein Gramm Kohlenhydrate oder Eiweiß.

_____ **4.** Jeder Mensch braucht eine individuelle Menge Kalorien.

_____ **5.** Männer brauchen im Durchschnitt mehr Kalorien als Frauen.

_____ **6.** Ältere Menschen brauchen mehr Kalorien als jüngere.

_____ **7.** Jeder Mensch kann einen billigen Apparat kaufen, mit dem man genau feststellen kann, wie viele Kalorien man täglich braucht.

ZWEITES LESEN

B. Hier sind noch ein paar Aktivitäten zum Text.

1. Mit Kalorien mißt man, _____

_____.

2. Fettpolster entstehen dadurch, daß _____

_____.

3. Es ist vernünftig, daß der Körper Fett speichert, weil _____

_____.

4. Warum brauchen unterschiedliche Menschen eine verschiedene Menge Kalorien pro Tag? Welche Faktoren spielen dabei eine Rolle?

5. Man kann herausfinden, welchen Kalorienbedarf man hat, indem man _____

_____.

GEHEIMTIP WORTSCHATZ

C. Welche Erklärung paßt zu welchem Wort oder Ausdruck?

1. vernünftig *(Z. 20)*

2. haushälterisch *(Z. 21)*

3. die Lebensumstände *(Z. 31)*

4. ungefähr *(Z. 37)*

5. sinken *(Z. 40)*

6. bisher *(Z. 46)*

a. Lebenssituation
b. bis jetzt
c. weniger werden
d. rational, logisch
e. sparsam
f. etwa

D. Bitte definieren Sie auf deutsch, oder finden Sie ein Synonym:

1. die Kalorie *(Z. 1)* _____

2. der Körper *(Z. 7)* _____

3. verbrauchen *(Z. 11)* _____

4. genau *(Z. 22)* _____

5. dick *(Z. 25)* _____

6. das Geschlecht *(Z. 30)* _____

7. die Ernährung *(Z. 36)* _____

8. der Lebensabschnitt *(Z. 41)* _____

9. der Kalorienkonsum *(Z. 55)* _____

ANWENDUNG: Meinung, Diskussion, Phantasie

ZU TEXT UND THEMA

A. Essen: Genuß und Nahrung

1. Was für Gerichte aus Europa kennen Sie? Kennen Sie Gerichte, die spezifisch aus Deutschland, Österreich oder der Schweiz stammen?

2. Meinen Sie, daß diese Gerichte oder Nahrungsmittel viel, wenig oder eine durchschnittliche Menge Kalorien haben?

   Kartoffeln · Karotten · grüner Salat · Apfel · Bier · Whisky · Schokolade · Gummibären · Orangensaft · ein saftiger Braten mit Sahnesoße · Kassler Rippchen · Rotkohl · Wiener Schnitzel · ein Berliner · ein Hamburger

   Welche von diesen Dingen mögen Sie besonders gern?

3. Welche anderen Gerichte haben besonders viele, oder besonders wenige Kalorien?

4. Ist es eine gute Idee, daran zu denken, wie viele Kalorien man zu sich nimmt, oder verdirbt man sich damit nur den Genuß an den schönen Dingen im Leben?

5. Warum scheinen heute mehr Leute Sport zu treiben als früher?

6. Was für eine Diät müssen Athleten einhalten?

7. Welche Stoffe in Lebensmitteln sind besonders gesund, und welche sind besonders schädlich?

Frühlingsfrisch und joghurtleicht. Mit Thomy Joghurt-Salat-Creme.

denn Thomy verfeinert.

WIE IST DAS IN IHREM LAND?

B. Wie ißt man bei Ihnen?

1. Gibt es in Ihrem Land regional verschiedene Eßgewohnheiten, oder wie verschieden essen unterschiedliche Bevölkerungsgruppen?

2. Für welche Speisen ist Ihr Land bekannt?

3. Ernähren sich die Menschen in Ihrem Land insgesamt gut?

4. Achtet man in Ihrem Land darauf, was man an Kalorien zu sich nimmt?

5. Welche ausländischen bzw. ethnischen Küchen sind in Ihrem Land populär?

6. Kennen Sie die schweizerische, österreichische oder deutsche Küche? Wie unterscheidet sie sich von der Küche in Ihrem Land?

7. Wußten Sie, daß die Tischmanieren in den deutschsprachigen Ländern und in Ihrem Land verschieden sind? Fragen Sie jemanden, der dort war.

UND SIE?

C. Besprechen Sie bitte die Fragen mit einem Partner. Tragen Sie die Ergebnisse Ihres Gesprächs in Stichwörtern in den Fragebogen ein.

Fragen	*Sie*	*Ihr Partner/* *Ihre Partnerin*
1. Was essen oder trinken Sie besonders gern?		
2. Kochen Sie gern?		
3. Gehen Sie gern aus zum Essen?		
4. Welches Restaurant würden Sie empfehlen? **a.** einer armen Mitstudentin mit feiner Zunge.		
b. einem frischverliebten Liebespaar.		
c. den reichen Eltern eines Freundes.		
d. dieser Klasse, wenn sie sich vor der Endklausur einmal treffen will.		
5. Essen Sie unter Streß eher mehr oder eher weniger?		
6. Welches sind Ihre kleinen Sünden, d.h. Dinge, die Sie besonders gern essen, die aber wahnsinnig viele Kalorien haben?		
7. Machen Sie manchmal eine Diät? Was für eine?		
8. Sind Sie fit, sehr fit oder nicht fit genug?		

STELLEN SIE SICH VOR . . .   **D. Zum Rollenspielen oder Schreiben**

1. Sie haben Lust zu kochen und wollen ein Menü zusammenstellen. Suchen Sie sich eine der folgenden Kochsituationen aus:

   a. für ein Abendessen zu zweit bei Kerzenlicht.
   b. für ein Festtagsmahl zu Weihnachten oder Thanksgiving.
   c. für ein deutsches Frühstück.
   d. für Ihre vegetarischen Freunde zum Mittagessen.
   e. für ein Familienpicknick.

2. Sie müßten sich fünf Tage lang in einer Höhle verstecken und könnten nur drei Nahrungsmittel außer Wasser mitnehmen. Welche drei würden Sie wählen?

3. Entwerfen Sie ein Gespräch. Sie sind Oberkellner im besten Restaurant der Stadt, und es kommt herein:

   a. ein Filmstar, den Sie schon immer bewundert haben, mit Begleitung.
   b. ein Paar, das aussieht, als sei es obdachlos (*homeless*). Aber man kann ja nie wissen!
   c. Ihr oder Ihre Ex mit einer neuen Person am Arm.
   d. der Präsident Ihres Landes inkognito mit seiner Freundin.

4. Entwerfen Sie einen kurzen Radio-Werbespot für einen der folgenden Artikel:

   a. etwas ganz Gesundes mit wenig Kalorien wie frische Äpfel, Mineralwasser, Diät-Cola oder Forelle usw.
   b. für Eis, Cognac, Hamburger oder Schokolade usw. Nicht vergessen: visuelle Hilfen gibt es nicht. Ton und Inhalt müssen überzeugen!

*Auf los geht's los: Fithalten
beim Volkslauf*

**DISKUSSION ODER
AUFSATZ**

E. Sehen Sie sich diese kontroversen Themen an, und wählen Sie sich eins aus. Versuchen Sie, sich Argumente für beide Positionen auszudenken. Dann entwickeln Sie Ihre eigenen Argumente, pro oder contra.

1. a. Essen kann zu einer Sucht werden, genauso wie andere Mittel, die man zu sich nimmt (Alkohol, Drogen). Wer zuviel ißt, müßte im Flugzeug doppelt bezahlen.

   b. Was jeder mit seinem Körper macht, ist seine eigene Sache. Es ist unangebracht (nicht richtig), sich um das Gewicht anderer Leute zu kümmern.

2. a. Jeder Mensch stirbt sowieso irgendwann einmal. Deshalb ist es ganz egal, was man ißt oder trinkt. Hauptsache, man ist zufrieden und hat seinen Spaß am Leben.

   b. Jeder hat nur ein Leben und einen Körper. Deshalb muß man darauf achten, daß man nur gesunde Kost zu sich nimmt, die keine schädlichen Farbstoffe und Konservierungsstoffe enthalten.

3. a. Vegetarier an die Macht! Tiere zu essen ist unmenschlich, es sind ja Lebewesen aus Fleisch und Blut wie wir selbst. Außerdem sind heute im Fleisch so viele schädliche Hormone! Wir sollten uns ganz auf vegetarisches Essen beschränken.

   b. Ohne Fleisch macht das Essen keinen Spaß! Und Pflanzen haben genau solche Gefühle wie Tiere. Jedes Lebewesen lebt von anderen Lebewesen. Die Stärkeren entscheiden, wer oder was gegessen wird.

4. a. Wer Essen wegschmeißt, gehört gehängt! Denken wir doch an die Hungernden in der Welt!

   b. Wenn man satt ist, braucht man nicht alles aufzuessen. Essen wegzuwerfen, ist besser, als zu dick werden.

22   Trotz allem ein Apfelbäumchen

Einführung in den Text   Mitteleuropa ist eine ökonomisch und politisch sehr einflußreiche° Region und zugleich eines von den am dichtesten besiedelten° Gebieten der Erde. Auf der Fläche der Bundesrepublik, die ungefähr so groß wie Oregon ist, leben zum Beispiel ca. 61 Millionen Menschen, das ist ein Viertel der gesamten Bevölkerung der USA. Natürlich ist damit auch die Zahl beispielsweise der Autos, die Anzahl der industriellen Betriebe° und nicht zuletzt die Zahl der Müllberge° relativ hoch.

Einher mit dieser Bevölkerungsdichte geht eine hohe industrielle Produktivität einerseits und sehr hohe Umweltverschmutzung der Luft und Gewässer andererseits. Das Waldsterben° im Schwarzwald und die Verschmutzung des Rheins oder der Donau sind nur die bekanntesten der vielen Umweltskandale.

Verantwortlich für die Verschmutzung, die die Existenz der Pflanzen, Tiere und Menschen der nächsten Generationen gefährdet°, sind sowohl die Industrie als auch die privaten Verbraucher mit ihren Autos und täglichen Gebrauchsgütern wie zum Beispiel Waschmitteln und Plastiktüten. Erst vor relativ kurzer Zeit wurde in der BRD bleifreies° Benzin eingeführt, und der Gebrauch vom Ozon-Killer Fluorchlorkohlenwasserstoff° in Spraydosen, Klimaanlagen°, Autositzen und anderen Konsumgütern wird erst jetzt reduziert.

Manche Menschen reagieren mit Verdrängung° auf den Umweltschmutz und die Schäden, die daraus für unser Leben entstehen können. Andere glauben, daß es schon viel zu spät für den Umweltschutz sei. Eine dritte Gruppe versucht, soviel wie möglich dafür zu tun, daß auf dem Planeten Erde alle Tiere, Pflanzen und Menschen noch lange gesund miteinander leben können.

Ist Umweltgefährdung und der verschwenderische Verbrauch von kostbaren Rohstoffen eine automatische und unveränderliche Folge von hochtechnisierten Konsumgesellschaften? Oder ist das alles Panikmache?

Maria legt in einem Gespräch ihre Meinung über das Thema Umweltschmutz und Gesundheitsschutz dar. Sie ist Ärztin in einer Psychiatrie in der Nähe von Köln in der Bundesrepublik Deutschland und hat seit diesem Gespräch ein Kind bekommen.

einflußreich: *influential*
besiedelt: wo die Menschen wohnen
der Betrieb: die Firma oder Fabrik
der Müllberg: *mountain of waste materials*
das Waldsterben: wenn es keine Bäume mehr im Wald gibt
gefährden: in Gefahr bringen
bleifrei: *unleaded*
der Fluorchlorkohlenwasserstoff: *fluorocarbon emission*
die Klimaanlage: *air conditioning*
die Verdrängung: wenn man an etwas nicht denken will

FRAGEN ZUM THEMA

1. Welche Beispiele der Umweltverschmutzung im privaten und öffentlichen Bereich kennen Sie?
2. Welche Initiativen, Gruppen oder Parteien kennen Sie in Ihrem Land und in Europa, die sich mit Ökologie beschäftigen?
3. Ist Umweltgefährdung der Preis, den man für einen höheren Lebensstandard eben zahlen muß?

LESEFRAGEN

1. Welche Beispiele von Umweltverschmutzung spricht Maria an?
2. Welche Auswirkungen hat diese Verschmutzung?
3. Welche Einstellung hat Maria zur Umwelt, ihrer Verschmutzung und zur Zukunft?

Trotz allem ein Apfelbäumchen ▯

Susanne: Umweltschutz und Umweltschmutz ist ja in den letzten Jahren zu 'nem immer größeren Thema geworden. Und immer mehr Leute interessieren sich für Ökologie. Was heißt das denn nun eigentlich, Umweltschmutz und Umweltschutz?

Maria: Ich glaube, daß wir uns darum kümmern müssen, die Abfallprodukte, die 5 unsere Gesellschaft hervorbringt, wieder zu beseitigen. Wir konnten bisher davon leben— was wir alles hergestellt haben— und brauchten uns um Beseitigung nicht zu kümmern. Inzwischen aber hat die Entwicklung so zugenommen, daß wir nicht mehr schnell genug mit all den Nachteilen fertig werden können, die unsere technischen Entwicklungen mit sich bringen. 10

Susanne: Wo liegen denn die Nachteile, also was sind konkrete Probleme?

Maria: Zum Beispiel produzieren wir enorm viel Verpackungsmaterial für die ganzen Produkte, die verkauft werden auf dem Markt; dieses Verpackungsmaterial landet auf dem Müll. Entsprechend wachsen unsere Müllberge bis ins Endlose. 15

Susanne: Sprichst du von Papier oder sprichst du von Plastik?

Maria: Von Papier und Plastik, von Flaschen, also von Glas, ja, das sind die hauptsächlichen Materialien. Ähm—

Susanne: Wo gibt's sonst noch Verschmutzung?

Maria: Ja, unsere Gewässer haben einen immer höheren Verschmutzungsgrad, und 20 zwar auch dadurch, daß wir alle möglichen Abfallprodukte aus Industrie, Haushalt und sonstiger Kleinindustrie, Kleinhandel . . . Da lassen wir alle möglichen Abfallstoffe in die Gewässer laufen, kümmern uns aber nicht darum, daß dadurch eine Veränderung des ökologischen Gleichgewichts im Gewässer auftritt. Zum Beispiel, das ganze Öl, was ins Meer läuft— ist 25 weltweit bekannt— aber auch einzelne Flüsse oder Bäche verschmutzen zunehmend, sodaß keine Fische mehr dort leben können. Ähm— das Wasser, was da noch in den Flüssen ist, kann nicht mehr in dem gleichen Maße benutzt werden, um Felder zu bewässern, weil es einfach verschmutzt ist. Außerdem gibt es inzwischen Industrien, die Wasser aus Flüs- 30 sen und aus Seen benutzen, um technische Einrichtungen zu kühlen. Dieses Wasser, was genommen wird, als Kühlungswasser, kommt dann mit einem

---

5. **sich kümmern um:** sorgen für   5. **das Abfallprodukt:** was man wegwirft   9. **mit etwas fertig werden:** *to cope*   12. **das Verpackungsmaterial:** *packaging materials*   14. **entsprechend:** *according(ly)*   20. **der Verschmutzungsgrad:** das Maß der Verschmutzung   24. **das Gleichgewicht:** die Balance   25. **auf•treten:** (*hier*) entstehen   28. **in dem Maße:** in der Weise

erhöhten Wärmungsgrad wieder zurück in den Fluß oder See, was wiederum für Pflanzen- und Tierwelt bedeutet, daß die nicht unter gleichen, ihnen gemäßen Umweltbedingungen leben können und entsprechend absterben.   35

Susanne: Mhm. Die Verschmutzung, von der du gesprochen hast, ist die tatsächlich denn in Mitteleuropa oder sogar in der Bundesrepublik so besonders hoch? Ist die nicht genauso in den USA oder Australien oder Neuseeland oder Sibirien? Ist es hier 'ne besondere Situation, in Mitteleuropa, würdest du sagen, oder nicht?   40

Maria: Im Prinzip ist es keine besondere Situation. Besonders ist sicher nur die Dichte der Industrie und die Dichte der Bevölkerung. Wenn man sich vorstellt, daß die ganze Entwicklung weitergeht, dann gilt letztlich für alle Länder, daß die sich um Umweltverschmutzung und sinnvolle Umweltbenutzung kümmern müssen.   45

Susanne: Und wie steht's mit der Luft?

Maria: Für die gilt im Prinzip genau das Gleiche wie für die Flüsse. Die Wälder sind hochbelastet durch Abgase aus Industrie, aber auch aus Privathaushalten, äh, wenn wir etwa an das Auto denken. Und die Industrie kommt   50
insgesamt nur sehr schwer in Gang, Kontrollen der Abgase vorzunehmen. In Europa gibt es zur Zeit eine sehr beschwerliche Entwicklung nur zum Katalysator bei den Kraftfahrzeugen, und zu bleifreien Benzinen. Diese neue Entwicklung zum Schutz der Umwelt läßt sich vorwiegend nur durch finanzielle Reize fördern. Die Einsicht der Bevölkerung ist zwar nicht gering, aber die Handlungen . . .   55

Susanne: Aber jetzt mal im großen Rahmen gesehen, wir leben in einer hochindustrialisierten Welt . . . Und ist die Schädigung unserer Umwelt nicht vielleicht der Preis, den wir für höheren Lebensstandard und für größeren Luxus und so weiter zahlen müssen? Können wir überhaupt das wieder   60
zurückdrehen, das Rad der Technisierung und Geschichte?

Maria: Ich glaube, man muß sich immer fragen bei neuen Entwicklungen, ob der Schaden, den sie auch gleichzeitig anrichten, im Verhältnis zu dem Gewinn steht. Wenn wir überlegen, daß wir in dieser Welt leben, auch in Gedanken daran, daß unsere Kinder diese Welt weiter bewohnen werden und   65

---

35. **jemandem gemäß:** wie es für jemanden passend ist   43. **die Dichte:** die Intensität, Enge
44. **es gilt:** (*hier*) das stimmt   45. **sinnvoll:** vernünftig   49. **hochbelastet:** (*hier*) sehr verschmutzt   49. **das Abgas:** schmutziges Gas aus Autos oder Industrieanlagen   51. **in Gang kommen:** aktiv werden   51. **vor•nehmen:** (*hier*) durchführen   52. **beschwerlich:** langsam   53. **das Kraftfahrzeug (Kfz.):** offizielle Bezeichnung für Autos, Motorräder, Lastwagen   54. **vorwiegend:** hauptsächlich   55. **der Reiz:** die Stimulation   55. **fördern:** (*hier*) stimulieren   55. **die Einsicht:** das Verständnis   55. **gering:** klein, wenig   57. **im großen Rahmen:** im Kontext   58. **die Schädigung:** damage   61. **das Rad:** wheel   63. **Schaden an•richten:** etwas kaputt machen   63. **im Verhältnis stehen zu:** in Relation stehen zu   63. **der Gewinn:** der Profit

Maria: „ . . . ich lebe gerne, und ich würde jeden Tag Kinder in die Welt setzen, weil ich selber für mich die Hoffnung brauche, daß diese Welt weiterexistiert"

	sollen, müssen wir auch dafür planen, daß in Zukunft unsere Welt weiter bewohnt werden kann. Und dann können wir nicht so unverantwortlich und rücksichtslos mit einer so großen Gefahr umgehen.
Susanne:	Gleichzeitig gibt es doch aber Leute, die sagen, diese ganze Angst- und Bangemacherei sei völlig überkandidelt und wir bräuchten uns keine Sorgen zu machen, es werden so große Sicherheitsmaßnahmen getroffen, daß uns gar nichts passieren kann. Was sind das denn für Leute? Würdest du die als Vollidioten bezeichnen, oder warum gibt es so viele Leute, die auch so denken, keine Angst haben oder keine Angst haben wollen?

70

68. **rücksichtslos:** *inconsiderate*   68. **mit etwas um•gehen:** *to deal with something*   69. **die Bangemacherei:** die Angstmacherei   70. **überkandidelt** (*Ugs.*): übertrieben   71. **die Sicherheitsmaßnahme treffen:** *to apply security measures*

Maria: Ich glaube, sie träumen von der Unsterblichkeit des Menschen und haben   75
so viel Angst, daß sie dieser Angst kaum ins Gesicht sehen können, und
deswegen auch nicht darüber sprechen, wie gefährlich— äh— zum Beispiel
die Situation mit der Atomenergie tatsächlich ist.

Susanne: Und du selber, wie lebst du damit? Denkst du jeden Tag daran, daß— daß
du jetzt eigentlich schon halb vergiftet bist von der Umwelt, oder ver-   80
drängst du es?

Maria: Das ist sehr unterschiedlich. Ich versuche, möglichst Dinge einzukaufen,
von denen ich glaube, daß sie zum Beispiel wenig umweltverseucht sind.
Ich backe selber Brot . . . Ich gehe allerdings auch davon aus, daß ich heute
und jetzt in dieser Welt lebe und mich mit bestimmten Bedingungen arran-   85
gieren muß. Wenn ich die Möglichkeit habe, geh' ich zu Demonstrationen,
die sich gegen Atomkraftwerke richten, oder nehme auch teil an Unter-
schriftensammlungen, zum Beispiel bei der Gruppe Greenpeace.

Susanne: Das Bild, das du jetzt von der Welt so geschildert hast, war nicht so rosig,
nicht?   90

Maria: Mhm.

Susanne: Würdest du prinzipiell sagen, du guckst trotz allem irgendwie optimistisch
in die Welt oder pessimistisch? Würdest du Kinder in diese Welt setzen
oder nicht?

Maria: Ich glaube, ich gucke trotz alledem sehr— optimistisch würd' ich nicht   95
sagen, aber ich lebe gerne, und ich würde jeden Tag Kinder in die Welt
setzen, weil ich selber für mich die Hoffnung brauche, daß diese Welt weiterexistiert. Wenn ich keinen Mut mehr dazu hätte, Kinder in die Welt zu
setzen, dann müßt' ich eigentlich heute aufgeben. Das entspricht ungefähr
dem Prinzip, was von Martin Luther überliefert wird, der sagte: „Wenn   100
morgen die Welt zugrunde ginge, dann würd' ich noch heute ein Apfelbäumchen pflanzen."

75. **die Unsterblichkeit:** wenn man ewig lebt   76. **ins Gesicht sehen:** mit etwas konfrontiert
werden   80. **vergiften:** *to poison*   80. **verdrängen:** nicht an etwas denken wollen   83. **umweltverseucht:** *polluted*   87. **sich richten gegen:** *to be directed against*   89. **schildern:** beschreiben
92. **trotz allem:** *in spite of everything*   100. **überliefern:** *to attribute, pass down*   101. **zugrunde gehen:** untergehen, kaputt gehen

TEXTVERSTÄNDNIS

ERSTES LESEN

A. Stimmt das oder nicht? Wenn nicht, was stimmt dann?

_____ **1.** Niemand interessiert sich in der Bundesrepublik wirklich für die Umweltverschmutzung.

_____ **2.** Maria sieht Gefahren in der übergroßen Produktion von Verpackungsmaterialien, weil man nicht mehr weiß, was man mit dem Müll anfangen soll.

_____ **3.** Die Abwässer verschmutzen die Gewässer, so daß man damit keine Felder mehr bewässern kann.

_____ **4.** Da Fluß- oder Seewasser oft zur Kühlung von industriellen Anlagen benutzt wird, erkaltet das Wasser so sehr, daß die Fische sterben.

_____ **5.** Mitteleuropa ist weniger verschmutzt als andere Regionen, weil hier viel mehr Leute wohnen, die die Umwelt schützen.

_____ **6.** Susanne meint, daß wir alle technischen Neuerungen abschaffen müßten und versuchen müßten, wieder zu einfacheren Produktionsmethoden zurückzukehren.

_____ **7.** Maria findet, daß die Generation unserer Kinder froh darüber sein wird, daß sie von den technischen Erfindungen ihrer Eltern profitieren können.

_____ **8.** Manche Menschen machen sich keine Sorgen um die Umweltzerstörung, weil sie sich nicht vorstellen können, daß die Menschen aussterben könnten.

_____ **9.** Maria hat große Angst, sieht pessimistisch in die Zukunft und will lieber keine Kinder in solch eine gefährdete Welt setzen.

ZWEITES LESEN

B. Hier sind noch ein paar Fragen zum Text.

   1. Nennen Sie bitte drei übergeordnete Bereiche der Umwelt, die Maria anspricht:

     a. _____, **b.** _____, **c.** _____

   2. Wer sind in Marias Augen die Hauptverschmutzer? Wie entstehen die riesigen Müllberge?

   3. Was versteht man unter „ökologischem Gleichgewicht"?

   4. In welcher Weise ist die Situation in Mitteleuropa anders als in anderen Gebieten auf der Welt?

   5. Wie kann man versuchen, die Luftverschmutzung durch Autos zu verringern? Welche Haltung nimmt die Bevölkerung dazu ein?

   6. Was ist Marias Hauptmotiv, die Umwelt rein zu erhalten?

   7. Warum gibt es Marias Meinung nach Leute, die die Gefahren der Umweltverschmutzung ignorieren?

   8. Welche Wege hat Maria gefunden, mit der gegenwärtigen Umwelt fertigzuwerden?

   9. Was meinte Maria mit dem Luther-Zitat: „Wenn morgen die Welt zugrunde ginge, dann würd' ich noch heute ein Apfelbäumchen pflanzen"?

GEHEIMTIP WORTSCHATZ

C. Welche der Erklärungen passen zu den Wörtern oder Ausdrücken aus dem Text?

1. hervorbringen *(Z. 6)*	**a.** die Eliminierung
2. die Beseitigung *(Z. 7)*	**b.** daher
3. das Gewässer *(Z. 20)*	**c.** wirklich
4. tatsächlich *(Z. 37)*	**d.** produzieren
5. letztlich *(Z. 44)*	**e.** große Wasser wie Seen oder Flüsse
6. bezeichnen als *(Z. 73)*	**f.** nennen
7. deswegen *(Z. 77)*	**g.** am Ende

D. Bitte erklären Sie auf deutsch, oder finden Sie ein Synonym.

   1. hauptsächlich *(Z. 17):* _____

   2. bewässern *(Z. 29):* _____

   3. erhöht *(Z. 33):* _____

   4. die Umweltbedingung *(Z. 35):* _____

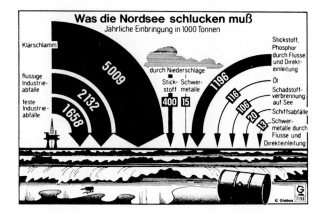

5. sich vorstellen *(Z. 43):* _____

6. die Bevölkerung *(Z. 55):* _____

7. sich Sorgen machen *(Z. 70):* _____

8. der Vollidiot *(Z. 73):* _____

9. der Mut *(Z. 98):* _____

10. pflanzen *(Z. 102):* _____

E. Markieren Sie bitte Wörter und Ausdrücke im Text, die direkt mit Umweltverschmutzung zu tun haben.

F. Suchen Sie die Komposita heraus, und erklären Sie, was sie bedeuten.

> ⟜ Umweltverschmutzung   *Verschmutzung (in) der Umwelt*
> Verpackungsmaterial   *Material zur Verpackung*
> Sauerstoffanreicherung   *Anreicherung mit Sauerstoff*

Versuchen Sie, mit Hilfe von Präpositionen oder Genitivkonstruktionen das Verhältnis zwischen den beiden Nomen auszudrücken.

G. Zur Form

1. Woran merkt man, daß es sich bei diesem Text um ein Transkript einer richtigen gesprochenen Unterhaltung handelt? Nennen Sie bitte mindestens fünf Stellen, an denen man das erkennen kann.

2. Was für einen Sprachstil hat Maria Ihrer Meinung nach? Spricht sie in dieser Situation ein gehobenes, tendenziell formales Deutsch oder eher ein informelles, lockeres Deutsch? Nennen Sie Gründe für Ihre Annahme.

ANWENDUNG: Meinung, Diskussion, Phantasie

ZU TEXT UND THEMA

A. Was meinen Sie zu dem Gespräch mit Maria?

1. Teilen Sie Marias Haltung? Warum ja, oder warum nicht?

2. Glauben Sie auch, daß manche Menschen „von der Unsterblichkeit des Menschen" träumen und „so viel Angst haben, daß sie der Angst gar nicht ins Gesicht sehen können"?

3. Was halten Sie von Demonstrationen als Mittel, auf die Umweltverschmutzung aufmerksam zu machen?

4. Was halten Sie von Luthers weisem Spruch? Ist er veraltet oder noch aktuell?

B. Zum Thema Umwelt

1. Welche Vorteile und welche Nachteile hat die moderne Technologie mit sich gebracht? Geben Sie bitte konkrete Beispiele.

2. Welche Umweltverschmutzung oder Verschwendung von kostbaren Rohstoffen gibt es, die nicht in den Texten angesprochen worden ist?

3. Welcher Abfall ist organisch, welcher zersetzt° sich sehr langsam, und welcher kann recyclet werden?

4. Was kann der Staat und was können Privatpersonen für eine saubere Umwelt und gegen die verschiedenen Sorten der Umweltverschmutzung und Rohstoffverschwendung ganz konkret tun? Wie kann man die Leute dazu motivieren?

ESSIG GUT – UMWELT GUT

sich zersetzen: *to decompose*

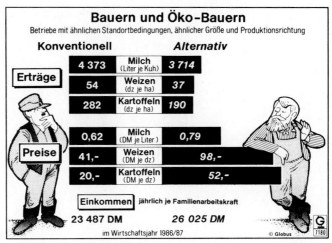

WIE IST DAS IN IHREM LAND?

C. Vergleichen Sie die Situation in Ihrem Land mit dem, was Sie in Marias Kommentaren gelesen haben.

1. Sind in Ihrem Land viele Menschen um die Umwelt besorgt? Was gilt bei Ihnen als Umweltproblem Nr. 1?

2. Welche Verpackungsmaterialien werden gebraucht? Sind diese umweltfreundlich oder umweltfeindlich?

3. Fahren die Leute eher große Autos, die viel Benzin verbrauchen, oder eher kleine, die wenig verbrauchen und die Luft nicht so verpesten? Ist das ein Kriterium, wenn Leute sich Autos kaufen?

4. In manchen Städten in den deutschsprachigen Ländern gibt es Maßnamen zum Umweltschutz. Gibt es so etwas Ähnliches auch bei Ihnen? Wieviel Prozent der Bevölkerung machen bei solchen Kampagnen mit? Was halten Sie selbst davon?

   a. Separate Container für unterschiedliche Arten von Müll, zum Beispiel Glas, Papier, Aluminium, organische Materialien.
   b. Pfandflaschen, die man leer ins Geschäft zurückbringt, und für die man 10 Pfennige oder so bekommt. Sie werden dann gereinigt und wieder benutzt.
   c. Viele Menschen bringen Einkaufstaschen mit in den Supermarkt, und Plastiktüten muß man bezahlen.
   d. Umweltfreundliches Briefpapier, Toilettenpapier, und manche Zeitschriften benutzen auch umweltfreundliches Papier.
   e. Viele Leute achten darauf, nicht soviel Waschpulver oder Spülmittel zu benutzen.

5. Was machen die Leute mit altem Motoröl oder giftigen Substanzen, zum Beispiel Farben und Säuren?

UND SIE?

D. Setzen Sie sich zu einem Kursteilnehmer, mit dem Sie sich gern unterhalten. Tragen Sie die Ergebnisse Ihres Gesprächs in Stichworten in den Fragebogen ein.

Fragen	Sie	Ihr Partner/ Ihre Partnerin
1. Finden Sie Umweltschutz ein wichtiges Thema, oder eigentlich ziemlich langweilig?		
2. Was ist Ihnen im Moment wichtiger, ein hoher Lebensstandard mit allem Komfort oder die Umwelt, die dadurch allmählich zerstört wird?		
3. Haben Sie Kinder, oder wollen Sie welche haben? Denken Sie manchmal daran, in was für einer Welt sie leben werden?		
4. Wie viele Kilometer fahren Sie pro Woche mit dem Auto?		
a. Wieviel Liter Benzin verbrauchen Sie wohl dabei?		
b. Fahren Sie meistens allein?		
c. Würden Sie gern in einer Fahrgemeinschaft fahren?		
5. Trinken Sie Wasser aus der Leitung? Warum oder warum nicht?		

STELLEN SIE SICH VOR . . .

E. Zum Rollenspielen oder Schreiben

1. Im Stadtparlament wird diskutiert, ob man die Privathaushalte zwingen soll, den Müll in verschiedene Mülltonnen aufzuteilen, in eine für Glas, in eine für Metall, eine für organische Dinge, eine für Papier, eine für Plastik und eine für den Rest. Was spricht dafür, was dagegen? Zu welchem Ergebnis kommt das Stadtparlament? Spielen Sie die Debatte.

2. Sie sind der erfolgreiche Kandidat der neuen Grünen Partei Ihres Landes und sollen Ihren Platz in der Landesvertretung einnehmen. Was für Programme würden Sie aufstellen, um . . .

   a. die Stimmen der Umweltschützer zu gewinnen/zu behalten;
   b. die Industrie, die viel Kapital und Arbeitsplätze bereitstellt, zufriedenzustellen;
   c. Ihrer eigenen Überzeugung treu zu bleiben?

DISKUSSION ODER AUFSATZ

F. Sehen Sie sich die folgenden kontroversen Themen an, und wählen Sie sich eins aus. Versuchen Sie, sich Argumente für beide Positionen auszudenken. Dann tragen Sie Ihre eigene Meinung—schriftlich im Aufsatz oder mündlich in der Debatte—vor.

1. a. Zurück zur Natur! Wir müssen unseren täglichen Luxus drastisch einschränken, wenn wir die Umwelt retten wollen. Damit sollten wir noch heute gesetzlich anfangen. Unsere Kinder sollen ja auch noch hier leben können!
   b. Umweltverschmutzung! Was für ein tristes Thema! Warum vermiesen sich die Leute heute schon damit ihr Leben, anstatt es zu genießen, solange es noch geht?! Sollen wir vielleicht zurück in die Steinzeit gehen, nur weil ein paar Angsthasen Panik verbreiten und sagen, morgen ginge die Welt unter? Bisher hat die Menschheit noch immer einen Weg gefunden zu überleben.

2. a. Die Ozonschicht ist so dünn geworden, daß die UV-Strahlen direkt auf die Erde kommen. Ohne einen Sonnenschutz darf man nicht mehr aus dem Haus gehen, wenn man nicht in zwanzig Jahren an Hautkrebs sterben will.
   b. So ein Quatsch! Als wenn die paar Sonnenstrahlen die Gesundheit ruinierten. Lieber knackig braun und krank, als gesund und bleich und häßlich.

3. a. Lieber Pestizide *auf* dem Apfel, als einen Wurm *im* Apfel!
   b. Lieber einen Wurm im Apfel als Pestizide in meinem Körper.

23 Liebe B.

Einführung in den Text Atomenergie, ein Segen° oder ein Fluch°? Während sich zum Beispiel die Bevölkerung von Österreich gegen Kernkraftwerke entschieden hat, decken die meisten Industrieländer ihren Energiebedarf mit Hilfe von Atomkraftwerken, sogenannten AKWs.

Nachdem es schon in vielen Ländern oft zu Fast-Katastrophen gekommen war, passierte am 26. April 1986 zum ersten Mal ein sogenannter atomarer Super-GAU, ein „Größter Anzunehmender Unfall" in Europa. Im sowjetischen Atomkraftwerk Tschernobyl—einen „Katzensprung" von den deutschsprachigen Ländern entfernt—schmolz der Reaktorkern. Äußerst giftige und langlebige, radioaktive Stoffe wie Strontium 90, Plutonium und Jod 129 wurden in einer radioaktiven Wolke über den europäischen Kontinent und in weniger konzentrierter Form auch in die ganze Welt getragen.

Dieser Unfall führte dazu, daß auf lange Zeit hinaus gesundheitsschädigende Radioaktivität in Pflanzen, Tieren, Menschen und Gebäuden enthalten sein wird. Bei den Menschen in den deutschsprachigen Ländern waren die Reaktionen gegenüber der radioaktiven Verstrahlung, die man nicht sehen, riechen oder schmecken kann, sehr unterschiedlich. Die einen spielten die Gefahr herunter, andere waren im Schock und hatten einfach Angst, und wieder andere plädierten mit Nachdruck° dafür, in der Zukunft ganz auf Kernenergie zu verzichten.

Hier lesen wir einen Brief von Heino an seine Schwester, der er vom Super-GAU in Tschernobyl und seinen Auswirkungen für die Bundesrepublikaner berichtet. Er ist Rechtsanwalt und wohnt mit seiner Familie in München, ungefähr 1400 km von Tschernobyl entfernt, das ist so weit wie von Los Angeles nach Denver, oder von Boston bis nach Atlanta. Der Schreiber des Briefes stand einen Monat nach der atomaren Katastrophe noch unmittelbar unter dem Schock dieser Erfahrung.

Die Luft hat keine Grenzen

Wie sicher ist unsere Energiepolitik?

der Segen: *blessing*
der Fluch: *curse*

mit Nachdruck: *emphatically*

FRAGEN ZUM THEMA

1. Seit wann gibt es Atomkraftwerke? Warum begann man, sie zu bauen?
2. Warum gibt es immer wieder Demonstrationen *gegen* Atomkraftwerke? Was spricht *für* Atomkraftwerke?
3. Welche Möglichkeiten gibt es, sich vor den Gefahren einer radioaktiven Verseuchung zu schützen . . .
   a. *vor* einem Atomunfall?
   b. *nach* einem Atomunfall?

LESEFRAGEN

1. Was deprimiert Heino am meisten?
2. Was ist alles verseucht?
3. Welche Lebensmittel werden insbesondere verseucht?
4. Welche Konsequenz ziehen Heino und Yvonne aus der Erfahrung des Super-GAUs?

Heino: ,,Und die Kinder trifft es 10mal mehr als uns Erwachsene.''

Liebe B. □

München, den 29. Mai 1986

Liebe B.,

Na, Geburtstag? Ich wünsche Dir jedenfalls alles Gute, auch für die
nächste Zukunft. . . . Nachdem Du nun nicht im Juni mit Mutti in die
5 UdSSR fliegst, wie sehen Deine Pläne aus, nach München zu kommen? Ich
freue mich auf unser Wiedersehen!

Und Dein letztes Geschenk für Moritz-Mitra, die Katzen-Sonnenbrille,
macht Dich vollends zur „Tante aus Amerika", wenn Moritz-Mitra auch
mit „Amerika" nicht viel anzufangen weiß. Die Brille hat ihm jedenfalls
10 sehr gefallen. . . . Ein Geburtstagsgeschenk für Dich kann ich noch nicht
schicken, Du bekommst es hier dann, in München.

In den letzten Wochen sind wir von dem Fall-out und seinen Folgen
total eingedeckt gewesen. Zuerst—10 Tage lang waren wir völlig deprimiert und auch ängstlich. Das ganze Naturgefühl ging kaputt. Boden, Gras,
15 Luft, Regen, alles verseucht, gefährlich. Und die Kinder trifft es 10mal
mehr als uns Erwachsene. Und in Zukunft, d.h. schon jetzt ist die Radioaktivität in allen Lebensmitteln, vor allem Milch und Milchprodukten, Salat,
Obst etc. Gerade in Süddeutschland, Bayern und Ostbayern, aber auch in
den Bergen sind sehr hohe Werte gemessen worden, Niedersachsen dagegen
20 ist relativ gut weggekommen.— Insbesondere die Städte mit dem vielen
Beton und Steinzeug sind auf Dauer stark verstrahlt, weil nach ein paar
Tagen sich der Fall-out chemisch mit den Steinen verbunden hat. In ca.
3–4 Wochen ist vorläufig die akute Gefahr vom Boden (außer Steinboden
etc.) und Luft vorbei, dann ist die Radioaktivität „nur" noch in der Nah-
25 rung. Ich glaube, Du kannst Dir das Ganze gar nicht vorstellen, ich kann es
selber kaum begreifen. Und die Atomlobby inclusive Politik setzt heftig
weiter auf Atomstrom etc! Yvonne und ich treten jetzt bei den „Grünen"
ein.—Liebe B., trotzdem geht es mir und uns hier ganz gut, der sonstige
Streß ist normal bis gering. Und Yvonne und die Kinder sind seit Pfingsten
30 auf der Hütte. Morgen hole ich sie ab. . . . Bis bald, liebe B., mach's gut.

Dein Heino

---

13. **eingedeckt** (*hier*): überwältigt, in Anspruch genommen   14. **der Boden:** die Erde   15. **ver-seucht:** vergiftet   15. **etwas trifft jemanden:** etwas hat eine Wirkung auf jemanden   19. **der Wert** (*hier*): *amount, reading*   19. **messen:** *to measure*   20. **gut weg•kommen** (*Ugs.*): Glück haben   21. **der Beton:** eine Sand-Wasser-Zement-Mischung   21. **das Steinzeug** (*Ugs.*): alles, was aus Stein ist   21. **verstrahlt:** radioaktiv verseucht   22. **sich verbinden mit:** sich vermischen   23. **vorläufig:** bis jetzt   26. **begreifen:** verstehen   26. **setzen auf:** die Hoffnung auf etwas setzen   26. **heftig:** *vehement*   27. **der Atomstrom:** die Elektrizität aus Atomkraftwerken   27. **ein•tre-ten:** Mitglied werden   29. **das Pfingsten:** religiöses Fest 40 Tage nach Ostern   30. **die Hütte:** kleines Haus, oft im Wald oder in den Bergen   30. **ab•holen:** *to pick up*

TEXTVERSTÄNDNIS

ERSTES LESEN

A. Stimmt das oder nicht? Wenn nicht, was stimmt dann?

_____ **1.** Heino hat Geburtstag.

_____ **2.** B. fliegt im Juni mit ihrer Mutter in die Sowjetunion.

_____ **3.** Heinos Katze heißt Moritz-Mitra.

_____ **4.** B. wohnt in einer Hütte in der Bundesrepublik.

_____ **5.** Heinos Naturgefühl ist durch die Katastrophe stark vermindert.

_____ **6.** In den Bergen gibt es weniger Radioaktivität als im Flachland.

_____ **7.** Man soll Milch trinken, weil sie die Radioaktivität aus dem Körper wäscht.

_____ **8.** In Bayern ist die radioaktive Verstrahlung schlimmer als in Niedersachsen.

_____ **9.** Die Politiker wollen jetzt mit Atomkraft nichts mehr zu tun haben.

_____ **10.** Heinos Frau Yvonne ist mit den Kindern aufs Land gefahren.

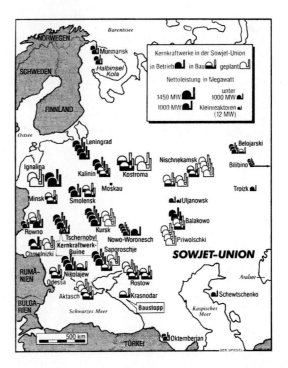

Nur in der Sowjetunion!

Alternativer Parlamentarier:
Der „grüne" Joschka Fischer

ZWEITES LESEN

B. **Weitere Aktivitäten zum Text**

1. Markieren Sie fünf Wörter oder Ausdrücke, die Sie für die wichtigsten im Brief halten. Erklären Sie, warum Sie gerade diese Ausdrücke am wichtigsten finden.

2. Die erste Reaktion auf das Fall-out war _____ und _____.

3. Heino macht sich Sorgen um die Kinder, weil _____ _____.

4. Welche Lebensmittel sind verseucht?

5. Warum ist die Radioaktivität in den Städten besonders hoch?

6. Was passiert nach drei bis vier Wochen?

7. Welche Konsequenzen ziehen die Atomlobby und die Politiker aus dem Atomunfall von Tschernobyl?

8. Nachdem sie die Folgen eines Atomunfalls erlebt haben, entscheiden sich Heino und Yvonne, _____ _____.

GEHEIMTIP WORTSCHATZ

C. Erklären Sie bitte auf deutsch:

1. die Zukunft *(Z. 4)*: _____

2. vollends *(Z. 8)*: _____

3. etwas anfangen mit *(Z. 9)*: _____

4. deprimiert *(Z. 13)*: _____

5. auf Dauer *(Z. 21)*: _____

6. die Gefahr *(Z. 23)*: _____

7. die Nahrung *(Z. 24)*: _____

8. kaum *(Z. 26)*: _____

9. die Atomlobby *(Z. 26)*: _____

10. mach's gut *(Z. 30)*: _____

D. Suchen Sie bitte je fünf Ausdrücke und Wörter heraus, . . .

1. die auf die Gefühle des Schreibers hinweisen.

2. die deutlich machen, daß der Schreiber die Adressatin gut kennt.

3. die zum Bereich der Atomenergie gehören.

E. **Zur Form.** Nennen Sie ein paar besondere Merkmale der Textsorte Brief. Was ist daran anders als an Briefen in Ihrem Land?

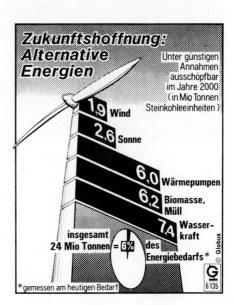

ANWENDUNG: Meinung, Diskussion, Phantasie

ZU TEXT UND THEMA

A. Was für einen Eindruck haben Sie von Heinos Brief?

1. Wie hat der Brief auf Sie gewirkt?

2. Wie stellen Sie sich den Schreiber Heino vor?

3. Versetzen Sie sich einmal in die Lage von Heino. Die atomare Verseuchung der Stadt München hat gerade stattgefunden. Sie können im Laden kein frisches Gemüse kaufen, kein Obst, keine Milch, und viele andere Lebensmittel sind so stark verseucht, daß man sie nicht essen kann. Dosenkonserven sind so gut wie ausverkauft, und Sie besitzen nur drei Flaschen Mineralwasser. Wie hätten Sie sich unter diesen Umständen verhalten?

B. **Zum Thema Atomenergie**

1. Sind Atomkraftwerke Ihrer Meinung nach ein Segen oder ein Fluch für die Menschheit? Begründen Sie Ihre Antwort.

2. Haben Sie schon mal von Unfällen in Atomkraftwerken gehört? Wann, und was ist da passiert?

3. Welche alternativen Energiequellen gibt es? Welche Argumente sprechen dafür, lieber Atomstrom zu benutzen?

„Vielleicht hätten wir diesen Störfall doch nicht geheimhalten sollen"

**WIE IST DAS IN
IHREM LAND?**

C. Atomenergie in Ihrem Land

1. Könnte Ihrer Meinung nach ein Unfall wie Tschernobyl auch in Ihrem Land passieren?

2. Wo sind in der Nähe Ihrer Stadt Atomkraftwerke? Wissen Sie, was für Sicherheitsmaßnahmen dort getroffen werden?

3. Was für eine Politik vertritt Ihre Regierung in bezug auf Atomenergie?

4. Gibt es in Ihrem Land eine Bewegung gegen Atomenergie? Was sind die Argumente dieser Gruppen?

5. Welche alternativen Energiequellen werden in Ihrem Land benutzt?

KERNENERGIE *NACHRICHTEN*

USA: Kernenergie in zehn Jahren verdoppelt

In den letzten zehn Jahren hat sich der Kernenergie-Anteil in den USA verdoppelt. Wie der U.S. Council for Energy Awareness (USCEA) in seinem Rückblick auf die Dekade 1978 bis 1988 schreibt, konnten dadurch täglich ca. 140.000 t Importöl ersetzt werden. Gleichzeitig wurde der Schadstoffausstoß in die Atmosphäre erheblich verringert. Auch im Bereich der Anlagensicherheit wurden nach Angaben der USCEA erhebliche Fortschritte erzielt. Seit 1979 hätten 45 neue Kernkraftwerksblöcke eine Betriebsgenehmigung erhalten. Die ungeplanten Reaktorabschaltungen seien seit 1980 um rund 70 Prozent zurückgegangen. Vom zuverlässigen Betrieb der Anlagen hätten auch die Kunden der Elektrizitätswirtschaft profitiert

Fragen zur Kernenergie beantwortet gerne:

**Informationskreis Kernenergie
Heussallee 10 · 5300 Bonn 1
02 28 / 50 72 26**

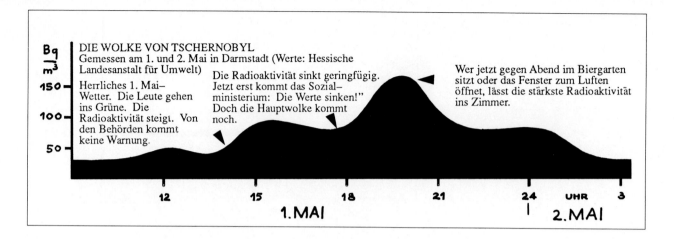

DIE WOLKE VON TSCHERNOBYL
Gemessen am 1. und 2. Mai in Darmstadt (Werte: Hessische Landesanstalt für Umwelt)

Herrliches 1. Mai–Wetter. Die Leute gehen ins Grüne. Die Radioaktivität steigt. Von den Behörden kommt keine Warnung.

Die Radioaktivität sinkt geringfügig. Jetzt erst kommt das Sozialministerium: Die Werte sinken!" Doch die Hauptwolke kommt noch.

Wer jetzt gegen Abend im Biergarten sitzt oder das Fenster zum Lüften öffnet, lässt die stärkste Radioaktivität ins Zimmer.

UND SIE?

D. Setzen Sie sich zu einem Kursteilnehmer, mit dem Sie sich gern unterhalten. Tragen Sie die Ergebnisse Ihres Gesprächs in Stichworten in den Fragebogen ein.

Fragen	Sie	Ihr Partner Ihre Partnerin
1. Was halten Sie von Atomkraft?		
2. Können Sie sich an den Unfall von Tschernobyl erinnern? a. Was dachten Sie damals darüber?		
b. Und heute?		
3. Was halten Sie von einer Gefahr, die man nicht schmecken, nicht riechen, nicht sehen kann?		
4. Wären Sie bereit, Energie zu sparen? Wie könnten Sie das?		

STELLEN SIE SICH VOR . . .

E. Zum Rollenspielen oder Schreiben

1. Um Energie zu sparen und keine Atomkraftwerke zu benutzen, dürfen Sie nur noch an fünf Tagen pro Woche Auto fahren. Sie bekommen einen Stempel in den Führerschein, der anzeigt, an welchen Tagen Sie nicht fahren dürfen außer in extremen Notfällen. Wie würden Sie diese Situation angehen?

2. Spielen Sie eine Talkshow: Vertreter der Atomlobby auf der einen Seite und Repräsentanten einer Bürgerinitiative gegen Atomkraftwerke auf der anderen. Bevor die Diskussion beginnt, überlegen sich die Gruppen ihre Argumente.

DISKUSSION ODER AUFSATZ

F. Sehen Sie sich die folgenden kontroversen Themen an und wählen Sie sich eins aus. Versuchen Sie, sich Argumente für beide Positionen auszudenken. Dann tragen Sie Ihre eigene Meinung—schriftlich im Aufsatz oder mündlich in der Debatte—vor.

1. a. Die Atomkraft ist eine saubere Form der Energiegewinnung. Die Ölreserven werden eines Tages aufgebraucht sein, deshalb gewöhnen wir uns lieber gleich an Atomkraftwerke.
   b. Atomkraft, nein danke! Wir brauchen sie überhaupt nicht, denn die Welt besitzt genügend umweltfreundliche Energieressourcen, wie Wasserkraft, Sonnen-und Windenergie.

2. a. Atomkraft ist ein Thema für Leute aus der Wissenschaft und Politik. Ich will mir meinen Kopf darüber nicht zerbrechen, weil ich ja sowieso nichts ändern kann.
   b. Jeder Mensch auf diesem Planet muß sich für dieses wichtige Thema interessieren. Unser aller Leben ist in Gefahr.

3. a. Wissenschaftler sind für die Folgen ihrer Erfindungen verantwortlich. Gerade Einstein hat sich viele Gedanken um dieses Thema gemacht. Wenn Wissenschaftler etwas herausfinden, was gefährlich für die Menschheit ist, dürften sie es nicht an die Öffentlichkeit bringen.
   b. Wissenschaftler sind Wissenschaftler. Was mit ihren Erfindungen gemacht wird, ist nicht mehr ihre Sache.

Bd. 4071/DM 8,80

Bd. 4029/DM 7,80

Bd. 4051/DM 6,80

Bd. 4002/DM 8,80

Bd. 4079/DM 9,80

Bd. 4093/DM 14,80

DIE DEUTSCH-SPRACHIGEN LÄNDER

❖

24. Die Deutschen und ihre Identität   25. Ankunft der Trobadora im gelobten Land   26. Des Schweizers Schweiz   27. Österreich spezial

Vorschau auf das Thema

Unter den deutschsprachigen Ländern versteht man im Wesentlichen die Schweiz, Österreich, die Deutsche Demokratische Republik und die Bundesrepublik Deutschland. Leicht vergißt man aber, daß auch in Liechtenstein, Luxemburg und Norditalien von vielen Deutsch gesprochen wird. Auch manche Auswanderergruppen, wie zum Beispiel die Amish in Nordamerika, benutzen noch heute ihre Muttersprache.

Die Bundesrepublik hat von diesen Ländern mit ungefähr 61 Millionen die meisten Einwohner, die Deutsche Demokratische Republik folgt mit ca. 17 Millionen. In Österreich leben 7, 5 Millionen und in der Schweiz 6,5 Millionen von denen gut zwei Drittel Deutsch als Muttersprache sprechen. Die Bundesrepublik ist dabei ungefähr so groß wie Oregon, die Deutsche Demokratische Republik so groß wie Ohio, Österreich wie Maine und die Schweiz wie Hawaii und Vermont zusammen.

Die Größe der Schweiz, die schon sehr lange den Status der Neutralität hat, hat sich über Jahrhunderte kaum geändert. Dagegen haben sich die deutschen und österreichischen Grenzen im Laufe der Geschichte immer wieder—meistens durch Kriege—verändert. Österreich beispielsweise, das heute übrigens auch neutral ist, war noch bis zum Anfang dieses Jahrhunderts der Mittelpunkt eines einflußreichen Kaiserreichs. Und Deutschland, das jahrhundertelang aus kleinen Fürstentümern° bestand und erst 1871 unter Bismarck zu einem deutschen Nationalstaat vereinigt wurde, ist nach dem Zweiten Weltkrieg zuerst in vier Zonen, und schließlich 1949 in zwei grundverschiedene° Staaten geteilt worden.

Das wirtschaftliche Potential der deutschsprachigen Länder ist trotz ihrer relativ geringen Größe sehr hoch. Die Bundesrepublik, die Schweiz und Österreich gehören zur westlichen Wirtschaftswelt, doch treiben sie, besonders Österreich, auch mit dem Osten Handel. Die Deutsche Demo-

das Fürstentum: *principality*   **grundverschieden:** ganz anders

kratische Republik galt immer als das leistungsfähigste° Wirtschaftssystem des Ostblocks überhaupt.

Die Bundesrepublik Deutschland ist zusammen mit elf weiteren westeuropäischen Staaten ein Mitglied der Europäischen Gemeinschaft (EG), deren Ziel es ist, sich schrittweise zu einer Europäischen Union zu entwickeln. Im Laufe der Zeit wollen die verschiedenen Mitgliedsstaaten zu einer größeren wirtschaftlichen, sozialen und politischen Einheit zusammenwachsen.

Über die Mentalität der Leute aus den deutschsprachigen Ländern hört man oft stereotype Aussagen. Im Zusammenhang mit Deutschen denken manche Leute an Fleiß, Pünktlichkeit und Ordentlichkeit, aber auch an den „häßlichen Deutschen", den brutalen menschenverachtenden Killer und Nazi. Bei der Schweiz denkt man oft an Uhren, Käse, Banken und Sauberkeit, bei Österreich an Skilaufen, Walzer und Wiener Charme. Solche Klischees werden dem Gesamtbild eines Volkes natürlich nicht gerecht.

Die folgenden Texte geben Ihnen daher einige spezifische Informationen über die Geschichte, die Leute und die Sehenswürdigkeiten in verschiedenen deutschsprachigen Ländern.

EIN PAAR FRAGEN ZUM THEMA

1. Waren Sie schon mal in einem deutschsprachigen Land oder sogar in mehreren? Wo hat es Ihnen am besten gefallen, oder wo möchten Sie am liebsten hinfahren? Warum?
2. Kennen Sie Manieren oder Sitten die besonders typisch für eines oder mehrere der deutschsprachigen Länder sind, zum Beispiel Eßmanieren oder Duzen/Siezen?
3. Wie ist Ihr eigenes Bild von den Deutschen, Schweizern und Österreichern entstanden? Woher haben Sie Informationen über die Menschen in den deutschsprachigen Ländern?
4. In welchem Zusammenhang kommen Österreicher, Schweizer oder Deutsche im Fernsehen Ihres Landes vor?
5. Was wissen Sie über die Ideologie und die Wirtschaft in den verschiedenen deutschsprachigen Ländern?
6. Wie sind die beiden deutschen Staaten, die Deutsche Demokratische Republik und die Bundesrepublik Deutschland entstanden? Beschreiben Sie die momentane politische Lage.
7. Welchen besonderen internationalen Status haben Österreich und die Schweiz? Welche große internationale Organisation hat in Genf und Wien einen Sitz?
8. Welches sind die Mitgliedsländer der Europäischen Gemeinschaft?

leistungsfähig: stark

NÜTZLICHE WÖRTER UND AUSDRÜCKE

das Land

die Gegend		die Mentalität,	
der Dialekt		die Einstellung	
der Staat	staatlich	die Kultur	kulturell
die Staatsbürgerschaft,		die Tradition	traditionell
die Nationalität		das Image, das Bild	
der Einwohner/	der Bürger/die Bürgerin	der Typ	typisch, stereotyp
die Einwohnerin		die Identität	
	auf•wachsen	das Selbstbild	
der Wohnsitz	wohnhaft, seßhaft	das Bewußtsein	bewußt
das Volk		das Selbstbewußtsein	selbstbewußt
die Gesellschaft	gesellschaftlich		

die Geschichte

	geschichtlich,		
	historisch	der Erste/	
die Vergangenheit	vergangen	Zweite Weltkrieg	
die Gegenwart	gegenwärtig	die Teilung	geteilt, teilen
die Zukunft	künftig	die Einheit	vereinen
der Nationalismus	nationalistisch	die Wiedervereinigung	wiedervereinen
der Nationalsozialismus (NS)	nationalsozialistisch	die Grenze	
der Faschismus	faschistisch	der Grenzübergang	
das Dritte Reich		der Grenzbeamte	

Europa

die Nation	national	der Ausländer/	ausländisch
die Europäische Gemeinschaft	europäisch	die Ausländerin	
die Demokratie	demokratisch	der/die Fremde	fremd
der Sozialismus	sozialistisch	die Fremdsprache	
das Zusammenleben	zusammen leben	der Fremdenverkehr/	
die Unabhängigkeit	unabhängig	Tourismus	touristisch

24   Die Deutschen und ihre Identität

Einführung in den Text   „Lederhosen, fleißige Menschen und Porsches" oder „Hitler, Judenverfolgung° und Konzentrationslager", das verbinden viele Menschen mit den Deutschen. Das Image der Deutschen im Ausland ist sehr gespalten°, und genauso ambivalent sind die Gefühle der Deutschen gegenüber ihrer eigenen nationalen Identität.

Die deutsche Vergangenheit, besonders die jüngere Geschichte, also das „Dritte Reich", hat das Deutschland-Bild von heute geprägt°. Die Einstellung der älteren Deutschen, die das sogenannte Dritte Reich noch direkt miterlebt haben, ist anders als die der jüngeren Deutschen, die damals kleine Kinder waren oder erst nach 1945 geboren wurden. Viele der Alten haben Schuldgefühle als Folge der Ereignisse im nationalsozialistischen Deutschland. Viele der Jungen empfinden eine gewisse persönliche Distanz, selbst wenn auch sie sich der Frage „Was hätte ich getan?" nicht ganz entziehen können. Während das Thema des Nationalsozialismus in den ersten Jahrzehnten nach 1945 von vielen Deutschen und Österreichern stark verdrängt wurde und man sich auf den wirtschaftlichen, sozialen, und politischen Wiederaufbau konzentrierte, scheinen die nachfolgenden Generationen freier und offener darüber reden und schreiben zu können.

Die „deutsche Frage", nämlich die Teilung Deutschlands in die Deutsche Demokratische Republik und die Bundesrepublik Deutschland, war eine Folge des von Hitler begonnenen Zweiten Weltkriegs. Nach Kriegsende im Jahre 1945 teilten die Alliierten Deutschland in vier Besatzungszonen. Während die DDR aus der sowjetischen Besatzungszone im Osten hervorging, entstand die Bundesrepublik aus der britischen, amerikanischen und französischen Zone im Norden, Süden und Westen.

Im Jahre 1949 wurde die Bundesrepublik Deutschland gegründet, die wirtschaftlich anfangs durch den Marshallplan unterstützt wurde und heute zur NATO gehört. Im gleichen Jahr entstand die Deutsche Demokratische Republik, die dem Warschauer Pakt angehörte. Nachdem die Beziehungen zwischen den beiden deutschen Staaten anfangs—besonders seit dem Bau der Mauer 1961—sehr gespannt gewesen waren, haben sie sich seit der „Ostpolitik" von Willy Brandt Anfang der Siebziger Jahre entspannt, bis 1989 sogar die Grenze geöffnet wurde. Doch bleibt die „deutsche Frage" weiterhin ein offenes Kapitel der Geschichte.

Die Deutschen in beiden Staaten haben eine gemeinsame Geschichte und Kultur, aber sie lebten lange in ganz verschiedenen Gesellschaftssystemen. Daher ist es nicht einfach, von *der* Identität der Deutschen zu sprechen. Was ist das überhaupt, eine nationale Identität? Wie kann man

---

die Judenverfolgung: *persecution of the Jews*

gespalten: *mixed, divided*
prägen: *to characterize*

den Charakter eines Volkes überhaupt beschreiben, ohne Klischees zu benutzen?

Richard von Weizsäcker wurde 1984 Präsident der Bundesrepublik Deutschland und wird als Intellektueller und Mensch besonders geschätzt. In einer Rede hat er 1988, noch vor der Öffnung der Grenze versucht, das Selbstverständnis der Deutschen vor dem Hintergrund der Geschichte darzustellen.

FRAGEN ZUM THEMA

1. Was ist Ihrer Meinung nach typisch deutsch?
2. Sammeln Sie ein paar Fakten über die Geschichte Deutschlands. Welche Namen oder Begriffe haben Sie schon gehört?

> Martin Luther · Friedrich der Große · Karl Marx · Otto von Bismarck · Rosa Luxemburg · Weimarer Republik · Drittes Reich · Joseph Goebbels · Nürnberger Gesetze · Mauer

3. Welche Informationen haben Sie über die Entwicklung der beiden deutschen Staaten seit 1945?
4. Was wissen Sie über die Politik in der Bundesrepublik heute? Welche Parteien gibt es, und was für eine Politik vertreten sie?
5. Wer waren oder sind Konrad Adenauer, Willy Brandt, Helmut Kohl und Petra Kelly?

LESEFRAGEN

1. Welche geschichtlichen Fakten erwähnt von Weizsäcker?
2. Inwiefern beeinflußte das „Dritte Reich" die Identität der Deutschen?
3. Was für ein Verhältnis haben laut von Weizsäcker die Bundesrepublik und die DDR zueinander?
4. Wie versteht von Weizsäcker die Rolle der Deutschen innerhalb Europas?

Denk' ich an Deutschland
in der Nacht,
dann bin ich um
den Schlaf gebracht.
Heinrich Heine, 1843

Die Deutschen und ihre Identität

Richard von Weizsäcker

Die Deutschen und ihre Identität: Zwei Fragen sind damit zusammenge-
faßt. Die eine heißt: Ich gehöre zu einem Volk, dem deutschen Volk.
Welche Merkmale haben wir Deutschen als Volk? Was unterscheidet uns
Deutsche von anderen Völkern?

5   Sodann aber, und das ist die zweite Frage, bin ich ein Mensch. Was hat
die Tatsache, ein Deutscher zu sein, mit meiner Identität als Mensch zu
tun? Fordert sie mich heraus? Prägt sie mein Bewußtsein? Stellt sie mich
vor verantwortliche Aufgaben? Gerade als Deutscher vor Aufgaben, die ich
sonst nicht hätte?

10   Identität, das ist zunächst die Frage danach, wie man sich selbst versteht. Es ist eine ganz persönliche Angelegenheit.

Identität ist aber auch die Frage, wie man sich anderen verständlich
machen kann, ob und wie uns unsere Mitmenschen und Nachbarn verstehen. Eine Frage also nach unserer Fähigkeit zum Zusammenleben mit an-
15   deren Völkern. Eine Antwort darauf erwarten auch unsere Nachbarn, und
daher ist es schon wichtig, sich mit der Frage auseinanderzusetzen: Was ist
das eigentlich: deutsch?

Zunächst ist es ein naturgegebener Sachverhalt, deutsch zu sein. Es ist
die Folge der Tatsache, hier geboren und aufgewachsen zu sein, die deut-
20   sche Sprache zu sprechen, sich hier zu Hause zu fühlen und damit ein Teil
des eigenen Volkes zu sein.

Es gibt eine starke Überlieferung, die mich als Deutschen durchdringt,
ob ich mir dessen bewußt bin oder nicht: Die Überlieferung des Glaubens
und der Kultur, der sozialen Entwicklung und der politischen Vergangen-
25   heit in Deutschland haben auch meine Existenz mitbestimmt. Damit muß
ich mich auseinandersetzen.

Um die Gründe unseres heutigen Bewußtseins besser sichtbar zu
machen, möchte ich gern noch einmal zurückblicken. Aber warum denn
noch einmal zurückblicken, wird vielleicht manch einer fragen. Haben wir
30   nicht ganz andere Sorgen als die Frage nach unserer deutschen Identität?
Wir haben doch unsere großen Aufgaben in der Gegenwart: die hartnäckige
Arbeitslosigkeit; die Zukunftssorgen junger Menschen im Hinblick auf
Ausbildung und Beruf; die Sorge um den Frieden; der Gegensatz zwischen
Arm und Reich; der Schutz der Natur um ihrer selbst und um unserer Kin-
35   der willen. Wir müssen die Vergangenheit kennen, wir dürfen der Erinne-
rung gerade dort nicht ausweichen, wo sie schmerzt, wir brauchen ein ge-

---

7. **heraus•fordern:** *to challenge*   7. **das Bewußtsein prägen:** beeinflussen   11. **die Angelegenheit:** die Sache   14. **die Fähigkeit:** die Qualifikation   16. **sich mit etwas auseinander•setzen:** *to
deal with*   18. **der Sachverhalt:** *a given*   19. **auf•wachsen:** groß werden   22. **die Überlieferung:**
die Tradition   22. **durchdringen:** *to penetrate*   31. **hartnäckig:** *persistent*   32. **im Hinblick auf:**
in bezug auf   33. **der Gegensatz:** der Kontrast   34. **um . . . willen:** *for the sake of . . .*

*Altes und Neues: Frank-
furter Innenstadt*

meinsames Grundverständnis darüber. Wenn ein Volk nicht weiß, wie es
zu seiner Vergangenheit steht, dann kann es in der Gegenwart leicht stolpern.

40   Zunächst muß ich ganz rasch viel weiter zurückgehen als vierzig
Jahre. Denn unsere Identität beginnt ja nicht 1945. Die Identität der Deutschen hat viel mit der Reformation zu tun. Lange bevor sie überhaupt eine
Nation bilden konnten, waren die Deutschen schon durch die Religion getrennt, schärfer als die meisten anderen Völker.

45   Deutschland ist das Land Martin Luthers, das Land der Reformation.
Daraus haben die Protestanten oft gefolgert, sie hätten ein besonders enges
Verhältnis zum Begriff „deutsch". Man neigte zur Ausgrenzung der Katho-
liken. Eigentlich ist es erst nach dem Zweiten Weltkrieg zu einer vollen
Integration gekommen.

---

39. **stolpern:** fast fallen   46. **folgern:** *to conclude*   47. **das Verhältnis:** *relationship*   47. **der
Begriff:** das Konzept   47. **neigen:** tendieren   47. **die Ausgrenzung:** Gegenteil von Integration

50   Eine prägende Rolle für Selbstbewußtsein und Identität der Deutschen spielt die Kultur. Sie ist es, die—historisch gesprochen—in erster Linie ein deutsches Nationalgefühl entstehen ließ. Es ging nicht gleich um politische Ziele, sondern zunächst um geistige Eigenständigkeit, als man sich im 18.
Jahrhundert von der Vorherrschaft der französischen Kultur—und Sprache
55 —freizumachen suchte. Die großen Leistungen der klassischen Philosophie und Dichtung, allen voran Kant und Goethe, fanden weltweit Widerhall. Sie gaben den Deutschen das Bewußtsein, einer geachteten Kulturnation anzugehören. Man war gern deutsch, auch wenn der Begriff der Nation schwierig blieb.

60   In der Zeit Napoleons war ein erwachendes Nationalbewußtsein zum Antrieb einer politischen Freiheitsbewegung geworden. Nach den Niederlagen der frühdemokratischen Bewegungen der Paulskirche und nach der gewaltsamen Ausgrenzung Österreichs schuf Bismarck den Nationalstaat: Deutschland als Mittler und Brücke zwischen Ost und West, so schwebte
65 es ihm vor.

    Unterdessen nahm das nationale Selbstbewußtsein der europäischen Völker gefährliche Züge an. Man gewöhnte es sich an, sich anderen Nationen überlegen zu fühlen. Übersteigertes Selbstgefühl verstärkte den Drang nach mehr Macht. Industrialisierung und Kolonialismus rückten
70 vor. Indem die Deutschen nun auch noch in die Welt ausgriffen, lenkten sie eine große Koalition übermächtiger Nachbarn gegen sich. Am Ende des Ersten Weltkrieges war Deutschland besiegt und wurde in Versailles gedemütigt.

    Nirgends war der Nationalismus überwunden. In Deutschland staute
75 er sich erneut an. Auf dem Boden schwerer sozialer und wirtschaftlicher Not nahm er extreme Formen an.

    Hitler erhob die deutsche Nation zum obersten aller Werte. Die deutsch-germanische Rasse sollte das Recht haben, die Welt zu beherrschen. Konsequenz waren Gewalt und Krieg mit der halben Welt. In besetz-
80 ten Gebieten wurden Juden und andere zusammengetrieben und ermordet. Der Holocaust nahm seinen Lauf. Völkermord, Vernichtung, Haß ohne

---

53. **geistig:** intellektuell   53. **die Eigenständigkeit:** die Unabhängigkeit   54. **die Vorherrschaft:** die Dominanz   55. **die Leistung:** *achievement*   57. **der Widerhall:** die Reaktion, das Echo
57. **geachteten:** respektierten   61. **der Antrieb:** die Motivation   62. **die Niederlage:** wenn man einen Kampf nicht gewinnt   63. **gewaltsam:** brutal   63. **schaffen:** *to create*   64. **der Mittler:** jemand, der verbindet   65. **vor•schweben:** von etwas träumen   66. **unterdessen:** inzwischen
67. **der Zug** (*hier*): die Tendenz   68. **übersteigert:** erhöht   68. **verstärken:** größer machen
69. **der Drang:** *urge*   70. **vor•rücken** (*hier*): sich entwickeln   70. **aus•greifen:** expandieren
70. **lenken:** führen   72. **besiegt:** *conquered, defeated*   73. **demütigen:** erniedrigen   74. **überwinden:** *to overcome*   75. **an•stauen:** *to accumulate*   75. **der Boden** (*hier*): die Grundlage
76. **die Not:** die Krise   77. **erheben:** *to elevate*   77. **der Wert:** *value*   80. **das Gebiet:** *area*
80. **zusammen•treiben:** *to herd together*   81. **seinen Lauf nehmen:** *to take its course*   81. **die Vernichtung:** die Destruktion

Beispiel. Tod und unermeßliches Leid rings um uns her und bei uns selbst. Deutschland wurde zerstört, besiegt, besetzt und geteilt. Das Wort „deutsch", was bedeutet es danach?

85   Hinter uns lag ein Abgrund an Gewalt und Schuld. Es war schwer, in jenen Tagen ein Deutscher zu sein.

     Aber die deutsche Geschichte ist 1945 nicht zu Ende gegangen. Seit bald vier Jahrzehnten gibt es auf deutschem Boden eine freiheitliche Demokratie. Auch dies ist ein Teil unserer Geschichte—ein guter Teil.

90   Waren Sie schon einmal in der DDR?

     Wir leben heute in zwei voneinander unabhängigen Staaten und in zwei unterschiedlichen Gesellschafts- und Bündnissystemen. Mit dem Kriegsende kam die Aufteilung in Besatzungszonen, mit dem Ost-West-Konflikt die Spaltung Europas und die Teilung Deutschlands sowie seine
95 Eingliederung in Machtblöcke unterschiedlicher Werte und Ziele. Deutschland geriet aus seiner historischen Mittelposition in eine doppelte Randlage. Die Grenze zwischen den beiden antagonistischen Blöcken deckt sich mit derjenigen zwischen den beiden deutschen Staaten. Die Teilung Deutschlands zu beenden, setzt voraus, daß die Teilung Europas überwun-
100 den werden kann.

     Trotz doppelter Randlage bleibt Deutschland aber von den Bedingungen seiner Lage in der Mitte Europas geprägt. Zwar ist diese Mitte geteilt, aber sie bleibt Mitte. Für uns in der Bundesrepublik Deutschland wirkt sich dies in zwei Grunddaten aus. Das erste ist unsere Westbindung. Wir
105 gehören in den Kreis der westlichen Demokratien.

     Das zweite Grunddatum ist unsere Zusammengehörigkeit mit den Deutschen in der DDR. Sie ist eine menschliche Gegebenheit und eine politische Aufgabe.

     Geteilt sind, ich sagte es schon, nicht nur Berlin und Deutschland, ge-
110 teilt ist die Gemeinschaft der Europäer. Die europäischen Weltkriege dieses Jahrhunderts waren selbstzerfleischende Bruderkriege. An ihrem Ende ist das Bewußtsein von der Zusammengehörigkeit Europas erneut gewachsen.

     Mit der Einheit Europas ist nicht staatliche Einheit oder Gleichheit der Systeme gemeint, sondern ein gemeinsamer Weg hin zur Freiheit. Die
115 deutsche Frage ist in diesem Sinn eine europäische Aufgabe. Für ein solches Ziel mit friedlichen Mittel zu wirken, ist vor allem Sache der Deutschen.

---

82. **unermeßlich:** unvorstellbar 82. **das Leid:** *suffering* 85. **der Abgrund:** *abyss* 85. **die Schuld:** *blame* 92. **das Bündnissystem:** die Koalition 94. **die Spaltung:** die Teilung 95. **die Eingliederung:** die Integration 96. **geraten:** *to get [into]* 97. **die Randlage:** die Lage an den Grenzen, die Zwischenposition 97. **sich decken:** kongruent sein 99. **voraus•setzen:** damit rechnen 102. **die Bedingung:** *condition* 104. **die Grunddaten** (*Pl.*): fundamentale Orientierungspunkte 106. **die Zusammengehörigkeit:** die Union 107. **die Gegebenheit:** das Faktum 111. **selbstzerfleischend:** *tearing oneself to pieces* 116. **wirken:** effektvoll arbeiten

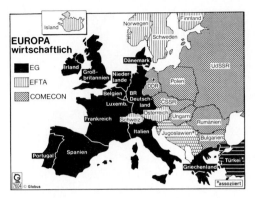

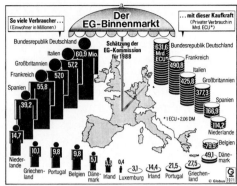

Wir leben hüben und drüben unter verschiedenen Bedingungen und gesellschaftlichen Systemen und haben verschiedene persönliche Spielräume.
120 Wir respektieren dies gegenseitig. Keiner will dem anderen in unangemes-
sener Weise dreinreden. Aber wir sind, wenn auch in zwei Staaten, hüben
und drüben Deutsche. Uns verbindet mehr als Sprache, Kultur und Haftung
für die Geschichte: Auch die wesentlichen Ziele sind uns gemeinsam.

Dies fängt beim Einfachsten an: Wir atmen dieselbe Luft. Sie macht
125 vor Grenzen nicht halt. Sie reinzuhalten, ist unser gemeinsames Interesse.
Auch der Friede, um den wir uns sorgen und bemühen, ist nicht teilbar
zwischen Ost und West.

„Die Deutschen und ihre Identität." Was heißt es nun eigentlich,
deutsch?

130 Wir sind Menschen wie andere auch, und wie alle lieben wir unsere
Heimat. Freilich hat unsere Lage, unsere Geschichte, haben unsere vielen
Nachbarn und nicht zuletzt wir selbst helles Licht und dunkle Schatten
verbreitet. Das hat viele Wandel mit sich gebracht und uns den Nachbarn
und uns selbst oft schwer verständlich gemacht. Der Lauf der Dinge hat
135 uns kein gleichmäßiges und selten ein vereintes Dasein beschert, sondern
Trennungen auferlegt. Diese zu ertragen, ohne gleichgültig zu werden,
müssen wir immer wieder lernen. Wir müssen und wir können die Teilung
nutzen und fruchtbar machen, nicht nur für uns selbst, sondern für viele
andere Menschen auch.

140 Der Weg in die Zukunft ist dunkel und offen zugleich. Auf seine Richtung einzuwirken, liegt an uns. Der Mensch ist frei. Es ist unsere Sache,
dem Begriff „deutsch" einen Inhalt zu geben, mit dem wir selbst und mit
dem die Welt gern und in Frieden leben können.

118. **hüben und drüben:** auf beiden Seiten der Grenze   119. **der Spielraum:** der Freiraum
121. **unangemessen:** inadäquat   121. **drein•reden:** sich einmischen   122. **die Haftung:** die
Verantwortung   123. **wesentlich:** hauptsächlich   126. **sich bemühen um:** streben nach
131. **freilich:** natürlich   132. **der Schatten:** wo kein Licht ist   133. **der Wandel:** die Veränderung   135. **gleichmäßig:** regulär   135. **das Dasein:** das Leben, die Existenz   135. **bescheren:**
geben   136. **auf•erlegen:** to impose   136. **ertragen:** to suffer through   136. **gleichgültig:** indifferent   138. **nutzen:** to use

TEXTVERSTÄNDNIS

A. Stimmt das oder nicht? Wenn nicht, was stimmt dann?

_____ **1.** In der Vergangenheit findet man keine Erklärung für die Situation der Deutschen heute.

_____ **2.** Seit der Reformation gibt es Streitigkeiten zwischen Katholiken und Protestanten. Aber heute leben deutsche Protestanten und Katholiken friedlich miteinander.

_____ **3.** Das deutsche Nationalgefühl entstand aus Opposition gegen die kulturelle Dominanz der Franzosen im 18. Jahrhundert.

_____ **4.** Bismarck war der erste, der einen einheitlichen deutschen Nationalstaat gründete.

_____ **5.** Der Versailler Vertrag war nicht so schlimm für die Deutschen.

_____ **6.** Hitler erklärte die „deutsch-germanische Rasse" zur „Herrenrasse". Darin sah er die Rechtfertigung für die Ermordung von Millionen von Menschen.

_____ **7.** Die Deutschen fühlten sich nach dem Ende des Dritten Reichs miserabel.

_____ **8.** Europa war lange ein politisch geteilter Kontinent, und die Grenze ging durch Deutschland.

_____ **9.** Die Deutschen in Ost und West hatten durch die Teilung nur noch wenig gemeinsam.

_____ **10.** Richard von Weizsäcker sieht der Zukunft eher positiv als negativ entgegen.

Köln am Ende des Zweiten Weltkriegs

Präsident von Weizsäcker im Gespräch mit Jungwählern

ZWEITES LESEN

B. Hier sind noch ein paar Aktivitäten zum Text.

1. Markieren Sie bitte in jedem Abschnitt die Wörter oder Teile von Sätzen, die Ihrer Meinung nach die wichtigsten sind. Fassen Sie die Abschnitte kurz zusammen.

2. Welche größeren Kategorien spielen nach Meinung Richard von Weizsäckers eine Rolle, wenn man die Identität der Deutschen bestimmen will?

3. Welches sind aktuelle Fragen, mit denen sich die Deutschen heute auseinandersetzen müssen?

4. Warum geht von Weizsäcker in seiner Rede so weit in die Geschichte der Deutschen zurück?

5. Warum waren Kant und Goethe so wichtig für die Entwicklung der Identität der Deutschen?

6. Warum wurde der Nationalismus in Europa schon vor dem Ersten Weltkrieg gefährlich?

7. Inwiefern ist Deutschlands geographische Lage in Mitteleuropa bedeutend?

8. Was sieht von Weizsäcker als die Aufgaben der Deutschen innerhalb Europas an?

9. Welche Dinge haben die Bundesrepublik Deutschland und die Deutsche Demokratische Republik nach Meinung Richard von Weizsäckers immer verbunden?

GEHEIMTIP WORTSCHATZ

C. Welche Erklärungen passen zu den Ausdrücken oder Wörtern aus dem Text?

1. das Merkmal *(Z. 3)*
2. die Tatsache *(Z. 19)*
3. sich einer Sache bewußt sein *(Z. 23)*
4. die Vergangenheit *(Z. 35)*
5. schmerzen *(Z. 36)*
6. rasch *(Z. 40)*
7. trennen *(Z. 44)*
8. das Selbstbewußtsein *(Z. 50)*
9. die Dichtung *(Z. 56)*
10. die Gewalt *(Z. 79)*
11. zerstören *(Z. 83)*

a. das Faktum
b. kurz, schnell
c. vernichten
d. die frühere Zeit
e. die Literatur
f. aufteilen
g. die Brutalität
h. etwas wissen
i. weh tun
j. das Attribut
k. das Vertrauen in sich selbst

D. Bitte erklären Sie die folgenden Ausdrücke oder Wörter aus dem Text. Der Kontext hilft Ihnen dabei.

1. das Volk *(Z. 2):* _____
2. die Aufgabe *(Z. 8):* _____
3. der Mitmensch *(Z. 13):* _____
4. die Entwicklung *(Z. 24):* _____
5. die Gegenwart *(Z. 31):* _____
6. der Frieden *(Z. 33):* _____
7. die Erinnerung *(Z. 36):* _____
8. gemeinsam *(Z. 37):* _____
9. wirtschaftlich *(Z. 75):* _____
10. die Gleichheit *(Z. 113):* _____
11. die Freiheit *(Z. 114):* _____

Deutsch lernen **Deutschland kennenlernen** Goethe-Institut

E. Suchen Sie fünf Sätze aus dem Text,. . .

1. . . . die eher Richard von Weizsäckers persönliche Meinung zum Thema der deutschen Identität ausdrücken;

2. . . . die eher die Meinung der westeuropäischen Gemeinschaft widergeben.

Unterscheiden sich die zwei Gruppen von Aussagen?

F. Welche Merkmale einer politischen Rede sind Ihrer Meinung nach hier erkennbar? Und vor was für einem Publikum hielt von Weizsäcker diese Rede wohl? Begründen Sie Ihre Meinung anhand des Textes.

Wolkowa:

„Meine Charakterisierung von Deutschland: Gastfreundlichkeit, viel Blumen und Grün, schöne Häuser, Pünktlichkeit."

ANWENDUNG: Meinung, Diskussion, Phantasie

ZU TEXT UND THEMA

A. Ihr Eindruck

1. Wie finden Sie von Weizsäckers Analyse vom Selbstverständnis der Deutschen? Welche Aspekte finden Sie besonders interessant?

2. Viele junge Leute in der Bundesrepublik Deutschland empfinden sich heute mehr als Europäer als als Deutsche. Wie erklären Sie sich das? Und was meinen Sie dazu?

3. Warum gibt es überhaupt in jedem Land ein spezifisches National-gefühl? Welche Vorteile oder Nachteile hat der Patriotismus?

4. Was für einen Unterschied gibt es zwischen dem Selbstbild der Deutschen und dem Bild, das die Welt von den Deutschen hat? Wie kommt das?

5. Was für ein positives und oder negatives Image haben die Deutschen Ihrer Meinung nach in der Welt?

B. Kreuzen Sie an, was Sie persönlich für typisch deutsch halten.

Die Deutschen

_____ fahren sehr schnell	_____ sind sehr locker
_____ sind sehr temperamentvoll	_____ sind sehr sauber
_____ sind fleißig	_____ haben viel Humor
_____ fahren viel mit dem Rad	_____ kauen Kaugummi
_____ tragen alle Lederhosen	_____ sind introvertiert
_____ spielen Baseball	_____ sind brutal
_____ sind sehr genau	_____ haben Interesse für Politik
_____ halten ihre Umwelt sauber	_____ sind offen und freundlich zu Ausländern

Diskutieren Sie, was für stereotype Vorstellungen es über die Deutschen gibt, und was Sie wirklich erlebt haben. Fragen Sie die Lehrperson oder andere Kursteilnehmer, die schon in der DDR oder BRD waren.

WIE IST DAS IN IHREM LAND?

C. Vergleichen Sie die unterschiedlichen Kulturen.

1. Sind die Leute in Ihrem Land sehr patriotisch, oder nicht so sehr? Wie zeigt sich das?

2. Was ist Ihrer Meinung nach typisch für Ihr Land und für die Mentalität der Menschen in Ihrem Land? Was für Unterschiede gibt es zu den Deutschen?

3. Was bewundert die Welt an Ihrem Land, was findet die Welt an Ihrem Land nicht gut? Was für ein Bild haben Ausländer von den Menschen in Ihrem Land? Wie und wo begegnen Leute aus den deutschsprachigen Ländern Ihren Landsleuten?

4. Die Deutschen müssen mit ihrer nationalsozialistischen Vergangenheit leben. Gibt es in Ihrem Land auch Ereignisse oder Entwicklungen, auf die die Menschen nicht so stolz sind oder für die sie sich sogar schämen? Wie werden sie damit fertig?

"Wi sünd all hier!" Willkommen in BUXTEHUDE.

Alles klar in BUXTEHUDE.

D. Andere Länder, andere Sitten. Hier sind ein paar Dinge, die vielen deutschsprachigen Menschen ganz normal erscheinen. Ausländer sind aber oft ganz erstaunt darüber. Überlegen Sie, wie es zu diesen Unterschieden kommt. Und wie macht man das in Ihrem Land?

1. Man schüttelt sich fast immer die Hände, wenn man sich trifft und wenn man sich verabschiedet.

2. Die meisten Leute nehmen die Sonnenbrille ab, wenn sie mit einer anderen Person sprechen. Es gilt als unhöflich, dem anderen nicht in die Augen zu sehen.

3. Viele Menschen lieben ihr Privatleben. In den meisten Wohnungen sind die Türen zu den Zimmern der einzelnen Bewohner geschlossen. Bevor man eintritt, klopft man an und wartet auf ein „Herein!" oder „Ja, bitte!".

4. Wenn es nicht gerade ein vornehmes Restaurant ist, setzt man sich schon manchmal an den Tisch von anderen Leuten. Erst fragt man allerdings, ob die Plätze frei sind.

5. Es gilt als gute Eßmanier, beide Hände leicht auf den Tisch zu legen. Man schneidet mit dem Messer in der rechten Hand und hält die Gabel in der linken Hand.

6. Im Restaurant läßt man den Rest des Essens auf dem Teller liegen, wenn man satt ist oder das Essen nicht geschmeckt hat. Die Bitte, das Essen einpacken zu lassen, würde den Kellner oder die Kellnerin sehr verwundern.

7. Mindestens einmal pro Woche gibt es auf einem großen Platz einen Markt mit frischem Gemüse, Obst, frischen Blumen usw.

8. Viele Leute gehen zu Fuß oder fahren mit dem Rad.

9. Die Stadtzentren sind nachts nicht ausgestorben.

10. Bei Sonnenschein zieht es die Leute nach draußen in den Garten oder in Gartencafés oder -restaurants unter freiem Himmel.

11. Am Telefon meldet man sich mit Namen, zum Beispiel: „Huber." —„Hier Feuerstein, könnte ich bitte mit Herrn Huber sprechen?"

12. Das Fernsehprogramm hat nur wenige Sender bzw. Känale.

13. Fast alle Menschen sehen täglich die Nachrichten im Fernsehen.

14. Die Menschen sind ziemlich umweltbewußt.

15. Viele Frauen schminken sich nicht oder nur wenig.

16. Am Strand sind viele Leute nackt oder halbnackt. Die kleinen Kinder spielen fast immer nackt im Sand.

UND SIE?

E. Veranstalten Sie mit einem anderen Kursteilnehmer das folgende Interview. Stellen Sie sich gegenseitig die Fragen, und schreiben Sie die Antworten in Stichwörtern auf.

Fragen	Sie	Ihr Partner/ Ihre Partnerin
1. Warum beschäftigen Sie sich mit der deutschen Sprache und Kultur?		
2. Finden Sie Geschichte interessant? Wenn ja, warum? Wenn nicht, warum nicht? Falls es Sie interessiert: Was finden Sie besonders interessant und worüber wüßten Sie gern mehr?		
3. Kennen Sie sich in der Geschichte und Kultur Ihres Landes besser aus als in der Geschichte und Kultur der deutschsprachigen Länder?		
4. Woran denken Sie, wenn Sie an folgende Gruppen—Engländer, Franzosen, Schweden, Japaner, Israelis, Koreaner, Mexikaner, Italiener usw.—denken? Treffen die Klischees zu oder sind Sie überrascht, wenn Sie echte Vertreter dieser Gruppen kennenlernen?		
5. Könnten Sie sich vorstellen, im Ausland zu leben? Auf kurze Zeit? Für immer?		
6. Könnten Sie sich vorstellen, eine andere Nationalität anzunehmen? Welche? Warum, oder warum nicht?		

*Die Berliner Mauer: Ein
Teil deutscher Vergangenheit*

F. Vor ein paar Jahren wurden einige prominente Deutsche zwischen 19 und 45 Jahren von der Zeitschrift *Wiener* zu ihrem Nationalgefühl befragt. Die Meinungen waren sehr unterschiedlich. Hier sind ähnliche Fragen für Sie:

1. Sind Sie stolz darauf, ein Bürger Ihres Landes zu sein?

2. Schämen Sie sich manchmal, ein Bürger Ihres Landes zu sein?

3. Lieben Sie Ihr Land?

4. Würden Sie dieses Land mit Waffengewalt verteidigen?

5. Wofür oder wogegen engagieren Sie sich persönlich?

6. Was würden Sie in Ihrem Land gern ändern, was würden Sie nie ändern?

7. Lohnt es sich, für wichtige Dinge auf die Straße zu gehen und zu demonstrieren?

8. Glauben Sie, daß Ihr Land Sie braucht?

9. Glauben Sie an politische Konzepte oder Ideologien? An welche?

10. Was würden Sie als das dominante Gefühl Ihrer Generation bezeichnen?

11. Fühlt sich Ihre Generation von den politischen Vertretern ausreichend repräsentiert?

STELLEN SIE SICH VOR . . .

G. Zum Rollenspielen oder Schreiben

1. Sie planen eine Reise nach Deutschland, aber Sie wollen nicht allein fahren. Versuchen Sie, einen Freund oder eine Freundin zu überreden, mit Ihnen zu fahren.

2. Sie sind 1922 geboren und erleben das Dritte Reich, das 1933 mit der Machtergreifung Hitlers beginnt. Wie würde Ihr Leben möglicherweise verlaufen? Denken Sie sich verschiedene Lebensläufe aus, zum Beispiel für eine jüdische Person, für ein Mitglied der Kommunistischen Partei, für einen SS-Offizier, einen Geistlichen usw.

3. Sie erwarten Besuch von guten Freunden aus Deutschland und erzählen einem Freund bzw. einer Freundin davon. Der Freund bzw. die Freundin antwortet: ,,Na, da kommen also Nazis zu dir.'' Sie sind empört—wie berichtigen Sie diese grobe Verallgemeinerung?

DISKUSSION ODER AUFSATZ

H. Lesen Sie die folgenden kontroversen Themenpaare durch. Suchen Sie sich einen Themenbereich aus, und versuchen Sie, sich Argumente für beide Positionen auszudenken. Schließlich sollen Sie ein handfestes Argument für Ihre eigene Position zu diesem Thema entwickeln und es mündlich oder schriftlich erläutern.

1. a. In der Vergangenheit zu wühlen ist Zeitverschwendung und hat doch keinen Sinn. Wir leben heute und müssen in die Zukunft schauen.
   b. Man darf die Vergangenheit nie vergessen, vor allem nicht, wenn es sich um das Dritte Reich handelt.

2. a. Die Deutschen neigen oft zu aggressivem Verhalten. Das hat man ja in zwei Weltkriegen gesehen. Etwas Brutales liegt einfach in der deutschen Mentalität.
   b. Pol Pot in Kambodscha, Idi Amin, Stalin, der Hungerkrieg in Äthiopien, chinesische Studenten in Peking: das sind alles Beweise dafür, daß so etwas wie der Holocaust *überall* auf der Welt und immer noch möglich ist.

3. a. Die Alliierten haben noch Truppen in der Bundesrepublik, um ,,Deutschland'' politisch und ökonomisch an den Westen zu binden. Es wäre besser, wenn beide deutsche Staaten neutral wären, genau wie Schweden, Österreich oder die Schweiz.
   b. In der Bundesrepublik Deutschland sind alliierte Truppen stationiert, um die Westdeutschen vor einem möglichen Einmarsch der Russen zu schützen. Die Deutschen können froh sein, daß sie die Alliierten haben.

25 Ankunft der Trobadora im gelobten Land

Einführung in den Text Nach dem Zweiten Weltkrieg wurde Deutschland geteilt. Aus dem östlichen Teil, der vormaligen russischen Besatzungszone, wurde 1949 die Deutsche Demokratische Republik.

Berlin, die frühere Hauptstadt Deutschlands, lag zwar mitten in der sowjetischen Zone, erhielt aber einen besonderen Status: es wurde in vier Sektoren unterteilt°, die offiziell der Oberhoheit° der Alliierten unterstehen. Seitdem spielten sich viele heikle° Momente des Kalten Krieges hier ab. Während der Blockade im Jahre 1948 sperrten° die Sowjets alle Landwege nach West-Berlin, so daß die Stadt ein gutes Jahr lang über eine Luftbrücke durch die sogenannten „Rosinenbomber" der westlichen Alliierten versorgt° wurde. 1961 baute man auf der Seite der DDR die Mauer und schloß die Grenze, da sich die DDR die Abwanderung vieler qualifizierter Arbeitskräfte in den Westen ökonomisch nicht leisten konnte. Die Berliner Mauer wurde für viele das konkrete Symbol des „Eisernen Vorhangs" zwischen dem Westen und dem sozialistischen Osten.

West-Berlin allerdings konnte man problemlos über verschiedene Transitautobahnen mit dem Auto, mit dem Zug oder mit dem Flugzeug erreichen. John F. Kennedy betonte bei seinem Berlinbesuch 1963 mit seinem berühmten Satz „Ich bin ein Berliner", wie eng West-Berlin an den Westen gebunden ist.

Willy Brandts Ostpolitik leitete in den siebziger Jahren zu Beginn der Regierungszeit von Erich Honecker eine Phase der Annäherung zwischen der Bundesrepublik und der DDR ein. Die Grenze zwischen der DDR und der Bundesrepublik Deutschland wurde allerdings immer noch streng überwacht°. Nach wie vor konnten Menschen von hüben und drüben nicht hin- und herreisen, ohne langwierige° Visumsanträge zu stellen. Und die Zahl der DDR-Bürger, die in den Westen umsiedeln wollten, stieg rasant an. 1989 schließlich wurden die Mauer und die Grenze zwischen den beiden deutschen Staaten erstmalig wieder geöffnet.

Irmtraud Morgner (geboren 1933) ist Sozialistin und Schriftstellerin in der DDR, die auch Schauplatz für die meisten ihrer phantasievollen Romane ist. Im Jahre 1974, fürzehn Jahre vor der Öffnung der Berliner Mauer, verfaßte sie *Leben und Abenteuer der Trobadora Beatriz nach den Zeugnissen ihrer Spielfrau Laura.* Die Hauptfigur darin ist die Trobadora Beatriz, eine fahrende Sängerin aus dem Mittelalter, die aus ihrem Zeitalter in unser modernes Europa hineinreist und im Osten sowie im We-

---

unterteilen: *to divide*
die Oberhoheit: *supremacy*
heikel: *riskant*
sperren: *den Zugang verbieten*

versorgen: *to supply*
überwachen: *to guard*
langwierig: *es dauert lange*

sten nach einem Land sucht, in dem es sich zu leben lohnt. Die hier abgedruckte Szene findet am Grenzkontrollpunkt in Berlin statt und zeigt, wie
Trobadora Beatriz hoffnungsvoll in die DDR, den Arbeiter- und Bauernstaat, einreist.

Irmtraud Morgner

FRAGEN ZUM THEMA

1. Haben Sie schon einmal die Mauer in Berlin gesehen? Sicher haben
   Sie Bilder davon gesehen. Woran haben Sie dabei gedacht? Was
   symbolisierte die Mauer für den Westen, und was für die Deutschen im Osten?
2. Welche Gemeinsamkeiten gibt es trotz der jahrelangen Trennung
   zwischen den Menschen in der DDR und der Bundesrepublik?
3. Was für ein politisches System hatte die DDR? Was wissen Sie
   über das System? Tragen Sie Ihre Informationen zusammen.
4. Welche anderen Länder gibt es, die aufgrund von verschiedenen politischen und ökonomischen Systemen getrennt sind oder waren?
5. Wann war das Mittelalter?
6. Was ist ein Trobador? Warum wäre es für Frauen im Mittelalter
   ungewöhnlich, wenn nicht sogar undenkbar gewesen, Trobador(a)
   zu sein?

LESEFRAGEN

1. Welche Informationen erhalten die Leser über die damalige Abfertigung der Reisenden an der Grenze nach Ostberlin?
2. In welcher Weise verhielt sich die Trobadora ungewöhnlich?
3. Was erwartete die Trobadora Beatriz von der DDR? Warum fuhr sie
   dort hin?
4. Wie stand es mit der Arbeitssituation in der DDR?

Ankunft der Trobadora im gelobten Land ◨

Irmtraud Morgner

Auf dem Bahnhof Hamburg-Altona machte Beatriz die Bekanntschaft eines
Matrosen, der in Greifswald beheimatet war. Er borgte der Trobadora das
Fahrgeld nach Berlin und suchte ihr den richtigen Zug aus. Beatriz teilte
das Abteil mit Leuten, die im Rentenalter waren. Ihre Reden empfand sie
5 als reaktionär, weshalb Beatriz sich in ihre Erwartungsträume zurückzog.
Am Bahnhof Friedrichstraße überschritt Beatriz die Grenze. Sie reihte sich
ein in die Schlange derer, die auf Abfertigung warteten. Um ihnen die Zeit
zu vertreiben, sang sie das schöne provenzalische Lied „Ad un fin aman fon
datz". Ins Deutsche übersetzt, würde die erste Strophe etwa lauten:

10 Einem Liebsten, wohlgetan,
wies die Dame Huldgeheiß
Ort und Zeit der Freude an.
Abends winkte ihm der Preis.
Taglang schritt er sorgenschwer,
15 und er sprach und seufzte bang:
Tag, wie dehnst du dich so lang!
O Not!
Nacht, dein Zögern ist mein Tod!

Die Wartenden musterten Beatriz betreten. Die Grenzpolizisten, die das
20 Lied offenbar als Anspielung auf ihr Arbeitstempo empfanden, baten um
Ruhe und Geduld. Später folgte Beatriz dem Beispiel langmähniger jungen
Männer und raffte ebenfalls den rechten Haarvorhang hinters rechte Ohr.
Dann langte sie durch den Spalt des Paßschalters, ergriff jenseits der Glasscheibe die Hand des Polizisten, die nach ihren Papieren hatte greifen
25 wollen, schüttelte die Hand und gratulierte zur Befreiung. Der erschreckte
Polizist dankte mit dem Hinweis, daß der Tag der Befreiung am 8. Mai
begangen würde. Er fand aber nichts zu beanstanden, woraufhin er Beatriz
freundlich nach dem Reisegrund befragte. „Ansiedlung im Paradies", sagte

---

1. **Altona:** Stadtteil von Hamburg   1. **die Bekanntschaft:** wenn man jemanden kennenlernt
2. **der Matrose:** der Seemann   2. **beheimatet:** zu Hause sein   2. **borgen:** leihen   4. **das Abteil:**
Teil des Zugs, in dem man sitzt   4. **das Rentenalter:** *retirement age*   4. **empfinden:** fühlen
6. **überschreiten:** gehen über   7. **die Schlange:** Leute, die hintereinander stehen und warten
8. **die Abfertigung:** *processing*   9. **Ad un fin aman fon datz:** [nicht übersetzbar]   10. **wohlgetan:**
positiv gesinnt   12. **an•weisen:** to indicate   13. **winken** (*hier*): warten   15. **seufzen:** to sigh
15. **bang:** ängstlich   16. **dehnen:** in die Länge ziehen   17. **die Not:** *misery*   18. **das Zögern:**
hesitation   19. **mustern:** prüfend ansehen   19. **betreten** (*hier*): verlegen, peinlich berührt
20. **die Anspielung:** *allusion*   21. **langmähnig:** mit langen Haaren   22. **raffen:** wegstecken
23. **langen:** greifen   23. **der Spalt:** schmale Öffnung   23 **der Paßschalter:** *passport window
counter*   26. **der Hinweis:** der Kommentar   27. **begehen** (*hier*): feiern   27. **beanstanden:** kritisieren   27. **woraufhin:** *whereupon*   28. **die Ansiedlung:** *settling*

Berliner Grenzübergang während des Kalten Krieges

Beatriz. Die Antwort weckte sein Mißtrauen erneut. Er mahnte Beatriz,
30 dem Ernst des Vorgangs entsprechende präzise Antworten zu erteilen, die
Deutsche Demokratische Republik wäre kein Paradies, sondern ein sozia-
listischer Staat. „Gott sei Dank", sagte Beatriz und erhob die rechte Faust
zum Gruß, „hier werd ich endlich Arbeit kriegen." Der Polizist grüßte
zurück, indem er bei gestreckter Hand den rechten Zeigefinger zum
35 Mützenschild führte. Er versicherte lächelnd, daß in seinem Staat allen
Bürgern das Recht auf Arbeit gesetzlich zugesichert wäre und großer Arbeitskräftemangel herrschte. Jeder Werktätige, der bei der Lösung der
großen Aufgaben mithelfen wollte, wäre willkommen. Beatriz dankte dem
Polizisten und lobte den Glanz seiner weißen, ebenmäßig gewachsenen
40 Zähne, die den bräunlichen Teint schön zur Geltung brächten. Das Lächeln
schwand, Räuspern. Verlegenes Hüsteln. Rückgabe des Passes durch den
Spalt mit einem Wunsch für gute Besserung. Die Gepäckkontrolle erbrachte keine Beanstandungen.

aus *Leben und Abenteuer der Trobadora Beatriz nach Zeugnissen ihrer*
Spielfrau Laura

29. **mahnen:** erinnern   30. **der Vorgang:** die Prozedur   30. **erteilen:** geben   32. **die Faust:** *fist*
34. **gestreckt:** gerade   35. **das Mützenschild:** *visor*   36. **der Bürger:** *citizen*   36. **zugesichert:**
garantiert   37. **der Arbeitskräftemangel:** wenn es nicht genug Arbeitskräfte gibt   37. **herrscht**
(*hier*): es gibt   37. **der Werktätige:** der Arbeiter   39. **loben:** jemandem sagen, daß man etwas
gut findet   40. **der Teint:** die Hautfarbe   40. **zur Geltung bringen:** hervorheben, betonen
41. **schwinden:** weggehen   41. **das Räuspern:** *sound of clearing the throat*

*Moderne Kunstausbildung
in barocker Umgebung:
Dresden heute*

TEXTVERSTÄNDNIS

ERSTES LESEN

A. Stimmt das oder nicht? Wenn nicht, was stimmt dann?

_____ **1.** Beatriz fuhr mit dem Zug von Hamburg-Altona nach Berlin.

_____ **2.** Ein Hamburger schenkte ihr eine Fahrkarte.

_____ **3.** Es waren lauter junge Leute im Abteil, die besonders progressiv waren.

_____ **4.** Beatriz freute sich auf die DDR.

_____ **5.** An der Grenze mußte niemand warten, alle wurden schnell abgefertigt.

_____ 6. Beatriz sang ein altes Lied über eine Liebe.

_____ 7. Der Beamte war überrascht, daß Beatriz ihm zur Befreiung gratulierte.

_____ 8. Beatriz' Papiere und Gepäck waren nicht in Ordnung.

_____ 9. Beatriz hoffte, in der sozialistischen DDR Arbeit zu finden.

_____ 10. Die DDR hatte immer offene Arme für Leute, die am Aufbau des Sozialismus mitarbeiten wollten.

_____ 11. Es machte den Beamten unsicher, daß Beatriz ihm wegen seiner Zähne ein Kompliment machte.

_____ 12. Der Grenzpolizist glaubte, daß Beatriz krank war.

ZWEITES LESEN

B. Lesen Sie den Text noch einmal, bevor sie diese Fragen bearbeiten.

1. Unterteilen Sie den Text in Abschnitte. Was passiert zuerst, was dann? Schreiben sie die Entwicklung in Stichworten auf.

2. Warum spricht Beatriz nicht mit den Menschen in ihrem Abteil? Was macht sie stattdessen?

3. Welche symbolische Bedeutung hat die erhobene Faust, mit der Beatriz den Polizisten begrüßt?

4. Welches Konzept hat der Beamte von der DDR, welches hat Beatriz?

5. Warum spricht Beatriz von der DDR als dem „Paradies", und wie verstehen Sie den Titel dieser Episode?

6. Was wird über die Arbeitssituation in der DDR gesagt?

7. Was ist am Verhalten der Trobadora so ungewöhnlich?

8. Wie würden Sie den Charakter des Grenzpolizisten beschreiben?

9. Welche Informationen enthält der Text über die Abfertigung an der Grenze nach Ostberlin zur Zeit des Kalten Krieges? Nennen Sie bitte mindestens drei Informationen:

    a. _____

    b. _____

    c. _____

    d. _____

10. Kommt in diesem Text eine Einstellung der Autorin gegenüber der DDR zum Ausdruck? Wenn ja, welche? Begründen Sie Ihre Antwort.

GEHEIMTIP WORTSCHATZ

C. Welche Erklärungen passen zu den Wörtern oder Ausdrücken im Text?

1. sich zurückziehen *(Z. 5)*
2. sich einreihen *(Z. 7)*
3. die Strophe *(Z. 9)*
4. lauten *(Z. 9)*
5. sorgenschwer *(Z. 14)*
6. offenbar *(Z. 20)*
7. ebenfalls *(Z. 22)*
8. (er)greifen *(Z. 23)*
9. die Befreiung *(Z. 25)*
10. erschrecken *(Z. 25)*
11. versichern *(Z. 35)*
12. die Lösung *(Z. 37)*

a. auch
b. wenn man einen Ausweg für ein Problem findet
c. wenn man von Problemen belastet ist
d. heißen
e. erfassen, in die Hand nehmen
f. sagen, daß etwas sicher stimmt
g. offensichtlich, scheinbar
h. sich distanzieren
i. sich in eine Reihe stellen
j. wenn man frei wird
k. eine Gruppe von Versen
l. einen Schock bekommen

D. Bitte erklären Sie auf deutsch.

1. die Grenze *(Z. 6):* _____
2. die Freude *(Z. 12):* _____
3. die Geduld *(Z. 21):* _____
4. erneut *(Z. 29):* _____
5. der Gruß *(Z. 33):* _____
6. kriegen *(Z. 33):* _____

Mauerbau über Nacht 1961

Berlin, Brandenburger Tor:
Maueröffnung über Nacht,
1989

E. Irmtraud Morgner gebraucht mehrmals zusammengesetzte Nomen. Manche davon kommen sonst selten in dieser Kombination vor. Bitte erklären Sie zuerst, aus welchen Wörtern diese Ausdrücke zusammengesetzt sind, welche Artikel diese Wörter haben, und dann, was sie bedeuten.

⇨ die Erwartungsträume *(Z. 6)*   *die Erwartung + die Träume: was*
                                      man von der Zukunft erhofft

1. der Grenzpolizist *(Z. 19):* _____

2. das Arbeitstempo *(Z. 20):* _____

3. der Haarvorhang *(Z. 22):* _____

4. der Reisegrund *(Z. 28):* _____

5. der Zeigefinger *(Z. 34):* _____

6. der Werktätige *(Z. 37):* _____

7. die Rückgabe *(Z. 41):* _____

F. Markieren Sie Wörter, die etwas mit dem Staat zu tun haben. Was sagen Ihnen diese Wörter über die damalige DDR?

ANWENDUNG: Meinung, Diskussion, Phantasie

ZU TEXT UND THEMA

A. Ihr Eindruck vom Text

1. War Ihnen der Text zu phantastisch, oder fanden Sie ihn ganz lustig?

2. Wie finden Sie die Trobadora als Mensch?

3. Versetzen Sie sich in die Lage der verschiedenen Personen. Was hätten Sie gedacht?

   a. Als der Grenzbeamte.
   b. Als die Trobadora Beatriz aus dem Mittelalter.
   c. Als eine Person in der Schlange am Grenzübergang Friedrichstraße.

B. Zu DDR und BRD

1. Wie erklären Sie sich, daß es in der DDR nur relativ wenig Arbeitslose und Obdachlose gab?

2. Manche Deutschen wie die Autoren Bertolt Brecht oder Anna Seghers, die während des Dritten Reiches ins Exil gegangen waren, kehrten nach dem Zweiten Weltkrieg nach Deutschland zurück, entschlossen sich aber, in der Deutschen Demokratischen Republik zu wohnen. Welche Gründe könnten sie dafür gehabt haben?

3. Es kam immer wieder vor, daß Bürger der DDR Ausreiseanträge stellten und nach langen Wartezeiten in die Bundesrepublik übersiedelten, daß Flüchtlinge unter großen Gefahren und Verlusten aus der DDR in die Bundesrepublik flohen, daß aber umgekehrt auch manchmal Leute vom Westen freiwillig in den Osten gingen. Wie erklären Sie sich das?

4. In welcher Lage befinden sich Menschen, die aus der DDR in die BRD umgesiedelt sind?

5. Finden Sie Gründe dafür, warum manche Menschen das Gesellschaftssystem der DDR besser fanden als das System der Bundesrepublik und umgekehrt.

C. Aktivitäten. Gehen Sie mit einer kleinen Gruppe in die Bibliothek und suchen Sie aus verschiedenen Lexika Informationen zu unterschiedlichen Themen heraus:

1. die Berliner Mauer

2. das Viermächteabkommen

3. Karl Marx

4. die Luftbrücke/die Blockade Berlins

5. der Eiserne Vorhang

6. Freie Marktwirtschaft

7. Planwirtschaft

Welche verschiedenen Resultate erbringen die verschiedenen Nach-schlagewerke?

WIE IST DAS IN IHREM LAND?

D. Situationen

1. Was passiert in Ihrem Land bei der Paßkontrolle? Wie verhalten sich die Einwanderungsbeamten gegenüber Bürgern aus Ihrem Land und gegenüber Bürgern aus anderen Ländern?

2. Warum gibt es eine so genaue Paßkontrolle?

3. Gibt es oft Probleme an Ihren Grenzen? Welche?

4. Finden Sie, daß Ihr Land offen—oder sogar zu offen—für Aus-länder ist, oder sollte es offener sein? Begründen Sie Ihre Ant-wort.

5. Finden Sie, daß Ihr Land ein „Paradies" oder „gelobtes Land" ist? Inwiefern und inwiefern nicht?

Realität oder westliche Propaganda?

„Dafür haben wir aber jede Menge stabile Preise!"

E. Gestik unter Germanen! Menschen kommunizieren nicht nur mit der Sprache—sie kommunizieren oft durch Gestik, aber diese Gestik ist von Land zu Land verschieden. Wie würde man die folgenden Gesten in Ihrem Land interpretieren, und wie würden die Deutschen sie verstehen?

1. Sie fahren zum ersten Mal auf der deutschen Autobahn mit einem neuen Volkswagen, Modell Golf, den Sie als Souvenir mit nach Hause nehmen wollen. Sie fahren wie gewöhnlich ein bißchen zu schnell und auf der linken Spur. Plötzlich fährt hinter Ihnen ein Mercedes dicht auf ihren Wagen auf und schaltet das Fernlicht schnell ein und aus. Was soll das bedeuten?

2. Jemand zählt Ihnen vor, wie oft er schon in den USA war: der Daumen = 1; der Daumen und der Zeigefinger = 2; der Daumen, der Zeigefinger und der Mittelfinger = 3; usw. Wie zählt man bei Ihnen?

3. Sie sind Austauschstudent an einer deutschen Universität. Sie halten Ihr erstes Referat, und als Sie fertig sind, fangen alle Seminarteilnehmer an, auf die Tische zu klopfen. Was soll das wohl bedeuten?

UND SIE?

F. Bilden Sie für dieses Interview eine Dreiergruppe. Stellen Sie einander diese Fragen, und schreiben Sie stichwortartig die Antworten der anderen auf. Am Schluß des Interviews sollte jeder von den dreien versuchen, die Einstellung eines anderen mündlich zusammenzufassen.

Fragen	Partner Nr. 1	Partner Nr. 2	Sie
1. Sind Sie mal ins Ausland gefahren? Wie fühlten Sie sich bei der Paßkontrolle in anderen Ländern? Und als Sie vor den Grenzbeamten Ihres eigenen Landes standen?			
2. Wie fühlen Sie sich in Situationen, in denen Sie mit Polizisten, Grenzbeamten oder anderen Autoritätspersonen zusammenstoßen? Sind Sie formell, vorsichtig, humorvoll, eingeschüchtert? Und warum?			
3. Finden Sie Grenzen notwendig? Wieso?			
4. Können Sie sich drei gute Gründe ausdenken, warum Sie [nicht] in die DDR übersiedeln würden?			
5. Gibt es ein Land, das Sie als „Paradies" ansehen?			
6. Könnten Sie sich vorstellen, in einem anderen Jahrhundert zu leben? Wohin und in welches Jahrhundert möchten Sie gerne reisen?			

STELLEN SIE SICH VOR . . .

G. Zum Rollenspielen oder Schreiben

1. Aus irgendeinem Grund würde Ihr Land in der Mitte geteilt und man könnte die Grenze nicht mehr überschreiten. Ihre Familie wäre auf der anderen Seite. Was würden Sie tun?

2. Sie erleben Abenteuer als Zeitreisende/Zeitreisender wie in Spielbergs Film „Zurück in die Zukunft".

3. Die Trobadora Beatriz aus dem Mittelalter kommt in Ihrem Land an. Sie sind nach dem Einwanderungsbeamten die erste Person, der sie begegnet. Die Trobadora fragt sehr naiv nach allen möglichen Details. Wie erklären Sie ihr, wie man in Ihrem Land lebt, wie man sich verhält, wie man Arbeit findet usw.

4. Ein guter Freund aus einer sozialistischen Gesellschaft will Ihnen klarmachen, warum man in sozialistischen Ländern viel besser leben kann. Wie reagieren Sie?

DISKUSSION ODER AUFSATZ

H. Lesen Sie die folgenden kontroversen Themenpaare durch. Suchen Sie sich einen Themenbereich aus, und versuchen Sie, sich Argumente für alle Positionen auszudenken. Schließlich sollen Sie eine glaubhafte Präsentation für Ihre eigene Position entwickeln und diese Position mündlich oder schriftlich erklären.

1. **a.** Das kapitalistische System ist das beste.
   b. Das sozialistische System ist das beste.

2. **a.** Grenzen zwischen Ländern sollten ganz abgeschafft werden.
   b. Die Grenzen garantieren Frieden zwischen den Staaten.

3. **a.** Zwischen der DDR und der Bundesrepublik sollte es eine ganz normale Grenze wie zum Beispiel zwischen Frankreich und der Bundesrepublik geben.
   b. Die Deutschen sollten alles tun, um sich wieder zu vereinigen. Immerhin sind die Menschen auf beiden Seiten der Grenze Deutsche.
   c. Die Deutschen dürfen sich nie vereinigen. Ein vereinigtes, zu starkes Deutschland im Herzen von Europa ist eine Gefahr für die ganze Welt. Nur ein geteiltes Deutschland garantiert den Frieden.

4. **a.** Arbeitslosigkeit gibt es in sozialistischen Ländern so gut wie gar nicht. Das spricht für das sozialistische System.
   b. In jedem Land gibt es mehr als genug Arbeit. Wer nicht arbeitet, ist nur faul. Wer arbeiten will, der findet auch etwas.

26   Des Schweizers Schweiz

Einführung in den Text   Viele denken nur an Käse und Uhren, wenn sie an die Schweiz denken. Das ist natürlich eine grobe Vereinfachung° der Wirklichkeit. Auch auf vielen anderen Gebieten ist die Schweiz sehr erfolgreich, zum Beispiel in der Herstellung von feinmechanischen Instrumenten und Schokolade, und die Finanzkraft und das Bankwesen der Schweiz werden weltweit bewundert. Die Banken sind unter anderem wegen des streng eingehaltenen Bankgeheimnisses° international anerkannt; darüber hinaus gilt die Schweizer Währung° als sehr stabil. Die meisten Schweizer sind stolz auf ihr Land und ihren hohen Lebensstandard, sowie auf ihre Tradition und ihre politische Unabhängigkeit seit 1499.

Wenn es aber darum geht, das Typische an den Schweizern oder der gesamten Schweiz zu charakterisieren, wird es schwierig. Die Schweiz ist nämlich gar kein so einheitliches Land: sie besteht aus 26 Kantonen, in denen insgesamt vier Sprachen gesprochen werden: Französisch, Italienisch, Rätoromanisch, und schließlich Deutsch, die Muttersprache von etwa 75% der Schweizer. Erst seit 1971 dürfen Frauen aller Kantone bei den nationalen Wahlen ihre Stimme abgeben.

Der Status der Neutralität der Schweiz ist international anerkannt und hat sich im Ersten und Zweiten Weltkrieg bewährt. Daher ist es ganz logisch, daß viele Organisationen, die um das Wohl der Menschen besorgt sind, wie das Rote Kreuz und die UNO, in der Schweiz ihre Heimat gefunden haben.

Der Schriftsteller Peter Bichsel (1935 geboren) beleuchtet das Konzept „Schweiz" in seinem Essay aus verschiedenen Blickpunkten°. Einerseits beschreibt er, was die Ausländer von der Schweiz erwarten, und andererseits, wie sich diese Erwartungen im Selbstkonzept der Schweizer widerspiegeln° und ihr Verhalten beeinflussen.

FRAGEN ZUM THEMA

1. Welche Städte in der Schweiz kennen Sie?
2. Welche berühmten Personen kommen aus der Schweiz?
3. In welchem Zusammenhang hört man etwas über die Schweiz?
4. Für welche Sportarten sind die Schweizer bekannt?
5. Waren Sie schon einmal in der Schweiz? Erzählen Sie etwas davon, sonst lassen Sie sich etwas von anderen Kursteilnehmern oder der Lehrkraft darüber erzählen.
6. Würden Sie gerne in die Schweiz reisen oder sogar dort leben und arbeiten? Wenn ja, warum? Und wenn nicht, warum nicht?

die Vereinfachung: Simplifizierung
das Bankgeheimnis: *confidentiality in banking*

die Währung: das Geld (*hier:* Franken)
der Blickpunkt: *point of view*
widerspiegeln: reflektieren

LESEFRAGEN

1. Was erfahren die Leser über das Nationalgefühl der Schweizer? Wie sehen sie sich, und wie verhalten sie sich?
2. Welche Vorstellungen hat das Ausland von der Schweiz? Wie beeinflussen diese Vorstellungen das Selbstverständnis der Schweizer?
3. Welche Einstellung hat Peter Bichsel persönlich zur Schweiz?
4. Welche Gefahren sieht Bichsel in der Lebens- und Denkart der zeitgenössischen Schweizer?

Des Schweizers Schweiz   ▣

Peter Bichsel

,,Ich kann mir einfach nicht vorstellen, daß die alten Eidgenossen
idealere Gestalten waren als mein Nachbar und ich.''

Ich bin Schweizer.
Wenn ich meiner Mutter sage: ,,Ich gehe nach Deutschland'' oder ,,Ich
5 gehe nach Frankreich'' oder ,,Ich gehe nach Schweden'', dann sagt sie: ,,Du
gehst also ins Ausland.'' Für die Schweizer gibt es zwei Welten: das Inland
und das Ausland. Wenn ich ins Ausland gehe, sagt meine Mutter: ,,Paß
auf, daß dir nichts gestohlen wird, gib deinen Koffer nicht aus der Hand.''
Schweizer tragen im Ausland ihr Geld in Beuteln unter dem Hemd oder
10 eingenäht in die Unterwäsche. Für uns hat das Wort Ausland immer noch
den Klang von Elend. Wenn ich dort sage: ,,Ich bin Schweizer'', erwarte ich
etwas, einen Ausruf des Erstaunens, Überraschung, Hochachtung oder wenigstens Freundlichkeit.
Während meines Berlinaufenthaltes passierte ich oft den Grenzüber-
15 gang zwischen West- und Ost-Berlin. . . . Andere Nationalitäten nehmen
ihren Paß erst vor dem Beamten aus der Tasche oder tragen ihn irgendwie
und unauffällig in der Hand; die Schweizer aber tragen ihren Paß gut sichtbar, ihren roten Paß mit dem weißen Kreuz. Er soll sie schützen, und die
Tatsache, daß sie Schweizer sind, soll die Gefahr abwenden, soll ihnen Vor-
20 teile bringen; sogar hier bei ostdeutschen Volkspolizisten, die sie nicht zu
ihren Freunden zählen. Ich bin Schweizer. Das hat also mehr zu bedeuten
als einfach die Antwort auf die Frage: ,,Woher kommen Sie?'' . . . Der Erfolg bleibt selten aus. Der andere reagiert wenigstens damit, daß er sagt:
,,Die Schweiz ist wunderschön.''
25 ,,Die Schweiz ist wunderschön.''
Wir fassen das nicht nur als Kompliment auf, wir sind selbst davon
überzeugt. . . . ,,Die Schweiz ist schmutzig'', das ist nachweisbar falsch.
Nachweisbar falsch sind für uns auch die Sätze: ,,Die Schweiz ist unfrei'',
,,Die Schweiz ist rückständig'', ,,Die Schweiz ist reaktionär'', weil wir da-
30 von überzeugt sind, daß der Begriff ,Schweiz' die Begriffe ,Freiheit' und
,Fortschritt' zum vornherein beinhalte. . . .

---

9. **der Beutel:** der Sack   10. **ein•nähen:** *to sew in*   11. **das Elend:** die Armut   12. **die Hochachtung:** der Respekt   16. **der Beamte** (*hier*): offizieller Grenzer   17. **unauffällig:** so, daß man es
nicht gleich sieht   18. **schützen:** *to protect*   19. **ab•wenden:** *to avert*   27. **überzeugt:** fest an etwas glauben   27. **nachweisbar:** kann demonstriert werden   29. **rückständig:** altmodisch, nicht
modern

Zum Bild der heutigen Schweiz gehört der Zweite Weltkrieg. . . . Der Krieg hat unser Selbstbewußtsein gestärkt. Daß wir verschont wurden, beweist sozusagen alles, was wir bewiesen haben wollen: die Kraft unserer
35 Armee, unsere Redlichkeit, die Stärke des Staates, die Demokratie und die Gottgefälligkeit unseres Landes.

Wir Schweizer sind Antikommunisten. Deshalb bestärkt uns das Erlebnis des Krieges in unserem Antikommunismus. Daß der Krieg gegen die Faschisten geführt wurde, ist bedeutungslos geworden. . . .

40 Die Schweiz war während des Krieges ein Paradies. Sie war die Zauberformel für die Verfolgten, das gelobte Land. . . . Weil die Einheit ,Schöne Schweiz—gute Schweiz—fortschrittliche Schweiz—humane Schweiz' selbstverständlich ist, fassen wir Kritik am Einzelnen immer als Kritik am Ganzen auf. . . .

45 Wir sind das Land der Freiheit und mit Schiller und den Ausländern davon überzeugt, daß wir uns die Freiheit mit Revolutionen erkämpft hätten.

Das ist nicht wahr. Wir sind ganz und gar nicht das Land der Revolutionen und waren es nie. Aber wir glauben daran, daß unsere Schweiz eine
50 typische Schweiz sei und fügen unserem Bild der Schweiz kritiklos alles Positive bei, was Ausländer von der Schweiz halten. Wir haben uns angewöhnt, die Schweiz mit den Augen unserer Touristen zu sehn. Ein Durchschnittsschweizer hält von der Schweiz genau dasselbe, was ein Durchschnittsengländer von der Schweiz hält. Unsere Vorstellung von un-
55 serem Land ist ein ausländisches Produkt. Wir leben in der Legende, die man um uns gemacht hat. . . .

Typisch Schweiz?

33. **das Selbstbewußtsein:** wie sehr man an sich selbst glaubt   33. **verschont:** nicht angegriffen
34. **beweisen:** *to prove*   34. **die Kraft:** die Stärke   35. **die Redlichkeit:** die Ehrlichkeit   36. **die Gottgefälligkeit:** so handeln, wie es Gott gefällt   37. **bestärken:** *to reinforce*   41. **die Zauberformel:** die magische Formel   41. **der Verfolgte:** *persecuted individual*   43. **selbstverständlich:** ohne Frage   44. **auf•fassen:** verstehen   51. **bei•fügen:** dazugeben   52. **sich an•gewöhnen:** *to get used to*   53. **der Durchschnitt:** *average*   54. **die Vorstellung:** die Idee

Super Skigebiet: Zermatt mit Matterhorn

Ich lebe in diesem Land.

Es läßt sich in diesem Land leben.

Ich bin hier geboren. Ich bin hier aufgewachsen. Ich verstehe die
60 Sprache dieser Gegend. Ich weiß, was ein Männerchor ist, was eine Dorf-
musik ist, ein Familienabend einer Partei. . . .

Ich fühle mich hier zu Hause. Auch mir fällt es schwer, mir vorzu-
stellen, daß sich jemand so zu Hause fühlen kann, wie ein Schweizer in
der Schweiz.

65 Ich leide unter Heimweh; aber es ist bestimmt nicht Heimweh nach
der Schweiz, nur Heimweh nach dem Bekannten.

---

63. **sich vor•stellen:** eine Idee haben   65. **leiden:** *to suffer*   65. **das Heimweh:** wenn man die
Heimat vermißt und traurig ist

Die Schweiz ist mir bekannt. Das macht sie mir angenehm. Hier kenne ich die Organisation. Hier kann ich etwas durchschauen. Ich weiß, wieviel hier die Dinge ungefähr kosten, und ich brauche das Geld, mit dem
70 ich bezahle, nicht umzurechnen.

Ich fühle mich hier sicher, weil ich einordnen kann, was hier geschieht. Hier kann ich unterscheiden zwischen der Regel und dem Außerordentlichen. Sehr wahrscheinlich bedeutet das Heimat. Daß ich sie liebe, überrascht mich nicht.

75 Ich liebe diese Gegend, und es ist mir wichtig, Bürger dieses Landes zu sein, weil mir mein Bürgerrecht garantiert, daß ich unter allen Umständen hier bleiben darf. . . .

Ich habe das Recht, hier zu bleiben. Das ist mir viel wert. Es macht mir auch Spaß, und ich werde bleiben, dem Satze zum Trotz: „Du kannst
80 ja gehen, wenn es dir hier nicht paßt!" Doch möchte ich hier leben dürfen, ohne ständig begeistert sein zu müssen. Ich bin nicht als Tourist hier. Ich gestatte mir, unsere Sehenswürdigkeiten nicht zu bestaunen. Ich gestatte mir, an einem Föhntag das Alpenpanorama zu ignorieren. Ich gestatte mir, die holländische Landschaft schön zu finden. Ich weiß nicht genau, was ein
85 Holländer meint, wenn er sagt: „Die Schweiz ist schön."

Wir haben in dieser Gegend sehr viel Nebel, und ich leide unter dem Föhn. Der Jura und die Alpen machen mir vor allem ein schlechtes Gewissen, weil ich immer das Gefühl habe, ich müßte sie besteigen und es doch immer wieder sein lasse. Ich habe mit nichts so viel Ärger wie mit
90 der Schweiz und mit Schweizern.

Was mich freut und was mich ärgert, was mir Mühe und was mir Spaß macht, was mich beschäftigt, hat fast ausschließlich mit der Schweiz und mit Schweizern zu tun.

Das meine ich, wenn ich sage: „Ich bin Schweizer."

95 Es fällt mir schwer, etwas typisch schweizerisch zu finden. . . . Warum? Weil wir immer noch nicht so weit sind, eine persönliche Äußerung von jemandem als persönliche Äußerung zu nehmen. Wir sehen immer wieder Nationalcharakter dahinter. Von netten Deutschen sagen wir: „Sie sind nicht typisch deutsch." Von unangenehmen Franzosen sagen wir: „Sie
100 sind nicht typisch französisch."

So glauben wir auch, ein genaues Bild vom Schweizer zu haben, und ordnen all seine Handlungen positiv und negativ in typisch und untypisch ein.

---

68. **durchschauen:** verstehen, dahinter blicken   70. **um•rechnen:** in eine andere Geldsorte konvertieren   71. **ein•ordnen:** sortieren, integrieren   81. **ständig:** immer   81. **begeistert:** enthusiastisch   82. **sich gestatten:** sich erlauben   82. **die Sehenswürdigkeiten** (*Pl.*): was wert ist, gesehen zu werden   83. **der Föhntag:** *day on which the foehn wind from the Alps is blowing*   86. **der Nebel:** *fog*   87. **der Jura:** ein Gebirgszug   88. **das Gewissen:** *conscience*   88. **besteigen:** auf den Berg gehen   91. **die Mühe:** *effort*   92. **ausschließlich:** nur

Halbstarke sind aus diesem Grund keine Schweizer. („Denen tut eine
105 Rekrutenschule gut.") Nonkonformisten sind keine Schweizer. („Die sollen
in den Ostblock, wenn es ihnen hier nicht gefällt.") Dienstverweigerer sind
keine Schweizer. Wer ungern arbeitet, ist kein Schweizer. Wer nicht
dauernd mit Stolz verkündet: „Ich bin Schweizer", der ist kein Schweizer.
Und der ‚echte' Schweizer ärgert sich darüber, daß all diese Unschweizer
110 ein Bürgerrecht haben und so den Fortbestand der typischen Schweiz nicht
garantieren. . . .

Diese Selbstgerechtigkeit macht die Schweiz unveränderbar, und ich
erschrecke beim Gedanken, in zwanzig Jahren in einer Schweiz leben zu
müssen, die aussieht wie diese. Wir haben uns sehr daran gewöhnt,
115 Museum zu sein. Es macht uns Spaß, von Ausländern bewundert zu werden . . . eine Demokratie zu Demonstrationszwecken. . . .

Wir sind ein wohlhabendes Land. Armut ist hier eine Schande; man
gibt sie zum mindesten nicht zu und macht es damit den Reichen leicht.
Aber auch Reichtum wird bei uns in der Regel diskret verdeckt. Geld ist
120 hier etwas Intimes, von seinem Geld spricht man nicht.

Jede neue Sozialmaßnahme wird bei uns vorerst einmal damit
bekämpft, daß man sagt, sie lähme die Privatinitiative. Mit Privatinitiative
bezeichnet man die Möglichkeit jedes Bürgers, ein Reicher zu werden; die
Privatinitiative ist das Recht der Wölfe.

125 Trotzdem spricht man bei uns viel von Bürgersinn. Ein Wort, das
kaum zu definieren ist. Es mag einmal den Sinn für die Gemeinschaft, für
die Staatsordnung gemeint haben; Bürgersinn ist aber heute viel mehr die
vorschnelle Versöhnung, die Angst vor Neuem, die Toleranz Unzulänglich-
keiten gegenüber und der Verzicht auf grundsätzliche Diskussionen. . . .

130 Eine Demokratie ohne Diskussion wäre museal. Der innere Feind der
Schweiz heißt pervertierter Bürgersinn. Die Igelstellung—eingerollt und die
Stacheln nach außen—ist zum Sinnbild unserer Unabhängigkeit geworden.
Aber auch ein Igel muß sich zur Nahrungsaufnahme entrollen.

---

104. **der Halbstarke:** frecher junger Mann   106. **der Dienstverweigerer:** *conscientious objector*
108. **dauernd:** immer   109. **echt:** wahr, wirklich   110. **das Bürgerrecht:** *rights of a citizen*
110. **der Fortbestand:** die Kontinuität   112. **die Selbstgerechtigkeit:** *self-righteousness*
117. **wohlhabend:** besitzt mehr als genug Geld   117. **die Schande:** *shame*   118. **zu•geben:** *to
admit*   119. **in der Regel:** normalerweise   119. **verdecken:** nicht zeigen, verstecken   121. **die
Sozialmaßnahme:** *social welfare legislation*   122. **lähmen:** paralysieren   125. **der Bürgersinn:**
civic awareness   126. **die Gemeinschaft:** *community*   127. **die Staatsordnung:** *system of government*   128. **vorschnell:** zu schnell   128. **die Versöhnung:** *reconciliation*   129. **die Unzulänglichkeit:** die Inadäquatheit   129. **der Verzicht:** wenn man etwas aufgibt   129. **grundsätzlich:** *basic, necessary*   130. **museal:** wie im Museum   131. **die Igelstellung:** *hedgehog position, all-around defense*   132. **der Stachel:** was der Igel auf dem Rücken hat   132. **das Sinnbild:** das Symbol, die Metapher   133. **die Nahrungsaufnahme:** Essen   133. **sich entrollen:** sich
auseinander rollen

<u>TEXTVERSTÄNDNIS</u>

A. Stimmt das oder nicht? Wenn nicht, was stimmt dann?

_____ 1. Im Ausland tragen manche Schweizer ihr Geld in der Unter-
          wäsche.

_____ 2. Wenn die Schweizer Ihre Nationalität angeben, sind sie stolz
          und erwarten eine positive Reaktion.

_____ 3. Die meisten Ausländer finden die Schweiz nicht besonders at-
          traktiv.

_____ 4. Im Zweiten Weltkrieg sind in der Schweiz viele Städte bom-
          bardiert worden.

_____ 5. Die Schweizer sind Revolutionäre.

_____ 6. Peter Bichsel möchte in der Schweiz wohnen, ohne immer
          alles wunderschön finden zu müssen.

_____ 7. Bichsel steigt gerne auf die Berge.

_____ 8. In der Schweiz werden viele soziale Maßnahmen eingeführt,
          und alle freuen sich darüber.

_____ 9. Peter Bichsel meint, daß die Schweiz die perfekte Demokratie
          sei und so bleiben sollte, wie sie ist.

B. Fragen und Interpretieren

1. Lesen Sie bitte den Text noch einmal, und markieren Sie in jedem
    Abschnitt den Ausdruck oder die Ausdrücke, die Sie am wichtig-
    sten finden. Fassen Sie die Abschnitte zusammen.

2. Was für eine Einstellung haben viele Schweizer gegenüber dem
    Ausland?

3. Welche Erfahrung machte Bichsel an der Grenze in Berlin?
    Warum gibt er dieses Beispiel?

4. Warum glauben die Schweizer, daß sie ihre Freiheit den vielen
    Revolutionen verdanken?

5. Wie fühlt sich Peter Bichsel in der Schweiz, und warum fühlt er
    sich so? Nennen Sie mindestens fünf Gründe.

6. Was halten die Schweizer für typisch oder untypisch für einen
    Schweizer?

7. Was für eine Einstellung haben die Schweizer zum Geld und zur
    freien Marktwirtschaft?

8. Was kritisiert Bichsel an der Schweiz? Nennen Sie mindestens drei Kritikpunkte.

9. Was ist mit dem Symbol des Igels gemeint? Was drückt der Autor aus, wenn er im letzten Satz schreibt: ,,Aber auch ein Igel muß sich zur Nahrungsaufnahme entrollen.''?

10. Wie erklären Sie sich, daß sowohl Peter Bichsel als auch Irmtraud Morgner von ihren Ländern als vom ,,Paradies'' oder ,,gelobten Land'' sprechen? Was bedeutet es in bezug auf die DDR, was in bezug auf die Schweiz? Tun andere Länder das auch? Wie interpretieren Sie das?

GEHEIMTIP WORTSCHATZ

C. Welche Erklärungen passen zu welchen Wörtern oder Ausdrücken aus dem Text?

1. stehlen *(Z. 8)*

2. der Grenzübergang *(Z. 15)*

3. beinhalten *(Z. 31)*

4. bedeutungslos *(Z. 39)*

5. mir fällt es schwer *(Z. 62)*

6. geschehen *(Z. 72)*

7. wenn es dir nicht paßt *(Z. 80)*

8. die Äußerung *(Z. 96)*

9. die Handlung *(Z. 102)*

10. sich an etwas gewöhnen *(Z. 114)*

11. bewundern *(Z. 115)*

a. etwas schön finden
b. die Orte, wo man von einem Land ins andere geht
c. etwas normal finden
d. passieren
e. wenn dir das nicht gefällt
f. was jemand tut
g. ich kann nicht ohne Probleme
h. was jemand sagt
i. mit ausdrücken, einschließen
j. nicht so wichtig
k. ohne Erlaubnis wegnehmen

D. Bitte definieren Sie kurz folgende Ausdrücke, oder finden Sie Synonyme.

1. das Ausland *(Z. 6)* _____

2. die Freiheit *(Z. 30)* _____

3. fortschrittlich *(Z. 42)* _____

4. kritiklos *(Z. 50)* _____

5. mit etwas Ärger haben *(Z. 89)* _____

6. was mich freut *(Z. 91)* _____

7. unangenehm *(Z. 99)* _____

8. erschrecken *(Z. 113)* _____

9. der Feind *(Z. 130)* _____

10. die Unabhängigkeit *(Z. 132)* _____

DIE BESTE VERBINDUNG:
SCHWEIZERISCHE KREDITANSTALT

ANWENDUNG: Meinung, Diskussion, Phantasie

ZU TEXT UND THEMA

A. **Peter Bichsel.** Was halten Sie von den positiven Gefühlen des Autors für sein Land? Glauben Sie, daß auch seine Kritik und seine Befürchtungen gerechtfertigt sind?

B. **Die Schweiz**

1. Tragen Sie möglichst viele Informationen zur Schweiz zusammen:

   a. zur Mentalität
   b. zur Wirtschaft
   c. zur Geographie
   d. zum politischen System
   e. zur Kultur
   f. zur Geschichte

   Ein Lexikon kann Ihnen dabei helfen.

2. Warum fahren Leute in die Schweiz?

3. Worauf sind die Schweizer stolz?

4. Welche Rolle hat die Schweiz während des Krieges gespielt?

C. Dialekt. Wie Sie wissen, gibt es in der deutschen Sprache viele Dialekte, im Norden andere als im Süden. Manchmal können die Leute aus einer Gegend das Deutsch einer anderen Gegend kaum verstehen. Versuchen Sie herauszufinden, was diese Sprichwörter und Redensarten aus dem Schweizerdeutschen bedeuten.

1. Churzi Rede und langi Brootwürscht, so hends die Lüt gern.

2. Wenns all Tag regnet, isch es z vil; wenns all ander Tag regnet isch es z wenig.

3. Mach kaini Schnäckedänz!

4. Bloos mr in d Schueh!

Appenzeller Käse

einzigartig würzig dank der liebevollen Pflege mit der geheimnisvollen Kräutersulz.

WIE IST DAS IN IHREM LAND?

D. Nationalgefühl hier und dort

1. Wie reagieren die Leute im Ausland, wenn Sie sagen „Ich bin Amerikaner" oder „Ich bin Kanadierin"?

2. Hier sind ein paar umformulierte Aussagen aus Bichsels Text. Welche davon treffen auf Ihr Land zu? Wenn etwas nicht zutrifft, beschreiben Sie bitte, wie es Ihrer Meinung nach wirklich ist.

	Stimmt	Stimmt nicht
a. „Dieses Land ist unfrei."	☐	☐
b. „Dieses Land ist rückständig."	☐	☐
c. „Dieses Land ist reaktionär."	☐	☐
d. „Die Freiheit in diesem Land ist durch Revolutionen erkämpft worden."	☐	☐
e. „Unser Land wird von Ausländern bewundert."	☐	☐
f. „Wir sind ein wohlhabendes Land."	☐	☐
g. „Die Igelstellung ist ein Sinnbild unserer Unabhängigkeit."	☐	☐

Wo gibt es Parallelen zwischen Ihrem Land und der Schweiz, und wo Unterschiede?

UND SIE?

E. Setzen Sie sich zu einem anderen Kursteilnehmer und stellen Sie einander die folgenden Fragen. Tragen Sie die Antworten Ihres gegenseitigen Interviews in Stichworten in den Fragebogen ein.

Fragen	Sie	Ihr Partner/ Ihre Partnerin
1. Haben Sie die Schweiz schon einmal besucht? Würden Sie gern dorthin fahren? Warum oder warum nicht?		
2. Welches Land oder welche Gegend empfinden Sie als Ihre Heimat?		
3. Sind Sie stolz auf Ihr Land?		
4. Haben Sie ähnlich ambivalente Gefühle gegenüber Ihrem Land wie Bichsel gegenüber der Schweiz? Was mögen Sie an Ihrem Land? Was kritisieren Sie?		
5. Welche stereotypen Ansichten oder Eindrücke haben Fremde in bezug auf Ihre Heimat? Wie finden Sie die Vorstellungen der Fremden, und wie reagieren Sie darauf?		

STELLEN SIE SICH VOR . . .

F. **Zum Rollenspielen oder Schreiben**

1. Sie haben einen Sommerjob bei einer Bank der Schweizer Firma Migros bekommen. Wie bereiten Sie sich auf diesen Aufenthalt in der Schweiz vor?

2. Sie werden plötzlich von einem Hubschrauber° mitten in der Schweiz abgesetzt. Sie wissen nichts anderes über die Schweiz als das, was in Peter Bichsels Essay steht. Was für Sachen würden Sie machen, und was für Fragen würden Sie stellen, um herauszufinden, wie die Schweiz und die Schweizer wirklich sind? Sie können z.B. einen Interviewbogen entwerfen. Einer spielt den Abgesetzten/die Abgesetzte, der/die andere den Schweizer oder die Schweizerin.

DISKUSSION ODER AUFSATZ

G. Lesen Sie die folgenden kontroversen Themenpaare durch. Suchen Sie sich einen Themenbereich aus, und versuchen Sie, sich Argumente für beide Positionen auszudenken. Stellen Sie dann Ihre eigene Position vor.

1. a. Es ist ein Glück für die Welt, daß die Schweizer Währung so stabil und die Schweizer Banken so vertrauenswürdig sind. Man kann sich auf sie verlassen und sein Geld gut anlegen.
    b. Die Schweizer Banken und ihr Bankgeheimnis sind eigentlich kriminell. Alle Betrüger der Welt dürfen da ihr gestohlenes Geld auf ein Konto zahlen, und niemand fragt, woher das Geld kommt.

2. a. Die Schweizer Schokolade ist die beste auf der Welt. Allein schon darum muß man die Schweiz lieben.
    b. Alles, was die Schweizer können, ist Schokolade machen. Sonst nichts!

3. a. Die politische Neutralität der Schweiz ist ein Zeichen von Schwäche. Sie können sich nicht entscheiden, auf welcher Seite sie stehen und kämpfen wollen. Ich verachte so etwas.
    b. Politische Neutralität ist die einzige Chance für ein kleines Land wie die Schweiz. Jetzt müßten sie nur noch eine waffenfreie Zone werden, das heißt, ihre Armee abschaffen. Dann könnte man sie wirklich bewundern.

der Hubschrauber: *helicopter*

27   Österreich spezial

Einführung in den Text   Österreich, heute eine Bundesrepublik mit nur 7,5 Millionen Einwohnern, hat eine bewegte Geschichte hinter sich. Viele Jahrhunderte lang galt Österreich als das Zentrum des deutschsprachigen Europas; von 1440 bis 1806 kamen die Kaiser des Heiligen Römischen Reiches Deutscher Nation fast alle aus Österreich. Eine Zeit lang bildeten Ungarn und Österreich die sogenannte „k. u. k." (kaiserliche und königliche) Doppelmonarchie, und auch Teile von Jugoslawien, Italien, der Tschechoslowakei, Polen, Sachsen, Rumänien und von anderen Ländern wurden von Wien aus regiert. Unter der Herrschaft des Kaisers mischten sich österreichisch-deutsche, ungarische und verschiedene slawischen Kulturen in der Hauptstadt, die für ihren lebensfreudigen Wiener Charme berühmt wurde. Im Jahre 1918 allerdings kam das Ende der Monarchie, und der österreichische Kaiser mußte genau wie der deutsche

Schloß Schönbrunn in Wien

abdanken. Nach dem vorübergehenden° „Anschluß" an das deutsche „Reich" zwischen 1938 und 1945 wurde Österreich dann im Jahre 1955 nach einigen Jahren alliierter Besatzung ein unabhängiges, neutrales Land.

Zwei Drittel der Landschaft Österreichs bestehen aus Gebirgsland, und daher haben die Österreicher schon immer mit dem Anbau von Wein besonderen Erfolg gehabt. Daher und wegen der guten Ski- und Wandermöglichkeiten ist Österreich ein sehr beliebtes Urlaubsland für Touristen, besonders auch für viele Deutsche. Aber auch auf anderen Gebieten kann Österreich auf eine lange Tradition zurückblicken—in der Musik, Literatur, Philosophie und Psychologie. Vieles von der Geschichte Österreichs tritt den Besuchern besonders in der Hauptstadt Wien entgegen, die heute neben New York und Genf der dritte Hauptsitz der Vereinten Nationen ist und in vieler Hinsicht° Mittlerfunktion zwischen Ost- und Westeuropa trägt.

Der hier abgedruckte Artikel von Herbert Starmühler erlaubt Ihnen, auf einer Stadtrundfahrt Einzelheiten über das alte sowie das moderne Wien und Österreich zu erfahren.

FRAGEN ZUM THEMA

1. Was hören oder lesen Sie ab und zu in den Nachrichten über Österreich?
2. Wofür ist Österreich bekannt?
3. Von welchen Städten in Österreich haben Sie schon gehört, oder welche haben Sie schon besucht? Welche wollen Sie besuchen, wenn Sie nach Österreich kommen?
4. Welche berühmten Österreicher kennen Sie?
5. Was haben Sie über die Geschichte Österreichs gehört oder gelesen?

LESEFRAGEN

1. Was kann man in Wien alles unternehmen?
2. Welche Sehenswürdigkeiten werden im Text genannt?
3. Welche Informationen erhalten Sie über die österreichische Geschichte und Lebenseinstellung?

vorübergehend: *temporary*   **in vieler Hinsicht:** *in many respects*

Österreich spezial

„Geh', bring ma no a Achterl, Koarl", ruft der schwarze Krauskopf quer durch den rauchigen Raum. Die „Blue Box" ist wieder einmal zum Bersten voll.

5 Aus den Lautsprechern tönen Aretha Franklins Soul-Arien, auf den Stahlrohr-Barhockern mit den runden schwarzen Ledersitzen rekeln sich modern gestylte Zwanzigjährige.

10 Die blonden Studentinnen Pimpfi und Babsi feiern ihre bestandene Staatsprüfung und beschließen, weil der Abend gar so schön begonnen hat, noch einen Sprung bei der „Jazz Gitti" im 15 Starclub vorbeizuschauen.

Wiener Szene, Wien bei Nacht.

Neue „Beisln", die gemütlichere Form der Kneipen, haben ihre Pforten geöffnet. Alles ist vertreten: Treffs für 20 Modebewußte, Tempel für modernste Musik, Cafés für Künstler. Sie heißen „Krah-Krah", „Roter Engel", „Casablanca" oder „Kaktusbar".

Die Wiener Szene-Zeitschrift „Falter" 25 listet gleich 250 Adressen auf. Anfang der siebziger Jahre waren es kaum zwei Dutzend. Damals lebte die Stadt noch ausschließlich vom typischen Wien-Bild des Fremdenverkehrs: Sängerknaben, 30 Mozartkugeln, Lipizzaner, Stammcafé.

Dennoch: Wenn Touristen am Heldenplatz den Fiaker besteigen, um dieses Wien anzusteuern, lüpft der Fahrer nach wie vor devot seinen „Stößer", den steifen schwarzen Hut: „Habe die 35 Ehre." Bei soviel Herzlichkeit vergessen die Fremden leider meistens einen Preis für die Stadtrundfahrt auszumachen— später werden sie staunend 85 Mark hinblättern. 40

Billiger kommt eine Rundfahrt mit der „Elektrischen", mit der Straßenbahn. Ein Einzelfahrschein kostet 19 Schilling—rund 2,70 Mark. 35 Linien verkehren auf immerhin 250 Kilome- 45 tern.

Die „2er" und die Linie „D" bieten sich für eine Sightseeing-Tour an, weil sie die wichtigste touristische Strecke— den Ring—durchfahren. Jede Station 50 eine historische Attraktion.

Mit etwas Glück erwischt man einen Schaffner, der Zeit zum Plaudern findet: Dann erzählt er vom Burgtheater, das im Krieg schwer beschädigt wurde; zeigt 55 auf das neugotische Rathaus (1872–83 erbaut), berichtet vom Streichelzoo, der mit ausgestopften Tieren im Großen Naturhistorischen Museum eingerichtet wurde. Er weist auf den großen golde- 60

---

1. **a** (*Dial.*): ein   1. **das Achterl** (*Dial.*): 1/8 Liter Wein   2. **der Krauskopf:** Mann mit lockigem Haar   2. **quer durch** (*hier*): *all the way across*   4. **zum Bersten:** so voll, daß es fast zerbricht 7. **der Stahlrohr-Barhocker:** hoher Stuhl mit Beinen aus Stahl   11. **bestehen:** erfolgreich abschließen   12. **beschließen:** entscheiden   14. **[auf] einen Sprung:** schnell, kurz   18. **die Pforte:** die Tür   19. **vertreten sein:** da sein   19. **der Treff:** der Treffpunkt   20. **der/die Modebewußte:** Person, die sehr auf die Mode achtet   28. **ausschließlich:** nur   29. **der Fremdenverkehr:** der Tourismus   30. **die Mozartkugel:** runde Praline   30. **die Lipizzaner:** sehr berühmte weiße Pferde   32. **der Fiaker** (*typisch österreichisch*): *carriage*   33. **an•steuern:** Kurs nehmen auf 33. **lüpfen** (*alt*): heben   34. **nach wie vor:** immer noch   38. **aus•machen:** vereinbaren; *to negotiate*   45. **verkehren:** fahren   49. **die Strecke:** die Route   50. **der Ring:** berühmte Wiener Straße um die Altstadt herum   53. **der Schaffner:** *conductor*   53. **das Plaudern:** Konversation ohne tiefen Inhalt   55. **beschädigen:** *to damage*   57. **der Streichelzoo:** *petting zoo*   58. **ausgestopft:** *stuffed*   59. **ein•richten:** installieren, arrangieren

Fiaker in Wien: Stadtrundfahrt im alten Stil

nen Doppeladler über dem Eingangsportal der Hofburg, dem Symbol der ehemaligen Doppelmonarchie Österreich-Ungarn.

Über diese Ringstraße wurde 1916
65 Kaiser Franz Joseph zu Grabe getragen

und mit ihm die Donaumonarchie. Sie zerbrach, Denkmäler und Bauten blieben als Erinnerung.

Das mächtige Standbild von Kaiserin Maria Theresia zum Beispiel. Oder die   70

61. **der Doppeladler:** *double eagle*   61. **das Eingangsportal:** die Tür, durch die man hereinkommt   62. **die Hofburg:** kaiserliches Wiener Stadtschloß   65. **das Grab:** *grave*   67. **das Denkmal:** Monument in Form einer Statue   67. **der Bau:** meist großes Haus

nicht minder imposanten Denkmäler von Erzherzog Karl und Prinz Eugen am Heldenplatz.

Auch die Oper stammt aus Monar-75 chie-Zeiten. 1945 zerstörten Bomben sie teilweise, 1955 eröffneten die Wiener mit Beethovens „Fidelio" ihre Staatsoper wieder.

Das einzige neue Bauwerk in Wien, 80 das die Fremden anzieht, ist das „Hundertwasserhaus" in der Löwengasse (dritter Bezirk). Ein buntes, bepflanztes Gebäude mit vielen krummen Wänden und schiefen Ebenen, das der Maler 85 Friedensreich Hundertwasser geplant und konstruiert hat.

Unverwechselbar bis heute blieb auch das Wiener Kaffeehaus: hier, wo der Kellner „Herr Franz" gerufen wird und 90 dieser gern mit „Kompliment, Herr Hofrat" antwortet, fühlt sich auch Janos, 28, wohl, der vor zehn Jahren aus Ungarn emigriert ist.

„Die Zeit ist stehengeblieben. Wie eh 95 und je bekomme ich hier automatisch ein Glas Wasser zu jedem Kaffee."

Die Kaffeehaus-Literaten Peter Altenberg oder Alfred Polgar, die um die Jahrhundertwende lebten, könnten heute 100 ihre Stammcafés betreten und fänden alles nahezu unverändert vor.

Zwar liegen nicht mehr die vielen Zeitungen in den Sprachen der alten

Monarchie auf den Tischen, aber immer noch genügend, um sich einen ganzen 105 Vormittag in den Polstermöbeln zu verkriechen.

Dies stört die Ober wenig. Mürrisch werden sie nur, wenn der Gast lediglich „Eine Tasse Kaffee" bestellt. Auf der 110 Karte im renovierten Café Central, in dem einst Arthur Schnitzler und Sigmund Freud ein und ausgingen, stehen nicht weniger als 24 Kaffee-Spezialitäten zur Auswahl—vom „Einspänner" 115 (schwarzer Kaffee mit Schlagsahne im Glas) bis zum „Mazzagran" (kalter Kaffee mit Eissplittern und einem Schuß Rum).

Kaiser und Kaiserin, Hofburg und 120 Oper, Kaffeehäuser und Beisln. In Wien wurde die Vergangenheit konserviert und renoviert. Das ist es, was die Stadt auch heute noch so anziehend macht.

„Hier kann ich träumen. Träumen 125 von Glanz und Größe, von Ruhe und Ordnung", sagt Günther Becker, 45, Kaufmann aus Düsseldorf. In den letzten fünf Jahren kam er achtmal hierher. Und in diesem Jahr weiß er auch, wohin 130 er fährt. Nach Wien, versteht sich— zur ewig jungen alten Frau, wie André Heller seine Heimatstadt nannte.

Küß' die Hand.

HERBERT STARMÜHLER

---

69. **das Standbild:** die Statue 71. **nicht minder:** nicht weniger 71. **imposant:** beeindruckend
80. **an•ziehen:** attraktiv sein 82. **der Bezirk:** Stadtdistrikt von Wien 82. **bepflanzt:** *planted*
83. **krumm:** nicht gerade 84. **schiefe Ebene:** nicht horizontal 87. **unverwechselbar:** *unmistak-able* 91. **der Hofrat:** *title of court official* 101. **nahezu:** *fast* 108. **der Ober:** der Kellner
108. **mürrisch:** schlechter Laune, *grouchy* 112. **einst:** einmal, früher 115. **die Auswahl:** die Selektion 118. **der Schuß:** *shot* 126. **der Glanz:** die Glorie 131. **versteht sich:** natürlich, selbstverständlich 134. **Küß' die Hand:** typischer Wiener Gruß, von Männern für Frauen

TEXTVERSTÄNDNIS

ERSTES LESEN

A. **Stimmt das oder nicht?** Wenn nicht, was stimmt dann?

____ **1.** Die Studentinnen Babsi und Pimpfi sind froh, daß sie ihr Universitätsstudium erfolgreich hinter sich gebracht haben.

____ **2.** Die Kutscher mit ihren Fiakern sind besonders nett und devot, aber auch ziemlich teuer.

____ **3.** Manche Straßenbahnschaffner erzählen ganz gerne etwas von der Geschichte der Stadt Wien.

____ **4.** Der Ring ist ein Schmuckstück, das viele Wienerinnen tragen.

____ **5.** Das weltberühmte Burgtheater wurde im Krieg zerbombt.

____ **6.** Die Hofburg war das Stadtpalais der österreichischen Kaiser.

____ **7.** Leider wurden alle Standbilder und Denkmäler aus der Zeit der Monarchie im Zweiten Weltkrieg zerstört.

____ **8.** Touristen interessieren sich besonders für das Haus, das der Architekt und Maler Friedensreich Hundertwasser erbaute.

____ **9.** Die legendären Wiener Kaffeehäuser haben sich seit der Zeit Peter Altenbergs, Alfred Polgars, Arthur Schnitzlers und Sigmund Freuds, d.h. seit der Jahrhundertwende, radikal verändert.

Roter Engel night club, Vienna

ZWEITES LESEN

B. Beantworten Sie die Fragen, nachdem Sie den Text noch einmal durch-gelesen haben.

1. Was für Kneipen gibt es in Wien für jüngere Leute? Beschreiben Sie die Atmosphäre, die Musik und die Besucher dort.

2. Wie viele Möglichkeiten gibt es, eine Rundfahrt durch Wien zu machen? Welche Sehenswürdigkeiten kann man auf solch einer Rundfahrt bewundern? Nennen Sie mindestens fünf.

3. Was bedeuten die Ausdrücke ,,Doppelmonarchie'' oder ,,Donau-monarchie''?

4. Beschreiben Sie ein Wiener Kaffeehaus. Warum kann man sich dort wohlfühlen?

   Ein Kaffeehaus ist _____

   _____

   Die Kellner _____

   _____

   Man kann _____

   _____

   Um die Jahrhundertwende _____

   _____

   Im Café Central zum Beispiel _____

   _____

   Ich würde _____

   _____

5. Was macht die besondere Atmosphäre und den Charme von Wien aus? Warum nennt der Musiker André Heller Wien ,,eine ewig junge alte Frau''?

6. Welche Informationen erhalten Sie aus diesem Text . . .

   a. . . . über die Geschichte Österreichs?
   b. . . . über das Leben im heutigen Wien?
   c. . . . über das Verhältnis zwischen dem alten und dem neuen Wien?
   d. . . . über den Lebensstil der Wiener?

   Fassen Sie Ihre Eindrücke jetzt stichwortartig zusammen!

❝Schweigend und regungslos, in einer Art stumpfsinnigen Nach-denklichkeit . . .❞
Ludwig Hirschfeld, 1912

WIENER CAFÉ DER LITTERAT
»Der Litterat« im Kaffeehaus.
Wiener Postkarte um 1910

D. Aktivitäten

1. Gehen Sie in ein paar Reisebüros, und holen Sie sich Informationen und Broschüren über Österreich, einmal für einen Sommerurlaub, einmal für einen Winterurlaub. Erkundigen Sie sich auch nach Preisen und Routen bei den verschiedenen Fluglinien. Tauschen Sie die Ergebnisse in der Klasse aus.

2. Wählen Sie sich einen der folgenden Aspekte, und versuchen Sie, in der Bibliothek Informationen und Bildern darüber zu finden:

   a. Die Kaiserin Maria Theresia.
   b. Der Wiener Kongress 1815.
   c. Die Liebesgeschichte von Franz Joseph dem Zweiten und seiner Frau Elisabeth (Sissi).
   d. Sigmund Freuds Psychoanalyse.
   e. Der „Anschluß" Österreichs an das Dritte Reich im Jahre 1938.
   f. Österreich, das Volk der geborenen Skifahrer: olympische Weltmeister aus Österreich.
   g. Wiener Klassik: das Wirken der klassicher Komponisten Haydn, Mozart, Beethoven in Wien.

Im Wien des 19. Jahrhunderts lief ein König dem Kaiser den Rang ab: Wenn Walzerkönig Johann Strauß (Sohn) den Taktstock hob und seine Kapelle Melodien aus der »Fledermaus« strich, dann kochte jeder Ballsaal

WIE IST DAS IN IHREM LAND?

E. Hier können Sie Vergleiche mit der Situation in Ihrem Land anstellen.

1. Was für eine Vorstellung haben die Menschen in Ihrem Land von Monarchien, Königen und Kaisern? Sind sie fasziniert oder abgestoßen? Wie kommt es zu dieser Haltung?

2. Glauben Sie, ein Wiener Kaffeehaus, in dem man verschiedene Kaffeesorten und Alkohol trinken oder eine Kleinigkeit essen kann, lange sitzt, liest, schreibt oder Gespräche führt, hätte eine Chance in Ihrer Stadt? Oder gibt es da schon etwas Ähnliches? Würden die Leute hingehen? Warum ja, oder warum nicht?

3. Wann sagt man in Ihrem Land, etwas sei alt? Wie kommt es, daß die Vorstellungen von „alt" oder „antik" auf dem europäischen und amerikanischen Kontinent verschieden sind? Pflegt man die Geschichte und Kulturdenkmäler Ihres Landes, wie es die Österreicher tun?

4. Welche Sehenswürdigkeiten empfehlen Sie Freunden, wenn sie als Besucher in die Stadt kommen?

UND SIE?

F. Setzen Sie sich zu einem anderen Kursteilnehmer und besprechen Sie zusammen folgende Fragen.

Fragen	Sie	Ihr Partner/ Ihre Partnerin
1. Auf welche Weise würden Sie eine Stadtrundfahrt in Wien am liebsten unternehmen: mit dem Fiaker oder mit der Straßenbahn, zu Fuß oder mit einem Tourbus? Warum?		
2. Würden Sie sich in Wien oder anderen Städten, die Sie besuchen, mehr für die Geschichte, Architektur, Museen, Kirchen usw. interessieren, oder mehr dafür, wie die Leute heute leben, was für Geschäfte, Kneipen, Restaurants usw. es gibt?		
3. Reisen Sie lieber in Städte oder lieber in Gegenden, wo es nicht so viele Menschen gibt? Warum das eine oder das andere? Nennen Sie ein paar von Ihren Lieblingsreisezielen!		
4. Was machen Sie zuerst, wenn Sie in eine neue Stadt kommen?		
5. Lernen Sie auf Reisen gern Einheimische, also Österreicher in Österreich, Schweizer in der Schweiz usw. kennen, oder haben Sie meistens mit den Einheimischen nicht so viel zu tun?		
6. Wie stellen Sie sich das Leben von Königen oder Königinnen früher oder heute vor? In welcher Weise unterscheidet es sich heute von früher?		

STELLEN SIE SICH VOR . . .   **G.** **Zum Rollenspielen oder Schreiben**

1. Sie steigen in eine Zeitmaschine ein, die Sie in die Vergangenheit zurückversetzt.

   a. Sie wachen als Kaiser oder Kaiserin von Österreich oder Deutschland auf.

   b. Sie wachen im Wien der Zeit Mozarts auf, und zwar als Mozart!

   Wie sähe Ihr Leben aus? Lassen Sie Ihrer Phantasie freien Lauf.

2. Sie hätten eine unbegrenzte Summe und könnten sie auf einer Reise nach Wien oder nach Österreich ausgeben. Was würden Sie alles machen und warum?

3. Sie arbeiten für die Vereinten Nationen. Die Organisation bietet Ihnen zwei Positionen mit gleichem mittlerem Gehalt an: Entweder können Sie in den nächsten fünf Jahren eine Position in New York bekommen, in der Sie allerdings keine Reiseprivilegien haben. Oder Sie müssen für fünf Jahre alle sechs Monate umziehen, von Wien nach Genf, von Genf nach New York, von New York nach Wien usw. Aber Sie bekommen ein unbegrenztes Reisebudget, da Ihre Position weitere Reisen in andere Länder mit sich bringt. Welches Angebot nehmen Sie an?

4. Spiel: Hier sind ein paar Zungenbrecher. Können Sie selbst welche erfinden?

   ➪ Wir Wiener Waschweiber würden weiße Wäsche waschen, wenn wir wüßten, wo warmes Wasser wäre.
   Zehn zahme Zebras ziehen zögernd zurück zum Züricher Zoo.

   a. Münchner Mädchen . . .
   b. Leise Luxemburger . . .
   c. Liebestolle Liechtensteiner . . .
   d. Heiße Hamburger . . .
   e. Ich Innsbrucker . . .

RESTAURANT GOTTFRIED
MARXERGASSE 3   1030 WIEN
TEL. 73 82 56, 73 82 57

DISKUSSION ODER AUFSATZ

H. Lesen Sie die folgenden kontroversen Themenpaare durch. Suchen Sie sich einen Themenbereich aus, und versuchen Sie, sich Argumente für beide Positionen auszudenken. Danach sollen Sie Ihre eigene Position entwickeln und mündlich oder schriftlich verteidigen.

1. a. Also zum Skifahren würde ich gerade noch nach Österreich fahren, aber wer will sich schon alte Häuser von toten Musikern und Kaisern angucken?
   b. Einmal nach Salzburg und Wien, um die Wirkungsstätte von Mozart, Haydn, Strauss und anderen zu sehen! Dafür würde ich mein Auto verkaufen.

2. a. Es gibt nichts Schöneres, als sich einen Tag frei zu nehmen, sich ins Kaffeehaus zu setzen, Leute zu beobachten, einen „Mazzagran" zu trinken, zu plaudern und die Zeit vergehen zu lassen.
   b. Kaffeehäuser sind langweilig. Außerdem ist es Zeitverschwendung, es sich dort gemütlich zu machen. Schließlich muß man ja arbeiten!

3. a. Wien ist eine Stadt voller alter Häuser, die der modernen Zeit und modernen Ansprüchen nicht mehr angepaßt sind. Man sollte sie abreißen und neue Apartmentblocks bauen.
   b. Die alten Häuser sind charmant, schön und haben eine lange Tradition. Dafür muß man eben kalte Wohnungen, schlechte Fenster und Häuser ohne Aufzug in Kauf nehmen.

WISSENSCHAFT— TECHNIK—ZUKUNFT

28. Das 21. Jahrhundert   29. Politische Grundpositionen
30. Eine friedliche Zukunft: Traum oder Möglichkeit?

Vorschau auf das Thema

Mysterium Zukunft: ein rosarotes Paradies oder ein rabenschwarzer Abgrund? Sind Wissenschaft und Technik ein Segen° oder das Todesurteil° der Menschen auf dieser Erde? Die Meinungen über die Zukunft reichen nicht nur in den deutschsprachigen Ländern von überschäumendem° Optimismus bis hin zu extremem Pessimismus. Die einen sehen die Menschheit unaufhaltsam° auf die Selbstzerstörung durch Umweltverschmutzung und Krieg hinsteuern. Die anderen erfreuen sich täglich an den neuen aufregenden Erfindungen der Wissenschaft und Wundern der Technik in Bereichen wie Medizin, Raumfahrt oder Computertechnik. Wie lassen sich so grundverschiedene Ansichten bei Bürgern desselben Planeten erklären? Sind die einen überängstliche Schwarzseher, schwärmen die anderen naiv und blind für den Fortschritt?

   In diesem Thema finden Sie optimistische und pessimistische, lustige und ernste Texte zum Komplex „Zukunft" vermischt nebeneinander.

EIN PAAR FRAGEN ZUM THEMA

1. Was haben Wissenschaft und Technik in den letzten 200 Jahren zur Verbesserung unseres Leben beigetragen?
2. In welcher Weise hat sich das Leben durch die Technik verschlechtert?
3. Welche Science-Fiction-Romane oder Filme kennen Sie? Wie wird darin die Zukunft beschrieben?

der Segen: *blessing*
das Todesurteil: wenn ein Gericht bestimmt, daß man mit dem Tod bestraft werden soll

überschäumend: extrem
unaufhaltsam: kann nicht gestoppt werden

4. Wie wird Ihrer Meinung nach die Zukunft Ihres Landes in den nächsten 50 Jahren aussehen? Was wird sich verändern? Was wird so bleiben, wie es ist?

5. Welche Entwicklungen erwarten Sie für die Zukunft Europas und der deutschsprachigen Länder?

NÜTZLICHE WÖRTER UND AUSDRÜCKE

die Zukunft

	(zu)künftig
	voraus•sehen
die Vorstellung	sich vor•stellen
die Bevölkerung	
die Entwicklung	(sich) entwickeln
der Fortschritt	fortschrittlich
der Rückschritt	
der Schwarzseher/die Schwarzseherin	schwarz sehen
der Optimist/die Optimistin	optimistisch
der Pessimist/die Pessimistin	pessimistisch
die Katastrophe	katastrophal

die Wissenschaft

der Wissenschaftler/die Wissenschaftlerin	wissenschaftlich
die Forschung	forschen
der Forscher/die Forscherin	
das Experiment	experimentieren
die Technik	technisch
der Techniker/die Technikerin	
die Erfindung	erfinden
der Erfinder/die Erfinderin	erfinderisch sein
die Verantwortung	verantworten, verantwortlich sein
	die Verantwortung tragen
die (atomare) Kernspaltung	
das Labor	
die Raumfahrt	

die Politik

der Politiker/die Politikerin	politisch, Politik machen
die Partei	einer Partei an•gehören
der Kandidat/die Kandidatin	kandidieren
die Wahlen (*Pl.*)	wählen
das Parlament	
die Regierung	regieren

der Bundeskanzler/die Bundeskanzlerin	
der Bundespräsident/die Bundespräsidentin	
der Generalsekretär/die Generalsekretärin	
der Minister/die Ministerin	das Ministerium
Außen-, Verteidigungs-, Finanz-,	
Umwelt-, Bildungs- usw.	

die Macht	mächtig
der (Macht-)Kampf	
die Demokratie	demokratisch
der Sozialismus	sozialistisch
der Kommunismus	kommunistisch
der Kapitalismus	kapitalistisch
der Etat, das Budget, der Haushalt	

der Frieden

	Frieden schaffen/stiften/halten
	friedlich
die Friedensbewegung	
die Friedenspolitik	
der Friedensnobelpreis	
die (Friedens-)Verhandlung	verhandeln
das Gipfeltreffen	(sich) treffen
die (Auf-/Ab-)Rüstung	(auf-/ab-)•rüsten
die Verteidigung	(sich) verteidigen
der Angriff	an•greifen
die Gefahr	gefährlich, gefährden
der Krieg	Krieg führen
die Atombombe	atomar, bombardieren
die Atomwaffen (*Pl.*), die Kernwaffen (*Pl.*)	
die atomwaffenfreie Zone	
die Waffe	bewaffnen
die Rakete	
die Lang-, Mittel-, Kurzstreckenrakete	

das Militär	militärisch
der Bund, die Bundeswehr	zum Bund gehen
der Soldat	
der Wehrdienstverweigerer	den Wehrdienst verweigern
der Zivi (der Zivildienstleistende)	Zivildienst leisten

28   Das 21. Jahrhundert

Einführung   Das Jahr 2000 war vor 40 oder 50 Jahren noch eine mysteriöse Zahl. Heute steht die Jahrtausendwende vor der Tür. Vieles von dem, was man noch vor wenigen Jahrzehnten als „Zukunftsmusik" ansah, ist in der technischen und politischen Entwicklung von heute schon erfreuliche oder erschreckende Wirklichkeit geworden. Welches die wichtigsten Aufgaben der heutigen Wissenschaft sind und wohin sich der technische Fortschritt bewegen soll, bleibt zu klären.

TEXT A: WIE STELLE ICH MIR DAS JAHR 2000 VOR?

Im Jahre 1950 sammelte das Jahrbuch „Du und ich" kurze Bemerkungen von einigen phantasievollen Jugendlichen, die beschrieben, wie sie sich das Jahr 2000 vorstellten. Erwähnt werden muß, daß diese Kinder kurz vorher die Grauen des Krieges, das Ende des Dritten Reichs und echte Existenznot miterlebt hatten, daß Deutschland vielerorts° noch in Trümmern° lag und daß die Bundesrepublik und die DDR damals erst ein Jahr alt waren. Viele der damals an Science-fiction grenzenden Ideen kommen uns heute irgendwie bekannt vor: einige, weil wir immer noch die gleichen Wunschträume haben, andere, weil sie im Laufe des letzten halben Jahrhunderts wahr geworden sind oder es bald sein werden.

FRAGEN ZUM THEMA

1. Wie stellen *Sie* sich das Jahr 2000 vor? Was erhoffen Sie, und was befürchten Sie?
2. Wie haben Sie sich als Kind die Zukunft vorgestellt?
3. An welche Bereiche denkt man, wenn man an Entwicklungen in der Zukunft denkt?
4. Warum stellen sich die Menschen das Ende eines Jahrhunderts oder sogar eines Jahrtausends als besonderes Ende eines Zeitabschnitts und als besonderen Neuanfang vor?

LESEFRAGEN

1. Welche Bereiche kommen in diesen Zukunftsvorstellungen besonders oft vor?
2. Welche von den Zukunftsvisionen sind heute schon Wirklichkeit geworden?
3. Welche der Ideen sind für Sie eine Überraschung?

---

vielerorts: an vielen Stellen   **die Trümmer** *(Pl.)*: die Ruinen

Eine rosige Zukunft? West-Berliner Kinder 1948 während der Luftbrücke

TEXT A

Wie stelle ich mir das Jahr 2000 vor? Jungen- und Mädchen-Antworten auf eine große Frage

„Wie stelle ich mir das Jahr 2000 vor?", so hieß die Frage, die wir einer Klasse von Zwölf- bis Dreizehnjährigen in West-Berlin vorgelegt haben. Ein ungeheuer dickes Bündel von Antworten ist in der Redaktion eingegangen, und eine war immer spannender als die andere.

Werner G.:   Wovon lebt der Mensch im Zeitalter der Technik? Er lebt von drei Energie-   5
pillen am Tag. Die Tabletten bestehen aus den wichtigsten Grundstoffen, die für die menschliche Ernährung unerläßlich sind. Da sich niemand mehr falsch ernährt, wird auch niemand mehr krank, und die Krankenhäuser müssen im Jahre 2000 geschlossen werden.

---

3. **ungeheuer** (*hier*): unglaublich   3. **die Redaktion:** *editorial staff and offices*   4. **spannend:** sehr interessant   6. **die Grundstoffe** (*Pl.*): elementare Materialien   7. **die Ernährung:** das Essen
7. **unerläßlich:** notwendig

Werner S.: Wenn es 17 Uhr geworden ist, verlassen die Arbeiter die Fabriken, die 200 **10** Stockwerke hoch liegen. Die Arbeiter sehen aber keineswegs abgearbeitet oder müde aus, sondern haben eine gesunde Farbe. Da fällt mir eine Zeitungsnotiz ein, die ich eben gelesen habe: Rege Teilnahme an den Lebens-Verlängerungs-Impfungen. Durch große medizinische Fortschritte konnte man das doppelte Menschenalter erreichen, ohne dabei schwach zu werden. **15**

Siegfried K.: S-, U- und Straßenbahn werden gar nicht mehr vorhanden sein. Der gesamte motorisierte Verkehr wird sich nur noch unter der Erdoberfläche oder in der Luft abspielen.

Ekkehard L.: Auf den Bürgersteigen der großen Städte laufen Rollbahnen: die erste mit 6 km, die zweite mit 12 km, die dritte mit 18 km Geschwindigkeit in der **20** Stunde. Diese Gleitbahnen besteigt man nacheinander, um an sein Ziel zu gelangen.

Lothar T.: Die Dächer der Häuser bilden nur noch glatte Flächen. Auf der einen Seite sind Garagen. Man besteigt seinen Wagen, der wie ein Auto aussieht. Da auf dem Verdeck des Wagens kleine Propeller angebracht sind, kann man **25** aufsteigen wie mit einem Hubschrauber, den man auf den Straßen als Landfahrzeug benutzen kann.

Hans Joachim I.: Mein Auto kann ich bequem in der guten Stube aufbewahren. Als Brennstoff genügt eine Atomtablette in der Westentasche. Mit einem Gedanken-Apparat, den ich aus der Brusttasche nehme, erforsche ich die Stimmung **30**

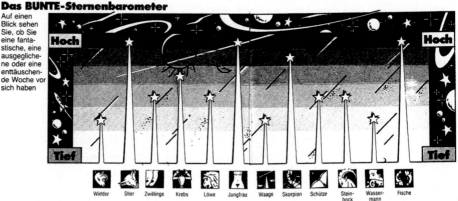

11. **keineswegs:** gar nicht   13. **rege:** aktiv   14. **die Impfung:** Injektion, sodaß man immun gegen eine Krankheit wird   16. **die S-Bahn:** Schnellbahn   16. **die U-Bahn:** Untergrundbahn
16. **vorhanden sein:** existieren   17. **unter der Erdoberfläche:** *subterranean*   19. **der Bürgersteig:** der Teil der Straße, wo die Fußgänger gehen   19. **die Rollbahn:** *automated walkway*   20. **die Geschwindigkeit:** die Schnelligkeit   21. **die Gleitbahn:** *gliding path*   21. **besteigen:** *to mount*
22. **gelangen:** ankommen   23. **glatt:** flach, eben   23. **die Fläche:** ebene Stelle   25. **das Verdeck:** das Dach eines Autos   25. **an•bringen:** installieren   26. **der Hubschrauber:** *helicopter*   28. **die gute Stube** (*süddt.*): das Wohnzimmer   28. **auf•bewahren:** *to store*   29. **der Brennstoff:** *fuel*
30. **erforschen:** herausfinden

und die Gedanken der Menschen, mit denen ich verkehre. Aber die Menschen sind alle friedlich, denn es geht ihnen gut. Alle betrachten sich als Weltbürger.

Brigitte R.:   Im Jahre 2000 werden das Mittagessen und alle anderen Speisen fertig geliefert, wenn man auf einen Knopf drückt. Die Teller waschen sich von   **35** selbst elektrisch ab, und die schmutzige Wäsche wird in einen Apparat geworfen und kommt im Nu sauber und geplättet zurück.

Wolfgang T.:   Wenn eine Familie im Jahre 2000 nicht weiß, wo sie zum Wochenende hinfahren soll, dann steigt sie in eine Rakete und fährt nach einem anderen Himmelskörper. Die Erdbewohner werden sich mit den Marsbewohnern   **40** verständigen können; denn sie sprechen alle eine einzige Sprache: das Esperanto.

Dieter R.:   In der Schule schreiben wir nicht mehr mit der Feder, auch rechnen wir nicht mit dem Kopf. Es wird alles maschinell gemacht.

Klaus G.:   Zur Jahrtausendwende wird eine Auswahlmannschaft Erde gegen Jupiter   **45** auf dem Sportplatz Mond spielen. Dort oben kommen die Fußballer nicht so ins Schwitzen, weil es viel kälter ist.

Werner S.:   Die Wohn- und Geschäftshäuser werden auf Stelzen stehen, damit der Verkehr unter ihnen hindurchbrausen kann. Sie werden aus ganz anderen Baustoffen erbaut sein.   **50**

Ruth J.:   Es besteht aber auch die Möglichkeit, daß gewissenlose Mächte Wasserstoffsuperatombomben zum Explodieren bringen, die alle Menschen und Tiere vernichten. Dann wäre die Erde im Jahre 2000 eine wasserlose Sand- und Steinwüste, auf der keine Lebensmöglichkeiten bestehen.

Regine S.:   Es wird Friede in der ganzen Welt sein. Niemand denkt mehr an Zer-   **55** störung. Die Atomkraft wird nur für friedliche Zwecke verwendet werden.

Joachim N.:   Unsere Erde wird von einem einzigen Präsidenten regiert werden. Jeder lebt in völliger Freiheit und kann seinen Wohnort wählen, wo er will.

Dietrich S.:   Auf dem Weltparlament werden die Gesandten aus Rußland so freundlich gegrüßt werden wie alle anderen; denn der Kommunismus wird zu Ende   **60** sein und es wird zur Einigung zwischen der östlichen und westlichen Welt gekommen sein.

---

31. **verkehren mit:** kommunizieren mit   33. **sich betrachten als:** sich halten für   37. **im Nu** (*Ugs.*): sofort, schnell   37. **plätten:** *to iron*   40. **der Himmelskörper:** der Planet   41. **sich verständigen:** kommunizieren   45. **die Auswahlmannschaft:** Mannschaft der Besten   48. **die Stelze** (*hier*): *pole*   49. **hindurch•brausen:** schnell fahren   51. **bestehen** (*hier*): existieren   51. **gewissenlos:** korrupt   52. **die Wasserstoffatombombe:** *hydrogen bomb*   53. **vernichten:** zerstören, töten   54. **die Steinwüste:** *rocky desert*   56. **der Zweck:** *purpose*   59. **der Gesandte:** jemand, der sein Land im Ausland repräsentiert

TEXTVERSTÄNDNIS

TEXT A: Wie stelle ich mir das Jahr 2000 vor?

ERSTES LESEN

A. Stimmt das oder nicht? Wenn nicht, was stimmt dann?

_____ 1. Eine Zeitschrift sammelte Kommentare von 2000 Jugendlichen im Alter von achtzehn Jahren zum Thema Zukunft.

_____ 2. Werner G. meint, daß man sich nur noch von Pillen statt von frischen Lebensmitteln ernähren wird und daher leicht krank werden wird.

_____ 3. Werner S. ist der Meinung, daß man durch Impfung ein gesünderes und längeres Leben führen wird.

_____ 4. Werner S. stellt sich vor, daß Autos nur noch unterirdisch fahren werden.

_____ 5. Lothar T. schreibt, daß es im Jahre 2000 gar keine Autos mehr geben wird.

_____ 6. Hans Joachim I. glaubt, daß um die Jahrtausendwende die Autos mit Sonnenenergie statt Benzin betrieben werden.

_____ 7. Brigitte R. erhofft sich vom Jahr 2000 eine Erleichterung im Haushalt.

_____ 8. Wolfgang T. und Klaus G. glauben, daß man im Jahr 2000 übers Wochenende schnell von einem Planeten zum anderen fährt.

_____ 9. Ruth J. erwartet, daß im Jahr 2000 niemand mehr daran denkt, einen Krieg mit Atomwaffen zu führen.

_____ 10. Regine S. befürchtet einen katastrophalen Atomkrieg.

_____ 11. Hans Joachim I. und Joachim N. glauben, daß sich bis zum Jahr 2000 die Vorstellung von einer Weltgesellschaft verwirklicht haben wird.

_____ 12. Dietrich S. kann sich freundschaftliche Beziehungen zwischen dem Ostblock und den westlichen Ländern für die Zukunft nicht vorstellen.

ZWEITES LESEN

B. Lesen Sie den Text noch einmal, und bearbeiten Sie dann die Fragen.

1. Markieren Sie bitte die Wörter oder Aussagen in jedem Kommentar, die Sie für die wichtigsten halten.

2. Schreiben Sie neben jede Zukunftsbeschreibung im Text, welche Bereiche die Jugendlichen darin ansprechen. Notieren Sie in Stich-

worten, welche Visionen die verschiedenen Jugendlichen in bezug auf die Veränderungen in den einzelnen Bereichen haben.

Bereich	Wer sagt es?	Was für eine Vision hat er oder sie?
Medizin		
Transport		
Privatleben/ Arbeitswelt		
Raumfahrt		
Politik/Krieg/Frieden		
Andere Bereiche		

3. Welche Visionen der Jugendlichen von 1950 sind heute schon ganz oder so ähnlich wahr geworden?

4. Von welchen manuellen Tätigkeiten hoffen die Jugendlichen, daß sie in Zukunft von Maschinen durchgeführt werden?

5. Was erwarten viele der Jugendlichen in bezug auf das Verhältnis

    a. . . . zwischen den Menschen aus verschiedenen Ländern?
    b. . . . zwischen den verschiedenen Planeten?

6. Welche Aufgabe weisen die Jugendlichen der Atomenergie in der Zukunft zu?

7. Haben die Jugendlichen eine eher positive oder eher negative Einstellung zum technischen Fortschritt? Bitte belegen Sie Ihre Antwort.

GEHEIMTIP WORTSCHATZ

C. Welche Wörter oder Ausdrücke aus dem Text passen zu den Erklärungen?

1. die Fabrik *(Z. 10)*

2. abgearbeitet *(Z. 11)*

3. der Verkehr *(Z. 17)*

4. die Stimmung *(Z. 30)*

5. das Schwitzen *(Z. 47)*

6. die Zerstörung *(Z. 55)*

a. der Transport von Waren und Personen

b. müde von der Arbeit

c. Werkstatt zur Massenproduktion von Waren

d. die Vernichtung

e. die Laune

f. wenn einem sehr warm ist, und sich auf der Haut Flüssigkeit bildet

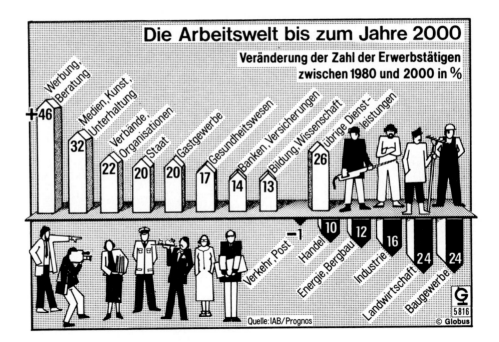

D. Bitte erklären Sie folgende Wörter.

1. das Dach *(Z. 23)* _____

2. benutzen *(Z. 27)* _____

3. friedlich *(Z. 32)* _____

4. der Knopf *(Z. 35)* _____

5. regieren *(Z. 57)* _____

ded-Information
Nr.88
Für alle, die heute in Deutschland über die Grenzen hinausdenken.

Entwicklungshelferinnen
Entwicklungshelfer

E. Suchen Sie mindestens fünf Wörter oder Konzepte heraus, die als „Phantasiewörter" oder „Phantasiekonzepte" bezeichnet werden können, weil es sie weder 1950 gab noch heute gibt.

1. _____

2. _____

3. _____

4. _____

5. _____

Für welche von diesen Wörtern oder Konzepten gibt es heute andere Ausdrücke? Welche von den Konzepten sind auch heute noch phantastische Visionen?

F. Um etwas auszudrücken, das in der Zukunft passieren wird, benutzen die Jugendlichen in ihren Beiträgen verschiedene Zeitformen. Finden Sie bitte je ein oder zwei Beispiele.

Präsens:		
Futur I:		
Futur II:		

Wie unterscheidet sich die Beschreibung der Zukunft im Deutschen grammatikalisch und stilistisch prinzipiell vom Englischen?

G. Beschreiben Sie bitte mindestens fünf Dinge, die sich nach Meinung einiger Jugendlicher bis zum Jahr 2000 verändert haben werden. Benutzen Sie dabei bitte das Futur II.

⇨ *Man wird Energiepillen erfunden haben.*

TEXT B: WAS HAT DIE WISSENSCHAFT ZU KLÄREN?

Vor kurzem stellte die *Süddeutsche Zeitung* einigen Wissenschaftlern und Wissenschaftlerinnen aus Universitäten, staatlichen Forschungseinrichtungen und der Industrie folgende Frage: „Was wird in den nächsten zwanzig Jahren Ihrer Meinung nach wissenschaftlich/technisch vordringlich° zu klären sein?" Die hier gedruckten Auszüge aus den Antworten zeigen, wie intensiv und kritisch man sich mit den Zielen von Forschung und Technik auseinandersetzt° und wie kompliziert die Satzstruktur wird, wenn es um schwierige Fragen und eventuelle Lösungen geht.

FRAGEN ZUM THEMA

1. Was halten Sie für die Hauptaufgaben von Wissenschaft und Technik?
2. Was können Wissenschaft und Technik dazu beitragen, Ihr persönliches Leben sowie das Leben auf unserem Planeten zu verbessern? Wie können sie es potentiell weiter gefährden?
3. Dürfen der wissenschaftlichen Forschung und dem technischen Fortschritt keine Grenzen gesetzt werden? Oder doch?
4. Welche Rolle spielen die finanziellen Mittel bei wissenschaftlichen und technischen Entwicklungen?
5. Wie verstehen Sie das Verhältnis zwischen Technik, Universität und Industrie? Inwiefern können sie sich gegenseitig helfen und gegenseitig schaden?
6. Was für eine Ausbildung brauchen die Techniker und Wissenschaftler von morgen? Welches Wissen und welche ethischen Werte müssen sie Ihrer Meinung nach haben?

vordringlich: vor allem   **sich auseinandersetzen mit:** *to have a critical look at*

LESEFRAGEN

1. Welche verschiedenen Bereiche sprechen die Wissenschaftler und Wissenschaftlerinnen an?
2. Welche Einstellung zeigen die Wissenschaftler und Wissenschaftlerinnen?

    a. Stehen sie den Problemen optimistisch oder pessimistisch gegenüber?

    b. Welche Lösungen schlagen sie für diese Probleme vor?

    c. Wie verstehen sie ihre eigene Aufgabe?

Was hat die Wissenschaft zu klären? ▨

„Was wird in den nächsten zwanzig Jahren Ihrer Meinung nach wissen-
schaftlich/technisch vordringlich zu klären sein?"

*Prof. Dr. Eike Brigitte Helm ist
Oberärztin am Zentrum der Inneren
5 Medizin der Universität Frankfurt, Spezialgebiet Infektionskrankheiten. Sie
hat 1982 die ersten AIDS-Fälle in
Frankfurt beschrieben.*

Ich nenne vier Themenkreise, die ich
10 der Wertigkeit nach—wie ich es emp-
finde—erläutern will. Erstens ist vordringlich die Entsorgung von Atomkraftwerken zu klären.

Das zweite ist meines Erachtens der
15 ausufernde Individualverkehr, der dazu
führt, daß die gesamte Bundesrepublik,
wenn es so weitergeht, irgendwann mal
nur noch aus Beton besteht. Ich halte
auch gerade die Entwicklung in der
20 letzten Zeit auf dem Personenkraftwa-
genmarkt nicht mehr für steigerungsfähig und habe aus diesen Gründen
mein Auto verkauft. Ich fahre Fahrrad
oder mit der Bahn, selten, wenn aber
25 notwendig, benutze ich auch das Flugzeug.

Das dritte Problem ist meines Erachtens der mitteleuropäische Fleischgenuß
und der deshalb notwendige Import an
Futtermitteln aus der Dritten Welt. 30
Dort werden vor allem Futtermittel an-
gepflanzt statt Getreide, das die Leute
selber essen könnten.

An letzter Stelle möchte ich die
AIDS-Problematik nennen. Es ist jetzt 35
schon zu sehen, daß sich in einigen
Ländern durch AIDS die Bevölkerungs-
struktur drastisch ändern wird. Ich
nenne hier vor allem Afrika und Lateinamerika. Eine Gesellschaft, die nicht 40
in der Lage ist, die Ausbreitung von
AIDS einzudämmen, hat eine schlechte
Zukunftsperspektive. Hier möchte ich
nochmals darauf hinweisen—was leider
oft nicht begriffen wird—, daß diese 45
Krankheit eine Besonderheit darstellt:
Einmal infiziert bedeutet immer infiziert. Es kann nicht dem einzelnen anheimgestellt werden, ob er sich selbst
einem Risiko der Infektion aussetzt 50
oder nicht.

---

2. **vordringlich:** vor allem   4. **die Oberärztin:** Titel einer Ärztin in der Krankenhaushierarchie
10. **die Wertigkeit** (*hier*): die Wichtigkeit   11. **erläutern:** erklären   12. **die Entsorgung:** *proper
disposal of nuclear waste*   14. **meines Erachtens:** meiner Meinung nach   15. **ausufernd:** expansionistisch, sich ausbreitend   18. **der Beton:** Zement-Sand-Wasser-Mischung   21. **steigerungsfähig:** kann größer oder besser werden   28. **der Fleischgenuß:** der Fleischkonsum   30. **das Futtermittel:** was man an Tiere verfüttert   32. **das Getreide:** *grain*   41. **die Ausbreitung:** die Vermehrung   42. **ein•dämmen:** beschränken, begrenzen   49. **jemandem etwas anheim•stellen:**
überlassen   50. **sich aus•setzen:** *to expose oneself*

Dr. Ludwig Bölkow ist Mitbegründer des Luft- und Raumfahrtkonzerns MBB in München-Ottobrunn.

55　Wissenschaftlich dringlichst ist die Klärung der Fragen des Klimas. Wenn es uns nicht gelingt, die Entwicklung des Klimas in den nächsten Jahren eindeutig vorauszusagen, wird die Klimaänderung

60　durch den Treibhauseffekt zu spät entdeckt. Wenn Gegenmaßnahmen durch eine andere Energieversorgung anstelle der Verbrennung von fossilen Stoffen zu spät greifen würden, könnte eine Kata-

65　strophe kaum oder nicht mehr zu verhindern sein.

Dr. Ferdinand Panik ist Leiter des Bereichs Forschung, Grundlagen und Produkte der Daimler Benz AG.

Zur Sicherung der Mobilität gilt es, 　70 Schwachstellen des heutigen Straßenverkehrs zu beheben:

- Nutzung neuer Möglichkeiten der Informations- und Regelungstechnik und der Mikroelektronik zur 　75 grundsätzlichen Verhinderung von Unfällen und zur Erhöhung der Wirtschaftlichkeit, Umweltverträglichkeit und Leistungsfähigkeit des Güter- und Personennahver- 　80 kehrs;
- Entwicklung regenerativer und umweltentlastender Energiesysteme.

Grundsätzlich wird eine zentrale Aufgabe der nahen Zukunft sein, Natur und 　85 Technik nicht als Gegensätze zu empfinden, sondern daran zu arbeiten, Chancen, die die Technik bietet, in Einklang zu bringen mit den Fragen ihrer Kontrollierbarkeit, Verträglichkeit, 　90 Folgewirkungen und ihrer Akzeptanz.

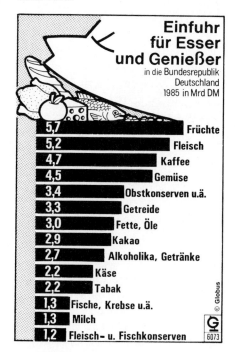

Einfuhr für Esser und Genießer in die Bundesrepublik Deutschland 1985 in Mrd DM

5,7	Früchte
5,2	Fleisch
4,7	Kaffee
4,5	Gemüse
3,4	Obstkonserven u.ä.
3,3	Getreide
3,0	Fette, Öle
2,9	Kakao
2,7	Alkoholika, Getränke
2,2	Käse
2,2	Tabak
1,3	Fische, Krebse u.ä.
1,3	Milch
1,2	Fleisch- u. Fischkonserven

© Globus 6073

52. **der Mitbegründer:** *co-founder* 　55. **dringlichst:** sehr wichtig 　61. **die Gegenmaßnahme:** *counter-measure* 　62. **die Energieversorgung:** *energy use/supply* 　64. **greifen** (*hier*): wirksam werden 　72. **beheben:** eliminieren 　74. **die Regelungstechnik:** *control engineering* 　77. **die Erhöhung** (*hier*): die Verbesserung 　78. **die Umweltverträglichkeit:** die Umweltfreundlichkeit 79. **die Leistungsfähigkeit:** die Produktivität 　80. **die Güter** (*Pl.*): die Waren 　80. **der Personennahverkehr:** der Personentransport auf kurze Entfernungen 　82. **umweltentlastend:** umweltfreundlich 　89. **der Einklang:** die Harmonie 　90. **die Verträglichkeit:** *agreeability* 　91. **die Folgewirkung:** der Effekt

Prof. Dr. Eberhard Weise ist Chemiker, Mitglied des Vorstands und Arbeitsdirektor der Bayer AG.

95   Wir müssen uns vorrangig darum bemühen, über die ethischen Voraussetzungen für den Umgang mit Wissenschaft und Technik Einigung in der Gesellschaft zu erzielen. Das bedeutet, uns
100   daran zu erinnern, daß Technik und Produkte dem Menschen dienen sollen und nicht umgekehrt. Dabei gilt es, die Natur ganzheitlich zu betrachten und nicht den Menschen allein in den Mit-
105   telpunkt zu stellen.

"Erst wenn
der letzte Baum gerodet
der letzte Fluss vergiftet
der letzte Fisch gefangen
werdet Ihr feststellen
daß man Geld
nicht essen kann!"

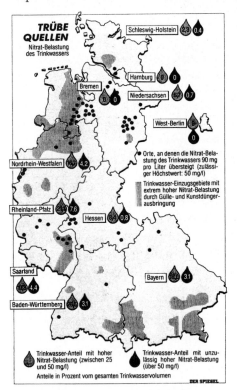

TRÜBE QUELLEN
Nitrat-Belastung des Trinkwassers

Schleswig-Holstein 2,3 0,4
Hamburg 0
Bremen 0
Niedersachsen 6,4 0,7
West-Berlin 18
Nordrhein-Westfalen 16,2 4,2
Rheinland-Pfalz 3,1 7,6
Hessen 8,4 0,8
Saarland 12,3 4,4
Baden-Württemberg 28,9 3,1
Bayern 16,0 3,1

Orte, an denen die Nitrat-Belastung des Trinkwassers 90 mg pro Liter übersteigt (zulässiger Höchstwert: 50 mg/l)

Trinkwasser-Einzugsgebiete mit extrem hoher Nitrat-Belastung durch Gülle- und Kunstdüngerausbringung

Trinkwasser-Anteil mit hoher Nitrat-Belastung (zwischen 25 und 50 mg/l)

Trinkwasser-Anteil mit unzulässig hoher Nitrat-Belastung (über 50 mg/l)

Anteile in Prozent vom gesamten Trinkwasservolumen

DER SPIEGEL

Prof. Dr. Carl Friedrich von Weizsäcker, Starnberg, ist Physiker und Philosoph.

Was wird in den nächsten 20 Jahren Ihrer Meinung nach wissenschaftlich/technisch vordringlich zu klären sein?   110

Das weiß ich nicht. Wenn ich es wüßte, wäre es kein interessantes Problem.

Es gibt neuerdings die Forderung, der Wissenschaftler sollte nicht mehr alles 115 *das tun, was er tun kann, er sollte vielmehr überlegen, bevor er etwas tut, sollte sich in stärkerem Maße, als er das früher getan hat, selbst Beschränkungen auferlegen.*   120

Das halte ich für einen massiven Unsinn. Der Wissenschaftler soll die Verantwortung für die Folgen der Wissenschaft dadurch tragen, daß er sich aktiv um Politik kümmert, aber nicht, 125 indem er keine Wissenschaft macht.

93. der Vorstand: *board of directors*   **95. vorrangig:** vor allem   **95. sich bemühen um:** zu erreichen versuchen   **96. die Voraussetzung:** *prerequisite*   **97. der Umgang mit:** der Verkehr mit
99. die Einigung: die Übereinstimmung   **99. erzielen:** erreichen   **103. es gilt:** das Ziel ist
103. ganzheitlich: organisch, als Ganzes   **103. betrachten:** ansehen   **114. die Forderung:** *request, demand*   **117. vielmehr:** lieber   **118. in stärkerem Maße:** mehr   **120. auf•erlegen:** *to impose*

Einstein: „Das Wichtigste ist, mit dem Fragen nie aufzuhören. . ."

TEXTVERSTÄNDNIS

TEXT B: Was hat die Wissenschaft zu klären?

ERSTES LESEN

A. **Stimmt das oder nicht?** Wenn nicht, was stimmt dann?

_____ 1. Dr. Helm findet Atomkraftwerke nicht so problematisch.

_____ 2. Dr. Helm ist leidenschaftliche Autofahrerin.

_____ 3. Dr. Bölkow bezeichnet die Angst vor dem Treibhauseffekt als falschen Katastrophenalarm.

_____ 4. Dr. Ferdinand Panik arbeitet für Mercedes und ist der Ansicht, daß die Technik die Natur des Menschen nicht zerstören darf.

_____ 5. Dr. Eberhard Weise sagt, der Mensch diene der Technik.

_____ 6. Dr. Weise sieht den Menschen als das Zentrum der Welt und Beherrscher der Natur.

_____ 7. Dr. Carl Friedrich von Weizsäcker ist für eine freie, unbeschränkte Forschung.

_____ 8. Dr. von Weizsäcker findet, daß mehr Wissenschaftler sich für Politik interessieren sollten, damit sie mit entscheiden können, was mit wissenschaftlichen Erfindungen gemacht wird.

ZWEITES LESEN

B. Lesen Sie den Text noch einmal, bevor Sie die Fragen beantworten.

1. Welche Berufe haben die befragten Wissenschaftler und Wissenschaftlerinnen?

2. Markieren Sie bitte in jedem Abschnitt das zentrale Wort, d.h. über welchen Bereich die befragte Person spricht.

3. Was hat der Fleischgenuß der Mitteleuropäer mit dem Hunger in der Dritten Welt zu tun?

4. Was meint Dr. Helm, wenn sie zum Thema AIDS sagt: „Es kann nicht dem einzelnen anheimgestellt werden, ob er sich selbst einem Risiko der Infektion aussetzt oder nicht"?

5. Welche Lösung schlägt Dr. Bölkow für die Klimaänderung durch den Treibhauseffekt vor?

6. Worauf soll nach Meinung von Dr. Panik die Autoindustrie in Zukunft achten?

7. Wie könnte man erreichen, daß Natur und Technik nicht als Gegensätze verstanden werden?

8. Was meint Dr. Weise mit einem „ganzheitlichen" Verständnis von Natur?

9. Was versteht man unter der Forderung nach Selbstbeschränkung der Wissenschaftler?

GEHEIMTIP WORTSCHATZ

C. Welche der Erklärungen passen zu den Wörtern und Ausdrücken aus dem Text?

1. in der Lage sein *(Z. 43)*

2. auf etwas hinweisen *(Z. 46)*

3. eine Besonderheit darstellen *(Z. 48)*

4. der Konzern *(Z. 55)*

5. grundsätzlich *(Z. 86)*

6. umgekehrt *(Z. 104)*

7. neuerdings *(Z. 116)*

8. sich um etwas kümmern *(Z. 127)*

a. eine große Firma
b. dafür sorgen, daß etwas gemacht wird
c. anders herum
d. etwas Ungewöhnliches sein
e. können
f. prinzipiell
g. in letzter Zeit
h. etwas betonen

D. Bitte erklären Sie auf deutsch, oder finden Sie Synonyme.

1. anpflanzen *(Z. 34)* _____

2. Getreide *(Z. 34)* _____

Ausblick auf das Jahr 2000

Bruttosozialprodukt in Mrd DM (in Preisen v. 1986): *1986* 1 949 — *2000* 2 525

Monatsverdienste der Arbeitnehmer (netto): *1986* 2 090 DM — *2000* 3 440 DM

Preise (1986 = 100): *1986* 100 — *2000* 131

Jährliche Arbeitszeit (Arbeitnehmer): *1986* 1632 Std. — *2000* 1521 Std.

Arbeitslose: *1986* 2 228 000 — *2000* 960 000

Bevölkerung in Mio: *1986* 61,1 — *2000* 59,7

© Globus

3. infizieren *(Z. 49)* _____

4. eindeutig *(Z. 60)* _____

5. voraussagen *(Z. 61)* _____

6. verhindern *(Z. 68)* _____

7. der Gegensatz *(Z. 88)* _____

8. überlegen *(Z. 119)* _____

9. die Folge *(Z. 125)* _____

E. Suchen Sie mindestens je zwei Komposita aus dem Text zu folgenden Bereichen.

> ➭ Atomenergie: *das Atomkraftwerk, das Energiesystem*

1. Ernährung: _____

2. Transportwesen: _____

3. Umwelt und Natur: _____

4. Technik: _____

Teilen Sie jedes Kompositum in seine Einzelteile, und erklären sie die Bedeutung des Wortes.

F. **Zu Form und Stil**

1. Um was für einen Text handelt es sich hier? Welche Besonderheiten hat diese Textsorte?

2. Was fällt Ihnen an der Sprache und am Stil der Kommentare auf? Begründen Sie Ihre Antwort mit Beispielen aus dem Text.

ANWENDUNG: Meinung, Diskussion, Phantasie

TEXT A: Wie stelle ich mir das Jahr 2000 vor?

ZU TEXT UND THEMA

A. **Ihr Eindruck.** Welche Vorstellungen oder Konzepte der Jugendlichen fanden Sie besonders originell oder realistisch? Welche fanden Sie naiv?

B. **Früher und heute**

1. Wie kommt es Ihrer Meinung nach zu der tendenziell positiven Einstellung zu Technik und Fortschritt in der Bundesrepublik Deutschland um 1950?

2. Wie erklären Sie sich, daß sich die hier zitierten deutschen Jugendlichen von 1950 scheinbar so intensiv mit der Atombombe auseinandergesetzt haben?

3. In welcher Weise unterscheidet sich der Zukunftsausblick der heutigen Jugendlichen von dem der 50er Jahre? Von dem der 60er Jahre? Und vom dem der 70er und 80er Jahre?

C. **Zu einzelnen Aspekten**

1. Welche Lösungen schlagen Sie für den immer dichter werdenden Verkehr vor?

2. Woran sollten Ihrer Meinung nach die medizinischen Wissenschaftler vor allem forschen?

3. Welche Aufgaben wird oder sollte die Atomkraft in Zukunft haben?

4. Wie wird oder sollte sich Ihrer Meinung nach die Raumfahrt weiterentwickeln?

5. Welche Maschinen, die den individuellen Alltag verbessern würden, würden Sie sich wünschen?

6. Auf welche Bequemlichkeiten werden die Menschen im 21. Jahrhundert vielleicht verzichten müssen, um die Umwelt zu retten?

Umweltbewußte Autofahrer schalten auch bei kurzen Aufenthalten - Schranken, Ampeln und Stau - den Motor aus. Das spart Benzin und schont die Umwelt.
Vergessen Sie bitte nicht, auch für den Urlaub gilt:
„Bleifrei - ich bin dabei!"

TEXT B: Was hat die Wissenschaft zu klären?

D. Ein Vergleich

1. Welche Aspekte tauchen in Text A und in Text B auf?

2. In welcher Weise unterscheidet sich die Einstellung der Kinder von 1950 (Text A) von der Haltung der Wissenschaftler von heute (Text B)?

E. Realistische Warnungen oder Panikmache?

1. Finden Sie es weltfremd oder vernünftig, wenn jemand wie Dr. Eike Brigitte Helm ihr Auto verkauft?

2. Könnte man erreichen, daß niemand auf der Welt hungert?

3. Finden Sie, das AIDS ein Problem des Staates oder der individuellen Kranken ist?

4. Was versteht man unter dem Treibhauseffekt? Meinen Sie, daß sich das Wetter so radikal ändern kann, daß manche Städte bald unter Wasser stehen werden, und dort Wüsten entstehen, wo bisher keine waren? Mit welchen Maßnahmen könnte man diesem Effekt entgegenwirken? Wie könnte man das organisieren?

F.   **Wissenschaft, Fortschritt und Technik**

1. Wie würden Sie Technik und Fortschritt definieren?

2. Welche großen Vorteile hat uns die Technik generell und ganz konkret für unser tägliches Leben gebracht?

3. Welche Gefahren bringt der technische Fortschritt mit sich?

4. Was halten Sie von der Aussage: „Technik soll dem Menschen dienen und nicht umgekehrt.''

5. Müssen Wissenschaftler Ihrer Meinung nach die Verantwortung für die Folgen Ihrer Erfindungen tragen? Geben Sie Beispiele.

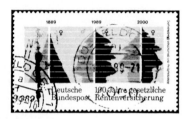

WIE IST DAS IN IHREM LAND?

G.   Hier können Sie Ihre eigene Situation mit der in den deutschsprachigen Ländern vergleichen.

1. Wie hat sich das Leben der Menschen in Ihrer Stadt oder in Ihrem Land in den letzten 50 Jahren geändert? Was ist besser geworden, was schlechter? Fragen Sie Ihre Eltern oder Großeltern.

2. Welche großen wissenschaftlichen und technischen Erfindungen hat es in den letzten 50 Jahren gegeben?

3. Was, meinen Sie, wird sich in Ihrer Gegend in den nächsten fünfzig Jahren ändern? Denken Sie an Bevölkerungsgruppen, Wohnhäuser, Industrie, Verkehr, Ernährung, Krankheiten usw.

4. Welche Einstellung haben die Menschen in Ihrem Land zur Technik? Eher positiv oder eher skeptisch?

5. In welchen wissenschaftlichen oder technischen Bereichen ist die Entwicklung in Ihrem Land in der Welt führend? Hier sind ein paar Bereiche:

   Sozialforschung · Raumfahrt · Medizin · Organisation eines öffentlichen Verkehrswesens · Friedensforschung · Atomphysik · Computerwissenschaft

   Geben Sie Beispiele, um Ihre Antwort zu belegen.

6. Was für Forschungsprojekte werden in ihrem Land vom Staat unterstützt? Welchen Rang haben Medizin, Ingenieurwesen, Verkehrswesen, Rüstung, Bildung usw.?

UND SIE?   **H.** Besprechen Sie die Fragen mit Ihrem Partner oder Ihrer Partnerin.

Fragen	Sie	Ihr Partner/ Ihre Partnerin
1. Was wünschen Sie sich für das Jahr 2000?		
2. Was haben Sie in den nächsten zehn Jahren vor? Was für Erwartungen haben Sie . . . **a.** an sich selbst?		
b. an Ihre berufliche Situation?		
c. an die Gesellschaft?		
d. an die weltpolitische Lage?		
3. Wie stellen Sie sich Ihr Leben in 50 Jahren vor?		
4. Angenommen, jeder Mensch könnte dank der neueren medizinischen Forschung 150 Jahre lang leben. Was möchten Sie in dieser Zeitspanne alles erreichen, oder möchten Sie vielleicht gar nicht gerne so lange leben?		
5. Welches sind Ihre fünf Lieblingsspeisen? Können Sie sich vorstellen, daß es sie in Zukunft nur noch in Form von Tabletten gäbe? Welche Vorteile oder Nachteile hätte eine solche Entwicklung?		
6. Welche wissenschaftlichen Ergebnisse oder Erfindungen haben für Sie persönlich besonderen Wert? Welche Ergebnisse würden Sie in Zukunft gerne sehen? Geben Sie Gründe für Ihre Antworten.		

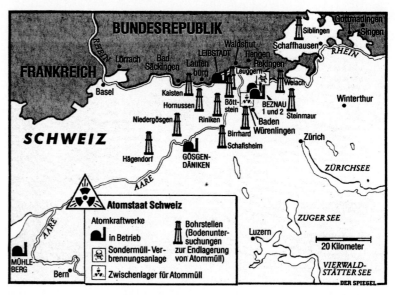

I. Was für eine Rolle werden Ihres Erachtens die folgenden Begriffe oder Größen in der Weltgesellschaft des 21. Jahrhunderts spielen?

> die USA · China · die Sowjetunion · die Schweiz · Japan · die UNO · die Europäische Gemeinschaft · Greenpeace · die deutsche Sprache · der Personenkraftwagen · Atomkraft · Drogenkonsum · das Fernsehen · Weltraumforschung · Hollywood · Menschenrechte · Schokolade · Geburtenkontrolle

STELLEN SIE SICH VOR . . .

J. Zum Rollenspielen oder Schreiben. Phantasieren, spielen und schreiben Sie Science-fiction:

1. Sie werden im 21. Jahrhundert alt. Kurz vor Ihrem Tod lassen Sie sich einfrieren. Dank neuester medizinischer Technik tauen Sie im Jahr 2192 wieder auf und werden wiederbelebt. Was für eine Welt finden Sie vor? Und wie fühlen Sie sich?

2. Endlich gibt es Charterflüge auf die Venus und den Jupiter. Für Ihren nächsten einjährigen Urlaub haben Sie eine Reise ins All geplant. Was und wen nehmen Sie mit, und welche Abenteuer erleben Sie auf Ihrer Reise?

3. Eine Zeitmaschine versetzt Sie zurück in das Jahr 1950.

   a. Wie sähe Ihr Leben aus? Was wäre besser als heute, was schlechter? Auf welche technischen Einrichtungen müßten Sie verzichten?

   b. Sie erzählen einer Person von 1950, welche technischen Veränderungen sich seit 1950 ereignet haben.

DISKUSSION ODER AUFSATZ

K. Schreiben Sie einen Aufsatz zum folgenden Thema:
Wie stellen Sie sich die Welt im Jahr 2100 vor? Verwenden Sie Präsens (mit Zeitangaben), Futur I und Futur II.

L. Wählen Sie sich eines der folgenden Themen. Finden Sie Argumente für beide kontroversen Thesen, und äußern Sie dann Ihre eigene Meinung schriftlich oder mündlich.

1. **a.** Dank der medizinischen Forschung hängen manche kranken Menschen lange bewußtlos an teuren Apparaturen, bevor sie sterben. Warum läßt man sie nicht einfach friedlich entschlafen?
   b. Dank der medizinischen Forschung können heute die Leben der Menschen um viele Jahre verlängert werden. Bald sind wir hoffentlich so weit, daß die Leute mit 100 noch in die Disco gehen!

2. **a.** Fahrgemeinschaften für den Autoverkehr sind eine schöne Idee, aber es ist einfach zu unpraktisch.
   b. Man müßte Fahrgemeinschaften zur Pflicht machen, damit weniger Abgase in die Luft geblasen werden. Zum Beispiel: Wer allein fährt, darf die Autobahn nicht mehr benutzen.

3. **a.** Es dürften für das Alltagsleben *nur* noch Materialien produziert werden, die nach dem Recycling wieder verwendet werden können. Sonst ersticken wir eines Tages an unserem Abfall.
   b. Wir können froh sein, daß wir heute Plastik, Wegwerfgeschirr und Pappbecher usw. haben. Das Leben ist dadurch so viel leichter geworden!

4. **a.** Ohne die technische Entwicklung würden die Menschen heute immer noch sterben wie die Fliegen. Wir bräuchten Monate, um uns von einem Land in ein anderes zu bewegen und müßten unsere Zeit damit verbringen, Nahrung zu finden. Es lebe die Technik!
   b. Vor den technischen Entwicklungen dieses Jahrhunderts war das Leben friedlicher, weniger hektisch und gesünder. Eigentlich bräuchten wir diese ganzen neumodischen Dinge gar nicht, und wären viel glücklicher! Wenn es auf die Technik ankommt, ist weniger doch mehr.

29 Politische Grundpositionen

Einführung in den Text Die beiden deutschen Staaten liegen geographisch gesehen im Herzen von Europa. Die engen wirtschaftlichen und politischen Beziehungen zu den vielen angrenzenden Staaten haben eine lange historische Tradition ebenso wie die Konflikte mit den Nachbarländern, in die oft auch andere Staaten hineingezogen wurden. Das 20. Jahrhundert hat zwei Weltkriege gesehen, die hauptsächlich in Mitteleuropa ausgefochten° wurden.

Die deutsch-deutsche Grenze stellte lange eine Grenze zwischen Ost und West dar. Während die Deutsche Demokratische Republik Mitglied der Warschauer-Pakt-Staaten ist, bekennt sich die Bundesrepublik Deutschland zum Westen, zur NATO und zur Europäischen Gemeinschaft. Trotz ihrer jeweiligen Ost- bzw. Westorientierung bestand aber dennoch ein besonderes historisch-kulturelles Band zwischen den beiden deutschen Staaten. Ihr Verhältnis zueinander hat sich in den Jahrzehnten seit 1945 immer wieder verändert. Seit der Öffnung der Grenze im Jahre 1989 ist das Verhältnis der beiden deutschen Staaten in eine neue Phase getreten. Für die Zukunft aber wird von beiden ein dauerhaftes friedliches Nebeneinander aller Staaten in Europa angestrebt.°

„Frieden" als Ziel für die Gegenwart und Zukunft nehmen daher die Parteien sowohl in der DDR als auch in der Bundesrepublik Deutschland in ihre Programme auf, wie die folgenden Zitate aus den Reden einflußreicher Politiker zeigen. Der Grund für die neu erwachte Betonung des Willens, in Europa und weltweit Frieden zu halten, liegt nicht zuletzt darin, daß das Thema für die Wähler in beiden Staaten von größtem Interesse ist.

FRAGEN ZUM THEMA

1. Von welchen Parteien der Bundesrepublik Deutschland und der Deutschen Demokratischen Republik haben Sie schon gehört?
2. Welche Namen von deutschen Politikern und Politikerinnen kennen Sie?
3. Was ist die NATO? Warum gibt es diese Organisation?
4. Wie ist das Verhältnis zwischen Ihrem Land und . . .

    a. der Bundesrepublik Deutschland?
    b. der Europäischen Gemeinschaft?
    c. der Deutschen Demokratischen Republik?

aus•fechten: *to fight out*   **an•streben:** *to strive for*

LESEFRAGEN

1. Was für eine Politik vertreten die verschiedenen Politiker?
2. Wo gibt es Gemeinsamkeiten, wo gibt es Unterschiede in den Programmen?
3. Wie verstehen die verschiedenen Politiker das Verhältnis ihres Landes zu anderen Ländern?

Politische Grundpositionen

Der Frieden ist die Bedingung für Politik und für menschliches Leben schlechthin geworden.

RICHARD VON WEIZSÄCKER

Die Bundesrepublik Deutschland wird
5 im Rahmen ihrer Friedenspolitik ihren
Kurs der Verständigung, der Vertrauensbildung und der Zusammenarbeit auch
mit den Staaten des Warschauer Paktes
beharrlich und ohne jede Illusion über
10 die bestehenden Gegensätze weiterver-
folgen. Die Grundlage sind die geschlos-
senen Verträge, nach deren Buchstaben
und Geist wir unsere Politik mit dem
Osten gestalten wollen. Unser Ziel
15 bleibt eine gesamteuropäische Friedensordnung.
Wir gehören zum Westen. Das Bündnis für Freiheit und Frieden ist fester
Bestandteil deutscher Politik. Hier
20 verbinden sich unsere Grundwerte, unsere Lebensform und unsere Sicherheit.
Der Frieden braucht die Freundschaft
mit dem Westen und die Verständigung
mit dem Osten.

HELMUT KOHL

Die NATO hat der Welt mehr Sicher- 25
heit gegeben.

WILLY BRANDT

Deutschlandpolitik ist europäische
Friedenspolitik. . . . Nur in einer wirklichen Friedensordnung in Europa kann
unsere Nation ihre Trennung über- 30
winden.

HANS-DIETRICH GENSCHER

Die Europäische Gemeinschaft bleibt
für uns lebenswichtige Voraussetzung
für die Sicherung von Frieden und Freiheit. Wir halten am Ziel der Europäi- 35
schen Union fest.

HELMUT SCHMIDT

1. **die Bedingung:** die Kondition 3. **schlechthin:** generell 6. **die Verständigung:** die Kommunikation 7. **die Vertrauensbildung:** *building up trust* 9. **beharrlich:** *incessantly* 10. **bestehen:**
existieren 11. **weiter•verfolgen:** *to follow up* 12. **schließen** (*hier*): unterschreiben 12. **der
Vertrag:** der Kontrakt 13. **der Geist:** *spirit* 14. **gestalten** (*hier*): machen 18. **das Bündnis:** *alliance* 20. **der Grundwert:** die Norm 21. **die Sicherheit:** *safety* 30. **die Trennung:** die Separierung 33. **die Voraussetzung:** *prerequisite* 34. **die Sicherung:** *assurance* 36. **an etwas
fest•halten:** *to hold on to*

Friedenspolitik ist gegen alle Formen der Aggression, des Militarismus nach innen und außen, des Wettrüstens und
40 Rüstungswahns gerichtet und orientiert auf friedliches und solidarisches Zusammenleben der Menschen. . . .

Nur wenn das Recht an die Stelle der Gewalt tritt, kann die Menschheit über-
45 leben. Diese Forderung müssen besonders wir Deutschen erheben, da uns jeder sogenannte „Ernstfall" den Untergang bringen würde. Die „atomare Abschreckung" ist zu einer unwirksamen Drohung geworden, da sie die atomare 50 Selbstvernichtung einschließt. „Frieden und Abrüstung" muß deshalb zum Leitsatz der deutschen Außenpolitik und Strategie werden.

DIE GRÜNEN

39. **das Wettrüsten:** *arms race* 40. **der Rüstungswahn:** *weapons mania* 44. **an die Stelle treten:** ersetzen 45. **überleben:** nach einem schwierigen Erlebnis weiterleben 46. **eine Forderung erheben:** *to make a demand* 47. **der Ernstfall:** *red alert* 48. **der Untergang:** das Ende 49. **die atomare Abschreckung:** *nuclear deterrence* 49. **unwirksam:** ineffektiv 50. **die Drohung:** *threat* 51. **die Selbstvernichtung:** die Selbstzerstörung 51. **ein•schließen:** *to include* 52. **die Abrüstung:** *disarmament* 53. **der Leitsatz:** *guiding principle* 53. **die Außenpolitik:** die Politik mit dem Ausland

55 Die Völker wünschen nichts dringlicher als den Frieden. Er ist das höchste Gut der Menschheit. Alles, was sie hervorgebracht hat, steht auf dem Spiel, wenn es zu einem thermonukle-
60 aren Konflikt kommt. Die Abrüstung, insbesondere die Beseitigung der Atomwaffen, ist der Schlüssel zur Lösung der globalen Menschheitsprobleme unserer Zeit.

65 Mit Genugtuung und Zuversicht wird daher von den Menschen der Einstieg in die nukleare Abrüstung aufgenommen, den das sowjetisch-amerikanische Abkommen über die Beseitigung der ato-
70 maren Raketen mittlerer und kürzerer Reichweite vom 3. Dezember 1987 und die beabsichtigte Halbierung der strategischen Raketenpotentiale ermöglichen.

Die Völker der Welt wollen weitere
75 Schritte der nuklearen Abrüstung, denn die Gefahr eines nuklearen Infernos ist noch nicht gebannt. Jeder Weg in eine kernwaffenfreie, friedliche Welt sollte beschritten werden. Dazu gehört die
80 Schaffung atomwaffenfreier Regionen, Zonen und Korridore. Kernwaffenfreie Zonen existieren und bewähren sich bereits in Lateinamerika und im Südpazifik. Überall in Nord und Süd, in Ost
85 und West gewinnt die Idee kernwaffenfreier Zonen an Anziehungskraft.

Die DDR, die bekanntlich mit großem Engagement für einen atomwaffenfreien Korridor in Mitteleuropa und für die kontinentale und globale Besei- 90 tigung aller Kernwaffen eintritt, hält einen internationalen Meinungs- und Erfahrungsaustausch führender Repräsentanten von Staaten, Regierungen und Parlamenten, Parteien, Vereinigun- 95 gen von Wissenschaftlern, Künstlern, von Kirchen und Religionsgemeinschaften und anderen interessierten Kreisen und Persönlichkeiten über kernwaffenfreie Zonen für höchst zeitgemäß. 100

Deshalb hat sich heute in Berlin, der Hauptstadt der DDR, ein Nationales Komitee zur Vorbereitung eines „Internationalen Treffens für kernwaffenfreie Zonen" konstituiert. 105

Wir wenden uns an die Vertreter verschiedener politischer und religiöser Anschauungen, der verschiedensten Berufe und aller Generationen auf allen Kontinenten mit der Bitte, die Vorbereitung 110 dieses internationalen Treffens*, auf dem ein sachlicher und offener Dialog für Frieden und Abrüstung geführt werden sollte, zu unterstützen.

ERICH HONECKER
*Das Treffen hat vom 20. bis 22. Juni 1988 in Berlin mit weltweiter Beteiligung stattgefunden.

---

56. **dringlich:** *urgent* 57. **das höchste Gut:** *most valued possession* 58. **hervor•bringen:** kreieren, schaffen 59. **auf dem Spiel stehen:** in Gefahr sein 61. **die Beseitigung** (*hier*): die Eliminierung 65. **die Genugtuung:** die Freude 67. **mit Zuversicht auf•nehmen:** optimistisch betrachten 69. **das Abkommen:** *agreement* 71. **die Reichweite:** *range* 72. **beabsichtigen:** intendieren 77. **eine Gefahr bannen:** eine Lösung für eine Gefahr finden 78. **kernwaffenfrei:** atomwaffenfrei 79. **einen Weg beschreiten:** einen Weg gehen 80. **die Schaffung:** die Kreation 82. **sich bewähren:** wenn etwas zeigt, daß es gut ist 86. **die Anziehungskraft:** die Attraktion 87. **bekanntlich:** wie man weiß 91. **ein•treten für:** *to advocate* 100. **höchst:** sehr, extrem 100. **zeitgemäß:** passend für unsere Zeit 108. **die Anschauung:** die Meinung 112. **sachlich:** objektiv und ruhig

TEXTVERSTÄNDNIS

A. Stimmt das oder nicht? Wenn nicht, was stimmt dann?

_____ **1.** Richard von Weizsäcker meint, Frieden sei die Grundlage für alles andere.

_____ **2.** Helmut Kohl ist der Meinung, die Bundesrepublik sollte nur mit dem Westen zusammenarbeiten.

_____ **3.** Helmut Kohl will die Politik der Bundesrepublik von der gesamteuropäischen Friedenspolitik trennen.

_____ **4.** Willy Brandt ist für den Austritt der Bundesrepublik aus der NATO.

_____ **5.** Für Helmut Schmidt hängt die Zukunft vom Frieden in Europa davon ab, ob sich Europa zu einer Gemeinschaft zusammenschließen kann.

_____ **6.** Die Grünen fordern die totale Abrüstung aller Waffen als Voraussetzung für ein friedliches Zusammenleben der Menschen.

_____ **7.** Honecker hält Abrüstung für die beste Möglichkeit, ein nukleares Inferno zu vermeiden.

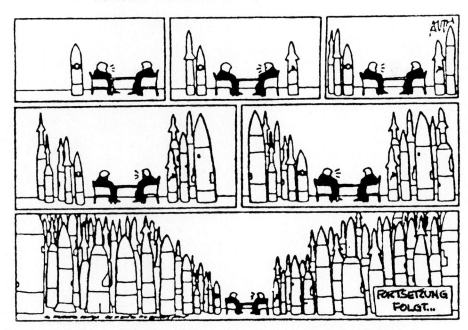

Die Geschichte der Abrüstungsgespräche

ZWEITES LESEN

B. Lesen Sie die Texte noch einmal, bevor Sie die Fragen bearbeiten.

1. Welche Stichwörter werden von mehreren Politikern genannt?

2. Wie verstehen die meisten westdeutschen Politiker das Verhältnis der Bundesrepublik zum Westen und zum Osten?

3. Wie verstehen verschiedene Politiker die Politik der Bundesrepublik innerhalb Europas?

4. Welche verschiedenen Möglichkeiten der Friedenssicherung schlagen diese Politiker vor?

   a. Helmut Kohl
   b. Die Grünen
   c. Erich Honecker

5. Welche Funktion hat die NATO?

6. Warum sprechen Die Grünen von einem „Rüstungswahn"? Wie wollen sie den Frieden sichern?

7. Welche Einstellung hat Honecker?

8. Was versteht man unter einer kernwaffenfreien Zone?

9. Was für Leute und Gruppen nahmen am „Internationalen Treffen für kernwaffenfreie Zonen" teil?

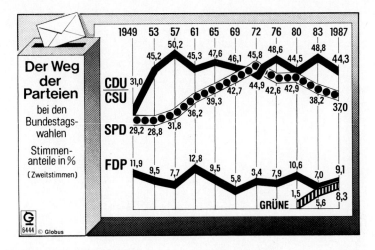

GEHEIMTIP WORTSCHATZ

C. Welche Erklärungen passen zu welchen Wörtern oder Ausdrücken aus dem Text?

1. verbinden *(Z. 20)*
2. das Ziel *(Z. 35)*
3. die Gewalt *(Z. 44)*
4. die Lösung *(Z. 62)*
5. der Einstieg *(Z. 66)*
6. die Halbierung *(Z. 72)*
7. weiter *(Z. 74)*
8. bereits *(Z. 83)*

a. die Brutalität
b. schon
c. der Ausweg
d. mehr
e. was man erreichen will
f. der Beginn
g. die Reduzierung auf 50%
h. zusammenkommen

D. Bitte schreiben Sie kreative deutsche Definitionen, oder finden Sie Synonyme.

1. der Frieden *(Z. 1):* _____
2. der Kurs der Verständigung *(Z. 6):* _____
3. die Grundlage *(Z. 11):* _____
4. die Sicherheit *(Z. 21):* _____
5. die Friedensordnung *(Z. 29):* _____
6. der Schlüssel *(Z. 62):* _____
7. der Meinungsaustausch *(Z. 93):* _____
8. die Bitte *(Z. 110):* _____
9. unterstützen *(Z. 114):* _____

Atomkarikatur 1957: „Der Bomben-Standpunkt"

E.   Markieren Sie je fünf Wörter oder Ausdrücke zu den folgenden Themen, und schreiben Sie sie hier auf:

Verständigung	Sicherheit	Krieg	Frieden

F.   **Zu Form und Stil**

    1. Um was für Texte handelt es sich hier? Welche spezifischen Merkmale weisen diese Texte auf?

    2. Was fällt Ihnen am Sprachstil der Kommentare auf? Nennen Sie bitte ein paar Beispiele.

ANWENDUNG: Meinung, Diskussion, Phantasie

ZU TEXT UND THEMA

A. Ihr Eindruck

1. Mit welchen Positionen können Sie sich identifizieren?

2. Welche Ideen mögen Sie überhaupt nicht? Gibt es Positionen, die Sie unrealistisch, unglaubwürdig oder sogar gefährlich finden?

3. Wie kommt es, daß alle deutschen Parteien vom Frieden reden? Haben sie alle die gleichen Programme?

4. Warum ist den westdeutschen Politikern ein geeintes Europa wohl so wichtig?

5. Was erwarten Sie von guten, d.h. idealen Politikern? Welche Aspekte sind Ihnen am wichtigsten?

B. Frieden und Sicherheit

1. Wie sollte Ihrer Meinung nach die Bundesrepublik Deutschland den Frieden sichern?

2. Was sollte Ihrer Meinung nach die Deutsche Demokratische Republik tun, um den Frieden zu stabilisieren?

3. Was halten Sie davon, daß die USA Waffen in der Bundesrepublik und die UdSSR Waffen in der DDR stationiert haben?

4. Erhöhen oder verringern kernwaffenfreie Zonen die Kriegsgefahr in Europa?

C. Zur Situation in den deutschsprachigen Ländern

1. Warum scheinen die Deutschen so viel Angst vor einem Krieg zu haben? Ist das in Ihrem Land auch so?

2. Warum gibt es gerade in der Bundesrepublik eine relativ große Friedensbewegung?

3. Warum sind viele Deutsche gegen die Stationierung von amerikanischen Waffen auf deutschem Boden?

**WIE IST DAS IN
IHREM LAND?**

D. Politisches Interesse und Engagement

1. Sind die Leute—und besonders jungen Leute—in Ihrem Land politisch interessiert, informiert und engagiert? Oder sind sie eher apathisch? Geben Sie bitte Gründe für die Haltung der Leute an.

2. Was wissen Sie über das Interesse an Politik und das politische Engagement bei der Bevölkerung in der Schweiz, der Bundesrepublik Deutschland, der Deutschen Demokratischen Republik und Österreich? Vergleichen Sie die Haltung mit der Haltung in Ihrem Land.

3. Welche kleineren Parteien gibt es in Ihrem Land? Spielen sie eine wichtige Rolle im politischen Leben Ihres Landes? Warum, oder warum nicht? Gibt es irgendwelche neuen Parteien in Ihrem Land? Welche könnte das Land gut gebrauchen?

4. Ab wann dürfen junge Leute in Ihrem Land wählen? Wissen Sie, ab wann Europäer wählen dürfen?

5. Welche Einstellung haben die Jugendlichen Ihres Landes . . .

   a. zum Frieden?
   b. zum Militär?
   c. zu Politikern?
   d. zur Demokratie?
   e. zum Marxismus bzw. Kommunismus?

6. Wie stellen sich die Politiker Ihrer Regierung und deren Opposition zu folgenden Fragen?

   a. Ost-West-Verhältnis
   b. Friedenspolitik
   c. Ab- oder Aufrüstung
   d. Kernwaffenfreie Zonen
   e. Militärische Verteidigung der Interessen Ihres Landes
   f. Zivile oder militärische Nutzung von Atomenergie

7. Wie kann man Ihrer Meinung nach die Sicherheit Ihres Landes in der Zukunft am besten festigen?

UND SIE?

E. Wie stehen Sie zum Thema Politik? Besprechen Sie die Fragen mit Ihrem Partner oder Ihrer Partnerin.

Fragen	Sie	Ihr Partner/ Ihre Partnerin
1. Finden Sie, daß es ein Tabu ist, jemanden zu fragen, welche Partei er oder sie wählt?		
2. Verfolgen Sie, was in der Welt vor sich geht? Oder haben Sie dafür zu wenig Zeit?		
3. Finden Sie, daß uns die Medien genug und objektiv über die politischen Ereignisse in der Welt informieren? Durch welche Medien informieren Sie sich?		
4. Was halten Sie von Politikern: **a.** Glauben Sie, daß die politische Zukunft Ihres Landes in guten Händen liegt?		
b. Ist es für Sie bei der Beurteilung eines Politikers oder einer Politikerin am wichtigsten, was er oder sie zum Thema Frieden oder Krieg denkt und sagt? Welche anderen Aspekte finden Sie noch wichtig?		
c. Welches sind—in der Vergangenheit oder Gegenwart—Ihre Lieblingspolitiker/-Lieblingspolitikerinnen? Warum?		
5. Was halten Sie davon, wenn Schauspieler/Schauspielerinnen, berühmte Athleten/Athletinnen usw. öffentlich ihre politische Meinung ausdrücken und sich zum Beispiel in Friedensmärschen oder Umweltschutzaktionen engagieren?		

STELLEN SIE SICH VOR . . .

F. Zum Rollenspielen oder Schreiben

1. **Hoher Besuch.** Der Bundeskanzler von Österreich / der Bundeskanzler der Bundesrepublik / das Staatsoberhaupt der DDR / der Bundeskanzler der Schweiz käme in Ihren Kurs, und Sie könnten ihm zehn Fragen stellen. Was würden Sie ihn als Politiker fragen? Nachdem Sie die Fragen vorbereitet haben, spielt Ihre Lehrperson den jeweiligen Staatschef, und Sie sind die Reporter und Reporterinnen, die die Fragen stellen.

2. Politiker und Politikerinnen Ihres Landes und der deutschsprachigen Länder sitzen an einem Tisch und diskutieren die gemeinsamen Ziele ihrer Länder, aber auch die unterschiedlichen Perspektiven oder sogar Konflikte zwischen ihren Regierungen. Überlegen Sie, aus welchen Parteien die Vertreter und Vertreterinnen kommen, und machen Sie eine Tagesordnung, d.h. eine Liste von Themen, die bei der Debatte angesprochen werden sollen, z.B. Import/Export, Studentenaustauschprogramme, militärische Unterstützung usw.

DISKUSSION ODER AUFSATZ

G. Suchen Sie eins der folgenden Themen aus. Finden Sie Argumente für beide Seiten. Und was meinen Sie selbst?

1. a. Meine politischen Ansichten gehen niemanden etwas an. Außerdem gibt es kein langweiligeres Thema als Politik, weil man sich meistens nur streitet und doch nie etwas ändern kann.
   b. Nur wenn man über Politik informiert ist und kontrovers diskutiert, kann man lernen, einen eigenen Standpunkt zu bilden und womöglich etwas ändern. Das nicht zu tun, ist für einen gebildeten Menschen in der modernen Welt unseres „globalen Dorfes" unverantwortlich.

2. a. Die Amerikaner und die Sowjets sollten ihre Truppen ganz aus West- und Osteuropa, insbesondere aus der BRD und der DDR abziehen. Die deutschen Staaten sollten genauso neutral wie die Schweiz und Österreich werden!
   b. Ein vereintes Europa wird ökonomisch sehr stark und eine zu große Konkurrenz für die anderen großen Wirtschaftsmächte. Die amerikanischen Truppen garantieren Stabilität und wahren amerikanische Interessen in Europa.

30 Eine friedliche Zukunft: Traum oder Möglichkeit?

Einführung Immer mehr Menschen aus allen Teilen der Welt, aus allen politischen Parteien und aus allen Berufsbereichen machen sich heute Gedanken über die Rüstungsspirale und den Abbau der Rüstung: Dient Rüstung der Abschreckung und dem Frieden? Oder wird durch immer bessere Waffensysteme die Gefahr eines katastrophalen Krieges, in dem innerhalb von Minuten ganze Länder ausgelöscht werden können, immer größer? Wird die Menschheit sich selbst zerstören, oder können die Menschen einen Weg finden, friedlich miteinander zu leben? Die Reaktionen auf diese Fragen reichen von einem düsteren Zukunftspessimismus bis hin zu hoffnungsvollem Optimismus.

Die beiden Texte von Clemens Hausmann und Hannes Wader beschreiben fiktive Zukunftsvisionen: ewigen Frieden. Aber *wie*, das ist die Frage.

FRAGEN ZUM THEMA

1. Was machen die Leute in Ihrem Land gern am Sonntag?
2. Glauben Sie, daß die Atombombe eine gute Erfindung war? Warum ja, oder warum nicht?
3. Was versteht man unter „atomarer Abschreckung"? Was halten Sie davon?
4. Welche Länder der Welt verfügen über Atombomben? Glauben Sie, daß im Moment die Gefahr besteht, daß ein Land eine Atombombe zündet?
5. Was für eine Friedenspolitik betreibt Ihre Regierung? Wie versucht Ihre Regierung, Frieden zu halten?
6. Welche Künstler in Ihrem Land haben sich mit den Themen Zukunft, nuklearer Katastrophe oder Weltfrieden befaßt?

LESEFRAGEN ZU TEXT A

1. Was tun die verschiedenen Leute an diesem Sonntag?
2. Was passiert an diesem friedlichen Sonntag?

Sonntagvormittag

Als Mutter in der Küche stand und das Essen bereitete,
Vater am Balkon saß mit der Pfeife im Mund, die Zeitung studierend,
Und mein Bruder am Zaun lehnte und mit den Nachbarsmädchen plauderte,
Als die Schwester bei offenem Fenster in ihrem Zimmer einen Brief
5   schrieb,
Die beiden Onkel, die zu Besuch gekommen waren, im Garten saßen, sich
     gegenseitig Witze erzählten und schallend darüber lachten,
Und die zwei Tanten die Frühsommersonne genossen und dabei lächelten
     und strickten,
10 Als meine kleine Cousine trotz des wirklich herrlichen Wetters vor dem
     Fernseher saß und sich einen Tierfilm ansah,
Ihr Bruder sich in den entlegensten Winkel unseres Gartens verdrückte, um
     verbotenerweise eine Zigarette zu rauchen,
Und unser Hund faul im Gras lag und nur ab und zu verschlafen in die
15   Runde blickte,
Als ich in einiger Entfernung hockte, im Begriff, ihn zu photographieren,
Als Bienen summten, Schmetterlinge flatterten, der Wind rauschte,
Und alles glücklich und zufrieden war über diese kleine Verschnaufpause
     im Alltagstrott,
20 Da schlug ohne Vorwarnung
Die Bombe ein
Und schuf
ewigen Frieden.

CLEMENS HAUSMANN

---

3. **lehnen an:** sich stützen auf   3. **plaudern:** ein leichtes Gespräch führen   7. **schallend:** laut
9. **stricken:** *to knit*   10. **herrlich:** wunderbar   12. **entlegen:** weit entfernt   12. **sich verdrücken:**
heimlich weggehen, sich verstecken   13. **verbotenerweise:** obwohl es verboten war   16. **hok-
ken:** in die Knie gehen und so sitzen   16. **im Begriff sein:** *to be about to do something*   17. **der
Schmetterling:** *butterfly*   18. **die Verschnaufpause:** eine Pause zum Ausruhen   19. **der Alltagstrott:** die Alltagsroutine   20. **ein•schlagen:** *to hit*   22. **schaffen:** kreieren

TEXTVERSTÄNDNIS

TEXT A: Sonntagvormittag

ERSTES LESEN

A. Stimmt das oder nicht? Wenn nicht, was stimmt dann?

_____ **1.** Die Mutter liest Zeitung, und der Vater kocht das Sonntagsessen.

_____ **2.** Das Nachbarsmädchen unterhält sich gerade mit dem Bruder.

_____ **3.** Die Verwandten sind zu Besuch gekommen.

_____ **4.** Der Cousin und die Cousine gucken Fernsehen und rauchen, obwohl es nicht erlaubt ist.

_____ **5.** Der Hund pinkelt in den entlegensten Winkel des Gartens.

_____ **6.** Es ist ein schöner, sonniger und friedlicher Herbsttag.

_____ **7.** In der Zeitung stand etwas von Kriegsgefahr.

_____ **8.** Nachdem die Bombe eingeschlagen hatte, war alles sehr, sehr ruhig.

ZWEITES LESEN

B. Sehen Sie sich das Gedicht noch einmal an, bevor Sie die Fragen beantworten.

1. Welche Familienmitglieder kommen in dieser Geschichte vor? Warum beschreibt Hausmann wohl gerade eine Familiensituation?

2. Markieren Sie bitte, was die Leute tun. Was für Tätigkeiten sind das?

3. Was machen die Tiere, die beschrieben werden? Wie paßt das ins Bild?

4. Was für eine Atmosphäre beschreibt der Autor?

5. Wo sehen Sie einen Bruch in der Geschichte?

6. Was ist in diesem Zusammenhang mit ,,ewigem Frieden'' gemeint?

7. Was will der Autor mit diesem Text vermutlich bei den Lesern erreichen?

8. Was könnte der Titel ,,Sonntagvormittag'' bedeuten?

GEHEIMTIP
WORTSCHATZ

C. Welche Erklärungen passen zu den Wörtern und Ausdrücken aus dem Text?

1. der Zaun *(Z. 3)*
2. genießen *(Z. 8)*
3. der Winkel *(Z. 12)*
4. in die Runde *(Z. 15)*
5. die Entfernung *(Z. 16)*
6. die Biene *(Z. 17)*
7. summen *(Z. 17)*

a. das Insekt, das Honig produziert
b. schön finden
c. herum
d. die Ecke
e. leise singen
f. eine Grenzmarkierung aus Holz, oft am Rand eines Gartens
g. die Distanz

D. Bitte erklären Sie diese Wörter auf deutsch, oder finden Sie Synonyme.

1. die Pfeife *(Z. 2):* _____

2. gegenseitig *(Z. 7):* _____

3. der Witz *(Z. 7):* _____

4. lachen *(Z. 7):* _____

5. lächeln *(Z. 8):* _____

6. faul *(Z. 14):* _____

7. verschlafen *(Z. 14):* _____

8. zufrieden *(Z. 18):* _____

9. ohne Vorwarnung *(Z. 20):* _____

E. Sammeln Sie bitte alle Ausdrücke, . . .

   1. die etwas mit dem Alltagsleben zu tun haben.

   2. die etwas mit der Natur zu tun haben.

Warum sind gerade von dieser Sorte viele Ausdrücke in diesem kurzen Text?

F. **Zu Form und Stil**

   1. Mit welchem Wort schafft der Autor stilistisch einen Schock für die Leser?

   2. Wie unterscheiden sich die letzten vier Zeilen im Druck vom Rest des Textes? Welche Bedeutung könnte das haben?

   3. Aus wieviel Sätzen besteht die Geschichte?

      a. Wo beginnt der Hauptsatz?

      b. Warum beginnt Clemens Hausmann so viele Nebensätze mit „als"?

      c. Welchen Sinn könnte es haben, daß es in dieser Geschichte viele Kommas und nur einen Punkt gibt?

   4. Wie paßt die Form des Textes zum Inhalt?

„Ich sagte, die sorgen für unsere Sicherheit"

LESEFRAGEN ZU TEXT B

1. Wovon handelt der Traum, von dem Hannes Wader singt?
2. Was passiert mit den Waffen?
3. Welche Zukunftshoffnung drückt das Lied aus?

TEXT B

Traum vom Frieden

Ich sah heut Nacht im Traum vor mir
Ein endlos weites Feld
Millionen Menschen sah ich dort
Aus allen Ländern der Welt
5 Ich sah im Traum die ganze Menschheit
Einig und befreit
Von Folter, Haß und Völkermord
Für jetzt und alle Zeit

Ich sah im Traum dies Menschenheer
10 Bewaffnet wie zur Schlacht
In dichten Reihen aufgestellt
Um einen tiefen Schacht
Und auf ein Zeichen warfen sie
All ihre Waffen ab
15 Granaten, Bomben stürzten
Tausend Meter tief hinab

Bald war der Schacht gefüllt
Mit Kriegsmaschinen bis zum Rand
Und Menschen aller Rassen
20 Standen lachend Hand in Hand
Wohl jeder träumt den Traum vom
    Frieden
Und es kommt die Zeit
Dann wird wie jeder Menschheitstraum
25 Der Frieden Wirklichkeit

HANNES WADER

7. **die Folter:** die Tortur 7. **der Völkermord:** *genocide* 9. **das Menschenheer:** eine Armee von Menschen 10. **bewaffnet:** *armed* 10. **die Schlacht:** der Kampf 12. **der Schacht:** Loch im Boden 13. **das Zeichen:** das Signal 15. **hinab•stürzen:** hinunterfallen 18. **der Rand:** *edge, rim*

TEXTVERSTÄNDNIS

TEXT B: Traum vom Frieden

ERSTES LESEN

A. Stimmt das oder nicht? Wenn nicht, was stimmt dann?

____ **1.** In diesem Lied formuliert Hannes Wader eine Zukunftshoffnung.

____ **2.** In der Vision gibt es keine unterdrückten oder abhängigen Menschen oder Länder mehr.

____ **3.** Die Menschen aus verschiedenen Ländern führen Krieg miteinander.

____ **4.** Folter und Völkermord gibt es nur noch in manchen Ländern.

____ **5.** Endlos viele Leute haben sich für eine Schlacht bewaffnet.

____ **6.** Die Menschen werfen alle Waffen in ein großes Loch.

____ **7.** Die Leute werfen Bomben und Granaten auf ihre Nachbarn, bis alle Kriegsmaschinerie verbraucht ist.

____ **8.** Die Menschen sind rassistisch.

____ **9.** Diese Situation kommt heute zwar nur im Traum vor, aber der Autor hofft, daß daraus einmal Wirklichkeit wird.

ZWEITES LESEN

B. Lesen Sie den Text noch einmal, oder hören Sie sich das Lied noch einmal an, bevor Sie die Fragen beantworten.

1. Was für eine Vision hat der Autor?

2. Welches sind Ihrer Meinung nach die drei bis fünf zentralen Wörter dieses Liedes? Warum finden Sie gerade diese Wörter so wichtig?

3. Was ist das Thema der Strophen?

   1. Strophe: _____

   2. Strophe: _____

   3. Strophe: _____

4. Wieviele Leute kommen in diesem Traum vor, und wo sind sie versammelt?

5. Aus welchen Ländern kommen diese Menschen?

6. Warum soll es ab jetzt keinen Völkermord mehr geben?

7. Was für eine „Schlacht", was für einen „Kampf" kämpft das Menschenheer?

8. Warum freuen sich die Menschen so?

9. Wann wird der Traum vom Frieden Wirklichkeit werden?

10. Wenn Sie das Lied symbolisch verstehen, was bedeuten dann:

    a. das Feld
    b. das Menschenheer
    c. der tausend Meter tiefe Schacht
    d. Menschen aller Rassen, die lachend Hand in Hand stehen

11. Deutet das Lied eine zuversichtliche oder pessimistische Zukunftsperspektive an?

12. Was will der Autor mit seinem Lied erreichen?

GEHEIMTIP WORTSCHATZ

C. Bitte erklären Sie auf deutsch oder finden Sie Synonyme.

1. der Traum *(Z. 1)* _____

2. endlos *(Z. 2)* _____

3. weit *(Z. 2)* _____

4. der Haß *(Z. 7)* _____

5. dicht *(Z. 11)* _____

6. die Reihe *(Z. 11)* _____

7. tief *(Z. 12)* _____

8. werfen *(Z. 13)* _____

9. die Waffe *(Z. 14)* _____

D. Suchen Sie bitte Wörter aus dem Lied heraus, die für Sie negative Bedeutung haben. Nun suchen Sie alle Wörter zusammen, die für Sie positive Bedeutung haben. Von welcher Sorte finden sie mehr?

E. Suchen Sie bitte alle Wörter heraus, die superlative Bedeutung haben, z.B. **endlos, alle.** Welche von diesen Ausdrücken beziehen sich auf die Masse der vielen Menschen? Warum hebt Wader wohl die große Zahl so hervor?

F. **Zur Form**

1. Was für ein Text ist dies? Nennen Sie ein paar formale Besonderheiten.

2. Was fällt Ihnen an der Wortstellung auf?

3. In welcher Zeitform erzählt Wader von seinem Traum? Wie viele Verbformen kommen hier vor? Welche anderen Zeitformen werden in diesem Lied verwendet, und in welchem Zusammenhang? Was für einen Effekt hat das?

ANWENDUNG: Meinung, Diskussion, Phantasie

TEXT A: Sonntagvormittag

ZU TEXT UND THEMA

A. Ihr Eindruck

1. Was dachten Sie, nachdem Sie den Text gelesen hatten?

   a. „Die armen Leute!"
   b. „Selbst schuld, warum haben sie sich nicht früher darum gekümmert, einen Atomkrieg zu verhindern!"
   c. „So ein kompletter Unsinn!"
   d. „Ach Gott, lieber gar nicht dran denken."
   e. „Ja, man muß wirklich etwas dafür tun, daß so eine Situation gar nicht entstehen kann. Welche Telefonnummer hat die Friedensgruppe in unserer Stadt?"

   Oder was ganz anderes? Warum haben Sie so reagiert?

2. Warum sind die Leute in der Geschichte wohl so ahnungslos?

3. Finden Sie, daß Clemens Hausmann eine potentiell realistische oder ganz phantastische Situation darstellt?

4. Glauben Sie, daß Clemens Hausmann eine gute Taktik gewählt hat, um Leute auf die Gefahren eines Atomkriegs aufmerksam zu machen?

5. Wie sähe ein Leben nach einer Atomkatastrophe aus?

TEXT B: Traum vom Frieden

B. Ihr Eindruck

1. Ist Frieden nur ein Traum? Oder kann dieser Traum Wirklichkeit werden?

2. Ist die Idee einer vollständigen Abrüstung Ihrer Meinung nach illusionär? Ist sie erstrebenswert?

3. Finden Sie Hannes Waders Traum naiv?

4. Wer müßte den Frieden schaffen, die Regierungen oder die Bevölkerungen?

5. Können Sie sich einen ewigen Frieden vom Typ Hannes Waders oder vom Typ Clemens Hausmanns auf Erden vorstellen?

6. Ist der Mensch / sind die Völker Ihrer Meinung nach fähig, Frieden zu halten? Mit welchen Mitteln?

C. Der Vergleich

1. Welche Gemeinsamkeiten und Unterschiede stellen Sie bei den beiden Texten fest?

2. Welches Gefühl erweckt jeder Text bei Ihnen? Welcher Text hatte die größere Wirkung auf Sie? Woran liegt das?

3. Beschreiben Sie, mit welcher Strategie die beiden Autoren versuchen, ihre Leser auf die Problematik des Krieges aufmerksam zu machen.

4. Welche Strategie hat Ihrer Meinung nach mehr Erfolg, wenn man Menschen dazu bewegen will, sich für den Frieden und gegen den Krieg zu engagieren: eine schwarze Zukunft zu malen, oder eine rosige friedliche Zukunft vor Augen zu stellen?

WIE IST DAS IN IHREM LAND?

D. Die Einstellungen der Menschen zu Krieg und Frieden

1. Gibt es in Ihrem Land eine so starke Friedensbewegung wie in Mitteleuropa? Warum, oder warum nicht?

2. In wieviele militärische Konflikte oder Kriege war Ihr Land in den letzten 30 bzw. in den letzten 100 Jahren verwickelt? Gegen wen kämpften die Soldaten Ihres Landes? Wieviele Kämpfe davon fanden in Ihrem Land statt?

3. In welchen Gebieten außerhalb der Landesgrenzen sind Soldaten Ihres Landes stationiert? Gibt es auch welche in deutschsprachigen Gebieten? Was ist die Meinung der Bevölkerung und der Regierung dazu?

4. In der Bundesrepublik Deutschland müssen alle gesunden männlichen Jugendlichen 15 Monate lang Militärdienst leisten. Wer das nicht will, muß verweigern und dann 18 Monate Zivildienst leisten. Gibt es in Ihrem Land auch eine Wehrpflicht? Können Jugendliche in Ihrem Land den Wehrdienst verweigern? Was halten Sie davon? Wie werden Wehrdienstverweigerer von der allgemeinen Bevölkerung angesehen?

UND SIE?

E. Welche Einstellung haben Sie zum Thema Krieg und Frieden? Besprechen Sie sich mit Ihrem Partner oder Ihrer Partnerin.

1. Glauben Sie, daß es Kriege und Friedenszeiten immer geben wird?

2. Glauben Sie, daß Kriege notwendig sind? Unter welchen Umständen?

3. Was halten Sie von dem gewaltlosen Widerstand als einer politischen Taktik?

4. Was halten Sie davon, daß bei militärischen Konflikten oft auch Zivilisten in die Kämpfe hereingezogen werden?

5. Haben Sie mal eine politische Krisensituation erlebt, wo Sie Angst hatten, daß ein großer Krieg ausbrechen könnte? Wie haben Sie sich da gefühlt?

6. Was würden Sie tun, wenn morgen ein Krieg ausbräche und Sie zum Militär müßten? Würden Sie für Ihr Land kämpfen?

7. Wie würden Sie sich fühlen, wenn ein Verwandter oder eine Verwandte oder ein guter Freund oder eine gute Freundin von Ihnen in den Krieg ziehen müßte?

8. Finden Sie, daß man über dieses traurige Thema lieber gar nicht nachdenken sollte?

STELLEN SIE SICH VOR . . .

F.   Zum Rollenspielen oder Schreiben

1. Schreiben Sie ein Märchen: Es war einmal der gute König Friedlich und die gute Königin Friedeline. Sie regierten ein kleines friedliches Land voll schönster, seltener Blumen in großen Parks. Die Menschen in Friedland lebten alle sehr glücklich. Eines Tages kam eine fremde Armee, um das Land zu erobern. Der König mobilisierte seine kleine Armee. Die Königin schickte ihre Kundschafterin° aus und fand heraus, daß die Soldaten kamen, um die schönen Blumen und kostbare Samen und Wurzeln zu stehlen, denn in ihrem eigenen Land gab es keine Blumen. Da . . .

2. In einem der deutschsprachigen Länder sollen in Zukunft auch Frauen zum Militärdienst eingezogen werden. In der öffentlichen Diskussion gibt es viele Stimmen dafür und auf der anderen Seite erbitterten Widerstand dagegen. Überlegen Sie sich Argumente für die eine oder andere Seite.

3. Im Radio kommt die Meldung, daß der Dritte Weltkrieg ausgebrochen sei. Sie sind gerade auf einer Campingtour in den Bergen. Auf mehrere Städte Ihres Landes sollen angeblich schon Bomben gefallen sein. Über Ihre Stadt erfahren Sie nichts. Was machen Sie?

DISKUSSION ODER AUFSATZ

G.   Suchen Sie bitte eins der beiden Themen aus. Finden Sie Argumente für beide Seiten, und diskutieren Sie dann Ihre eigene Meinung.

1.   **a.** In letzter Zeit gibt es immer mehr Abrüstungsgespräche zwischen Ost und West—da kann man schon etwas Hoffnung haben, daß die Zukunft friedlich und rosig aussieht. Kooperation statt Konfrontation ist unsere einzige Chance!
     b. Abrüstung wäre das Dümmste, was unsere Regierung machen könnte. Das ist nur eine schlaue Taktik der Gegner. Nur unsere hochqualifizierten Abwehrsysteme sichern unseren Frieden und halten die Gegner davon ab, unser Land zu überrollen.

2.   **a.** Angst vor einem Atomkrieg ist was für Angsthasen. Erstens könnte ich sowieso nichts dagegen machen, zweitens will ich mir den schönen Tag nicht verderben, drittens sind die Politiker ja auch nicht so blöd, auf den roten Knopf zu drücken.
     b. Angst ist etwas Natürliches und Positives, daß uns vor großer Gefahr warnt. Man darf sich nur nicht von der Angst lähmen lassen, sondern muß aktiv etwas gegen die Gefahr unternehmen. Die Angst vor einem Atomkrieg soll man deshalb nicht verdrängen oder unterdrücken, sondern in Aktionen der Friedensbewegung zu einer positiven Kraft machen.

die Kundschafterin: female scout

ANHANG A

Descriptors

Each descriptor in these lists is followed by its primary connotation value (+ positive; ? neutral or uncertain; − negative). The specific value in each case will depend on the situational context and on the speaker's or writer's intent and the listener's or reader's interpretation.

When you want to describe someone or something, scan the German words that correspond to the value you've chosen (+, ?, −), and see whether you can find a word that suits your need. Use the English only when you're looking for a specific word. Keep your listeners in mind; try to use words that they'll understand.

1. How we describe ourselves and others

academic akademisch, wissenschaftlich ?
active aktiv, zupackend +
aggressive aggressiv −
ambitious ehrgeizig +
bad schlecht, böse −
beautiful schön, lieb, hübsch +
boring, bland langweilig, uninteressant −
brave tapfer, kühn +
candid, straightforward offen, ehrlich +
capable fähig, begabt +
cautious vorsichtig ?
charming charmant, reizend +
competent kompetent +
conservative konservativ ?
considerate rücksichtsvoll +
cool, cold kühl, abweisend, unpersönlich −
courageous mutig, furchtlos +
cowardly feige, ängstlich −
creative, inventive schöpferisch, kreativ +

critical kritisch +
curious neugierig ?
cynical zynisch −
dependable zuverlässig, vertrauenswürdig +
determined entschlossen, energisch, zielstrebig +,?
disciplined diszipliniert +,?
domineering dominierend, dominant −
dramatic dramatisch ?
drunk betrunken, besoffen −
dynamic dynamisch, lebendig +
emotional emotionell, gefühlsbetont, warmherzig +
enthusiastic enthusiastisch, begeistert +
exacting, precise genau, pünktlich +
fantastic phantastisch +
fearless furchtlos, unerschrocken +
flexible flexibel +
friendly freundlich, liebenswürdig +
funny lustig, humorvoll +
funny, weird komisch, merkwürdig, sonderbar ?,−
generous großzügig, großherzig, freigebig +
good gut +
great großartig +
hard-working fleißig, eifrig +
having humor humorvoll, witzig +
helpful hilfsbereit +
honest, sincere ehrlich, aufrichtig +
humorless humorlos −
idealistic idealistisch +
imaginative phantasievoll +
impatient ungeduldig −
impersonal unpersönlich, kühl, sachlich −
impolite unhöflich, unfreundlich −
important wichtig, bedeutend +
impractical unpraktisch −
insolent, fresh unverschämt, frech −
intelligent intelligent, klug +
interesting interessant +

lazy faul   −
likeable sympathisch, liebenswert   +
lively lebendig, lebhaft   +
loyal treu, loyal   +
mean gemein, fies, böse   −
modest bescheiden   +
moody launisch   −
neat ordentlich   +
nervous nervös   −
nice nett   +
old alt   ?
old-fashioned altmodisch   ?
passive passiv   −
patient geduldig   +
personal persönlich   +
petty kleinlich   −
pious, religious fromm, religiös   ?
pleasant angenehm, liebenswürdig   +
poetical poetisch, dichterisch   +
polite höflich   +
political politisch   ?
popular, well-liked, loved beliebt   +
practical praktisch   +
pretty, nice schön, hübsch   +
proud stolz   ?
punctual pünktlich, gewissenhaft   +
realistic realistisch, sachlich   +
reckless leichtsinnig, unbesonnen   −
reserved reserviert, zurückhaltend   ?
responsible verantwortungsbewußt   ?
risks, willing to take risikofreudig   +
romantic romantisch   +
sadistic sadistisch   −
selfish selbstsüchtig, egoistisch   −
sensible vernünftig   +
sensitive sensibel   +
serious ernst, ernsthaft   ?
set, staid seriös   ?
sexist sexistisch, chauvinistisch   −
silly albern, dumm   ?
smart klug, clever, begabt   +
sophisticated kultiviert, gebildet   +
spontaneous spontan   +
strange merkwürdig, sonderbar   ?
stupid dumm, doof   −
thorough gründlich, gewissenhaft   +
tipsy beschwipst   ?
tolerant tolerant   +
true, right aufrichtig, geradeaus   +
undependable unzuverlässig   −
unimportant unwichtig   −
uninteresting uninteressant   −
unpleasant unangenehm   −
vain eingebildet, eitel   −

versatile vielseitig   +
weak schwach   ?
well-known bekannt, berühmt   +
wise weise   +
wonderful wunderbar, herrlich   +
young jung   +
etc.

2. How we see things

attractive attraktiv   +
complicated kompliziert   ?
depressing deprimierend   −
difficult schwierig   ?
disappointing enttäuschend   −
exciting aufregend   +
funny lustig   +
great großartig, erstklassig   +
inadequate unzulänglich   −
interesting interessant   +
marvelous herrlich, hervorragend   +
simple einfach   ?
surprising überraschend   ?
tacky schmalzig, kitschig   −
terrible furchtbar, schrecklich, scheußlich   −
weird, funny komisch, merkwürdig, sonderbar   ?
etc.

3. How we describe things

big, large groß
cheap billig
clean sauber
colorful bunt
dark dunkel
delicious lecker
dirty dreckig, schmutzig
expensive teuer
fashionable, chic chic
fat dick, fett
flat flach
high hoch
light hell
little, small klein
long lang
low niedrig
new neu
old alt
round rund
short kurz

square viereckig
thin dünn, schlank
triangular dreieckig
etc.

4. How we and others feel

Ich bin . . .   *John ist . . .*
Margot und Hans sind . . .   *Monika ist . . .*

astonished erstaunt ?
bored gelangweilt −
capable kompetent +
cheerful fröhlich +
depressed deprimiert −
disappointed enttäuscht −
done in K.O. −
embarrassed verlegen ?
fantastic phantastisch +
glad froh, erfreut +
great prima +
happy glücklich +
hopeless hoffnungslos −
impatient ungeduldig −
lively, alive munter, lebendig, wach +
mad, angry sauer, verärgert −
nervous nervös −
noncaring gleichgültig −
O.K. O.K., in Ordnung +

obstinate trotzig, dickköpfig, stur −
patient geduldig +
proud stolz +
relieved erleichtert +
resigned resigniert −
sad traurig −
satisfied zufrieden +
scared ängstlich, angstvoll −
scared erschrocken −
shy schüchtern, scheu ?
unhappy unglücklich −
wonderful wunderbar +
worried besorgt −
etc.

Ich fühle mich . . .   *Er fühlt sich . . .*
Margot und Hans fühlen   *Sie fühlt sich . . .*
sich . . .

bad schlecht −
bored gelangweilt −
depressed deprimiert −
done in K.O. −
good gut +
great prima +
happy glücklich +
O.K. O.K. ?
relieved erleichtert +
unhappy unglücklich −
wonderful wunderbar +
etc.

ANHANG B

Structure Tables

1. Personal pronouns (I, me, to me, etc.)

Nominative	ich	du	er	es	sie	wir	ihr	sie	Sie
Accusative	mich	dich	ihn	es	sie	uns	euch	sie	Sie
Dative	mir	dir	ihm	ihm	ihr	uns	euch	ihnen	Ihnen

2. Reflexive pronouns (myself, yourself, etc.)

Nominative	ich	du	er/es/sie	wir	ihr	sie	Sie
Accusative	mich	dich	sich	uns	euch	sich	sich
Dative	mir	dir	sich	uns	euch	sich	sich

3. Interrogative pronouns (who? what? etc.)

Nominative	wer?	was?
Accusative	wen?	was?
Dative	wem?	
Genitive	wessen?	

4. Relative and demonstrative pronouns (which, that, whose, etc.)

	Singular			Plural
Nominative	der	das	die	die
Accusative	den	das	die	die
Dative	dem	dem	der	denen
Genitive	dessen	dessen	deren	deren

5. Definite articles (the)

	Singular			Plural
Nominative	der	das	die	die
Accusative	den	das	die	die
Dative	dem	dem	der	den
Genitive	des	des	der	der

6. *Der*-ending words (this, each, etc.)

	Singular			Plural
Nominative	dieser	dieses	diese	diese
Accusative	diesen	dieses	diese	diese
Dative	diesem	diesem	dieser	diesen
Genitive	dieses	dieses	dieser	dieser

The **der**-ending words are **dieser, jeder, mancher, solcher,** and **welcher.**

7. Indefinite articles and *ein*-ending words (a, an; my, your, etc.)

	Singular			Plural
Nominative	ein	ein	eine	keine
Accusative	einen	ein	eine	keine
Dative	einem	einem	einer	keinen
Genitive	eines	eines	einer	keiner

The **ein**-ending words include **kein** and the possessive adjectives: **mein, dein, sein, ihr, unser, euer, ihr,** and **Ihr;** as well as words like **alle, viele,** etc.

8. Plural of nouns (room/rooms, mother/mothers, etc.)

Category	Singular	Plural	Type	Notes
1	ein Zimmer	sechs Zimmer	Ø (no change)	**der**- and **das**- nouns ending in **-el, -en, -er**
	eine Mutter	die Mütter	¨ (umlaut)	
2	ein Tisch	viele Tische	-e	
	ein Zug	zehn Züge	¨e	
3	ein Kleid	fünf Kleider	-er	Stem vowel **e** or **i** cannot take umlaut
	ein Mann	drei Männer	¨er	Stem vowel **a, o, u** takes umlaut
4	eine Station	zwei Stationen	-en	
	eine Katze	20 Katzen	-n	
	eine Studentin	21 Studentinnen	-nen	
5	ein Taxi	sieben Taxis	-s	Mostly foreign words

9. Special *der*-nouns

	Singular	Plural
Nominative	der Herr	die Herren
Accusative	den Herrn	die Herren
Dative	dem Herrn	den Herren
Genitive	des Herrn	der Herren

A few **der**-nouns add **-n** or **-en** in the accusative, dative, and genitive singular. Some other special **der**-nouns are **der Bauer, der Buchstabe, der Bursche, der Elefant, der Geselle, der Hase, der Journalist, der Jude, der Junge, der Kamerad, der Knabe, der Kollege, der Löwe, der Mensch, der Nachbar, der Neffe, der Pirat, der Polizist, der Präsident, der Schütze, der Soldat, der Student, der Typ.** A few special **der**-nouns add **-ns** in the genitive: **der Name → des Namens.** This category includes most masculine nouns ending in **-e, -ist, -ent, -at,** and **-ant.**

10. Adjective endings (the old man, an old book, etc.)

		Singular		Plural
		der-ending words	**ein**-ending words	**der**-ending and **ein**-ending words
Nominative	**der**-nouns	der alte Mann	ein alter Mann	die alten Leute
	das-nouns	das alte Buch	ein altes Buch	keine alten Leute
	die-nouns	die alte Frau	eine alte Frau	
Accusative	**der**-nouns	den alten Mann	einen alten Mann	die alten Leute
	das-nouns	das alte Buch	ein altes Buch	keine alten Leute
	die-nouns	die alte Frau	eine alte Frau	
Dative	**der**-nouns	dem alten Mann	einem alten Mann	den alten Leuten
	das-nouns	dem alten Buch	einem alten Buch	keinen alten Leuten
	die-nouns	der alten Frau	einer alten Frau	
Genitive	**der**-nouns	des alten Mannes	eines alten Mannes	der alten Leute
	das-nouns	des alten Buches	eines alten Buches	keiner alten Leute
	die-nouns	der alten Frau	der alten Frau	

11. Adjectives not preceded by *der-* or *ein-*ending words (good wine, fresh milk, etc.)

	der-*nouns*	**das**-*nouns*	**die**-*nouns*	*Plural*
Nominative	guter Wein	kaltes Wasser	frische Milch	viele Leute
Accusative	guten Wein	kaltes Wasser	frische Milch	viele Leute
Dative	gutem Wein	kaltem Wasser	frischer Milch	vielen Leuten
Genitive	guten Weines	kalten Wassers	frischer Milch	vieler Leute

12. Nouns declined like adjectives

Nouns preceded by **der**-ending words

	der-*nouns*	**das**-*nouns*	**die**-*nouns*	*Plural*
Nominative	der Bekannte	das Gute	die Bekannte	die Bekannten
Accusative	den Bekannten	das Gute	die Bekannte	die Bekannten
Dative	dem Bekannten	dem Guten	der Bekannten	den Bekannten
Genitive	des Bekannten	des Guten	der Bekannten	der Bekannten

Nouns preceded by **ein**-ending words

	der-*nouns*	**die**-*nouns*	*Plural*
Nominative	ein Bekannter	eine Bekannte	keine Bekannte
Accusative	einen Bekannten	eine Bekannte	keine Bekannte
Dative	einem Bekannten	einer Bekannten	keinen Bekannten
Genitive	eines Bekannten	einer Bekannten	keiner Bekannten

Other nouns declined like adjectives are **der/die Angestellte, Arbeitslose, Auszubildende, Befragte, Berufstätige, Deutsche, Dumme, Erwachsene, Fremde, Geistliche, Jugendliche, Tote, Verliebte, Verwandte, Vorsitzende,** etc.

13. **Comparatives and superlatives** (good, better, best, etc.)

Comparison of regular adjectives and adverbs

Positive	Comparative	Superlative
schön	schöner	schönst-/am schönsten

Comparison of adjectives and adverbs taking umlaut

Positive	Comparative	Superlative
jung	jünger	jüngst-/am jüngsten

alt, arm, dumm, gesund (gesünder *or* gesunder), grob, groß, hart, jung, kalt, klug, krank, kurz, lang, oft, rot, scharf, schwach, schwarz, stark, warm usw.

Comparison of irregular adjectives and adverbs

Positive	Comparative	Superlative
bald	eher	ehest-
gern	lieber	liebst-
gut	besser	best-
hoch	höher	höchst-
nah	näher	nächst-
viel	mehr	meist-

14. **Common prepositions** (until, from, to, on, etc.)

With accusative	With dative	With either accusative or dative	With genitive
bis	aus	an	(an)statt
durch	außer	auf	trotz
für	bei	hinter	während
gegen	mit	in	wegen
ohne	nach	neben	
um	seit	über	
	von	unter	
	zu	vor	
		zwischen	

15. **Verbs used with the dative** (to answer, to help, etc.)

antworten	*to answer*	leid tun; es tut mir leid	*to be sorry; I am sorry* (lit. *It makes me sorry*)
danken	*to thank*	passen	*to fit, suit*
einfallen	*to occur to*	passieren	*to happen*
erlauben	*to allow, permit*	raten	*to advise*
folgen	*to follow*	schaden	*to harm*
gefallen	*to please, be liked*	scheinen	*to seem*
gehören	*to belong to*	schmecken	*to taste*
glauben	*to believe*	schwerfallen	*to have difficulties*
gratulieren	*to congratulate*	weh tun	*to hurt*
helfen	*to help*		

16. Present tense (I go, I am going, I have been going, I do go, etc.)

Regular Verbs		Irregular Verbs	
ich	gehe	ich	sehe
du	gehst	du	siehst
er/es/sie	geht	er/es/sie	sieht
ihr		ihr	seht
wir		wir	
sie	gehen	sie	sehen
Sie		Sie	

There are several categories of irregular verbs in the present tense.

Category 1	fahren	du fährst	er fährt	stem vowel change **a → ä**
	laufen	du läufst	sie läuft	
Category 2a	sitzen	du sitzt	es sitzt	**-st** ending of the **du**-form contracts to **-t** when verb
	heißen	du heißt	er heißt	stem ends in **-s, -ss, -ß, -z,** or **-tz** (**wissen** is irregular:
2b	lesen	du liest	sie liest	**ich weiß, wir wissen; wußte, gewußt**)
	essen	du ißt	er ißt	
2c	wissen	du weißt	sie weiß	
Category 3	nehmen	du nimmst	es nimmt	stem vowel change **e → i**
	geben	du gibst	sie gibt	
	helfen	du hilfst	er hilft	
Category 4	sehen	du siehst	sie sieht	stem vowel change **e → ie**
Category 5	warten	du wartest	er wartet	verbs with stem endings in **-d, -t,** add **e** before **-st** and
	finden	du findest	sie findet	**-t** endings

17. Imperative (stop! look!, etc.)

Familiar singular	Geh(e)!	Sieh!
Familiar plural	Geht!	Seht!
Formal	Gehen Sie!	Sehen Sie!

18. Modals (can, have to, should, want, etc.)

	dürfen	**können**	**müssen**	**sollen**	**wollen**	**möchte**-forms
ich	darf	kann	muß	soll	will	möchte
er/es/sie						
du	darfst	kannst	mußt	sollst	willst	möchtest
ihr	dürft	könnt	müßt	sollt	wollt	möchtet
wir						
sie	dürfen	können	müssen	sollen	wollen	möchten
Sie						
Narrative past	durfte	konnte	mußte	sollte	wollte	
Past participle	gedurft	gekonnt	gemußt		gewollt	

19. Auxiliaries *haben, sein,* and *werden* (used to form conversational past and future tense)

ich	habe	bin	werde
du	hast	bist	wirst
er/es/sie	hat	ist	wird
ihr	habt	seid	werdet
wir ⎤			
sie ⎬	haben	sind	werden
Sie ⎦			

20. The conversational past (I did it, I have done it, etc.)

Group I			Group II		
machen[1]			**gehen**[2]		
ich	habe ⎤		ich	bin ⎤	
du	hast		du	bist	
er/es/sie	hat		er/es/sie	ist	
ihr	habt ⎬ das gemacht.		ihr	seid ⎬ gegangen.	
wir ⎤			wir ⎤		
sie ⎬	haben ⎦		sie ⎬	sind ⎦	
Sie ⎦			Sie ⎦		

1. For verbs in Group I, the past participle is formed by adding **ge-** and **-t** to the stem of the verb, e.g., **ge + mach + t = gemacht.** An **-e** is added before the final **-t** for verbs whose stem ends in **-t, -gn,** or **-d,** e.g., **ge + arbeit + e + t = gearbeitet.**
2. For verbs in Group II, the past participle is formed by adding **ge-** and **-en** to the stem, e.g., **ge + seh + en = gesehen.** The vowel of the participle stem is often different from the vowel of the present stem, e.g., **finden → gefunden, tun → getan.**
3. Verbs in Group III undergo differing changes. Verbs with inseparable prefixes (**be-, emp-, ent-, er-, ge-, ver-, zer-**) do not add **ge-** in the past participle. In terms of the participle *ending*, some inseparable-prefix verbs belong to Group I (e.g., **bestellen → bestellt**), while others belong to Group II (e.g., **verstehen → verstanden**).

   Verbs ending in **-ieren** also do not add **ge-** in the past participle (e.g., **buchstabieren → buchstabiert**).

   Other verbs in Group III form their participle in the same way as Group I verbs, except that they have a vowel change in the stem, e.g., **denken → gedacht.**

For both Groups II and III, you should try to learn the past participle along with the infinitive of the verb. A list of these verbs with their past participles and narrative past stems appears on page A-12.

21. Future tenses (I will do it, I will have done it, etc.)

Futur I

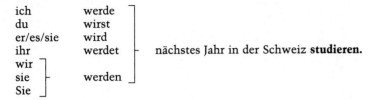

ich	werde
du	wirst
er/es/sie	wird
ihr	werdet
wir	
sie	werden
Sie	

nächstes Jahr in der Schweiz **studieren.**

Futur II (often used for probability)

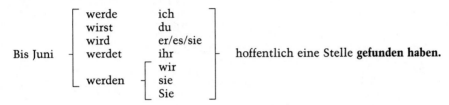

Bis Juni

werde	ich
wirst	du
wird	er/es/sie
werdet	ihr
	wir
werden	sie
	Sie

hoffentlich eine Stelle **gefunden haben.**

22. The narrative past (Once upon a time, there *was* . . ., etc.)

	Group I		Group II
	lernen[1]	**arbeiten**[2]	**geben**[3]
ich / er/es/sie	lernte	arbeitete	gab
du	lerntest	arbeitetest	gabst
ihr	lerntet	arbeitetet	gabt
wie / sie / Sie	lernten	arbeiteten	gaben

1. Verbs in Group I have the narrative past tense marker **-t-,** which is inserted between the past tense stem and the endings. For easier pronunciation, an **-e-** is inserted before the endings in the **du-** and **ihr-**forms.
2. Verbs with stem ending in **-d** or **-t** insert an **-e-** before the tense marker **-t-.**
3. Verbs in Group III have a stem vowel change (and sometimes a consonant change) + endings.
4. As with the conversational past, verbs in Group III form the narrative past in several different ways. Some inseparable-prefix verbs are similar to Group I (e.g., **bestellen →
bestellte,** etc.), while others are similar to Group II (e.g., **verstehen → verstand**). Some verbs have the tense marker **-t-** of Group I verbs, but the stem vowel change of Group II verbs (e.g., **denken → gedacht**).

A list of verbs from Groups II and III with their past participles and narrative past stems appears on page A-12.

23. The completed past (I had done it, etc.)

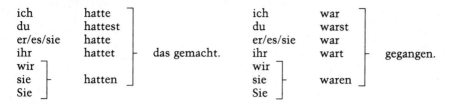

ich	hatte		ich	war		
du	hattest		du	warst		
er/es/sie	hatte		er/es/sie	war		
ihr	hattet	das gemacht.	ihr	wart	gegangen.
wir			wir			
sie	hatten		sie	waren		
Sie			Sie			

24. Subjunctive (I'd do it, etc.)

	Group I	Groups II and III	
ich er/es/sie	machte	ginge	käme
du	machtest	gingest	kämest
ihr	machtet	ginget	kämet
wir sie Sie	machten	gingen	kämen

Some verbs in Group II and III add an umlaut to the stem vowel in the subjunctive. The endings **-est** and **-et** often contract to **-st** and **-t: kämest → kämst; kämet → kämt.**

The list below gives the **ich**-form of the subjunctive of some of the more common verbs. The subjunctive of other verbs from Groups II and III is given on page A-12.

werden:	ich würde	können:	ich könnte
sein:	ich wäre	müssen:	ich müßte
haben:	ich hätte	sollen:	ich sollte
kommen:	ich käme	dürfen:	ich dürfte

25. Passive (I am/was invited, etc.)

Present

ich	werde	
du	wirst	
er/es/sie	wird	
ihr	werdet	von ihm eingeladen.
wir		
sie	werden	
Sie		

Past

ich	wurde	
du	wurdest	
er/es/sie	wurde	
ihr	wurdet	von ihm eingeladen.
wir		
sie	wurden	
Sie		

Conversational past

ich	bin	
du	bist	
er/es/sie	ist	
ihr	seid	von ihm eingeladen worden.
wir		
sie	sind	
Sie		

26. Principal parts of verbs from Groups II and III

The following list contains all the verbs from Groups II and III that appear in this book, with the exception of the regular inseparable-prefix verbs from Group III. Compound verbs like **herunterfallen** and **zustandekommen** are not included, since the principal parts of compound verbs are identical to the basic forms: **fallen** and **kommen.**

Basic English meanings are given for all verbs in this list. For additional meanings, consult the German-English vocabulary starting on page A-17.

Infinitive	Present tense (vowel change)	Narrative past	Past participle	Subjunctive	Meaning
backen		backte	gebacken	backte	to bake
befehlen	befiehlt	befahl	befohlen	beföhle/ befähle	to order
beginnen		begann	begonnen	begönne begänne	to begin/ start
beißen		biß	gebissen	bisse	to bite
bergen	birgt	barg	geborgen	bürge/bärge	to save/ recover
bersten	birst	barst	geborsten	bärste/ börste	to burst
besinnen		besann	besonnen	besänne	to reflect/ remember
betrügen		betrog	betrogen	betröge	to betray/ cheat
bewegen		bewog	bewogen	bewöge	to move
bewerben	bewirbt	bewarb	beworben	bewürbe	to apply
bieten		bot	geboten	böte	to offer
binden		band	gebunden	bände	to bind/ tie
bitten		bat	gebeten	bäte	to ask for
blasen	bläst	blies	geblasen	bliese	to blow
bleiben		blieb	geblieben	bliebe	to stay/ remain
braten	brät	briet	gebraten	briete	to fry/ sauté
brechen	bricht	brach	gebrochen	bräche	to break
brennen		brannte	gebrannt	brennte	to burn
bringen		brachte	gebracht	brächte	to bring
denken		dachte	gedacht	dächte	to think

Infinitive	Present tense (vowel change)	Narrative past	Past participle	Subjunctive	Meaning
durchdringen		durchdrang	durchdrungen	durchdränge	to penetrate/ come through
dürfen	darf	durfte	gedurft	dürfte	to be allowed to do something
empfehlen	empfiehlt	empfahl	empfohlen	empföhle/ empfähle	to recommend
erschrecken	erschrickt	erschrak	erschrocken	erschräke	to scare
essen	ißt	aß	gegessen	äße	to eat
fahren	fährt	fuhr	gefahren	führe	to drive
fallen	fällt	fiel	gefallen	fiele	to fall
fangen	fängt	fing	gefangen	finge	to catch
finden		fand	gefunden	fände	to find
fliegen		flog	geflogen	flöge	to fly
fliehen		floh	geflohen	flöhe	to flee
fließen		floß	geflossen	flösse	to flow
fressen	frißt	fraß	gefressen	fräße	to eat (of animals)
frieren		fror	gefroren	fröre	to be cold/get cold/freeze
geben	gibt	gab	gegeben	gäbe	to give
gebären	gebiert	gebar	geboren	gebäre	to bear/ give birth
gehen		ging	gegangen	ginge	to go
gelten	gilt	galt	gegolten	gölte/gälte	to be valid
genießen		genoß	genossen	genösse	to enjoy
geschehen	geschieht	geschah	geschehen	geschähe	to happen
gewinnen		gewann	gewonnen	gewönne	to win
gleichen		glich	geglichen	gliche	to be like sb or sth/ to be alike
gleiten		glitt	geglitten	glitte	to glide
graben	gräbt	grub	gegraben	grübe	to dig
greifen		griff	gegriffen	griffe	to grasp
haben	hat	hatte	gehabt	hätte	to have
halten	hält	hielt	gehalten	hielte	to hold
hängen		hing	gehangen	hinge	to hang
heben		hob	gehoben	höbe	to lift
heißen		hieß	geheißen	hieße	to be called
helfen	hilft	half	geholfen	hülfe/hälfe	to help
kennen		kannte	gekannt	kennte	to know
klingen		klang	geklungen	klänge	to sound
kommen		kam	gekommen	käme	to come
können	kann	konnte	gekonnt	könnte	can/to be able to

Infinitive	Present tense (vowel change)	Narrative past	Past participle	Subjunctive	Meaning
kriechen		kroch	gekrochen	kröche	to crawl
laden	lädt	lud	geladen	lüde	to load
lassen	läßt	ließ	gelassen	ließe	to leave/ let
laufen	läuft	lief	gelaufen	liefe	to run
leiden		litt	gelitten	litte	to suffer
leihen		lieh	geliehen	liehe	to borrow/ lend
lesen	liest	las	gelesen	läse	to read
liegen		lag	gelegen	läge	to lie
lügen		log	gelogen	löge	to tell a lie
messen	mißt	maß	gemessen	mäße	to measure
mögen	mag	mochte	gemocht	möchte	to like
nehmen	nimmt	nahm	genommen	nähme	to take
nennen		nannte	genannt	nennte	to name/ call
pfeifen		pfiff	gepfiffen	pfeife	to whistle
raten	rät	riet	geraten	riete	to advise
reißen		riß	gerissen	risse	to tear
reiten		ritt	geritten	ritte	to ride
röchen		roch	gerochen	röche	to smell
ringen		rang	gerungen	ränge	to wrench/ wrestle
rufen		rief	gerufen	riefe	to call
saufen	säuft	soff	gesoffen	söffe	to drink (a lot)
schaffen		schuf	geschaffen	schüfe	to manage/ create
scheiden		schied	geschieden	schiede	to separate/ divorce
scheinen		schien	geschienen	schiene	to seem/ shine
schieben		schob	geschoben	schöbe	to push
schießen		schoß	geschossen	schösse	to shoot
schlafen	schläft	schlief	geschlafen	schliefe	to sleep
schlagen	schlägt	schlug	geschlagen	schlüge	to beat/ hit
schleichen		schlich	geschlichen	schliche	to creep/ sneak
schleifen		schliff	geschliffen	schliffe	to drag
schließen		schloß	geschlossen	schlösse	to close
schlingen		schlang	geschlungen	schlänge	to gobble
schmeißen		schmiß	geschmissen	schmisse	to throw
schneiden		schnitt	geschnitten	schnitte	to cut
schreiben		schrieb	geschrieben	schriebe	to write
schreien		schrie	geschrie(e)n	schriee	to scream/ shout

Infinitive	Present tense (vowel change)	Narrative past	Past participle	Subjunctive	Meaning
schreiten		schritt	geschritten	schritte	to stride
schweigen		schwieg	geschwiegen	schwiege	to be silent
schwimmen		schwamm	geschwommen	schwömme/ schwämme	to swim
schwinden		schwand	geschwunden	schwände	to dwindle/ fade
schwören		schwur	geschworen	schwüre	to swear
sehen	sieht	sah	gesehen	sähe	to see
sein	ist	war	gewesen	wäre	to be
singen		sang	gesungen	sänge	to sing
sinken		sank	gesunken	sänke	to sink
sitzen		saß	gesessen	säße	to sit
spalten		spaltete	gespalten/ gespaltet	spaltete	to split
sprechen	spricht	sprach	gesprochen	spräche	to speak
springen		sprang	gesprungen	spränge	to jump
stechen	sticht	stach	gestochen	stäche	to prick/ sting
stehen		stand	gestanden	stünde/ stände	to stand
steigen		stieg	gestiegen	stiege	to climb
stehlen	stiehlt	stahl	gestohlen	stähle/ stöhle	to steal
sterben	stirbt	starb	gestorben	stürbe	to die
stoßen	stößt	stieß	gestoßen	stieße	to punch/ push
streiten		stritt	gestritten	stritte	to argue/ fight
tragen	trägt	trug	getragen	trüge	to wear/ carry
treffen	trifft	traf	getroffen	träfe	to meet/ hit
treiben		trieb	getrieben	triebe	to carry on
treten	tritt	trat	getreten	träte	to kick
trinken		trank	getrunken	tränke	to drink
tun		tat	getan	täte	to do
überwinden		überwand	überwunden	überwände	to overcome
unterstreichen		unterstrich	unterstrichen	unterstriche	to underline
verderben	verdirbt	verdarb	verdorben	verdürbe	to spoil/ ruin
vergessen	vergißt	vergaß	vergessen	vergäße	to forget
verlieren		verlor	verloren	verlöre	to lose
vermeiden		vermied	vermieden	vermiede	to avoid
wachsen	wächst	wuchs	gewachsen	wüchse	to grow
waschen	wäscht	wusch	gewaschen	wüsche	to wash
weisen		wies	gewiesen	wiese	to point

Infinitive	Present tense (vowel change)	Narrative past	Past participle	Subjunctive	Meaning
wenden		wendete/ wandte	gewendet/ gewandt	wendete/ wandte	to turn
werden	wird	wurde	geworden	würde	to become
werfen	wirft	warf	geworfen	würfe	to throw
wissen	weiß	wußte	gewußt	wüßte	to know
ziehen		zog	gezogen	zöge	to move/ pull
zwingen		zwang	gezwungen	zwänge	to force

Wörterverzeichnis

This vocabulary includes most of the words used in *Interaktion* except numbers. The definitions given are limited to the context in which the words are used in this book. The symbol ~ indicates a repetition of the key word (minus the definite article, if any).

Nouns are listed with their plural forms: **der Abend, -e** → **der Abend, die Abende**. No plural entry is given if the plural is rarely used or non-existent. If two entries follow a noun, the first one indicates the genitive, the second one indicates the plural: **der Herr, -n, -en**.

Irregular verbs from Groups II and III are listed with their principal parts. Vowel changes in the present tense are noted in parentheses, followed by narrative past and past participle forms. All verbs take **haben** in the past participle unless indicated with **sein: fahren(ä), fuhr, ist gefahren** → **er fährt, ich fuhr, sie ist gefahren.** Separable-prefix verbs are indicated with a vertical slash: **auf|stehen** → **ich stehe auf.**

Adjectives and adverbs that take umlaut in the comparative and superlative are noted as follows: **jung(ü)** → **jung, jünger, am jüngsten.**

The following abbreviations are used:

abbr.	abbreviation	*fam.*	familiar	*pl.*	plural
adj.	adjective	*fig.*	figuratively	*sg.*	singular
adv.	adverb	*gen.*	genitive	*sb.*	somebody
coll.	colloquial	*interj.*	interjection	*sth.*	something
comp.	comparative	*ling.*	linguistics	*subj.*	subjunctive
conj.	conjunction	*lit.*	literally	*sup.*	superlative
contr.	contraction	*pej.*	pejorative	*vulg.*	vulgar
dat.	dative	*p.p.*	past participle		

ab from, as of, as from
ab: ~ **und zu** now and then
ab|arbeiten to work off
der **Abbau** reduction
ab|bauen to reduce
ab|brechen (i), brach ab, abgebrochen to break off
ab|brennen, brannte ab, abgebrannt to burn off
ab|danken to abdicate
ab|drucken to print
der **Abend, -e** evening
das **Abendessen, -** dinner
abends in the evening *(adv.)*
das **Abenteuer, -** adventure
abenteuerlich adventurous

aber but *(conj.)*; but of course *(intensifier)*
abfahrbereit ready to leave
ab|fahren (ä), fuhr ab, ist abgefahren to depart
die **Abfahrt, -en** departure
der **Abfall, ̈e** garbage
ab|fallen (ä), fiel ab, ist abgefallen to fall (off)
ab|fertigen to clear
die **Abfertigung, -en** customs clearance, processing
die **Abfuhr, -en** rebuff, snub
das **Abgas, -e** exhaust fumes
(ab)geben (i), gab ab, abgegeben to give up

abgesehen (von) *(p.p. of absehen)* apart from the fact, with the exception of
der **Abgrund, ̈e** abyss
ab|haken to check off
ab|hängen, hing ab, abgehangen to depend (on); to hang up
abhängig dependent
ab|härten to toughen up
ab|helfen (i), half ab, abgeholfen to remedy
ab|holen to pick up
das **Abitur, -e** high school graduation exam, certificate from college-preparatory high school
ab|knallen to shoot down *(coll.)*

das **Abkommen, -** agreement
ab|laufen (äu), lief ab, ist abgelaufen
to pass, to happen
ab|legen to file
ab|lehnen to refuse, to disapprove
die **Ablehnung, -en** disapproval, re-
jection
ab|lenken to distract, to take one's
mind off things
ab|lesen (ie), las ab, abgelesen to read
(from), to interpret
ab|nehmen (i), nahm ab, abgenommen
to lose weight, to reduce
das **Abonnement, -s** subscription
abonnieren to subscribe, to have a
subscription
ab|reisen to leave
ab|reißen, riß ab, abgerissen to tear
down, to demolish
ab|rufen, rief ab, abgerufen to re-
trieve
die **Abrüstung, -en** disarmament
ab|sahnen to profit from *(coll.)*, to
take the best *(fig.)*
ab|schaffen to do away with, to get
rid of
ab|schalten to relax
der **Abschied, -e** farewell
ab|schließen, schloß ab, abgeschlossen
to finish, to pass
der **Abschluß, -sses, ¨sse** graduation
der **Abschnitt, -e** section
die **Abschreckung, -en** scare, deterrence
ab|setzen to drop off
die **Absicht, -en** intention, purpose
absichtlich purposefully, on purpose
ab|sinken, sank ab, ist abgesunken
to sink
absolut absolute
sich **ab|spielen** to take place, to hap-
pen
ab|stehen, stand ab, abgestanden to
stick out
ab|stellen to turn off
ab|sterben (i), starb ab, abgestorben
to die
ab|stimmen to take a vote
(sich) **ab|stoßen (ö), stieß ab, abge-
stoßen** to repulse
abstrakt abstract
ab|stumpfen to dull, to blunt
absurd absurd, preposterous
das **Abteil, -e** compartment
ab|tun, tat ab, abgetan to dismiss, to
shrug off
die **Abwanderung, -en** migration
das **Abwasser, ¨** sewage
ab|wechseln to alternate, to take
turns

abwechselnd alternately
die **Abwechslung, -en** change
das **Abwehrsystem, -e** defense system
ab|weisen, wies ab, abgewiesen to
turn down, to reject
**ab|wenden, wendete ab/wandte ab, ab-
gewendet/abgewandt** to avert
ab|wimmeln to get rid of *(coll.)*
ach oh, alas
achten (auf) to pay attention to
das **Achterl, -** 1/8 liter of wine
(coll.)
acht|geben (i), gab acht, achtgegeben
to take care, to be careful
der **Acker, ¨** field
adäquat adequate
adieu good-bye, farewell
der **Adressat, -en, -en / die Adressatin,
-nen** addressee
die **Adresse, -n** address
das **Adjektiv, -e** adjective
die **Adoptivfamilie, -n** adoptive family
das **Adverb, -ien** adverb
AG *(abbr. of* **Aktiengesellschaft***)* cor-
poration
die **Aggression, -en** aggression
aggressiv aggressive
der **Agnostiker, - / die Agnostikerin,
-nen** agnostic
agnostisch agnostic
ah oh
ähnlich similar
die **Ähnlichkeit, -en** similarity
die **Ahnung, -en** idea, clue
ahnungslos clueless
der **Akademiker, - / die Akademike-
rin, -nen** person with a university
degree
akademisch academic
der **Akkord** piece work
akkurat precise
der **Akt, -e** act (theater)
der **Aktenkoffer, -** briefcase, attache
case
die **Aktion, -en** action, operation
aktiv active
die **Aktivität, -en** activity
aktualisieren to make current
aktuell relevant
akustisch acoustic
akut acute
der **Akzent, -e** accent
akzeptabel acceptable
die **Akzeptanz** acceptance
akzeptieren to accept
albern silly
das **Album, Alben** album
das **Alibi, -s** alibi

der **Alkohol** alcohol
alkoholfrei non-alcoholic
der **Alkoholiker, - / die Alkoholikerin,
-nen** alcoholic
alkoholisch alcoholic
alle all
alledem: trotz ~ in spite of all that
allein(e) alone
der **Alleingang, ¨e** solo effort
alleinstehend single
allerdings though *(conj.)*; certainly
(adv.)
allergisch allergic
allerletzter(-es, -e) very last; the
worst *(coll.)*
allerliebster(-es, -e) most favorite
das **Allerweltsturnier, -e** normal
tournament
allgemein general, common
der **Alltag, -e** everyday, weekday
alltäglich daily, mundane, ordinary
der **Alltagstrott** daily routine
allzeit always
allzulang all too long
die **Alpen** Alps
das **Alphabet, -e** alphabet
der **Alptraum, ¨e** nightmare
als than *(when preceded by adj.)*;
when; as
also well, therefore
alt (ä) old
das **Altbauhaus, ¨er** old building
das **Alter, -** age
die **Alternative, -n** alternative
altmodisch old-fashioned
das **Aluminium** aluminum
der **Amateur, -e / die Amateurin, -nen**
amateur
die **Ambition, -en** ambition
ambivalent ambivalent
der **Amerikaner, - / die Amerikane-
rin, -nen** American
amerikanisch American
amüsant amusing
an at, of, about, to
die **Analyse, -n** analysis
analysieren to analyze
der **Anästhesist, -en, -en / die Anäs-
thesistin, -nen** anesthetist
der **Anbau** cultivation
an|bauen to cultivate, to grow
an|bieten, bot an, angeboten to offer
an|bringen, brachte an, angebracht to
install, to place
an|brüllen to shout (angrily)
andererseits on the other hand
ändern to change
andersartig different
andersgläubig of a different faith
anderthalb one and a half

die **Änderung, -en**   change
die **Anekdote, -n**   anecdote
anerkannt   recognized, accepted
an|fahren (ä), fuhr an, angefahren   to drive up to, to collide with
der **Anfang, ⁻e**   beginning
an|fangen (ä), fing an, angefangen   to begin
anfangs   at first, initially
an|fassen   to touch
an|fertigen   to make, to manufacture
an|führen   to take sb. for a ride; to fool
die **Anführungsstriche**   quotation marks
an|geben (i), gab an, angegeben   to give, to state
angeblich   so-called, alleged
angeboren   innate, inherent
das **Angebot, -e**   offer
an|gehen, ging an, angegangen   to tackle
an|gehören   to belong to
die **Angelegenheit, -en**   matter, business, concern
angenehm   comfortable
angesehen   respected
der/die **Angestellte, -n, -n**   employee
die **Angestelltenversicherung, -en**   employees' retirement benefit
an|gewöhnen   to get used to
an|greifen, griff an, angegriffen   to attack
der **Angreifer, -** / die **Angreiferin, -nen**   attacker
angrenzend   adjacent, neighboring
der **Angriff, -e**   attack
die **Angst, ⁻e**   fear, anxiety
der **Angsthase, -n, -n**   scaredy-cat *(coll.)*
ängstlich   timid, scared
die **Angstmacherei**   panic making
an|gucken   to look at
an|halten (ä), hielt an, angehalten   to stop
anhand   with the help of
der **Anhang, ⁻e**   appendix
der **Anhänger, -** / die **Anhängerin, -nen**   follower
anheim|stellen   to leave sth. to sb.'s discretion
der **Anhieb: auf ~**   immediately
an|klagen   to accuse
an|kommen, kam an, ist angekommen   to arrive
die **Ankunft, ⁻e**   arrival
die **Anlage, -n**   plant (industrial)
an|lasten   to blame sb. for sth.
an|legen   to invest
an|lernen   to train
an|machen   to come on to *(coll.)*

an|malen   to paint
an|melden   to register
die **Annäherung, -en**   approach
der **Annäherungsversuch, -e**   overtures
der **Annäherungswert, -e**   approximate value
die **Annahme, -n**   assumption
an|nehmen (i), nahm an, angenommen   to take on
anonym   anonymous
an|ordnen   to order, to arrange
an|passen   to conform
an|pflanzen   to plant
die **Anrede, -n**   form of address
an|reden   to address
an|regen   to stimulate
die **Anregung, -en**   stimulus
die **Anreicherung, -en**   enrichment
an|richten   to cause
an|rufen, rief an, angerufen   to call
an|schauen   to look at
anschaulich   vivid, clear, concrete
die **Anschauung, -en**   opinion, idea, notion
anscheinend   apparently
sich **an|schleichen, schlich an, ist angeschlichen**   to creep up
an|schließen, schloß an, angeschlossen   to follow
anschließend   afterwards
der **Anschluß, ⁻sse**   contact, connection
an|sehen (ie), sah an, angesehen   to look at
die **Ansicht, -en**   opinion
die **Ansiedlung, -en**   settlement, settling
ansonsten   otherwise
die **Anspielung, -en**   allusion, insinuation
an|sprechen (i), sprach an, angesprochen   to speak to; to mention
der **Anspruch, ⁻e**   demand
anspruchsvoll   demanding, ambitious
anständig   decent
an|starren   to stare at
anstatt   instead of
an|stauen   to accumulate
anstelle   instead of
(sich) **an|stellen**   to make a fuss; to do
die **Anstellung, -en**   employment
an|steuern   to head for
der **Anstoß, -sses, ⁻sse**   offense
an|streben   to strive for
die **Anstrengung, -en**   effort, strain
antagonistisch   antagonistic
antik   antique
antisemitisch   antisemitic
der **Antisemitismus**   antisemitism

antizipieren   to anticipate
an|treten (i), trat an, ist angetreten   to compete
der **Antrieb, -e**   motivation, drive
an|tun, tat an, angetan   to do sth. for/ to sb.
die **Antwort, -en**   answer
der **Antwortbrief, -e**   written reply
antworten   to answer
der **Anwalt, ⁻e** / die **Anwältin, -nen**   lawyer
an|weisen, wies an, angewiesen   to indicate
die **Anweisung, -en**   instruction
an|wenden, wendete an/wandte an; angewendet/angewandt   to use
die **Anwendung, -en**   application, use
die **Anzahl**   number
die **Anzeige, -n**   advertisement
an|zeigen   to indicate, to show
an|ziehen, zog an, angezogen   to attract
die **Anziehungskraft, ⁻e**   appeal, attraction
der **Anzug, ⁻e**   suit
an|zünden   to light
die **Apartheid**   apartheid
der **Apartmentblock, -blöcke**   apartment complex
apathisch   apathetic
der **Apfel, ⁻**   apple
der **Apparat, -e**   appliance, gadget
die **Apparatur, -en**   machine
die **Ära, -en**   era
die **Arbeit, -en**   work
arbeiten   to work
der **Arbeiter, -** / die **Arbeiterin, -nen**   worker
der **Arbeitgeber, -** / die **Arbeitgeberin, -nen**   employer
der **Arbeitnehmer, -** / die **Arbeitnehmerin, -nen**   employee
das **Arbeitsamt, -ämter**   employment office
die **Arbeitsgemeinschaft, -en**   study group
die **Arbeitsgruppe, -n**   team
arbeitslos   unemployed
die **Arbeitslosenunterstützung, -en**   unemployment benefit
der/die **Arbeitslose, -n, -n**   unemployed person
die **Arbeitslosigkeit**   unemployment
das **Arbeitstempo**   rate of work
das **Arbeitstier, -e**   workaholic *(fig.)*
der **Architekt, -en, -en** / die **Architektin, -nen**   architect
architektonisch   architectural, structural
die **Architektur, -en**   architecture
der **Ärger**   trouble

ärgern to annoy
das **Argument, -e** argument
die **Argumentation, -en** argumentation
argumentieren to argue
argwöhnen to suspect
arisch aryan
der **Aristokrat, -en, -en** / die **Aristokratin, -nen** aristocrat
arm (ä) poor
der **Arm, -e** arm
die **Armee, -n** army, armed forces
die **Armut** poverty
arrangieren to arrange
der **Arsch, ⸚e** ass *(vulg.)*
die **Art, -en** kind
der **Artikel, -** article
der **Arzt, ⸚e** / die **Ärztin, -nen** doctor, MD
das **Aschenputtel** Cinderella
der **Aspekt, -e** aspect
assoziieren to associate
ästhetisch aesthetic
der **Atemzug, -züge** breath
der **Atheismus** atheism
der **Atheist, -en, -en** / die **Atheistin, -nen** atheist
atheistisch atheist(ic)
Äthiopien Ethiopia
der **Athlet, -en, -en** / die **Athletin, -nen** athlete
atmen to breathe
die **Atmosphäre, -n** atmosphere
die **Atmung** respiration, breathing
atomar atomic, nuclear
das **Atomkraftwerk, -e** nuclear power plant
der **Atomkrieg, -e** nuclear war
die **Atomphysik** nuclear physics
die **Attraktion, -en** attraction
attraktiv attractive
das **Attribut, -e** attribute
au (au ja!) you bet! absolutely!
auch also, too, as well
auf on, at, to
der **Aufbau** construction, building
auf|bauen to put up, to build
auf|bewahren to store
auf|brauchen to use up
auf|brechen (i), brach auf, aufgebrochen to break into
auf|bringen, brachte auf, aufgebracht to summon up
auf|decken to uncover, to expose
aufdringlich obtrusive
aufeinander on top of each other
der **Aufenthalt, -e** stay
auf|erlegen to impose
auf|essen (ißt auf), aß auf, aufgegessen to eat up

auf|fallen (ä), fiel auf, ist aufgefallen to stand out
auf|fassen to understand, to interpret
auf|führen to stage
die **Aufführung, -en** staging
die **Aufgabe, -n** task, job
auf|geben (i), gab auf, aufgegeben to give up
aufgrund because
auf|halten (ä), hielt auf, aufgehalten to delay
auf|hören to stop
auf|klären to inform
auf|kommen, kam auf, ist aufgekommen to arise
auf|legen to hang up (telephone), to put on (make-up)
auf|machen to open
aufmerksam attentive
die **Aufnahme, -n** recording
auf|nehmen (i), nahm auf, aufgenommen to receive
auf|nötigen to force upon
auf|passen to keep an eye on sb./sth.
der **Aufpasser, -** / die **Aufpasserin, -nen** security guard
auf|regen to get excited
aufregend exciting
auf|reißen, riß auf, aufgerissen to pick up sb. *(coll.)*
auf|rufen, rief auf, aufgerufen to call
die **Aufrüstung, -en** armament
aufs *contr. of* **auf das**
der **Aufsatz, ⸚e** essay
auf|schlagen, schlug auf, aufgeschlagen to put up, to serve (tennis)
auf|schreiben, schrieb auf, aufgeschrieben to write down
die **Aufschrift, -en** inscription
der **Aufseher, -** / die **Aufseherin, -nen** guard
der **Aufstand, ⸚e** riot, revolt
auf|stehen, stand auf, ist aufgestanden to get up
auf|steigen, stieg auf, ist aufgestiegen to rise
auf|stellen to draw up
auf|stützen to rest
auf|teilen to divide up
die **Aufteilung, -en** division
der **Auftrag, ⸚e** order
auf|treten (i), trat auf, ist aufgetreten to appear
auf|wachen to wake up
auf|wachsen (ä), wuchs auf, ist aufgewachsen to grow up
auf|wirbeln to swirl up
der **Aufzug, ⸚e** elevator, lift
das **Auge, -n** eye
der **Augenblick, -e** moment
augenscheinlich obviously

der **Augenzeugenbericht, -e** eyewitness report
aus from; out of
die **Ausbildung, -en** education, training
aus|bleiben, blieb aus, ist ausgeblieben to stay out
aus|brechen (i), brach aus, ist ausgebrochen to break out
aus|breiten to spread out
die **Ausbreitung, -en** spreading
sich etwas **aus|denken, dachte aus, ausgedacht** to imagine
der **Ausdruck, ⸚e** expression
aus|drücken to express
auseinander apart
auseinander|halten (ä), hielt auseinander, auseinandergehalten to distinguish between
auseinander|setzen to have a critical look at
die **Auseinandersetzung, -en** confrontation
aus|fechten (i), focht aus, ausgefochten to fight out
ausführlich detailed
aus|füllen to fill out
die **Ausgabe, -n** expense (money); issue, edition (newspaper, book)
die **Ausgangsbasis, -basen** initial background
aus|geben (i), gab aus, ausgegeben to spend
aus|gehen, ging aus, ist ausgegangen to go out
ausgehfertig ready to go out
ausgezeichnet excellent
der **Ausgleich, -e** balance
aus|greifen, griff aus, ausgegriffen to expand
die **Ausgrenzung, -en** exclusion
aus|halten (ä), hielt aus, ausgehalten to stand, to endure
sich **aus|kennen, kannte aus, ausgekannt** to know about
aus|kommen, kam aus, ist ausgekommen to get by
das **Ausland** foreign countries
der **Ausländer, -** / die **Ausländerin, -nen** foreigner
ausländisch foreign
aus|legen to lay out
aus|leihen, lieh aus, ausgeliehen to borrow, to lend
aus|löschen to wipe out
aus|machen to turn off
das **Ausmaß, -e** extent
die **Ausnahme, -n** exception
aus|nutzen/aus|nützen to make use of
aus|probieren to try

der **Auspuff, -e** muffler
aus|pumpen to drain
aus|rauben to rob
die **Ausrede, -n** excuse
ausreichend sufficient
der **Ausreiseantrag, -anträge** application for exit visa
der **Ausruf, -e** cry, shout
aus|ruhen to rest
der **Ausrüster, -** sponsor
die **Ausrüstung, -en** equipment, outfit
die **Aussage, -n** statement
aus|schließen, schloß aus, ausgeschlossen to disqualify
ausschließlich exclusively
das **Ausschnaufen** break to catch one's breath *(coll.)*
aus|schöpfen to exhaust
aus|sehen (ie), sah aus, ausgesehen to look
das **Aussehen** appearance
aus|setzen to expose sb./sth. to sth.
die **Aussicht, -en** prospect
außen outside
der **Außenminister, -/ die Außenministerin, -nen** secretary of state
die **Außenpolitik** foreign policy/policies
der **Außenseiter, - / die Außenseiterin, -nen** outsider
außer except
außerdem besides, in addition
außerhalb outside
äußerlich external, on the surface
die **Äußerlichkeit, -en** appearance
sich **äußern** to express, to voice
außerordentlich extraordinarily
äußerst extremely
die **Äußerung, -en** remark, comment
aus|statten to equip
aus|steigen, stieg aus, ist ausgestiegen to get out
der **Aussteiger, - / die Aussteigerin, -nen** person who gets out; dropout
die **Ausstellung, -en** exhibition
der **Ausstieg, -e** getting out *or* off; exit
aus|stopfen to stuff
aus|sterben (i), starb aus, ist ausgestorben to die out
aus|strahlen to broadcast
die **Ausstrahlung, -en** charisma
aus|suchen to choose
der **Austauschstudent, -en, -en / die Austauschstudentin, -nen** exchange student
Australien Australia
aus|treten (tritt aus), trat aus, ist ausgetreten to leave
der **Austritt, -e** leaving, withdrawal

aus|üben to practice
die **Auswahl, -en** selection
die **Auswahlmannschaft, -en** select team
aus|wählen to select
die **Auswanderergruppe, -n** group of emigrants
der **Ausweg, -e** solution
aus|weichen, wich aus, ist ausgewichen to evade
die **Auswirkung, -en** consequence, effect
aus|zahlen to pay out/off
der **Auszug, ̈e** excerpt
authentisch authentic
die **Authentizität** authenticity
das **Auto, -s** car
die **Autobahn, -en** expressway, freeway
der **Autofahrer, - / die Autofahrerin, -nen** driver
die **Autogrammkarte, -n** photo with an autograph
automatisch automatic
der **Automechaniker, - / die Automechanikerin, -nen** auto mechanic
die **Autonomie, -n** autonomy
der **Autor, -en / die Autorin, -nen** author
autoritär authoritarian
die **Autorität, -en** authority
der **Autositz, -e** car seat
der **Autostopp** hitchhiking

das **Baby, -s** baby
backen(ä), backte, gebacken to bake
der **Bäcker, - / die Bäckerin, -nen** baker
das **Bad, ̈er** bath, bathroom
baden to bath
die **Badewanne, -n** bathtub
die **Bagatelle, -n** trifle
baggern: wie blöde ~ to hit on women *(coll.)*
die **Bahn, -en** train
der **Bahnhof, ̈e** train station
die **Balance, -n** balance
bald soon
der **Balkon, -s or -e** balcony
der **Ball, ̈e** ball
das **Band, ̈er: Fließ~** assembly line
die **Band, -s** music group
die **Bande, -n** gang
bang(e) scared
die **Bank, ̈e** bench
die **Bank, -en** bank
das **Bankkonto, -en** bank account
der **Bankraub** bank robbery
das **Bankwesen** banking
bannen to avert, to captivate

die **Barriere, -n** barrier
basieren to be based
die **Basis, Basen** basis
der **Bau, -ten** building
der **Bauch, Bäuche** stomach
bauen to build
der **Bauer, -n, -n** farmer
der **Bauernstaat (Arbeiter- und Bauernstaat = DDR)** German Democratic Republic
der **Baum, Bäume** tree
die **Baustelle, -n** construction site
Bayern Bavaria
bayrisch Bavarian
beabsichtigen to intend
beachten to follow, to observe
der **Beamte, -n, -n / die Beamtin, -nen** official, civil servant
beanspruchen to claim
beanstanden to complain
die **Beanstandung, -en** complaint
beantworten to answer
die **Beantwortung, -en** answer, response
bearbeiten to work on
die **Bearbeitung, -en** handling, processing
das **Bedauern** regret
bedenken, bedachte, bedacht to consider
bedeuten to mean
bedeutend important
die **Bedeutung, -en** meaning
bedeutungslos insignificant
bedienen to serve
die **Bedienung, -en** service, server
bedingt as a result
die **Bedingung, -en** condition, requirement
bedrängen to put pressure on
das **Bedürfnis, -se** need
sich **beeilen** to hurry up
die **Beeilung** hurrying
beeindrucken to impress
beeinflussen to influence
beenden/beendigen to end
sich **befassen (mit)** to deal with
der **Befehl, -e** order
befehlen (ie), befahl, befohlen to order
sich **befinden, befand, befunden** to be located
befolgen to comply with
befragen to question
befreien to free
die **Befreiung, -en** liberation
sich **befreunden** to make/become friends with
befriedigend satisfactory
befürchten to fear
die **Befürchtung, -en** fear

die **Begebenheit, -en** event
begegnen to meet
begehen, beging, begangen to celebrate
begeistern to fill with enthusiasm, to inspire
sich **begeistern für etwas** to find sth. attractive
die **Begeisterung** enthusiasm
der **Beginn** beginning, start
beginnen, begann, begonnen to begin
begleiten to accompany
die **Begleitung, -en** company
begreifen, begriff, begriffen to understand
begrenzen to restrict
die **Begrenzung, -en** restriction
der **Begriff, -e** term, concept
begründen to give reason for
die **Begründung, -en** reason
begrüßen to greet
begünstigen to favor
behalten (ä), behielt, behalten to keep
der **Behälter, -** container
behandeln to treat
die **Behandlung, -en** treatment
beharrlich incessant
behaupten to say, to claim
beheben, behob, behoben to remove
beheimatet resident, native
beherrschen to rule
der **Beherrscher, - / die Beherrscherin, -nen** ruler
behindern to hinder
bei near; at; with; among; during; in; by
beide both
bei|fügen to add
das **Bein, -e** leg
beinhalten to comprise
beisammen together
das **Beispiel, -e** example
beispielsweise for example
der **Beitrag, -̈e** contribution
bei|tragen (ä), trug bei, beigetragen to contribute
bei|treten (i), trat bei, beigetreten to join
beizeiten in good time
bekannt well-known
der/die **Bekannte, -n, -n** acquaintance
bekanntlich it is well-known that
die **Bekanntschaft, -en** acquaintance
sich **bekennen, bekannte, bekannt** to declare oneself/ one's support for sb./sth.
bekommen, bekam, bekommen to receive
belasten to burden

belästigen to bother, to pester
belastungsfähig resilient
belegen to verify
beleidigen to insult
die **Beleidigung, -en** insult
beleuchten to illuminate
beliebt popular
die **Beliebtheit, -en** popularity
bemalen to paint, to decorate
bemerkbar noticeable
bemerken to comment
die **Bemerkung, -en** remark, comment
sich **bemühen** to try hard, to endeavor
die **Bemühung, -en** effort
benachbart neighboring
benachteiligen to discriminate against
sich **benehmen (i), benahm, benommen** to behave oneself
das **Benehmen** behavior, manner
benützen/benutzen to use
die **Benutzung** use
das **Benzin** gasoline
beobachten to observe, to watch
die **Beobachtung, -en** observation
bepflanzen to plant
bequem comfortable
die **Bequemlichkeit, -en** comfort, convenience
beraten (ä), beriet, beraten to advise
der **Berater, - / die Beraterin, -nen** advisor
berauben to rob
berauschen to intoxicate
berechnen to calculate
berechtigt legitimate
der **Bereich, -e** area
die **Bereicherung, -en** enrichment
bereit ready
bereiten to prepare
bereits already
bereit|stellen to supply
bereuen to regret
der **Berg, -e** mountain
der **Bericht, -e** report
berichten to report
berichtigen to correct
bersten (i), barst, ist geborsten to burst
der **Beruf, -e** job, occupation, trade, profession
beruflich professional(ly)
die **Beruhigung** comforting, security blanket
berühmt famous
berühren to touch
die **Besatzung, -en** occupation (military)
die **Besatzungszone, -n** occupation zone (military)

beschädigen to damage
sich **beschäftigen mit** to deal with
die **Beschäftigung, -en** occupation
beschämen to embarrass
die **Beschämung, -en** embarrassment
Bescheid wissen to know about something
bescheiden modest
bescheren to give
bescheuert stupid, dumb (coll.)
beschießen, beschoß, beschossen to shoot at
die **Beschimpfung, -en** insult
beschließen, beschloß, beschlossen to decide
beschränken to restrict
die **Beschränkung, -en** restriction
beschreiben, beschrieb, beschrieben to describe
die **Beschreibung, -en** description
beschreiten, beschritt, beschritten to pursue
beschützen to protect
die **Beschwerde, -n** complaint
sich **beschweren** to complain
beschwerlich arduous, slow
beseitigen to get rid of
die **Beseitigung, -en** removal, getting rid of
besetzen to occupy
besiedeln to populate
besiegen to defeat
sich **besinnen, besann, besonnen** to reflect
besitzen, besaß, besessen to possess, to own
der **Besitzer, - / die Besitzerin, -nen** owner
besonderer(-es, -e) special
die **Besonderheit, -en** peculiarity
besonders particularly
besorgen to get sth. for sb./sth.
besorgt worried
bespannen to string
besprechen (i), besprach, besprochen to discuss
die **Besserung, -en** recovery, improvement
der **Bestandteil, -e** component, part
bestärken to reinforce
bestaunen to marvel at
bestechen (i), bestach, bestochen to bribe, to impress
bestehen, bestand, bestanden to exist
besteigen, bestieg, bestiegen to climb
bestellen to order
bestens very well
bestimmen to determine
der **Besuch, -e** visit
besuchen to visit
der **Besucher, - / die Besucherin, -nen** visitor

bestätigen to confirm
die **Beteiligung, -en** participation
beten to pray
beteuern to assure, to confirm
der **Beton** concrete
betonen to stress
die **Betonung, -en** emphasis
betrachten to view
der **Betrachter, -** / die **Betrachterin, -nen** viewer
betreiben, betrieb, betrieben to do
betreten (i), betrat, betreten to enter, to walk on
der **Betreuer, -** / die **Betreuerin, -nen** person who is looking after sb.
der **Betrieb, -e** business, enterprise
die **Betriebsleitung, -en** management
betrügen, betrog, betrogen to deceive, to cheat
der **Betrüger, -** / die **Betrügerin, -nen** defrauder, someone who cheats
betrunken drunk
das **Bett, -en** bed
betteln to beg
beugen to bend
die **Beule, -n** dent
die **Beurteilung, -en** assessment
der **Beutel, -** bag
die **Bevölkerung, -en** population
die **Bevölkerungsdichte** population density
die **Bevölkerungsschicht, -en** class of society
bevor before
bewachen to guard
bewaffnen to arm
bewähren to prove
bewahren to protect
bewältigen to cope with, to manage
bewässern to irrigate
bewegen to move
die **Bewegung, -en** movement
der **Beweis, -e** proof
beweisen, bewies, bewiesen to prove
sich **bewerben (i), bewarb, beworben** to apply
die **Bewerbung, -en** application
das **Bewerbungsgespräch, -e** job interview
bewerten to judge, to assess
bewirken to cause
bewohnen to inhabit
der **Bewohner, -** / die **Bewohnerin, -nen** occupant
bewundern to admire
die **Bewunderung, -en** admiration
bewußt conscious, aware
bewußtlos unconscious
das **Bewußtsein** awareness, consciousness
bezahlen to pay

bezeichnen to call, to name
die **Bezeichnung, -en** term
sich **beziehen auf, bezog, bezogen** to apply sth. to sb./sth.
die **Beziehung, -en** relationship, relations
der **Bezirk, -e** district
in **bezug auf** in reference to
bezwingen, bezwang, bezwungen to beat (sport)
die **Bibel, -n** bible
die **Bibliothek, -en** library
die **Biene, -n** bee
das **Bier, -e** beer
bieten, bot, geboten to offer
das **Bild, -er** picture
sich **bilden** to form
bildende Kunst fine arts
der **Bildhauer, -** / die **Bildhauerin, -nen** sculptor, sculptress
der **Bildschirm, -e** screen
die **Bildung** education
der **Bildungsweg, -e: zweiter ~** through night school
billig cheap
binden, band, gebunden to bind, to tie
der **Biologe, -n, -n** / die **Biologin, -nen** biologist
die **Biologie** biology
biologisch biological
bis until, till, by
bisher until now, till now
bisherig previous
der **Biß, -sse** bite
bißchen a bit, a little
bitte please
bitten, bat, gebeten to ask, to beg
bitter bitter, nasty
die **Bittschrift, -en** petition
blasen (ä), blies, geblasen to blow, to play a wind instrument
das **Blatt, ̈er** sheet of paper; leaf
blättern to leaf through
blau blue
blau sein (ist blau), war blau, ist blau gewesen to be drunk
bleiben, blieb, (ist) geblieben to stay
bleich pale
bleifrei unleaded, lead-free
der **Bleistift, -e** pencil
das **Blendlicht, -er** high beam
der **Blick, -e** glance, look
blicken to glance, to look
der **Blickpunkt, -e** point of view
blind blind
der **Block, ̈e** block
die **Blockade, -n** blockade
blockieren to block
blöd(e) silly, stupid
blond blond

bloß only
die **Blume, -n** flower
der **Blumentopf, -töpfe** flower pot
das **Blut** blood
die **Blüte, -n** blossom
der **Boden, ̈** floor, loft
bombardieren to bomb
die **Bombe, -n** bomb
der **Bombenanschlag, -schläge** bomb attack
das **Boot, -e** boat
an **Bord** aboard
borgen to borrow, to lend
die **Börsennachricht, -en** stock market report
böse bad, mad
der **Boß, -sse** boss
botanisch botanic
die **Boulevardzeitung, -en** tabloid
die **Branche, -n** field (of business, trade)
der **Brand, ̈e** fire, blaze
braten (ä), briet, gebraten to fry
die **Bratpfanne, -n** frying pan
brauchen to need, to require
braun brown
bräunlich brownish
brav good, well-behaved
bravo bravo
BRD (*abbr. of* **Bundesrepublik Deutschland**) West Germany, Federal Republic of Germany
brechen (i), brach, gebrochen to break
breit broad, wide
brennen, brannte, gebrannt to burn
der **Brennstoff, -e** fuel
die **Bretterhütte, -n** shack
der **Brief, -e** letter
die **Brigade, -n** work team (DDR)
die **Brille, -n** glasses
bringen, brachte, gebracht to bring
britisch British
der **Brocken, -** smattering, few words
die **Broschüre, -n** booklet
das **Brot, -e** bread
der **Bruch, ̈e** break
die **Brücke, -n** bridge
der **Bruder, ̈** brother
brüllen to shout, to yell
die **Brusttasche, -n** breast pocket
brutal brutal, violent
die **Brutalität, -en** brutality
brutto gross (before tax income)
das **Buch, ̈er** book
buchen to book
die **Buchrezension, -en** book review
der **Buchstabe, -n** letter, character
buchstabieren to spell
der **Buddhismus** buddhism

der **Buddhist, -en, -en** / die **Buddhistin, -nen** buddhist
buddhistisch buddhist(ic)
büffeln to cram (coll.)
die **Bühne, -n** stage
die **Bühnenanweisung, -en** stage direction
das **Bühnenstück, -e** stage play
der **Bund** (die **Bundeswehr**) Armed Forces of the Federal Republic of Germany
das **Bündel, -** bunch, cluster
die **Bundesbahn** federal railways
der **Bundesbürger, -** citizen of the Federal Republic of Germany
der **Bundeskanzler, -** / die **Bundeskanzlerin, -nen** federal chancellor
der **Bundespräsident, -en** / die **Bundespräsidentin, -nen** (federal) president
die **Bundesrepublik** Federal Republic (of Germany)
der **Bundestrainer, -** / die **Bundestrainerin, -nen** national coach
die **Bundeswehr** Armed Forces of the Federal Republic of Germany
das **Bündnis, -se** alliance
bunt colorful, colored
die **Bürde, -n** burden
der **Bürger, -** / die **Bürgerin, -nen** citizen
der **Bürgermeister, -** / die **Bürgermeisterin, -nen** mayor
das **Bürgerrecht, -e** civil rights
der **Bürgersteig, -e** sidewalk
das **Büro, -s** office
die **Butter, -** butter
bzw. (abbr. of **beziehungsweise**) respectively, or

campen to camp
CDU (abbr. of **Christlich-Demokratische-Union**) Christian Democratic Union
Celsius centigrade
die **Chance, -n** chance, prospect
das **Chanson, -s** song
der **Charakter, -e** character
charakterisieren to characterize
charismatisch charismatic
charmant charming
der **Charme** charm
der **Charterflug, ̈e** charter flight
checken to check
der **Chef, -s** / die **Chefin, -nen** boss
der **Chefredakteur, -e** / die **Chefredakteurin, -nen** editor-in-chief
die **Chemie** chemistry
die **Chemikalie, -n** chemicals

der **Chemiker, -** / die **Chemikerin, -nen** chemist
chemisch chemical
chinesisch Chinese
das **Cholesterin** cholesterol
der **Chor, ̈e** chorus
der **Christ, -en, -en** / die **Christin, -nen** Christian
das **Christentum** Christianity
computergesteuert computer-controlled
computerisiert computerized
contra contra
der **Cousin, -s** / die **Cousine, -n** cousin

da there, here, then (adv.); as, since, when (conj.)
dabei with it, as well, in the process, (and) yet
das **Dach, ̈er** roof
dadurch through, there, thereby, by doing that
dafür for that, instead, but...to make up
dagegen against that/it, about it, compared with (adv.); on the other hand (conj.)
daheim at home
daher from there (adv.); that is why (conj.)
dahero old form of **daher, deshalb**
dahinter behind, beyond
damalig at that time, in those days
damals then, at that time
die **Dame, -n** lady
damit with it/that
dämpfen to muffle
danach after, afterwards, accordingly, towards
dank thanks to
dankbar grateful
danke thank you, thanks
dann then, on top of that
daran on that, following that
darauf on it, towards
daraufhin as a result, after that
daraus out of that, from that
darin in there, in that respect, in which
darstellen to show, to represent
der **Darsteller, -** / die **Darstellerin, -nen** actor/actress
die **Darstellung, -en** account, representation
darüber over that, about that
darum because of that, about that
darunter by that, under that
das **Dasein** life, existence, being
die **Daten** (pl.) data

die **Datenkartei, -en** data base
der **Datenschutz** data protection
die **Datenverarbeitung, -en** data processing
die **Dauer** duration, period
dauerhaft permanent, long-lasting
dauern to last
der **Dauerschlaf** prolonged sleep
der **Daumen, -** thumb
davon from there, on that, of that, about that
davor from that
dazu to that, for that, with it
dazu|geben (i), gab dazu, dazugegeben to add
dazugehörig belonging to
dazu|lernen to learn something new
dazu|tun, tat dazu, dazugetan to include
dazwischen in between, amongst
DDR (abbr. of **Deutsche Demokratische Republik**) East Germany, German Democratic Republic
der **DDR-Bürger, -** / die **DDR-Bürgerin, -nen** citizen of the German Democratic Republic
die **Debatte, -n** debate
die **Decke, -n** blanket
definieren to define
die **Definition, -en** definition
deformieren to deform
degenerieren to degenerate
dehnen to stretch
dein your
der **Dekan, -e** / die **Dekanin, -nen** dean
der/die **Delegierte, -n, -n** delegate
demnächst soon
der **Demokrat, -en, -en** / die **Demokratin, -nen** democrat
die **Demokratie, -n** democracy
demokratisch democratic
demolieren to demolish
die **Demonstration, -en** demonstration
demonstrieren to demonstrate
demütigen to humiliate
denken, dachte, gedacht to think
der **Denker, -** / die **Denkerin, -nen** thinker
das **Denkmal, ̈er** monument, memorial
denn because
dennoch nevertheless, nonetheless, still
deprimieren to depress
deprimierend depressing
derjenige/diejenige the one, (pl.) those
dermalige present, actual
derselbe/dieselbe the same

derzeit present, current
deshalb therefore
desto: je mehr, ~ besser the more the better
die **Destruktion, -en** destruction
destruktiv destructive
deswegen therefore
das **Detail, -s** detail
die **Determination, -en** determination
determinieren to determine
deuten to interpret
deutlich clear
devot obsequious
der **Diabetiker, -** / die **Diabetikerin, -nen** diabetic
der **Dialekt, -e** dialect
der **Dialog, -e** dialogue
die **Diät, -en** diet
dicht thick, dense
die **Dichte** denseness, closeness
der **Dichter, -** / die **Dichterin, -nen** poet
die **Dichtung, -en** literary work(s)
dick thick, heavy
dienen to serve
der **Dienstbote, -** / die **Dienstbotin, -nen** servant
der **Dienstverweigerer, -** conscientious objector
das **Dienstzimmer, -** office
die **Differenz, -en** difference
differenziert differentiated, sophisticated
das **Ding, -e** thing
ein **Ding drehen** to pull a job *(coll.)*
das **Diplom, -e** diploma
direkt direkt
der **Direktor, -en** / die **Direktorin, -nen** director
der **Dirigent, -en, -en** / die **Dirigentin, -nen** conductor
dirigieren to conduct
die **Disco, -s** disco
die **Diskothek, -en** discotheque
diskret discreet
diskriminieren to discriminate
die **Diskriminierung, -en** discrimination
die **Diskussion, -en** discussion
diskutieren to discuss
die **Distanz, -en** distance
distanzieren to dissociate oneself from sb/sth
die **Disziplin, -en** discipline
divers various
DM *(abbr. of* **Deutsche Mark***)* West German mark, deutschmark
doch but, but still, yet, actually
der **Doktor, -en** / die **Doktorin, -nen** doctor, doctorate

der **Dokumentarfilm, -e** documentary (film)
dokumentieren to document, to show
der **Dolmetscher, -** / die **Dolmetscherin, -nen** interpreter
dominant dominant
die **Dominanz, -en** dominance
donnern to thunder
Donnerwetter! *(exclamation of admiration or anger)* Holy Cow!
der **Doppeladler, -** double eagle
doppelt double
das **Dorf, ̈-er** village
das **Dornröschen** Sleeping Beauty
dort there
dorthin (to) there
die **Dosenkonserve, -n** canned food
Dr. *(abbr. of* **Doktor***)* doctor
das **Drama, -en** drama
der **Dramatiker, -** / die **Dramatikerin, -nen** dramatist, playwright
dramatisch dramatic
dran (daran) on that, about that
der **Drang, ̈-e** urge
drastisch drastic
drauf (darauf) on that
drauf|setzen to put on sth., to sit on sth.
draußen outside, outdoors
der **Dreck** dirt, rubbish
dreckig dirty, filthy
die **Dreharbeit, -en** shooting (filming)
das **Drehbuch, ̈-er** script
drehen to turn, to shoot (a film)
drein|reden to interrupt, to interfere
drin (darin, drinnen) in it, in there
dringen, drang, gedrungen to penetrate, to come through
dringend urgent
dringlich urgent
drin|stehen, stand drin, dringestanden to be in it
das **Drittel, -** (a) third
die **Droge, -n** drug
der **Drogenkonsum** consumption of drugs
der **Drogenmißbrauch, ̈-e** drug abuse
drohen to threaten
die **Drohung, -en** threat, warning
drüben over there, on the other side
drüber (darüber) over that, about that
der **Druck, -e** printing, pressure
drucken to print
drücken to press
sich **drücken** to cop out
der **Drucker, -** / die **Druckerin, -nen** printer
die **Druckmedien** *(pl.)* print media
drum (darum) around, therefore
der **Dschungel, -** jungle

dulden to tolerate
dumm stupid
der **Dummkopf, ̈-e** idiot, fool
dunkel dark
dünn thin
durch through
durch|boxen to fight one's way through
durchdringen, durchdrang, durchdrungen to pervade
durchfahren (ä), durchfuhr, ist durchfahren to travel through
durch|frieren, fror durch, ist durchgefroren to get chilled to the bone
durch|führen to carry out
durch|kommen, kam durch, ist durchgekommen to come through
durchlaufen (äu), durchlief, ist durchlaufen to go through
durch|lesen (ie), las durch, durchgelesen to read through
durch|machen to undergo
die **Durchreise, -n** passing/traveling through
durch|rütteln to shake thoroughly
durchschauen to see through
der **Durchschnitt, -e** average
durchschnittlich average, ordinary
durch|schütteln to shake thoroughly
durch|setzen to push through, to achieve
durchsetzungsfähig capable of achieving
durch|spielen to act/play through
durch|sprechen (i), sprach durch, durchgesprochen to talk over
durch|ziehen, zog durch, durchgezogen to achieve
dürfen, durfte, gedurft to be allowed to do sth.
die **Dusche, -n** shower
duschen to shower
düster murky, dark
das **Dutzend, -e** dozen
duzen to address with the familiar "du" form
dynamisch dynamic

eben exactly that
die **Ebene, -n** level
ebenfalls as well, likewise
ebenmäßig evenly
ebenso equally, just as much
das **Echo, -s** echo
echt genuine, real
die **Ecke, -n** corner
EDV *(abbr. of* die **Elektronische Datenverarbeitung, -en***)* electronic data processing
der **Effekt, -e** effect

effektiv effective
effektvoll effective
effizient efficient
EG (*abbr. of* die **Europäische Gemeinschaft**) European Community
egal doesn't matter
der **Egoismus** ego(t)ism
egoistisch ego(t)istical
die **Ehe, -n** marriage
die **Ehefrau, -en** wife
ehemalig former
der **Ehemann, ⸚er** husband
das **Ehepaar, -e** married couple
der **Ehepartner, -** / die **Ehepartnerin, -nen** spouse
eher sooner
die **Ehre, -n** honor, glory
der **Ehrgeiz** ambition
ehrgeizig ambitious
ehrlich honest
die **Ehrlichkeit, -en** honesty
das **Ei, -er** egg
eichen to calibrate
der **Eidgenosse, -n** / die **Eidgenossin, -nen** confederate; Swiss citizen
eifern to strive for sth.
eifersüchtig jealous
eifrig eager
eigen own
die **Eigeninitiative, -n** own initiative
die **Eigenschaft, -en** quality, characteristic
die **Eigenständigkeit, -en** autonomy, independence
eigentlich actually
sich **eignen** to be suitable
die **Eignungsprüfung, -en** aptitude test
der **Eignungstest, -s** aptitude test
die **Eile** hurry
einander one another, each other
ein|atmen to inhale
ein|bauen to install
ein|brechen (i), brach ein, eingebrochen to break in
ein|dämmen to contain, to stop
ein|decken to inundate
eindeutig clear, definite
der **Eindruck, ⸚e** impression
eineinhalb one and a half
einerseits on the one hand
einfach simple
ein|fallen (ä), fiel ein, ist eingefallen to occur to sb.
der **Einfluß, ⸚e** influence
einflußreich influential
ein|frieren, fror ein, ist eingefroren to freeze
ein|führen to introduce
die **Einführung, -en** introduction
ein|füllen to fill in

das **Eingangsportal, -e** gateway
ein|gehen, ging ein, ist eingegangen to enter into, to show interest
die **Eingliederung, -en** integration
ein|halten (ä), hielt ein, eingehalten to keep to
ein|hängen to put down (telephone)
einheimisch native, local
die **Einheit, -en** unity
einheitlich unified
einher along
einig united
einiger(-es, -e) some, several
die **Einigung, -en** agreement
ein|kalkulieren to take into account
ein|kaufen to buy
der **Einklang** unison, harmony
das **Einkommen, -** income
die **Einladung, -en** invitation
ein|leiten to introduce
einmal once
einmalig unique
der **Einmarsch, ⸚e** invasion
ein|mischen to interfere
ein|nähen to sew in
ein|nehmen (i), nahm ein, eingenommen to take (up)
ein|ordnen to fit in, to put in order
ein|packen to pack
ein|reden to talk sb. into believing sth.
ein|reihen to join sth.
ein|reisen to enter a country
ein|richten to prepare oneself for sth.
die **Einrichtung, -en** facility, institution
ein|rollen to roll up
einsam lonely
die **Einsamkeit, -en** loneliness
ein|schätzen to assess
ein|schieben, schob ein, eingeschoben to fit in
ein|schießen, schoß ein, eingeschossen to try out and adjust
ein|schlagen (ä), schlug ein, eingeschlagen to hit
ein|schleichen, schlich ein, eingeschlichen to sneak in
ein|schließen, schloß ein, eingeschlossen to include
der **Einschnitt, -e** break
ein|schränken to cut back
ein|schüchtern to intimidate
ein|sehen (ie), sah ein, eingesehen to recognize
ein|setzen to use
die **Einsicht, -en** understanding, insight
der **Einspänner, -** (*Austrian*) black coffee with whipped cream served in a glass

einst in former times
der **Einstieg, -e** beginning
ein|steigen, stieg ein, ist eingestiegen to climb into
ein|stellen to hire
die **Einstellung, -en** attitude
ein|teilen to divide
die **Einteilung, -en** division
die **Eintragung, -en** entry
ein|treffen(i), traf ein, ist eingetroffen to arrive
ein|treten (tritt ein), trat ein, eingetreten to occur; to kick; to join; to stand up for sb./sth.
der **Eintritt, -e** admission charge
einverstanden sein to agree
das **Einverständnis, -se** agreement
der **Einwanderer, -** / die **Einwanderin, -nen** immigrant
ein|wirken to influence, to have an effect
der **Einwohner, -** / die **Einwohnerin, -nen** inhabitant, resident
die **Einzelheit, -en** detail
einzeln individual
die **Einzelperson, -en** individual, single person
der **Einzelsport** individual sport
das **Einzelteil, -e** individual/separate part
ein|ziehen, zog ein, eingezogen to move in; to draft (military service)
einziger(-es, -e) only, sole
das **Eis** ice, ice cream
eisern iron
die **Eitelkeit, -en** vanity
das **Eiweiß** protein, egg white
der **Ekel** disgust
der **Elefant, -en, -en** elephant
elektrisch electric
die **Elektrizität, -en** electricity
das **Elektronikteil, -e** electronics
elektronisch electronic
das **Element, -e** element
elementar elementary, elemental, basic
das **Elend, -e** misery
eliminieren to eliminate
die **Eliminierung, -en** elimination
der **Ellenbogen, -** elbow
das **Elsaß** Alsace
die **Eltern** (*pl.*) parents
das **Elternhaus, ⸚er** parental home
der **Elternteil** parent
die **Emanzipation, -en** emancipation
die **Emigration, -en** emigration
emigrieren to emigrate
die **Emission, -en** emission
emotional emotional
empfangen (ä), empfing, empfangen to receive

empfehlen (ie), empfahl, empfohlen to recommend

die Empfehlung, -en recommendation

empfinden, empfand, empfunden to feel

empört outraged

das Ende, -n end

endgültig final

endlich finally

endlos endless

die Energie, -n energy

der Energiebedarf energy requirement

die Energiegewinnung, -en energy production

energiesparend energy-saving

die Energieversorgung, -en supply of energy

energisch forceful

eng close

das Engagement, -s engagement

sich engagieren to engage, to be committed

die Enge confinement

der Engel, - angel

England England

der Engländer, - / die Engländerin, -nen Englishman/Englishwoman

englisch English

der Enkel, - / die Enkelin, -nen grandchild

enorm enormous

entdecken to discover, to spot

enteignen to dispossess

entfernen to remove

die Entfernung, -en distance

entfliehen, entfloh, ist entflohen to escape

entführen to hijack (airplane)

die Entführung, -en here: abduction

entgegen towards, in spite of

entgegen|setzen to set sth. against sth.

entgegen|wirken to counteract

entgegnen to retort, to reply

entgehen, entging, ist entgangen to fail to notice

enthalten (ä), enthielt, enthalten to contain

die Enthaltsamkeit, -en abstinence, moderation

der Enthusiasmus enthusiasm

enthusiastic enthusiastic

entkommen, entkam, ist entkommen to escape

entlassen (ä), entließ, entlassen to dismiss; to fire

entlegen remote

entrollen to unroll

entscheiden, entschied, entschieden to decide

die Entscheidung, -en decision

entschlafen (ä), entschlief, ist entschlafen to pass away

entschließen, entschloß, entschlossen to decide

sich entschuldigen to excuse, to apologize

die Entschuldigung, -en excuse, apology

entsorgen to dispose of sewage and waste

die Entsorgung waste management

entspannen to relax

die Entspannung relaxation

entsprechen (i), entsprach, entsprochen to correspond to

entsprechend in accordance with, appropriate

entstehen, entstand, ist entstanden to develop, to come into being

die Entstehung, -en emergence, origin

enttäuschen to disappoint

entweder...oder either ... or

entwerfen (i), entwarf, entworfen to design, to draft, to outline

(sich) entwickeln to develop

die Entwicklung, -en development

der Entwurf, ̈e outline, design

sich entziehen, entzog, entzogen to evade, to withdraw

die Entzündung, -en infection

die Enzyklopädie, -n encyclopedia

episch epic

die Episode, -n episode

das Erachten: meines ~s in my opinion

erbauen to build

das Erbe inheritance

der Erbe, -n, -n / die Erbin, -nen heir

erben to inherit

erbittert bitter

erbringen, erbrachte, erbracht to produce

die Erbtante, -n rich aunt

erdenken, erdachte, erdacht to devise

der Erdbewohner, - / die Erdbewohnerin, -nen terrestial, earthling

die Erde earth, world

das Erdgas, -e natural gas

sich ereignen to occur, to happen

das Ereignis, -ses, -se event, incident

erfahren (ä), erfuhr, erfahren to learn, to find out, to experience

die Erfahrung, -en experience

erfassen to record

erfinden, erfand, erfunden to invent, to make up

der Erfinder, - / die Erfinderin, -nen inventor

erfinderisch imaginative

die Erfindung, -en invention

der Erfolg, -e success

erfolgen to result

erfolgreich successful

erfordern to demand

erforschen to investigate

erfragen to obtain

sich erfreuen to enjoy

erfreulich pleasant

erfüllen to fulfill

ergänzen to supply

sich ergeben (i), ergab, ergeben to result in

die Ergebenheit, -en devotion

das Ergebnis, ses, -se result

ergießen, ergoß, ergossen to pour out or forth

ergreifen, ergriff, ergriffen to seize, to take up

erhalten (ä), erhielt, erhalten to receive, to preserve

(sich) erheben, erhob, erhoben to raise, to elevate

erheblich considerable, serious

erhitzen to heat up

erhoffen to hope for

erhöhen to increase

die Erhöhung, -en increase, improvement

die Erholung, -en rest

sich erinnern to remind sb. of sth., to remember

die Erinnerung, -en memory

erkalten, erkaltete, ist erkaltet to cool down

sich erkälten to catch a cold

erkämpfen to win sth.

erkennen, erkannte, erkannt to recognize

erkenntlich recognizable, visible

erklären to explain

erklärlich explicable

die Erklärung, -en explanation

sich erkundigen to inquire, to ask about

erlauben to allow

die Erlaubnis, -se permission, permit

erläutern to explain, to comment on

erleben to experience

das Erlebnis, -ses, -se experience

erledigen to carry out

die Erleichterung, -en relief

erlernen to learn

erlösen to rescue

die Ermahnung, -en warning

ermöglichen to make possible

ermorden to murder

die **Ermordung, -en**   murder
ermüden   to become tired
ernähren   to support
der **Ernährer, -** / die **Ernährerin, -nen**
   provider, breadwinner
die **Ernährung**   food
der **Ernährungswissenschaftler, -** / die
   Ernährungswissenschaftlerin, -nen
   nutritionist
erneut   once again
erniedrigen   to humiliate
ernst   serious
der **Ernstfall, ̈e**   emergency
ernsthaft   serious
**ernst|nehmen (i), nahm ernst, ernstge-
   nommen**   to take sb./sth. seriously
erobern   to conquer
eröffnen   to open
erraten (ä), erriet, erraten   to guess
errechnen   to calculate
erregen   to excite
erreichen   to achieve
der **Ersatz**   substitute
erscheinen, erschien, ist erschienen
   to appear; to be published
die **Erscheinung, -en**   appearance
erschießen, erschoß, erschossen   to
   shoot (dead)
erschrecken   to scare sb.
erschrecken (i), erschrak, erschrocken
   to be scared
ersetzen   to replace
ersparen   to spare
erster(-es, -e)   first, at first, only
das **Erstaunen**   astonishment, amazement
erstaunt   astonished, amazed
die **Erstauntheit**   amazement
ersticken   to suffocate
erstklassig   first-class, topnotch
erstmal   for the first/next time, first
erstmalig   first time
erstrebenswert   desirable
erteilen   to give
ertragen (ä), ertrug, ertragen   to suffer
   through, to bear
ertrinken, ertrank, ertrunken   to
   drown
erwachen   to awaken
der/die **Erwachsene, -n, -n**   adult
erwachsen sein   to be an adult
erwähnen   to mention, to refer
erwärmen   to warm
erwarten   to expect
die **Erwartung, -en**   expectation
erwecken   to raise, to wake
(sich) erweisen   to turn out to be
erweislich   demonstrable
erweitern   to expand
erwischen   to catch sb. *(coll.)*

erzählen   to tell
der **Erzähler, -** / die **Erzählerin, -nen**
   narrator
die **Erzählung, -en**   story, narration
der **Erzbrocken, -**   chunk of metal ore
erzeugen   to produce
der **Erzherzog, ̈e** / die **Erzherzogin,
   -nen**   archduke/duchess
erziehen   to bring up
erzieherisch   educational
die **Erziehung**   education, upbringing
erzielen   to achieve
die **Eskalation, -en**   escalation
eskalieren   to escalate
der **Espresso, -s**   espresso
der/das **Essay, -s**   essay
eßbar   edible
essen (ißt), aß, gegessen   to eat
die **Essenz, -en**   essence
die **Eßgewohnheit, -en**   eating habit
der **Essig, -e**   vinegar
die **Eßmanier, -en**   eating etiquette
etablieren   to establish
das **Etablissement, -s**   establishment
die **Etage, -n**   floor, story
die **Etappe, -n**   stage
der **Etat, -s**   budget
ethisch   ethical
ethnisch   ethnic
das **Etui, -s**   case
etwa   about, approximately
etwas   something
der **Europäer, -** / die **Europäerin, -nen**
   European
europäisch   European
evakuieren   to evacuate
evangelisch   Protestant
eventuell   possible, possibly
ewig   eternal, everlasting
exaltiert   overly outgoing
das **Examen, Examina**   exam
das **Exil, -e**   exile
existentiell   existential
die **Existenz, -en**   existence
existieren   to exist
expandieren   to expand
expansionistisch   expansionistic
das **Experiment, -e**   experiment
experimentell   experimental
experimentieren   to experiment
der **Experte, -n, -n** / die **Expertin, -nen**
   expert
explodieren   to explode
die **Explosion, -en**   explosion
der **Export, -e**   export
der **Expressionismus**   expressionism
exquisit   exquisite
extra   extra
extravagant   extravagant
extrem   extreme
exzentrisch   eccentric

die **Fabrik, -en**   factory, plant
das **Fach, ̈er**   field, trade, subject
der **Fachbereich, -e**   faculty, department (university)
fähig   capable
die **Fähigkeit, -en**   capability
fahren (ä), fuhr, ist gefahren   to drive
der **Fahrer, -** / die **Fahrerin, -nen**
   driver
das **Fahrgeld, -er**   fare
das **Fahrrad, ̈er**   bicycle
der **Fahrschein, -e**   ticket
die **Fahrt, -en**   drive, journey
der **Fakt, -en**   fact
der **Faktor, -en**   factor
das **Faktum, Fakten**   fact
der **Fall, ̈e**   case
fallen (ä), fiel, ist gefallen   to fall
falsch   wrong
die **Familie, -n**   family
der/die **Familienangehörige, -n**   de-
   pendant, relative
der **Fan, -s**   fan
fanatisiert   rabid, agitated
der **Fanatismus**   fanaticism
fangen (ä), fing, gefangen   to catch
die **Farbabstufung, -en**   color scheme
die **Farbe, -n**   color
färben   to color, to dye
farbig   colored
der **Faschismus**   fascism
der **Faschist, -en, -en** / die **Faschistin,
   -nen**   fascist
das **Faß, ̈sser**   barrel, keg
fassen: zusammen~   to summarize
fast   almost
faszinieren   to fascinate
faszinierend   fascinating
fatalistisch   fatalistic
fauchen   to hiss
faul   lazy
die **Faulheit**   laziness
die **Faust, ̈e**   fist
FDJ *(abbr. of* **Freie Deutsche Jugend)***
   East German youth organization
FDP *(abbr. of* **Freie Demokratische
   Partei)**   West German liberal party
die **Feder, -n, -n**   quill, feather
fegen   to sweep
fehlen   to be missing
der **Fehler, -**   mistake
feiern   to celebrate
der **Feiertag, -e**   holiday
der **Feiertagszuschlag, ̈e**   holiday
   overtime pay
feig(e)   cowardly
der **Feigling, -e**   coward
fein   fine
der **Feind, -e** / die **Feindin, -nen**   ene-
   my
feindlich   hostile

die **Feindschaft, -en**   enmity, hostility
feinmechanisch   precision mechanical
das **Feld, -er**   field
das **Fenster, -**   window
die **Ferien** *(pl.)*   vacation
fern   far, distant
das **Fernrohr, -e**   telescope
der **Fernsehansager, -** / die **Fernsehansagerin, -nen**   TV announcer
fern|sehen (ie), sah fern, ferngesehen   to watch TV
der **Fernseher, -**   television (set)
das **Fernsehgerät, -e**   television set
der **Fernstudienkurs, -e**   correspondence course
das **Fernstudium, -studien**   correspondence course study
fertig   ready, finished
das **Fest, -e**   celebration
fest|halten (ä), hielt fest, festgehalten   to hold on to
festigen   to strengthen
die **Festigkeit, -en**   strength
fest|legen   to determine
fest|montieren   to install firmly/permanently
fest|stellen   to establish
das **Fett, -e**   fat
fettgedruckt   in bold type
das **Fettpolster, -**   padding of fat, flab
feucht   damp
feucht: einen ~en Dreck angehen   none of your goddamn business *(coll.)*
feuern   to fire *(coll.)*
der **Feuerwehrmann, ⁻er**   fireman
das **Feuilleton, -s**   feature section
der **Fiaker, -**   (hackney) cab
die **Figur, -en**   figure, character (book, film)
die **Fiktion, -en**   fiction
fiktional   fictional
fiktiv   fictitious
der **Film, -e**   film
filmen   to film
filtern   to filter
die **Finanzen** *(pl.)*   finances
finanziell   financial
finanzieren   to finance
findig   clever, resourceful
der **Finger, -**   finger
finster   dark, shady
die **Firma, -en**   company, firm
der **Fisch, -e**   fish
fit: sich ~halten   to keep/get fit
die **Fitneß**   physical fitness
fixieren   to tune
flach   flat
die **Fläche, -n**   area, surface
das **Flachland, ⁻er**   plains, lowland

das/der **Flair**   aura, atmosphere
die **Flasche, -n**   bottle
flattern   to flap
der **Fleck, -e** *or* **-en**   stain
das **Fleisch**   meat, flesh
das **Fleischgericht, -e**   meat dish
der **Fleiß, -sses**, *no pl.*   diligence, industriousness
fleißig   diligent
flexibel   flexible
fliegen, flog, ist geflogen   to fly
fliehen, floh, ist geflohen   to escape
das **Fließband, ⁻er**   assembly line
fließend   flowing
die **Flimmerkiste, -n**   *coll. expression for* TV set
der **Florist, -en, -en** / die **Floristin, -nen**   florist
der **Fluch, ⁻e**   curse
fluchen   to curse
die **Flucht, -en**   escape
der **Flüchtling, -e**   refugee
das **Flugblatt, ⁻er**   leaflet
die **Fluglinie, -n**   airline
das **Flugzeug, -e**   airplane
der **Flur, -e**   hallway
die **Flur, -en**   meadow
der **Fluß, -sses, ⁻sse**   river
die **Flüssigkeit, -en**   liquid
der **Föhn**   foehn (warm wind)
die **Folge, -n**   consequence, sequence
folgen   to follow
folgend   following
folgern   to conclude
folglich   consequently, therefore
die **Folter, -n**   torture
der **Fön, -e**   hair-dryer
fordern   to demand
fördern   to support, to promote
die **Forderung, -en**   request, demand
die **Förderung, -en**   aid, support
die **Forelle, -n**   trout
die **Form, -en**   form
die **Formel, -n**   formula
formell   formal
formen   to form
formulieren   to word, to phrase
forschen   to research
der **Forscher, -** / die **Forscherin, -nen**   researcher
die **Forschung, -en**   research
die **Forschungseinrichtung, -en**   research institution
der **Förster, -** / die **Försterin, -nen**   forest ranger
fort   away
der **Fortbestand, ⁻e**   continuance
fort|fahren (ä), fuhr fort, ist fortgefahren   to continue
fortgeschritten   advanced
der **Fortschritt, -e**   progress

fortschrittlich   progressive
fortwährend   constant
das **Fossil, -ien**   fossil
das **Foto, -s**   photo(graph)
der **Fotograf, -en, -en** / die **Fotografin, -nen**   photographer
die **Fotografie, -n**   photograph
fotografieren   to photograph, to take pictures
das **Fotomodell, -e**   model
die **Frage, -n**   question
der **Fragebogen, -** *or* ⁻   questionnaire
fragen   to ask
die **Fragerei, -en**   questioning
der **Franken, -**   (Swiss) franc
Frankreich   France
der **Franzose, -n, -n** / die **Französin, -nen**   Frenchman/Frenchwoman
französisch   French
die **Frau, -en**   woman
die **Frauenbewegung, -en**   women's movement
das **Fräulein**   young lady; Miss
frech   impudent
frei   free
die **Freiheit, -en**   freedom, liberty
freiheitlich   liberal
der **Freiherr, -n, -en** / die **Freifrau, -en**   baron/baroness
freilich   admittedly
das **Freilos, -e**   free lottery ticket
frei|machen   to arrange to be free
der **Freiraum, -räume**   freedom (space to grow, act, develop)
freischaffend   free-lance
frei|setzen   to release
freiwillig   voluntary
die **Freizeit**   leisure/spare time
fremd   foreign
der/die **Fremde, -n**   foreigner
der **Fremdenverkehr**   tourism
fressen (i), fraß, gefressen   to eat (animal), to eat like a pig *(coll.)*
das **Fressen**   food (for animals), grub *(coll.)*
die **Freude, -n**   joy
freudig   joyful
sich **freuen**   to be glad
der **Freund, -e** / die **Freundin, -nen**   friend
freundlich   friendly
die **Freundlichkeit, -en**   friendliness
die **Freundschaft, -en**   friendship
der **Frieden**   peace
die **Friedensbewegung**   peace movement
friedlich   peaceful
frisch   fresh
der **Friseur, -e** / die **Friseuse, -n**   barber, hairdresser
frisieren   to do sb's. hair

froh glad, happy
fröhlich happy, cheerful
fromm religious
fruchtbar fertile
früh early
das **Frühjahr, -e** spring
der **Frühling, -e** spring
der **Frühschoppen, -** morning/lunchtime drinking
das **Frühstück, -e** breakfast
die **Frühstückslektüre, -n** breakfast reading material
die **Frustration, -en** frustration
sich **fügen** to be subservient
fühlen to feel
führen to lead
führend leading
der **Führer, - / die Führerin, -nen** leader
der **Führerschein, -e** driver's license
füllen to fill
die **Funktion, -en** function
funktionieren to function
für for
die **Furcht** fear
furchtbar terrible
sich **fürchten** to be afraid of sb./sth.
füreinander for each other
der **Fürst, -en, -en / die Fürstin, -nen** prince/princess
der **Fürstenhof, ¨e** aristocratic court
das **Fürstentum, ¨er** principality
der **Fuß, -sses, ¨ße** foot
der **Fußball** soccer
der **Fußballer, - / die Fußballerin, -nen** soccer player
das **Fußballspiel, -e** soccer game
Fußball spielen to play soccer
der **Fußballtrainer, - / die Fußballtrainerin, -nen** soccer coach
der **Fußboden, ¨** floor, ground
der **Fußgänger, - / die Fußgängerin, -nen** pedestrian
das **Futtermittel** (animal) feed
füttern to feed
das **Futur** future tense (grammar)

die **Gabel, -n** fork
die **Galerie, -n** gallery
der **Gang, ¨e: in ~ kommen** to get going
ganz whole, entire
ganzheitlich holistic
gar nichts nothing at all
die **Garage, -n** garage
garantieren to guarantee
die **Garderobe, -n** dressing-room
der **Garten, ¨** garden
das **Gas, -e** gas
der **Gast, ¨e** guest

die **Gaststätte, -n** restaurant
die **Gastwirtschaft, -en** pub, restaurant
der **GAU** (*abbr. of* **Größter Anzunehmender Unfall**) major nuclear accident in a nuclear power plant
die **Gazette, -n** magazine
das **Gebäude, -** building
geben (i), gab, gegeben to give
das **Gebet, -e** prayer
das **Gebiet, -e** area
gebildet educated
das **Gebirgsland, ¨er** mountainous region
der **Gebirgszug, ¨e** mountain range
geblümt flowered
die **Geborgenheit, -en** security
das **Gebot, -e** commandment
der **Gebrauch, ¨e** use, application
gebräuchlich common
das **Gebrauchsgut, ¨er** consumer item
die **Geburt, -en** birth
der **Geburtstag, -e** birthday
das **Gedächtnis, -e** memory
der **Gedanke, -n** thought
das **Gedicht, -e** poem
die **Geduld** patience
geduldig patient
geeignet suitable, right
geeint unified
die **Gefahr, -en** danger, threat
gefährden to endanger
gefährlich dangerous
das **Gefühl, -e** feeling
die **Gegebenheit, -en** a given
gegen against, toward, around, for
die **Gegend, -en** area
gegeneinander against each other
der **Gegensatz, ¨e** contrast
gegensätzlich contrasting
die **Gegenseite, -n** opposite side
gegenseitig mutual
der **Gegenstand, ¨e** object
das **Gegenteil, -e** opposite
gegenüber with regard, in comparison with
sich **gegenüber|stehen, stand gegenüber, gegenübergestanden** to be opposite
gegenüber|treten (i), trat gegenüber, gegenübergetreten to face sb.
die **Gegenwart** present (time)
gegenwärtig present
der **Gegner, - / die Gegnerin, -nen** opponent
das **Gehalt, ¨er** income, salary
geheim secret
das **Geheimnis, -se** secret, mystery
der **Geheimtip, -s** hot tip
gehen, ging, gegangen to go

die **Gehirnwäsche, -n** brainwashing
das **Gehör** hearing, ear
gehorchen to obey
gehören to belong to
gehorsam obedient
der **Geist, -er** spirit
die **Geisterfahrt, -en** haunted house ride
der **Geisteswissenschaftler, - / die Geisteswissenschaftlerin, -nen** liberal arts scholar
geistig intellectual, mental
der/die **Geistliche, -n** clergyman/clergywoman
gelangen to reach sth.
gelb yellow
das **Geld, -er** money
gelegentlich occasional
der/die **Geliebte, -n** beloved, lover
gelingen, gelang, ist gelungen to succeed
gelobt: gelobtes Land promised land
gelten (i), galt, gegolten to be valid, to be regarded as
die **Geltung** validity
etwas zur **Geltung** bringen to show something off
das **Gemälde, -** painting
gemein mean, rotten
die **Gemeinde, -n** community
gemeinsam common
die **Gemeinsamkeit, -en** common ground
die **Gemeinschaft, -en** community
die **Gemeinschaftlichkeit, -en** sense of community
das **Gemüse, -** vegetable
gemütlich comfortable
das **Gen, -e** gene
genau exact
genauso just as
der **Generalsekretär, -e / die Generalsekretärin, -nen** secretary general
die **Generation, -en** generation
generell generally
das **Genie, -s** genius
genießen, genoß, genossen to enjoy
der **Genosse, -n, -n / die Genossin, -nen** comrade, member of a cooperative
genug enough
genügen to be enough
genügend enough, sufficient
die **Genugtuung, -en** satisfaction
der **Genuß, -sses, ¨sse** pleasure
die **Geographie** geography
geographisch geographical
das **Gepäck** luggage, baggage
gerade just, especially
das **Gerät, -e** piece of equipment

geraten (ä), geriet, geraten   to get (into)
das **Geräusch, -e**   sound, noise
gerecht   just, fair
das **Gericht, -e**   court (of justice)
gering   small, little
der **Germane, -n, -n** / die **Germanin, -nen**   member of a German tribe
die **Germanistik**   German studies
gern(e)   willingly, with pleasure
gesamt   whole, entire
die **Gesamtheit, -en**   totality
der/die **Gesandte, -n**   envoy, ambassador
der **Gesang, ⁻e**   song, singing
das **Geschäft, -e**   business
das **Geschehen, -**   event
das **Geschehnis, -ses, -se**   event, incident
das **Geschenk, -e**   present, gift
die **Geschichte, -n**   story, history
geschichtlich   historic(al)
das **Geschick, -e**   destiny
das **Geschirr, -e**   dishes
das **Geschlecht, -er**   sex, gender
geschlossen   closed
der **Geschmack, ⁻er**   taste
geschmacklos   tasteless
das **Geschoß, -sses, -sse**   projectile, missile
das **Geschrei**   shouting
die **Geschwindigkeit, -en**   speed
die **Geselligkeit, -en**   sociability
die **Gesellschaft, -en**   society
gesellschaftlich   social
das **Gesetz, -e**   law
gesetzlich   legal
das **Gesicht, -er**   face
die **Gesinnung, -en**   fundamental attitude, way of thinking
gespannt   tense
das **Gespräch, -e**   conversation
gestalten   to form
gestatten   to allow
die **Geste, -n**   gesture
die **Gestik**   gesture
gestreßt   under stress
gesund   healthy
die **Gesundheit**   health
gesundheitsgefährdend   hazardous to one's health
gesundheitsschädigend   damaging to one's health
das **Getränk, -e**   beverages
das **Getreide**   grain
die **Gewalt, -en**   power, force, violence
gewaltig   violent, immense
gewaltlos   nonviolent
gewaltsam   forcible, brutal

gewalttätig   violent
das **Gewässer, -**   lakes, rivers, canals (inshore waters)
die **Gewebestruktur, -en**   tissue structure
die **Gewerkschaft, -en**   trades or labor union
das **Gewicht, -e**   weight
der **Gewinn, -e**   profit
gewinnen, gewann, gewonnen   to win
gewiß   certainly, sure *(adv.)*
gewiss-   certain *(adj.)*
das **Gewissen**   conscience
gewissenlos   unscrupulous
sich **gewöhnen an**   to get accustomed to sb./sth.
gewöhnlich   usual, normal
das **Gift, -e**   poison
giftig   poisonous
das **Gipfeltreffen, -**   summit meeting
der **Glanz**   shine
glänzend   shining
das **Glas, ⁻er**   glass
gläsern   glass
die **Glasscheibe, -n**   sheet of glass
die **Glasscherbe, -n**   piece of broken glass
glatt   smooth
der **Glaube, -ns** *(no pl.)*   belief
glauben   to believe
die **Glaubensfreiheit, -en**   religious freedom
glaubhaft   credible, believable
glaubwürdig   reliable
gleich   same, immediately
gleichberechtigt   to have equal rights
die **Gleichberechtigung, -en**   equality
das **Gleichgewicht, -e**   balance
gleichgültig   indifferent
die **Gleichheit**   equality
gleichmäßig   regular
gleichsam   so to speak
gleichzeitig   simultaneous, at the same time
die **Gleitbahn, -en**   gliding path
gleiten, glitt, ist geglitten   to glide
die **Glorie,** *no pl.*   glory
die **Glotze, -n**   TV set *(coll.)*
glotzen   to stare, to gawk, to gape
das **Glück**   luck, happiness
glücklich   happy
der **Glückwunsch, ⁻e**   congratulations
glühend   glowing, scorching
golden   golden
der **Gott, ⁻er** / die **Göttin, -nen**   God, god, goddess
die **Gottesgefälligkeit, -en**   godliness
das **Gotteshaus, -häuser**   house of worship
das **Grab, ⁻er**   grave

der **Grabgesang, ⁻e**   funeral hymn
grade   straight
das **Gramm, -e**   gram
grammatikalisch   grammatical
grammatisch   grammatical
die **Granate, -n**   grenade, shell
das **Gras, ⁻er**   grass
gratis   free (of charge)
gratulieren   to congratulate
grau   grey
greifen, griff, gegriffen   to take hold; to be effective
der **Grenzbeamte, -n, -n** / die **Grenzbeamtin, -nen**   customs official
die **Grenze, -n**   border
grenzen an   to border on
der **Grenzer, -** / die **Grenzerin, -nen**   customs official *(informal)*
die **Grenzmarkierung, -en**   boundary marking
der **Grenzübergang, ⁻e**   border crossing
Griechenland   Greece
griechisch   Greek
grillen   to grill
grimassenhaft   grimace-like
grob   gross
groß   big, large, great
die **Größe, -n**   size
die **Großeltern** *(pl.)*   grandparents
die **Großmutter, ⁻er**   grandmother
die **Großstadt, ⁻e**   city
die **Großtante, -n**   great aunt
großzügig   generous, spacious
GroWiAn *(abbr. of* **Große Windanlage***)*   wind-based energy plant
die **Grube, -n**   pit
grün   green
der **Grund, ⁻e**   reason
gründen   to found
die **Grundlage, -n**   basis
grundlegend   fundamental, basic
grundsätzlich   fundamental
die **Grundschule, -n**   elementary school
der **Grundstoff, -e**   raw material
das **Grundstück, -e**   plot or piece of land
grundverschieden   totally different
der **Grünrock, ⁻e**   huntsman; gamekeeper *(coll.)*
grüppchenweise   in little groups
die **Gruppe, -n**   group
die **Gruppierung, -en**   grouping
der **Gruß, -sses, -ße**   greeting
grüßen   to greet
gucken   to look
der **Gummibär, -en**   jelly bears
der **Gürtel, -**   belt
gut   good

gutaussehend good-looking, handsome

gutbezahlt well-paid

die **Güte** grade, quality

die **Güter** *(pl.)* freight goods

gut|machen to put right, to do right

das **Gymnasium, -ien** high school

das **Haar, -e** hair

der **Haarschnitt, -e** haircut

haben (hast, hat), hatte, gehabt to have

die **Haftung, -en** liability

die **Hagerkeit** gauntness

halb half

die **Halbierung, -en** dividing in half

der/die **Halbstarke, -n** hooligan, rowdy

der **Halbtagsjob, -s** part-time job

die **Halbwahrheit, -en** half-truth

halbwegs partly

die **Hälfte, -n** half

die **Halle, -n** hall

hallo hello, hi

der **Hals, ¨e** neck

halt simply *(adv.)*; stop *(interj.)*

halten (ä), hielt, gehalten to keep, to think sth. of sb./sth.

die **Haltestelle, -n** stop (train, subway, bus)

die **Haltung, -en** posture, attitude

die **Hand, ¨e** hand

der **Handel** trade

handeln to trade

die **Handelsbarriere, -n** trade barrier, tariff

handfest solid

die **Handlung, -en** action, deed, plot

die **Handpuppe, -n** hand puppet

der **Handschuh, -e** glove

die **Handtasche, -n** purse

das **Handwerk, -e** trade

die **Handwerkslehre, -n** trade apprenticeship

hängen, hing, gehangen to hang

harmlos harmless

die **Harmonie, -n** harmony

harren to wait

hart hard

die **Härte** toughness

hartnäckig stubborn

hassen to hate

hastig hasty, hurried

hauen to hit

der **Haufen, -** pile

über den **Haufen** knallen to shoot sb./sth. down *(coll.)*

häufig frequent

das **Haupt, ¨er** head

Haupt- main

das **Hauptmotiv, -e** main motive

hauptpostlagernd general delivery

hauptsächlich mainly

der **Hauptsatz, ¨e** main clause

der **Hauptsitz, -e** headquarters

die **Hauptstadt, ¨e** capital (city)

das **Haus, ¨er** house

die **Hausarbeit, -en** housework, chores

die **Hausaufgabe, -n** homework

der **Hausbesitzer, -** / die **Hausbesitzerin, -nen** homeowner, landlord/landlady

der **Hausbewohner, -** / die **Hausbewohnerin, -nen** occupant, tenant

hausen to live

der **Häuserkauf, ¨e** house purchase

der **Hausflur, -e** staircase, hallway

die **Hausfrau, -en**/der **Hausmann, -männer** housewife, househusband

der **Haushalt, -e** household

haushälterisch economical

der **Hauswirt, -e** / die **Hauswirtin, -nen** landlord/landlady

die **Hauswirtschaft, -en** housekeeping, home economics

die **Haut** skin

der **Hautkrebs** skin cancer

heben, hob, gehoben to lift

die **Hebung, -en** stressed/accented syllable

heften to tack on, to clip to, to staple

heftig severe, vehement

heiß hot

heißen, hieß, geheißen to be called

heikel tricky, delicate

heilig holy

die **Heimat, -en** home; home town, native country

das **Heimatkundemuseum, -museen** museum of local history

das **Heimatland, ¨er** native country

heimkommen to return home

heimlich secret

das **Heimweh** homesickness

die **Heirat, -en** marriage, wedding

heiraten to marry, to get married

heiter bright, cheerful

heizen to heat

hektisch hectic

der **Held, -en, -en** / die **Heldin, -nen** hero, heroine

helfen (i), half, geholfen to help

hell bright

der **Helm, -e** helmet

das **Hemd, -en** shirt

der **Hemdkragen, -** shirt collar

die **Hemmschwelle, -n** inhibition

die **Hemmung, -en** inhibition

her before, then

herab down

herab|setzen to reduce

heran|gehen, ging heran, ist herangegangen to go up to sb./sth.

heran|kommen, kam heran, ist herangekommen to get a hold of

heraus out

heraus|finden, fand heraus, herausgefunden to find out

heraus|fordern to challenge

die **Herausforderung, -en** challenge

der **Herausgeber, -** / die **Herausgeberin, -nen** publisher, editor

heraus|gehen, ging heraus, ist herausgegangen to go out

heraus|holen to get out

heraus|kommen, kam heraus, ist herausgekommen to come out

heraus|nehmen (i), nahm heraus, herausgenommen to take out

die **Herberge, -n** hostel, lodging

her|bringen, brachte her, hergebracht to bring (here)

der **Herbst** fall, autumn

herein in

herein|ziehen, zog herein, hereingezogen to drag in

herein|kommen, kam herein, ist hereingekommen to come in

die **Herkunft, ¨e** origin, background

der **Herr, -n, -en** gentleman; Mr.

her|reisen: hin- und ~ to travel back and forth

die **Herrenrasse** master race

herrlich marvelous

die **Herrschaft, -en** power, rule

herrschen to rule

her|stellen to produce

die **Herstellung** production

herüber over, across

herum around

sich **herum|balgen** to romp around

herum|gehen, ging herum, ist herumgegangen to walk around

herum|springen, sprang herum, ist herumgesprungen to jump around

herum|tanzen to dance around

sich **herum|treiben, trieb herum, herumgetrieben** to bum around

herunter down

herunter|fallen (ä), fiel herunter, ist heruntergefallen to fall down

herunter|ziehen, zog herunter, heruntergezogen to pull down

hervor out of sth.

hervor|bringen, brachte hervor, hervorgebracht to bring forth, to produce

hervor|gehen, ging hervor, ist hervorgegangen to come out of sth.
hervor|heben, hob hervor, hervorgehoben to emphasize
das **Herz, -ens, -en** heart
die **Herz-Schmerz-Gazette, -n** rainbow press
her|ziehen, zog her, ist hergezogen to move here
der **Herzinfarkt, -e** heart attack
das **Herzklopfen** pounding heart
herzlich warm-hearted, sincere
die **Herzlichkeit** heartiness, warmth
heulen to cry, to howl
heute today
heutig- today's
heutzutage nowadays
die **Hexe, -n** witch
hier here
hier|bleiben, blieb hier, ist hiergeblieben to stay here
hierher here, over here, up to here
die **Hilfe, -n** help
hilflos helpless
hilfsbereit helpful, ready to help
der **Himmel, -** sky, heaven
hinab down
hinab|stürzen, stürzte hinab, ist hinabgestürzt to fall down
hinauf up
hinauf|steigen, stieg hinauf, ist hinaufgestiegen to climb up
hinaus out
hinaus|gehen, ging hinaus, ist hinausgegangen to go beyond sth., to go outside
hin|blättern to shell out
der **Hinblick: im Hinblick auf** in view of the fact
hinderlich sein to be a hindrance
hindern to prevent
hindurch|brausen to rush through
hineingeboren to be born into
hinein|gehen, ging hinein, ist hineingegangen to enter
hinein|reisen, reiste hinein, ist hineingereist to travel into
hinein|rutschen, rutschte hinein, ist hineingerutscht to slide into
hinein|ziehen, zog hinein, hineingezogen to drag into
hin|fahren (ä), fuhr hin, hingefahren to drive there
hingegen however
hin|gehen, ging hin, ist hingegangen to go there
hin|nehmen (i), nahm hin, hingenommen to accept
hin|reisen, reiste hin, ist hingereist to travel there

hin|schreiben, schrieb hin, hingeschrieben to write down
die **Hinsicht: in vieler Hinsicht** in many respects
hinsichtlich with regard to, in view of
hin|stechen (i), stach hin, hingestochen to stab a particular place
hin|stellen to put down
hin|steuern auf to steer towards
hinten behind *(adv.)*
hinter behind, after *(prep.)*
die **Hinterbacke, -n** buttock
hintereinander one behind the other
der **Hintergrund, -̈e** background
hinterher afterwards
hinterlassen (ä), hinterließ, hinterlassen to leave sth.
das **Hinterteil, -e** backside
hinterweltlerisch provincial
das **Hinterzimmer, -** back room
hinunter|fallen (ä), fiel hinunter, ist hinuntergefallen to fall down
hinweg|gehen, ging hinweg, ist hinweggegangen to go past
hinweg|kommen, kam hinweg, ist hinweggekommen to get over
hinweg|sein to get over
der **Hinweis, -e** comment
hin|weisen, wies hin, hingewiesen to point sth. out to sb.
hinzu|fügen to add
hinzu|kommen, kam hinzu, ist hinzugekommen to be added
historisch historic(al)
die **Hitlerzeit** Hitler era
das **Hobby, -s** hobby
hoch high
die **Hochachtung** deep respect
hochbelastet highly contaminated
hochindustrialisiert highly industrialized
hochinteressant highly interesting
der **Hochleistungssportler, -** / die **Hochleistungssportlerin, -nen** top athlete
der **Hochleistungssport** competitive sport
hochqualifiziert highly qualified
die **Hochschule, -n** college, university
hoch|springen, sprang hoch, ist hochgesprungen to do the high jump
der **Hochsprung, -̈e** high jump
höchst highly, extremely, most
höchstens not more than, at the most
hochtechnisiert high tech
die **Hochzeit, -en** wedding
sich **hocken** to squat

der **Hof, -̈e** yard, court
hoffen to hope
hoffentlich hopefully
die **Hoffnung, -en** hope
hoffnungsvoll hopeful
höflich polite
der **Hofrat, -̈e** / die **Hofrätin, -nen** counsellor (Austrian honorary title)
die **Höhe, -n** height
die **Höhle, -n** cave, den
holen to fetch
der **Holländer, -** / die **Holländerin, -nen** Dutchman/Dutchwoman
holländisch Dutch
das **Holz, -̈er** wood
der **Holzfußboden, -̈** wooden floor
das **Holzhaus, -̈er** wooden/timber house
der **Honig, -e** honey
horchen to listen
hören to hear
der **Hörer, -** / die **Hörerin, -nen** listener
horizontal horizontal
das **Hormon, -e** hormone
der **Horrorfilm, -e** horror movie
das **Hörspiel, -e** radio play
die **Hose, -n** pants
das **Hotel, -s** hotel
der **Hoteldiener, -** bell boy
hüben: ~ und drüben on both sides of the border
hübsch pretty
der **Hubschrauber, -** helicopter
der **Hubschraubereinsatz, -̈e** helicopter operation
huldgeheiß favorably (old-fashioned)
human human, humane
der **Humor** humor
humorvoll humorous
der **Hund, -e** dog
hungern to starve
die **Hure, -n** prostitute
hüsteln to cough slightly
der **Hut, -̈e** hat
die **Hütte, -n** hut, lodge
das **Hüttenwerk, -e** iron and steel works
hysterisch hysterical

das **Ideal, -e** ideal
idealerweise ideally
die **Idee, -n** idea
identifizieren to identify
identisch identical
die **Identität, -en** identity
die **Ideologie, -n** ideology
der **Igel, -** hedgehog

die **Igelstellung, -en** position of all-round defense
ignorieren to ignore
die **Illusion, -en** illusion
illusionär illusionary
die **Illustrierte, -n** magazine
das **Image, -s** image
imitieren to imitate
immer always
immerhin anyhow, at least
immun immune
die **Impfung, -en** vaccination
imponieren to make a positive impression
der **Import, -e** import
imposant imposing, impressive
improvisieren to improvise
impulsiv impulsive
inadäquat inadequate
die **Inadäquatheit, -en** inadequateness
indem while, as
indes meanwhile, however, while
indirekt indirect
individuell individual
das **Individuum, -en** individual
die **Industrialisierung, -en** industrialization
die **Industrie, -n** industry
industriell industrial
ineffektiv ineffective
die **Infektion, -en** infection
die **Infektionskrankheit, -en** infectious disease
das **Inferno, -s** inferno
(sich) **infizieren** to be/become infected
die **Informatik** computer science
der **Informatiker, - / die Informatikerin, -nen** computer scientist
die **Information, -en** information
informell informal
(sich) **informieren** to inform
der **Ingenieur, -e / die Ingenieurin, -nen** engineer
das **Ingenieurwesen** engineering
inhalieren to inhale
die **Inhalierung, -en** inhalation
der **Inhalt, -e** content
inhaltlich as regards content
inhuman inhuman, inhumane
die **Initiative, -n** initiative
die **Injektion, -en** injection
inklusive inclusive
inkognito incognito
das **Inland** home, homeland
inne|halten (ä), hielt inne, innegehalten to pause
innen inside

der **Innenarchitekt, - / die Innenarchitektin, -nen** interior designer
die **Innenstadt, ⸚e** town/city center, downtown
inner- inside, within
innerlich internal
innig deep, heartfelt
insbesondere particularly
das **Insekt, -en** insect
die **Insel, -n** island
das **Inserat, -e** advertisement, ad
insgeheim secretly
insgesamt altogether
insofern in this respect
installieren to install
die **Institution, -en** institution
das **Instrument, -e** instrument
die **Instrumentalmusik** instrumental music
das **Insulin** insulin
inszenieren to direct
die **Integration, -en** integration
(sich) **integrieren** to integrate
der **Intellekt, -e** intellect
die **Intellektbestie, -n** egghead (coll.)
intellektuell intellectual
die **Intelligenz, -en** intelligence
die **Intelligenzbestie, -n** egghead (coll.)
intendieren to intend
die **Intensität** intensity
intensiv intensive
die **Intensivstation, -en** intensive care
die **Intention, -en** intention
interessant interesting
das **Interesse, -n** interest
(sich) **interessieren** to interest
das **Internat, -e** boarding school
die **Interpretation, -en** interpretation
interpretieren to interpret
das **Interview, -s** interview
die **Interviewbogen, ⸚** questionnaire
die **Interviewer, - / die Interviewerin, -nen** interviewer
intim intimate
die **Intoleranz, -en** intolerance
introvertiert introverted
investieren to invest
inwiefern in what way, to what extent
inzwischen in the meantime, meanwhile
irgend some, any
irgendein- some, any
irgendetwas something
irgendwann sometime
irgendwas something, anything
irgendwelch- some
irgendwer somebody

irgendwie somehow
irgendwo somewhere, someplace
irgendwoher from somewhere
ironisch ironic
irreal unreal
irregulär irregular
sich **irren** to be mistaken
irritieren to irritate
der **Islam** Islam
islamisch Islamic
die **Isoliermatte, -n** insulating mat
isolieren to insulate
der **Israeli, -s / die Israelin, -nen** Israeli
Italien Italy
der **Italiener, - / die Italienerin, -nen** Italian
italienisch Italian

ja yes
das **Jahr, -e** year
jahrelang for years
die **Jahreszeit, -en** season
der **Jahrgang, ⸚e** year, volume, vintage
das **Jahrhundert, -e** century
jahrhundertelang for centuries
die **Jahrhundertwende, -n** turn of the century
das **Jahrtausend, -e** millenium
das **Jahrzehnt, -e** decade
jähzornig violent-tempered
der **Januar** January
Japan Japan
der **Japaner, - / die Japanerin, -nen** Japanese
je ever, every
je mehr the more
je nachdem depending on
die **Jeans** jeans
jeder(-es, -e) each, every
jedenfalls in any case
jedermann everyone, everybody
jederzeit at any time
jedoch however
jemals ever
jemand somebody
jener(-es, -e) that (one), those
jenseits opposite, on the other side
jetzig current, present
jetzt now
jeweilig respective
jeweils each time, each
der **Job, -s** job
das **Jod** iodine
joggen to jog
der **Journalist, -en, -en / die Journalistin, -nen** journalist
journalistisch journalistic

der **Jude**, -n, -n / die **Jüdin**, -nen Jew
das **Judentum** Judaism
die **Judenverfolgung**, -en persecution of the Jews
jüdisch Jewish
die **Jugend**, -en youth
das **Jugendlager**, - youth camp
der/die **Jugendliche**, -n, -n young person
der **Jugendstil**, -e Art Nouveau
Jugoslawien Yugoslavia
der **Juli**, -s July
jung (ü) young
die **Jungfrau**, -en virgin
der **Junggeselle**, -n bachelor
der **Juni** June
Jura law
der **Jurist**, -en, -en / die **Juristin**, -nen lawyer
just precisely

das **Kabelfernsehen** cable TV
der **Kaffee**, -s coffee
kahl bare
der **Kaiser**, - / die **Kaiserin**, -nen emperor, empress
kaiserlich imperial
der **Kaktus**, -teen cactus
kalkulieren to calculate
die **Kalorie**, -n calorie
kalorienarm low-calorie
der **Kalorienbedarf** calorie requirement
kalt cold
die **Kälte** cold, below freezing
der **Kamerad**, -en, -en / die **Kameradin**, -nen companion, friend
kameradschaftlich friendly
die **Kammermusik**, -en chamber music
die **Kampagne**, -e campaign
der **Kampf**, ⸚e fight
kämpfen to fight
Kanada Canada
der **Kanadier**, - / die **Kanadierin**, -nen Canadian
kanadisch Canadian
der **Kandidat**, -en, -en / die **Kandidatin**, -nen candidate
kandidieren to run for
die **Kanone**, -n cannon
die **Kantine**, -n cantine
der **Kanton**, -e canton
die **Kapelle**, -n chapel
das **Kapital**, -e capital
der **Kapitalismus** capitalism
der **Kapitalist**, -en, -en / die **Kapitalistin**, -nen capitalist
kapitalistisch capitalistic

der **Kapitän**, -e captain
das **Kapitel**, - chapter
kaputt broken, done in
kaputt|machen to ruin, to break
der **Karatekämpfer**, - / die **Karatekämpferin**, -nen karate fighter
die **Karotte**, -n carrot
die **Karre**, -n old car (coll.)
die **Karriere**, -n career
die **Karte**, -n card
die **Kartoffel**, -n potato
der **Käse**, - cheese
der/das **Kasperle** hand puppet (jester)
die **Kasse**, -n cash register
die **Kassette**, -n cassette
das **Kassler**, - slightly-smoked pork loin
der **Katalysator**, -en catalytic converter (car); catalyst
katapultieren to catapult
katastrophal disastrous
die **Katastrophe**, -n catastrophe
der **Katastrophenalarm**, -e disaster warning
die **Kategorie**, -n category
die **Kategorisierung**, -en categorization
der **Katholik**, -en, -en / die **Katholikin**, -nen Catholic
katholisch Catholic
der **Katholizismus** Catholicism
die **Katze**, -n cat
der **Katzensprung**, ⸚e stone's throw (coll.)
kauen to chew
kaufen to buy
das **Kaufhaus**, ⸚er department store
der **Kaufmann**, -leute / die **Kauffrau**, -en merchant, businessperson
die **Kaufwut** compulsive shopping (coll.)
der **Kaugummi**, -s chewing gum
kaum hardly, barely
kein not a, no one, no
keinerlei what(so)ever, at all
keineswegs not at all
der **Keller**, - basement
der **Kellner**, - / die **Kellnerin**, -nen waiter, waitress
kennen, kannte, gekannt to know
kennen|lernen to be acquainted with
die **Kenntnis**, -se knowledge
kennzeichnen to mark, to indicate
die **Kernenergie** nuclear energy
das **Kernkraftwerk**, -e nuclear power plant
die **Kernspaltung**, -en nuclear fission
das **Kernstück**, -e crucial part, key element
die **Kernwaffe**, -n nuclear weapon

das **Kerzenlicht**, -er candle light
Kfz (abbr. of das **Kraftfahrzeug**) motor vehicle
der **Kilometer**, - kilometer
das **Kind**, -er child
die **Kindererziehung**, -en childrearing
der **Kindergarten**, ⸚ kindergarten
die **Kinderkrippe**, -n day care, nursery
kinderlieb fond of children
das **Kindesalter** childhood
die **Kindeskinder** grandchildren
die **Kindheit**, -en childhood
das **Kino**, -s cinema, movie theater
die **Kirche**, -n church
kirchlich church, by the church
klagen to complain
die **Klamotte**, -n clothing (coll.)
der **Klang**, ⸚e sound
die **Klappe**, -n flap
klappen to work out, to go smoothly
klapprig shaky
klar clear
klären to clarify
die **Klarheit**, -en clarity
klar|kommen, kam klar, ist klargekommen to be able to deal/cope with sb./sth.
klar|machen to realize sth.
die **Klärung**, -en clarification
die **Klasse**, -n class
der **Klassenleiter**, - / die **Klassenleiterin**, -nen class teacher
die **Klassik** classical period
der **Klassiker**, - classic
klassisch classical (music), classic
die **Klatschspalte**, -n gossip column
das **Klavier**, -e piano
kleben to stick, to glue
die **Kleidung** clothing
klein small
die **Kleinigkeit**, -en trifle
das **Kleinkalibergewehr**, -e small-bore rifle
kleinkariert sein to be petty-minded
der **Klempner**, - / die **Klempnerin**, -nen plumber
das **Klima**, -ta or -te or -s climate
die **Klimaveränderung**, -en climatic change
die **Klimaanlage**, -n air conditioning system
klingeln to ring
klingen, klang, geklungen to sound
die **Klinik**, -en clinic, hospital
das **Klischee**, -s cliché
klischeehaft stereotypical
klönen to chat
klopfen to knock
der **Kloß**, -ßes, ⸚ße dumpling

der **Klub, -s** club
die **Kluft, ¨e** gap
klug clever, intelligent
km (*abbr. of* der **Kilometer, -**) kilometer
knacken to break into (*coll.*)
knackig attractive, sexy (*coll.*)
knallbunt loud colors
knapp tight, scarce
die **Kneipe, -n** pub
der **Kneipenbummler, -** barhopper
der **Kneipier, -s** barkeeper
das **Knie, -** knee
der **Knochen, -** bone
der **Knopf, ¨e** button
das **Knusperhaus, ¨er** gingerbread house
knutschen to smooch
die **Koalition, -en** coalition
der **Koch, ¨e**/ die **Köchin, -nen** cook
kochen to cook
der **Kochtopf, ¨e** cooking pot, saucepan
die **Koexistenz, -en** coexistence
der **Koffer, -** suitcase
kognitiv cognitive
das **Kohlehydrat, -e** carbohydrates
das **Kohlenmonoxyd** carbon monoxide
der **Kollege, -n, -n** / die **Kollegin, -nen** colleague
der **Kolonialismus** colonialism
der **Kolonnenschieber, -** foreman of a work team
kolossal enormous
die **Kombination, -en** combination
der **Komfort** comfort, luxury
komisch comical, funny
das **Komitee, -s** committee
das **Komma, -s** *or* **-ta** comma
kommandieren to command
das **Kommando, -s** command
kommen, kam, ist gekommen to come
der **Kommentar, -e** comment, commentary
kommentieren to comment
die **Kommerzialisierung, -en** commercialization
der **Kommissar, -e** inspector
die **Kommode, -n** chest of drawers
die **Kommunikation, -en** communication
kommunikativ communicative
der **Kommunismus** communism
der **Kommunist, -en, -en** / die **Kommunistin, -nen** communist
kommunistisch communist
kommunizieren to communicate
komparativ comparative

komplett complete
der **Komplex, -e** complex
das **Kompliment, -e** compliment
kompliziert complicated
komponieren to compose
der **Komponist, -en, -en** / die **Komponistin, -nen** composer
die **Komposition, -en** composition
das **Kompositum, Komposita** compound
der **Kompromiß, -sses, -sse** compromise
die **Kondition, -en** condition
der **Konflikt, -e** conflict
die **Konfrontation, -en** confrontation
konfrontieren to confront
der **Kongreß, -sses, -sse** congress
kongruent congruent, concurring
der **König, -e** / die **Königin, -nen** king/queen
königlich royal, regal
die **Konjunktion, -en** conjunction
der **Konjunktiv, -e** subjunctive
konkret concrete
die **Konkurrenz, -en** competition
konkurrieren to compete
können, konnte, gekonnt to be able to
konsequent consistent
die **Konsequenz, -en** conclusion; result
konservativ conservative
konservieren to preserve
das **Konservierungsmittel, -** preservative
der **Konservierungsstoff, -e** preservative
die **Konsistenz, -en** consistency
konstituieren to constitute
konstruieren to construct
die **Konstruktion, -en** construction
das **Konsulat, -e** consulate
die **Konsumgesellschaft, -en** consumer society
die **Konsumgüter,** *pl.* consumer goods
konsumieren to consume
der **Kontakt, -e** contact
die **Kontaktlinse, -n** contact lens
der **Kontext, -e** context
der **Kontinent, -e** continent
die **Kontinuität, -en** continuity
das **Konto, -en** account
der **Kontrakt, -e** contract
der **Kontrast, -e** contrast
die **Kontrolle, -n** control
der **Kontrolleur, -e** / die **Kontrolleurin, -nen** inspector
die **Kontrollierbarkeit, -en** ability to verify

kontrollieren to check, to control
kontrovers controversial
die **Konversation, -en** conversation
das **Konzentrationslager, -** concentration camp
konzentrieren to concentrate
das **Konzept, -e** idea, concept
der **Konzern, -e** group of companies
das **Konzert, -e** concert
der **Konzertpianist, -en, -en** / die **Konzertpianistin, -nen** concert pianist
die **Konzertreise, -n** concert tour
die **Kooperation, -en** cooperation
kooperativ cooperative
koordinieren to coordinate
der **Kopf, ¨e** head
-köpfig -headed
das **Kopfkissen, -** pillow
der **Koran** Koran
der **Korb, ¨e** basket
einen **Korb** bekommen to be turned down (*coll.*)
der **Koreaner, -** / die **Koreanerin, -nen** Korean
der **Körper, -** body
körperlich physical
der **Korrespondentenberuf, -e** correspondent profession
der **Korridor, -e** corridor
korrupt corrupt
koscher kosher
der **Kosename, -n** pet name
die **Kost** food
kostbar valuable, precious
die **Kosten** cost(s), expense
das **Kostgeld, -er** board (food money)
das **Kotelett, -s** chop, cutlet
der **Kotflügel, -** fender
die **Kraft, ¨e** power
das **Kraftfahrzeug, -e** (*abbr:* **Kfz**) motor vehicle
kräftig powerful
krank sick
kränken to hurt sb's. feelings
das **Krankenhaus, ¨er** hospital
die **Krankenschwester, -n** nurse
der **Krankenwagen, -** ambulance
die **Krankheit, -en** illness, sickness
kratzen to scratch
kraushaarig frizzy-haired
der **Krauskopf, ¨e** frizzy head
die **Kreation, -en** creation
kreativ creative
die **Kreativität** creativity
der **Kredit, -e** loan, credit
die **Kreditkarte, -n** credit card
kreieren to create
der **Kreis, -e** circle; district
das **Kreuz, -e** cross
der **Kreuzzug, ¨e** crusade

kriechen, kroch, ist gekrochen to crawl, to creep
der Krieg, -e war
kriegen to get
der Krimi, -s crime/thriller, detective story
der Kriminalfilm, -e crime/thriller movie
die Kriminalität crime
kriminell criminal
der Krippenplatz, ⁼e place in a day-care center
die Krise, -n crisis
das Kriterium, -ien criterion
die Kritik, -en criticism
kritiklos uncritical
der Kritikpunkt, -e point of criticism
kritisch critical
kritisieren to criticize
kritzeln to scribble
krumm crooked, bent
die Küche, -n kitchen
der Kuchen, - cake, pie
kühlen to cool
der Kühlschrank, ⁼e refrigerator
die Kühlung, -en cooling
das Kühlungswasser cooling water
der Kult, -e cult
kultivieren to cultivate
die Kultur, -en culture
kulturell cultural
der Kulturmuffel, - one who hates cultural events (coll.)
die Kulturseite, -n feuilleton page
sich kümmern um to look after sb./sth.
das Kümmernis, ses, -se troubles, worries
der Kunde, -n, -n / die Kundin, -nen customer
kündigen to give notice, to cancel
der Kundschafter, - / die Kundschafterin, -nen scout (military)
künftig future
die Kunst, ⁼e art
die Kunstakademie, -n art academy
der Künstler, - / die Künstlerin, -nen artist
künstlerisch artistic
der Künstlername, -n stage name, pen name
künstlich artificial
das Kunstwerk, -e work of art
der Kurs, -e course
die Kurstabelle, -n stock and foreign exchange market reports
kurz (ü) short
die Kurzform, -en shortened form
kurzfristig short-term; short-range (weather)

die Kurzgeschichte, -n short story
kurzweilig entertaining
die Kusine, -n cousin (f.)
küssen to kiss
der Kuß, ⁼sse kiss
der Kutscher, - coachman
KZ, -s (abbr. of Konzentrationslager) concentration camp

das Labor, -s laboratory
der Laborant, -en, -en / die Laborantin, -nen lab(oratory) technician
lächeln to smile
lachen to laugh
lächerlich ridiculous
der Laden, ⁼ shop, business
die Lage, -n situation, position; **eine ~ schmeißen** to buy a round
das Lager, - camp
die Lagerkartei, -en camp file
lähmen to paralyze
das Land, ⁼er country
landen to end up
die Landeshauptstadt, ⁼e provincial capital
die Landesvertretung, -en parliament
die Landkarte, -n map
die Landschaft, -en countryside, scenery
die Landsleute (pl.) fellow countrymen/women
der Landsmann, -leute / die Landsmännin, -nen fellow countryman/countrywoman
der Landweg, -e road
lang long
die Länge, -n length
langen to reach
die Langeweile boredom
lang|gehen, ging lang, ist langgegangen to go in a certain direction
langlebig long-lasting
langmähnig long-haired
langsam slow
längst for a long time
langweilig boring
langwierig lengthy
die Lappalie, -n trifle
der Lärm noise
lassen (ä), ließ, gelassen to leave, to let
lässig casual, cool
die Lässigkeit, -en casualness, coolness
die Lasten (pl.) costs, expenses
der Lastwagen, - truck
Lateinamerika Latin America
das Laub leaves, foliage
der Lauf, ⁼e course, run

die Laufbahn, -en career
laufen (äu), lief, gelaufen to run
die Laune, -n mood
launisch moody
laut loud
der Lautsprecher, - loudspeaker
die Lautstärke, -n volume
leben to live
lebendig lively
der Lebensabschnitt, -e phase of one's life
die Lebensart, -en way of life
die Lebensführung, -en lifestyle
lebenslang life-long
der Lebenslauf, ⁼e curriculum vitae, resume
die Lebensmittel (pl.) food, grocery
der Lebensunterhalt support, livelihood
der Lebensweg, -e journey through life
die Lebensweise, -n way of life
lebenswichtig vital
die Lebenszeit lifetime
der Leberkäs(e) meat loaf
das Lebewesen, - living thing
lebhaft lively
lecken to lick
ledig single, unmarried
lediglich merely
leer empty
legen to put, to place; to set (hair), to plant (bomb)
legendär legendary
die Legende, -n legend
legitim legitimate
lehnen to lean
die Lehre, -n apprenticeship
der Lehrer, - / die Lehrerin, -nen teacher
der Lehrgang, ⁼e course, seminar, workshop
die Lehrkraft, ⁼e teacher
der Lehrling, -e apprentice
die Lehrperson, -en instructor
die Lehrsendung, -en educational broadcast, instructional broadcast
die Lehrstelle, -n position for an apprentice
leicht easy, light
die Leichtathletik, -en track and field athletics
das Leid, -en suffering
leid tun to feel sorry for sb./sth.
leiden, litt, gelitten to suffer
leidenschaftlich passionate
leider unfortunately
leihen, lieh, geliehen to lend; to borrow
die Leinwand, ⁼e screen, canvas

leise quiet, soft
leisten to achieve
sich **leisten** to afford
die **Leistung, -en** achievement
leistungsfähig competitive, productive
die **Leistungsfähigkeit, -en** competitiveness, productiveness
der **Leistungssport** competitive sport
der **Leistungssportler, -** / die **Leistungssportlerin, -nen** competitive athlete
der **Leitartikel, -** leader (article)
der **Leiter, -** / die **Leiterin, -nen** leader, head
der **Leitsatz, ̈e** guiding principle
die **Leitung, -en** line, pipe
das **Leitungswasser** tap water
lenken to guide
lernen to learn
lesen (ie), las, gelesen to read
der **Leser, -** / die **Leserin, -nen** reader
der **Leserbrief, -e** letter to the editor
letztendlich in the final analysis
letzthin recently
letztlich in the end
der **Leuchtstoff, -e** neon
die **Leute** *(pl.)* people
das **Lexikon, -ka** encyclopedia
liberal liberal
das **Licht, -er** light
lieb dear
lieben to love
lieb|haben to love, to be very fond of
lieber rather
die **Liebesbeziehung, -en** love relationship
liebestoll love-stricken
der **Liebling, -e** darling, favorite
Lieblings- favorite
der **Lieblingsinterpret, -en, -en** / die **Lieblingsinterpretin, -nen** favorite singer
das **Lied, -er** song
der **Liedermacher, -** / die **Liedermacherin, -nen** singer/songwriter
liefern to provide
liegen, lag, gelegen to lie
limitieren to limit
die **Limitierung, -en** limitation
Linie: in erster ~ to come first
linker(-es, -e) *(adj.)* left
links *(adv.)* left
die **Lippe, -n** lip
der **Lippenstift, -e** lipstick
die **Liste, -n** list
listen to list
der **Liter, -** liter
literarisch literary
die **Literatur, -en** literature

loben to praise
das **Loch, ̈er** hole
locker loose, easy-going
logisch logical
der **Lohn, ̈e** wage
sich **lohnen** to be worthwhile
das **Lokal, -e** pub
der **Lokomotivführer, -** / die **Lokomotivführerin, -nen** engine driver
Los! Come on!
los sein to happen
lösen to solve
los|gehen, ging los, ist losgegangen to start
los|lassen (ä), ließ los, losgelassen to let go
die **Loslösung, -en** separation
die **Lösung, -en** solution
los|werden, wurde los, ist losgeworden to get rid of
die **Lotterie, -n** lottery
das **Lotto** national lottery
die **Lücke, -n** gap, space
die **Luft, ̈e** air
das **Luftgewehr, -e** BB gun
lügen, log, gelogen to lie, to tell a lie
der **Lügner, -** / die **Lügnerin, -nen** liar
der **Lümmel, -** rascal
lüpfen to lift
die **Lust, ̈e** pleasure, joy
Lust haben to feel like sth.
lustig funny
lutherisch Lutheran
der **Luxus** luxury
lyrisch lyrical

machen to do, to make
die **Macht, ̈e** power
die **Machtergreifung, -en** seizure of power
der **Machthaber, -** / die **Machthaberin, -nen** ruler
mächtig powerful
das **Machwerk, -e** sorry effort
das **Mädchen, -** girl
der **Magen, -** *or* **-** stomach
magisch magical
die **Mahlzeit, -en** meal
mahnen to remind
der **Mai** May
die **Majorität, -en** majority
makaber macabre
der **Makler, -** broker
das **Mal, -e** time
malen to paint
der **Maler, -** / die **Malerin, -nen** painter
die **Malerei, -en** painting

man one, you
managen to manage
der **Manager, -** / die **Managerin, -nen** manager
manchmal sometimes
der **Mangel, ̈** shortage, lack
die **Manieren** *(pl.)* manners
manipulativ manipulative
manipulieren to manipulate
der **Mann, ̈er** man
der **Männerfang** looking for a man
männlich male, masculine
die **Mannschaft, -en** team
der **Mannschaftssport** team sport
die **Mannschaftssportart, -en** team sports
das **Mannweib, -er** masculine, mannish woman
der **Mantel, ̈** coat
manuell manual
das **Manuskript, -e** manuscript
das **Märchen, -** fairy tale
die **Marine** German Navy
die **Mark (Deutsche Mark)** West German mark, deutschmark
markieren to mark
die **Markierung, -en** mark
der **Markt, ̈e** market
der **Marsbewohner, -** Martian
das **Marzipan, -s, -e** marzipan
die **Maschine, -n** machine
maschinell mechanical
die **Maske, -n** mask
das **Maß, -e** degree, measure
die **Masse, -n** mass, crowd
die **Maßeinheit, -en** unit of measure
maßgebend decisive, important
maß|halten (ä), hielt maß, maßgehalten to be moderate
massiv solid, heavy, severe
die **Maßnahme, -n** measure
das **Material, -ien** material
der **Matrose, -n** sailor, seaman
die **Matte, -n** mat
die **Mauer, -n** wall
das **Mauerkraxeln** wall climbing
der **Mechaniker, -** / die **Mechanikerin, -nen** mechanic
das **Medium, -dien** mass medium
die **Medizin** medicine
der **Mediziner, -** / die **Medizinerin, -nen** doctor, MD
medizinisch medical
das **Meer, -e** sea, ocean
mehr more
mehrer- several, various
mehrfach multiple
die **Mehrheit, -en** majority
mehrmals several times, repeatedly
meilenweit of many miles, for miles

meinen to think
meinetwegen let's say, it's OK with me, because of me
die **Meinung, -en** opinion
meist most
meistens mostly, for the most part
die **Melancholie** melancholy
melancholisch melancholic
melden to announce, to report
die **Meldung, -en** announcement
die **Melodie, -n** melody
die **Menge, -n** amount
der **Mensch, -en, -en** person, human being
das **Menschenalter, -** lifetime, generation
menschenfreundlich benevolent, philanthropic
das **Menschenrecht, -e** human right
menschenunwürdig inhuman(e)
menschenverachtend despising of mankind
der **Menschenverstand** common sense, human understanding
die **Menschheit** humanity, mankind
menschlich human, humane
die **Mentalität, -en** philosophy, outlook, characteristics
das **Menu, -s** meal
merken to notice
sich etwas **merken** to remember, to make a mental note
das **Merkmal, -e** feature
merkwürdig peculiar
messen (i), maß, gemessen to measure
das **Messer, -** knife
das **Metall, -e** metal
die **Metapher, -n** metaphor
der **Meter, -** meter
die **Methode, -n** method
der **Mexikaner, -** / die **Mexikanerin, -nen** Mexican
mieten to rent
der **Mieter, -** / die **Mieterin, -nen** tenant
das **Mietshaus, ¨er** apartment house
die **Mikroelektronik** microelectronics
die **Milch** milk
das **Militär** military
der **Militärdienst, -e** military service
militärisch military
der **Militarismus** militarism
die **Milliarde, -n** billion, thousand millions
die **Million, -en** million
der **Millionär, -e** / die **Millionärin, -nen** millionaire

minder- less
die **Minderheit, -en** minority
mindestens at least
die **Mindestrente, -n** minimum pension
das **Mineralwasser** mineral water
das **Minimum, Minima** minimum
der **Minister, -** minister, secretary
das **Ministerium, -ien** ministry, department
die **Minute, -n** minute
minütig dealing with X minutes
mischen to mix
die **Mischung, -en** combination, mixture
miserabel miserable, lousy
die **Misere, -n** plight
der **Missionar, -e** / die **Missionarin, -nen** missionary
der **Mißerfolg, -e** failure
mißfallen (ä), mißfiel, mißfallen to dislike, to displease
mit with
mit ein|beziehen, bezog mit ein, mit einbezogen to include with
mit|arbeiten to cooperate, to work with
der **Mitarbeiter, -** / die **Mitarbeiterin, -nen** coworker
der **Mitbegründer, -** / die **Mitbegründerin, -nen** cofounder
mit|bestimmen to have a say, to have an influence
mit|bringen, brachte mit, mitgebracht to bring along
miteinander with each other
mit|erleben to experience
mit|essen (ißt mit), aß mit, mitgegessen to share food
mit|gehen, ging mit, ist mitgegangen to go along
das **Mitglied, -er** member
mit|halten (ä), hielt mit, mitgehalten to keep up
mit|helfen (i), half mit, mitgeholfen to help
mit|kriegen to realize, to find out
mit|lesen (ie), las mit, mitgelesen to read as well, to follow (text)
mit|machen to join in, to participate
der **Mitmensch, -en, -en** fellow man and woman
mit|nehmen (i), nahm mit, mitgenommen to take (with one)
der **Mitstudent, -en, -en** / die **Mitstudentin, -nen** fellow student
der **Mittag, -e** midday, noon
das **Mittagessen, -** lunch
mittags at lunchtime, noon

die **Mittagszeit** lunchtime
die **Mitte, -n** middle
mit|teilen to tell sb. sth., to inform
das **Mittel, -** means
mitten in the middle of sth.
die **Mitternacht** midnight
der **Mittler, -** / die **Mittlerin, -nen** mediator
mittlerweile in the meantime
mitunter from time to time
mit|wachsen (ä), wuchs mit, mitgewachsen to grow along
das **Möbel, -** furniture, piece of furniture
mobil mobile
mobilisieren to mobilize
die **Mobilität** mobility
möchten (mögen) would like to
die **Mode, -n** fashion
das **Modell, -e** model
der **Moderator, -en** / die **Moderatorin, -nen** presenter, show host
modernisieren to modernize
modisch stylish, fashionable
mögen (a), mochte, gemocht to like
möglich possible
möglicherweise possibly
die **Möglichkeit, -en** possibility
möglichst as possible
der **Mohammedaner, -** / die **Mohammedanerin, -nen** Islamic person
mohammedanisch Islamic
mollig plump
der **Moment, -e** moment
momentan current
die **Monarchie, -n** monarchy
der **Monat, -e** month
monatelang for months
monatlich monthly
der **Mond, -e** moon
der **Monolog, -e** monologue, soliloquy
das **Monster, -** monster
das **Monument, -e** monument
die **Moral** morals, morality
moralisch moral
der **Mord, -e** murder
morden to murder
der **Mörder, -** / die **Mörderin, -nen** murderer
mörderisch dreadful
der **Morgen, -** morning
morgens in the morning
die **Motivation, -en** motivation
motivieren to motivate
motorisieren to motorize
das **Motorrad, ¨er** motorcycle
müde tired
die **Mühe, -n** effort, trouble

die **Mühelosigkeit**   effortlessness, ease
der **Müll**   garbage, trash
die **Mülltonne, -n**   garbage can
der **Mund, ⸚er**   mouth
mündlich   verbal
munter   cheerful
die **Münze, -n**   coin
murmeln   to mumble
mürrisch   grouchy
museal   having to do with museum
das **Museum, -een**   museum
die **Musik**   music
die **Musikakademie, -n**   music academy
musikalisch   musical
der **Musiker, - / die Musikerin, -nen**   musician
die **Musikveranstaltung, -en**   concert
der **Muskel, -n**   muscle
das **Müsli, -s**   muesli, cereal
müssen   to have to, to need to
der **Müßiggang**   idleness
das **Muster, -**   model, sample, pattern
mustern   to look over, to scrutinize
der **Mut**   courage
mutig   courageous
die **Mutter, ⸚**   mother
die **Muttersprache, -n**   mother tongue, native language
die **Mutti**   mom (coll.)
das **Mützenschild, -er**   peak (hat, cap)
mysteriös   mysterious
das **Mysterium, Mysterien**   mystery

na   well (coll.)
nach   after
der **Nachbar, -n or -s, -n / die Nachbarin, -nen**   neighbor
die **Nachbarschaft, -en**   neighborhood
nachdem   after, since
nach|denken, dachte nach, ist nachgedacht   to think about sth, to reflect
der **Nachdruck**   vigor, energy
nach|eifern   to emulate sb./sth.
nacheinander   one after another
nachfolgend   following
die **Nachfrage, -n**   demand
nach|gehen, ging nach, ist nachgegangen   to practice; to go after
die **Nachhilfestunde, -n**   tutoring lesson
nach|holen   to make up
nach|machen   to copy, to imitate
der **Nachmittag, -e**   afternoon
nachmittags   in the afternoon(s)
die **Nachricht, -en**   message, piece of news

die **Nachrichten** (pl.)   news
die **Nachrichtenübermittlung, -en**   communication
nach|sagen   to accuse sb. of sth.
nach|schlagen (ä), schlug nach, nachgeschlagen   to look sth. up
das **Nachschlagewerk, -e**   reference book
nächster(-es, -e)   next
die **Nächstenliebe**   brotherly love, compassion
die **Nacht, ⸚e**   night
der **Nachteil, -e**   disadvantage
nächtlich   nightly
nachts   by night
die **Nachtschicht, -en**   night shift
der **Nachtwächter, - / die Nachtwächterin, -nen**   night watchman
nachweisbar   provable
der **Nacken, -**   neck (nape of the neck)
nackt   naked, nude
der **Nagel, ⸚**   nail
nagelneu   brandnew
nah(e)   near, close
die **Nähe**   closeness, proximity
nahe|kommen, kam nahe, ist nahegekommen   to get close to sb./sth.
nahezu   nearly, almost
die **Nahrung**   food
die **Nahrungsaufnahme, -n**   eating
das **Nahrungsmittel, -**   food
naiv   naive
na ja   Oh, well (coll.)
der **Name, -n, -n**   name
nämlich   that is, you know
der **Narkosearzt, ⸚e / die Narkoseärztin, -nen**   anesthetist
die **Nase, -n**   nose
die **Nation, -en**   nation
das **Nationalbewußtsein**   national consciousness
der **Nationalismus**   nationalism
nationalistisch   nationalistic
die **Nationalität, -en**   nationality
nationalsozialistisch   national socialist
der **Nationalsozialismus**   national socialism
der **Nationalstaat, -en**   nation state
der **Nationalstolz**   national pride
die **NATO**   Nato
die **Natur**   nature
naturgegeben   given by nature
die **Naturkost**   health food
der **Naturkostladen, ⸚**   health food store
naturkundlich   of natural history
natürlich   natural, of course

naturwissenschaftlich   (natural) scientific
der **Naturwissenschaftler, - / die Naturwissenschaftlerin, -nen**   (natural) scientist
die **Naturwissenschaft, -en**   natural science
der **Nazi, -s**   Nazi (national socialist)
der **Nebel**   fog
neben   beside, next
nebenan   next door
nebeneinander   side by side
der **Nebensatz, ⸚e**   subordinate clause
nee   no, nope (coll.)
negativ   negative
nehmen (i), nahm, genommen   to take
der **Neid**   envy, jealousy
neidisch   envious, jealous
neigen   to tend to sth.
nein   no
nennen, nannte, genannt   to call, to name
das **Neon**   neon
der **Nerv, -en**   nerve
nerven   to get on sb's. nerves
nervös   nervous
die **Nervosität**   nervousness
das **Nesthäkchen, -**   baby of the family
nett   nice (people)
das **Netz, -e**   net
neu   new
neuerdings   recently, again
die **Neuerung, -en**   innovation, reform
neugierig   curious
neugotisch   neo-gothic
neulich   recently, the other day
neumodisch   new-fangled
neurotisch   neurotic
die **Neutralität**   neutrality
die **Neuzeit**   modern times
nicht   not
nichts   nothing
nichtsdestotrotz   nonetheless
das **Nichtstun**   leisure, idleness
nie   never
nieder|donnern   to thunder down
niederdrückend   depressing
nieder|halten (ä), hielt nieder, niedergehalten   to keep down
die **Niederlage, -n**   defeat, failure
niedrig   low
niemals   never
niemand   no one, nobody
niesen   to sneeze
nirgends   nowhere, not...anywhere
nirgendwohin   nowhere, not...anywhere

nix (nichts) nothing *(coll.)*
nö (nein) no, nope *(coll.)*
noch still
nochmal again
nochmals again
das **Nomen, Nomina** noun
die **Nonchalance** nonchalance
der **Nonkonformist, -en, -en** / die **Nonkonformistin, -nen** nonconformist
nonkonformistisch nonconformist
Nord- north *(in compounds)*
der **Norden** north
der **Nordwesten** northwest
die **Norm, -en** norm
normal normal
normalerweise normally
die **Not, ⁻e** neediness, poverty
die **Note, -n** note
der **Notfall, ⁻e** emergency
notieren to note
nötig necessary
nötigen to force, to coerce
die **Notiz, -en** notice, note
die **Notlampe, -n** emergency lamp
notwendig necessary
die **Notwendigkeit, -en** necessity
die **Notzeit, -en** time of misery
die **Novelle, -n** novella
nu: im ~ in no time
die **Nudel, -n** noodle, pasta
nuklear nuclear
numerieren to number
die **Nummer, -n** number
nun now
nur only
nuscheln to mumble
nutzen/nützen to be useful
nützlich useful
nutzlos useless
die **Nutzung** use, exploitation

ob if, whether
obdachlos homeless
oben on, above
der **Ober, -** waiter
der **Oberarzt, ⁻e** / die **Oberärztin, -nen** senior physician
oberflächlich superficial
das **Oberhaupt, ⁻er** head (of sth.)
die **Oberhoheit, -en** supremacy
obgleich although, even though
das **Objekt, -e** object
objektiv objective
die **Objektivität** objectivity
das **Obst** fruit(s)
obwohl although, even though
öde deserted, dull

oder or
offen open *(adj.)*
offenbar obvious
offen|legen to present
offensichtlich obviously
öffentlich public
öffentlich-rechtlich (under) public law
die **Öffentlichkeit** the public
offerieren to offer
offiziell official
der **Offizier, -e** officer
öffnen to open
die **Öffnung, -en** opening
oft often
öfter(s) on occasion, every once in a while
ohne without
ohnmöglich *(old for* **unmöglich**) impossible
das **Ohr, -en** ear
die **Ökologie** ecology
ökologisch ecological
ökonomisch economic
das **Öl, -e** oil
die **Ölreserve, -n** oil reserve
der **Ölstand, ⁻e** oil level
ölverschmiert oil-smudged
die **Olympiade, -n** Olympic games
olympisch olympic
der **Onkel, -** uncle
der **Opal, -e** opal
die **Oper, -n** opera
die **Operation, -en** operation
das **Operettenmusical, -s** operetta musical
das **Opernhaus, ⁻er** opera house
das **Opfer, -** victim
das **Opium** opium
die **Opposition, -en** opposition
der **Optiker, -** optician
der **Optimismus** optimism
optimistisch optimistic
die **Orange, -n** orange
das **Orchester, -** orchestra
ordentlich real, proper
die **Ordentlichkeit** tidiness
ordnen to order, to organize
die **Ordnung, -en** order
ordnungsgemäß properly
die **Organisation, -en** organization
organisch organic
organisieren to organize
der **Organismus, -men** organism
sich **orientieren** to orient
der **Orientierungspunkt, -e** point of reference
der **Originalring, -e** original ring
originell original, witty

der **Ort, -e** place
Ost- east
der **Osten** east
der **Österreicher, -** / die **Österreicherin, -nen** Austrian
das **Ostern,-** Easter
Österreich Austria
österreichisch Austrian
östlich eastern, east
die **Ostpolitik** West German foreign policy regarding the Eastern bloc, especially East Germany and East Berlin
der **Ozonmantel, ⁻** ozone layer
die **Ozonschicht** ozone layer

das **Paar, -e** pair, couple
(ein) **paarmal** a couple of times
packen to pack
pädagogisch pedagogical
der **Pakt, -e** pact, agreement
paniert breaded
die **Panik** panic
die **Panikmache/Panikmacherei** panicmongering
der **Panther, -** panther
die **Pantomime, -n** mime
der **Papa, -s** daddy
der **Papi, -s** daddy
das **Papier, -e** paper
der **Pappbecher, -** paper cup
der **Papst, ⁻e** pope
die **Parabel, -n** parable
das **Paradies, -e** paradise
der **Paragraph, -en, -en** paragraph, section
die **Parallele, -n** parallel
paralysieren to paralyze
das **Pärchen, -** couple
der **Park, -s** park
der **Parkplatz, ⁻e** parking lot
das **Parlament, -e** parliament
die **Parodie, -n** parody
die **Parole, -n** motto, slogan
die **Partei, -en** party *(political)*
parteiisch biased, partial
das **Parteiorgan, -e** party newspaper
der **Partner, -** / die **Partnerin, -nen** partner
die **Partnerschaft, -en** partnership
der **Passagier, -e** passenger
passen to fit
passend suitable, fitting
passieren to happen
passiv passive
die **Passivität** passivity
der **Paß, ⁻sse** passport
die **Paßkontrolle, -n** passport control
der **Paßschalter, -** passport window counter

der **Pastor, -en** / die **Pastorin, -nen** minister (church)
patriotisch patriotic
der **Patriotismus** patriotism
pauken to cram *(coll.)*
pauschal: ~ **sagen** to make a sweeping statement
die **Pause, -n** break
peinlich embarrassing
der **Pelzmantel, ⸚** fur coat
pennen to sleep *(coll.)*
die **Pensionierung, -en** retirement
per by, through
perfektionistisch perfectionist
die **Person, -en** person
der **Personalchef, -s** / die **Personalchefin, -nen** head of human resources
der **Personaldirektor, -en** / die **Personaldirektorin, -nen** personnel director
der **Personenkraftwagen, -** motor vehicle
der **Personennahverkehr** commuter traffic, mass transportation
persönlich personal
die **Persönlichkeit, -en** personality
die **Perspektive, -n** perspective
die **Perücke, -n** wig
pervertiert perverted
der **Pessimismus** pessimism
der **Pessimist, -en, -en** / die **Pessimistin, -nen** pessimist
pessimistisch pessimist
das **Pestizid, -e** pesticide
die **Pfandflasche, -n** bottle with deposit, returnable bottle
die **Pfeife, -n** pipe
pfeifen, pfiff, gepfiffen to whistle
der **Pfennig, -e** penny
das **Pferd, -e** horse
der **Pfiff, -e** whistle
das **Pfingsten, -** Pentecost
die **Pfirsichhaut** peachy skin
die **Pflanze, -n** plant
pflegen to take care of
die **Pflicht, -en** duty, task
die **Pforte, -n** gate
der **Pfosten, -** post
pfui ugh, yuck *(coll.)*
das **Phänomen, -e** phenomenon
phänomenal phenomenal
die **Phantasie, -n** imagination
phantasieren to fantasize
phantasievoll highly imaginative
phantastisch fantastic
die **Phase, -n** phase
der **Philosoph, -en, -en** / die **Philosophin, -nen** philosopher
die **Philosophie, -n** philosophy

der **Physiker, -** / die **Physikerin, -nen** physicist
physisch physical
das **Piano, -s** piano
die **Pille, -n** pill
der **Pilot, -en, -en** / die **Pilotin, -nen** pilot
pinkeln to pee *(coll.)*
die **Pinkelpause, -n** rest stop *(coll.)*
die **Pinnwand, ⸚e** pin wall
der **Pionierleiter, -** / die **Pionierleiterin, -nen** leader of East German youth organization FDJ
die **Pistole, -n** pistol, handgun
plädieren to plead
das **Plakat, -e** poster
der **Plan, ⸚e** plan
die **Plane, -n** tarp
planen to plan
der **Planet, -en** planet
die **Planstelle, -n** pre-planned job position
die **Planwirtschaft, -en** planned, regulated economy
plappern to chatter
das **Plastik, -s** plastic
die **Plastik, -en** sculpture
die **Plastiktüte, -n** plastic bag
platonisch platonic
platt flat
die **Platte, -n** record, disc
plätten to iron *(coll.)*
die **Plattform, -en** platform, landing
der **Platz, ⸚e** place, room, space
plaudern to chat
plausibel plausible
plötzlich suddenly
plündern to loot, to raid
der **Plural, Pluralformen** plural
plus plus
das **Plutonium** plutonium
pochen to knock
pochen auf to insist
die **Poesie** poetry
der **Poet, -en** / die **Poetin, -nen** poet
poetisch poetic
Polen Poland
die **Politik** politics
der **Politiker, -** / die **Politikerin, -nen** politician
politisch political
die **Polizei** police
der **Polizist, -en, -en** / die **Polizistin, -nen** policeman/policewoman
das **Polstermöbel, -** upholstered furniture
die **Popmusik** pop music
populär popular
die **Popularität** popularity

das **Portemonnaie, -s** purse, wallet
der **Portier, -s** porter
die **Portion, -en** portion
das **Portrait, -s** portrait
die **Position, -en** position
positiv positive
der **Postbote, -n, -n** / die **Postbotin, -nen** mailman/mailwoman
das **Potential, -e** potential
potentiell potential
die **Präferenz, -en** preference
das **Präfix, -e** prefix
prägen to characterize, to shape
das **Praktikum, -a** internship
praktisch practical
praktizieren to practice
die **Praline, -n** chocolate candy
die **Präposition, -en** preposition
das **Präsens** present tense
die **Präsentation, -en** presentation
der **Präsident, -en, -en** / die **Präsidentin, -nen** president
die **Praxis, Praxen** practice, office
präzise precise
das **Preßluftgebläse, -n** pneumatic blower
predigen to preach
die **Predigt, -en** sermon
der **Preis, -e** price; prize
die **Presse** press, media
pressen to press, to squeeze
das **Prestige** prestige
der **Priester, -** / die **Priesterin, -nen** priest
prima great *(coll.)*
der **Primitivling, -e** primitive person
der **Prinz, -en, -en** / die **Prinzessin, -nen** prince/princess
das **Prinzip, -ien** principle
prinzipiell in principle
privat private
privilegiert privileged
proben to rehearse
das **Problem, -e** problem
die **Problematik, -en** problem
problematisch problematic, questionable
problemlos without problems
das **Produkt, -e** product
die **Produktion, -en** production
produktiv productive
die **Produktivität, -en** productivity
produzieren to produce
professionell professional
der **Professor, -en** / die **Professorin, -nen** professor
der **Profi, -s** pro (professional)
das **Profil, -e** profile
die **Profilierung** mark, image

der **Profit, -e** profit
profitieren to profit, to benefit
die **Prognose, -n** prognosis
prognostizieren to predict
das **Programm, -e** program
programmieren to program
der **Programmierer, -** / die **Programmiererin, -nen** (computer) programmer
progressiv progressive
das **Projekt, -e** project
der/die **Prominente, -n, -n** prominent figure, VIP
die **Prominenz, -en** prominent figures, VIPs
propagieren to propagate, to publicize
der **Propeller, -** propeller, prop
der **Prophet, -en, -en** / die **Prophetin, -nen** prophet
prophetisch prophetic
prophezeien to predict
die **Prophezeihung, -en** prophecy
die **Prosa** prose
Prost Cheers
prosten to say cheers
die **Prostituierte, -n, -n** prostitute
die **Prostitution** prostitution
das **Protein, -e** protein
der **Protestant, -en, -en** / die **Protestantin, -nen** Protestant
protestantisch Protestant
der **Protestantismus** protestantism
protestieren to protest
das **Protokoll, -e** record, transcript, minutes
provenzalisch Provençal
der **Proviant, -e** supply of food
das **Provisorium** temporary arrangement
provokant provoking
provozieren to provoke
der **Prozeß, -sses, -sse** process, trial
die **Prozedur, -en** procedure
das **Prozent, -e** percent
der **Prozentsatz, -sätze** percentage
prüfen to examine
prüfend searching, scrutinizing
die **Prüfung, -en** examination
die **Prügelei, -en** fight
(sich) **prügeln** to fight, to beat sb./sth.
die **Psychiatrie** psychiatry
die **Psyche, -n** psyche
die **Psychoanalyse, -n** psychoanalysis
die **Psychologie, -n** psychology
psychologisch psychological
die **Publikation, -en** publication
das **Publikum** audience

der **Puls, -e** pulse
der **Punker, -** / die **Punkerin, -nen** punk
der **Punkt, -e** point
die **Pünktlichkeit** punctuality
pur pure
der **Putz, -e** plaster
putzen to clean

der **Quadratmeter, -** square meter
die **Qual, -en** torture
quälen to torture
die **Qualifikation, -nen** qualification
sich **qualifizieren** to qualify
die **Qualifizierung, -en** qualification
die **Qualität, -en** quality
die **Quantentheorie, -n** quantum theory
das **Quartier, -e** accommodations
der **Quatsch** rubbish, nonsense
die **Quelle, -n** source
quer across, crossways
die **Quizsendung, -en** quiz show (TV)

der **Rabbiner, -** / die **Rabbinerin, -nen** rabbi
rabenschwarz pitch-black
(sich) **rächen** to avenge
das **Rad, -̈er** wheel
radikal radical
das **Radio, -s** radio
radioaktiv radioactive
die **Radioaktivität** radioactivity
der **Radiosender, -** radio station
die **Radtour, -en** cycling tour
raffen to grab, to pile (coll.)
raffiniert clever, cunning
der **Rahmen, -** frame(work)
die **Rakete, -n** rocket
ramponiert ruined
der **Rand, -̈er** margin
der **Rang, -̈e** position
rar rare
rasch quick
(sich) **rasieren** to shave
die **Rasse, -n** race, breed
rassistisch racist
der **Rat, Ratschläge** advice
raten (ä), riet, geraten to recommend
das **Ratespiel, -e** quiz
das **Rathaus, -häuser** city hall
rational rational
rätoromanisch Rhaeto-Romanic
das **Rätsel, -** riddle
der **Räuber, -** robber
rauchen to smoke
rauchig smoky
rauf up

der **Raum, -̈e** space
räumen to clear, to evacuate
die **Raumfahrt, -en** space program
das **Raumschiff, -e** spaceship
raus out
raus|fliegen, flog raus, ist rausgeflogen to be thrown out, to be kicked out
raus|kommen, kam raus, ist rausgekommen to come out
sich **räuspern** to clear one's throat
rausragend sticking out
raus|rücken to give (coll.)
reagieren to react
die **Reaktion, -en** reaction
der **Reaktionär, -e** / die **Reaktionärin, -nen** reactionary
der **Reaktorkern, -e** core of a nuclear reactor
realisieren to realize
die **Realisierung, -en** realization
der **Realismus** realism
realistisch realistic
die **Realität, -en** reality
die **Realschule, -n** high school with 10th grade diploma
rebellieren to rebel, to revolt
rechnen to count on sb.|sth., to expect, to calculate
die **Rechnung, -en** bill, calculation
recht properly, quite
recht haben to be right
das **Recht, -e** right, law
die **Rechtfertigung, -en** justification
rechts right
der **Rechtsanwalt, -̈e** / die **Rechtsanwältin, -nen** lawyer
der **Rechtsfall, -̈e** legal case
rechtzeitig timely
der **Redakteur, -e** / die **Redakteurin, -nen** editor
die **Redaktion, -en** editorial office
die **Rede, -n** speech, discourse
reden to talk, to speak
die **Redensart, -en** (verbal) expression
die **Rederei** talking
redigieren to edit
die **Redlichkeit** honesty
reduzieren to reduce
die **Reduzierung, -en** reduction
das **Referat, -e** seminar paper
reflektieren to reflect
die **Reformation, -en** Reformation, reformation
das **Reformhaus, -häuser** health food store
der **Refrain, -s** chorus
rege lively
die **Regel, -n** rule, regulation
regelmäßig regular

die **Regelung, -en** settlement, regulation

der **Regen** rain

regenerativ revitalizing

die **Regie** direction

regieren to rule

die **Regierung, -en** government

das **Regime, -s,** *or* **-** regime

die **Region, -en** region

der **Regisseur, -e** / die **Regisseurin, -nen** director (film, TV)

registrieren to register

regulär normal, regular

das **Reich, -e** empire, (Third) Reich

reich rich

reichen to reach, to be enough

die **Reichskristallnacht** Crystal night (9/10 November 1938)

der **Reichtum,** ¨**er** wealth

die **Reichweite, -n** range

die **Reife: Mittlere ~** diploma after the 10th grade of high school

der **Reifen, -** tire

die **Reihe, -n** series, row

die **Reihenfolge, -n** order, sequence

der **Reim, -e** rhyme

reimen to rhyme

rein pure, clean, sheer

ins **reine kommen** to reflect

rein|geraten (ä), geriet rein, reingeraten to get in trouble

rein|hacken to chop into *(coll.)*

rein|halten (ä), hielt rein, reingehalten to keep pure

reinigen to clean

rein|schlagen (ä), schlug rein, reingeschlagen to hit into

rein|stecken to put into

rein|ziehen, zog rein, reingezogen to pull into

die **Reise, -n** travel, journey

reisen, reiste, ist gereist to travel

der/die **Reisende, -n, -n** traveler

der **Reisepaß,** ¨**sse** passport

reißen, riß, gerissen to tear

der **Reißverschluß,** ¨**sse** zipper

reiten, ritt, geritten to ride (horseback)

der **Reiz, -e** stimulus, appeal

die **Reizwäsche** sexy underwear

sich **rekeln** to stretch

die **Reklame, -n** advertisement, commercial

rekonstruieren to reconstruct

die **Rekrutenschule, -n** school for basic training (military)

die **Relation, -en** relation

relativ relative

die **Religion, -en** religion

religiös religious

das **Remmidemmi** row, rumpus *(coll.)*

renovieren to renovate

das **Rentenalter** retirement age

reparieren to repair

das **Repertoire, -s** repertory

die **Reportage, -n** report

der **Reporter, -** / die **Reporterin, -nen** reporter

der **Repräsentant, -en, -en** / die **Repräsentantin, -nen** representative

repräsentativ representative

repräsentieren to represent

die **Republik, -en** republic

das **Requiem, -e** requiem

der **Reservereifen, -** spare tire

der **Respekt** respect

respektabel respectable

respektieren to respect

der **Rest, -e** rest

das **Restaurant, -s** restaurant

das **Resultat, -e** result

resultieren to result

retten to save

die **Revanche, -n** revenge

die **Revolte, -n** revolt

die **Revolution, -en** revolution

der **Revolutionär, -e** / die **Revolutionärin, -nen** revolutionary

der **Revolver, -** gun

der **Rezensent, -en, -en** / die **Rezensentin, -nen** reviewer

das **Rezept, -e** recipe

die **Rezeption, -en** reception

die **Rhetorik, -en** rhetoric

der **Rhythmus, -men** rhythm

richten: zugrunde richten to ruin

der **Richter, -** / die **Richterin, -nen** judge

der **Richterstuhl,** ¨**e** tribunal, bench (judge)

richtig correct

die **Richtung, -en** direction

riechen, roch, gerochen to smell

riesig huge

der **Ring, -e** ring

das **Rippchen, -** slightly cured pork rib

das **Risiko, Risiken** risk

risikofreudig venturesome

risikoreich full of risks

riskant risky

riskieren to risk

der **Riß, -sses, -sse** tear

der **Ritter, -** knight

die **Ritze, -n** crack

der **Roboter, -** robot

der **Rock 'n' roll** rock 'n' roll

der **Rock,** ¨**e** skirt

das **Rohr, -e** pipe, gun barrel

der **Rohstoff, -e** raw material

die **Rollbahn, -en** automated walkway

die **Rolle, -n** role

der **Roman, -e** novel

romantisch romantic

römisch Roman

Römisch-katholisch Roman Catholic

rosa pink

rosarot reddish pink

die **Rose, -n** rose

rosig rosy

der **Rosinenbomber, -** plane which flew food, etc., into Berlin during the 1948 airlift

rot red

das **Rotkäppchen** Little Red Ridinghood

der **Rotkohl** red cabbage

der **Rotkopf,** ¨**e** person with red hair

die **Route, -n** route

die **Routine, -n** routine

der **Rücken , -** back

die **Rückgabe, -n** return

rückgängig machen to reverse, to undo

das **Rückgrat, -e** spine, backbone

rückgratlos spineless, no backbone

der **Rucksack,** ¨**e** rucksack

der **Rückschritt, -e** step backwards

die **Rücksicht, -en** consideration

rücksichtslos inconsiderate

rückständig backward

Ruckzuck in a flash *(coll.)*

der **Rudersport** rowing

der **Ruf, -e** call, reputation

rufen, rief, gerufen to call

die **Ruhe** quietness, rest

der **Ruhestand** retirement

ruhig calm, quiet

der **Ruhm** glory

ruinieren to ruin

rülpsen to belch

rum (herum) around

Rumänien Rumania

rum|kriegen to talk sb. into sth.

rund round

Runde: eine ~ schmeißen to buy a round *(coll.)*

die **Runde, -n** company

die **Rundfahrt, -en** tour

rundlich plump

rundrum all around

runter down

der **Russe, -n, -n** / die **Russin, -nen** Russian

russisch Russian

Rußland Russia
rüsten to arm
die **Rüstung** armament
die **Rüstungsspirale** arms race
der **Rüstungswahnsinn** arms madness

die **S-Bahn, -en** (*abbr. of* **Schnellbahn**) commuter rail
die **Sache, -n** thing, matter
sachlich factual, matter-of-fact
Sachsen Saxony
der **Sachverhalt, -e** facts
der **Sack, ⸚e** bag, sack
der **Safe, -s** safe
saftig juicy
sagen to say
die **Sahnesoße, -n** cream sauce
der **Salat, -e** salad, lettuce
salzen to salt
der **Samen, -** seed
sammeln to collect, to gather
der **Sand** sand
sanft gentle, soft
die **Sanftmut** gentleness
der **Sänger, -** / die **Sängerin, -nen** singer
der **Sängerknabe, -n** chorus boy
sanieren to renovate
der **Sanitär Container, -** sanitary container
satt full (of food)
der **Satz, ⸚e** sentence
sauber clean
die **Sauberkeit** cleanliness
sauber|machen to clean
säubern to clean
die **Säuberung, -en** cleaning
sauber|wischen to wipe clean
sauer sour, annoyed
der **Sauerstoff** oxygen
saufen (äu), soff, gesoffen to drink (*animal*), to booze (*coll.*)
die **Säure, -n** acid
der **Schacht, ⸚e** shaft
Schade! What a pity!
der **Schädel, -** skull
schaden to damage
die **Schädigung, -en** damage
schädlich harmful, damaging
das **Schaf, -e** sheep
schaffen to manage, to cause, to bring
schaffen, schuf, geschaffen to create
der **Schaffner, -** conductor
die **Schaffung, -en** creation
schallend roaring (with laughter)
die **Schallplatte, -n** record
die **Schaltung, -en** switch, wiring
sich **schämen** to be ashamed

die **Schande** shame, disgrace
scharf sharp
der **Schatten, -** shadow
schätzen to assess, to estimate
der **Schauplatz, ⸚e** setting
schauspielern to act
der **Schauspieler, -** / die **Schauspielerin, -nen** actor/actress
das **Schauspielhaus, ⸚er** playhouse, theater
die **Scheibe, -n** slice
sich **scheiden, schied, geschieden** to get divorced
sich **scheiden** lassen to get a divorce
scheinbar apparent(ly)
scheinen, schien, geschienen to seem, to appear
schenken to give sth. to sb. as a present
das **Scherenfernrohr, -e** binocular periscope
die **Scheu** shyness
scheußlich dreadful, hideous
die **Schicht, -en** shift
schicken to send
das **Schicksal, -e** fate, destiny
schießen, schoß, geschossen to shoot
schieben, schob, geschoben to push
schief crooked, not straight
schief|gehen, ging schief, ist schiefgegangen to go wrong
das **Schienbein, -e** shin
das **Schiff, -e** ship, boat
das **Schild, -er** sign
schildern to describe
der **Schirm, -e** umbrella
die **Schlacht, -en** battle
der **Schlaf** sleep
schlafen, schlief, geschlafen to sleep
schlagen (ä), schlug, geschlagen to beat, to hit
der **Schlager, -** (musical) hit
der **Schläger, -** (tennis) racket
die **Schlägerei, -en** fight, brawl
die **Schlagzeile, -n** headline
die **Schlampe, -n** messy person (*coll.*)
die **Schlange, -n** snake
schlank slim
die **Schlankheit** slimness
schlau clever, smart
schlecht bad
schlechthin per se
schleifen, schliff, geschliffen to drill sb. hard (*coll.*)
schließen, schloß, geschlossen to close, to conclude, to make
schließlich finally
schlimm bad
die **Schlinge, -n** noose

das **Schloß, -sses, ⸚sser** castle, palace
der **Schluck, -e** drink, swallow, gulp
schlucken to swallow
schlürfen to slurp
der **Schluß, -sses, ⸚sse** end
der **Schlüssel, -** key
schmal narrow, slim
schmatzen to eat noisily
schmecken to taste
schmelzen(i), schmolz, geschmolzen to melt
der **Schmerz, -en** pain, hurt, grief
schmerzen to hurt
schmerzhaft painful
schmeißen, schmiß, geschmissen to throw, to manage (*coll.*)
der **Schmetterball, ⸚e** (tennis) smash
der **Schmetterling, -e** butterfly
schmieren to smear
die **Schmiererei, -en** scrawling
die **Schminke, -n** make-up
(sich) **schminken** to make up, to put on make-up
der **Schmuck** jewelry
das **Schmuckstück, -e** piece of jewelry
der **Schmutz** dirt
schmutzig dirty
schnappen to snatch
Schneewittchen Snow White
schneiden, schnitt, geschnitten to cut
der **Schneider, -** / die **Schneiderin, -nen** tailor
schnell quick
die **Schnellbahn, -en** express train, commuter rail
die **Schnelligkeit** speed
das **Schnitzel, -** veal/pork cutlet
wie am **Schnürchen** laufen/klappen to go like clockwork
der **Schock, -s** shock
schockiert shocked
die **Schokolade, -n** chocolate
schon already
schön beautiful, nice, pretty
die **Schönheit, -en** beauty
schöpfen to create, to summon up
schöpferisch creative
die **Schöpfung, -en** creation
der **Schrank, ⸚e** cupboard
die **Schranke, -n** barrier
jemanden in die **Schranken** weisen to put sb. in his/her place
schrecklich terrible
schreiben, schrieb, geschrieben to write
der **Schreiber, -** / die **Schreiberin, -nen** writer

die **Schreibweise, -n** style
schreien, schrie, geschrieen to yell, to scream
die **Schrift, -en** writing, handwriting
schriftlich written
der **Schriftsteller, - die Schriftstellerin, -nen** writer, author
der **Schritt, -e** step
Schritt halten to keep pace
schrittweise gradually
schrottreif ready for the junkyard
schüchtern shy
die **Schüchternheit** shyness
der **Schuh, -e** shoe
die **Schulbank, ⸚e** school desk
die **Schuld** guilt
schuld sein to be to blame
die **Schulden** (pl.) debt
das **Schuldgefühl, -e** feeling of guilt
schuldig guilty
die **Schule, -n** school
der **Schüler, -** / die **Schülerin, -nen** student, pupil
das **Schuljahr, -e** school year
die **Schulter, -n** shoulder
das **Schulterblatt, ⸚er** shoulder blade
der **Schulwart, -e** janitor in a school
die **Schulzeit** schooldays, time spent in school
der **Schuß, -sses, ⸚sse** shot
schütteln to shake
der **Schutz** protection
schützen to protect
schützenswert worth protecting
das **Schutzgerät, -e** protective equipment
der **Schutzhelm, -e** safety helmet, hard hat
schwach weak
die **Schwäche, -n** weakness
der **Schwächling, -e** weakling, wimp
schwanken to sway, to hesitate
schwärmen to enthuse
schwarz (ä) black
schwarz|sehen, sah schwarz, schwarzgesehen to be pessimistic
der **Schwarzseher, -** / die **Schwarzseherin, -nen** pessimist
Schweden Sweden
schweigen, schwieg, geschwiegen to be silent
das **Schweinefleisch** pork
das **Schweinegeld** a hell of a lot of money (coll.)
die **Schweinerei, -en** mess (coll.)
die **Schweiz** Switzerland
der **Schweizer, -** / die **Schweizerin, -nen** Swiss man/woman
schweizerisch Swiss

schwer heavy, difficult
das **Schwert, -er** sword
sich **schwer|tun, tat sich schwer, schwergetan** to have difficulties
die **Schwester, -n** sister
die **Schwiegermutter, ⸚** mother-in-law
schwierig difficult, hard
die **Schwierigkeit, -en** difficulty
schwimmen, schwamm, ist geschwommen to swim
schwinden, schwand, ist geschwunden to disappear, to fade
schwitzen to sweat
schwören, schwur, geschworen to promise, to swear
der **Schwung: in ~ kommen** to gain momentum
schwupp (interj.) in a flash (coll.)
SED (abbr. of **Sozialistische Einheitspartei Deutschlands**) East German Socialist Unity Party
der **See, -n** lake
die **See** sea, ocean
die **Seele, -n** soul
seelisch emotional, mental, psychological
der **Seemann, -leute** sailor
segeln to sail
der **Segen, -** blessing
sehen (ie), sah, gesehen to see
die **Sehenswürdigkeit, -en** sight
sehr very
sein (ist), war, ist gewesen to be
seit since, for, in
seitdem since then
die **Seite, -n** side, page
die **Sekte, -n** sect
der **Sektor, -en** sector
die **Sekunde, -n** second
selbst- self-
selbständig independent
die **Selbständigkeit** independence
die **Selbstbestimmung** self-determination
selbstbewußt self-assured
das **Selbstbewußtsein** self-assurance
die **Selbstgerechtigkeit** self-righteousness
der **Selbstmord, -e** suicide
selbstsicher self-confident
selbstverständlich natural, taking sth. for granted
die **Selbstverständlichkeit** matter of course
das **Selbstverständnis, -se** the way sb. sees him/herself
selbstzerfleischend tearing oneself to pieces

die **Selektion, -en** selection
selten rare
der **Seminarteilnehmer, -** / die **Seminarteilnehmerin, -nen** seminar/course participant, fellow student
die **Semmel, -n** roll (southern Ger.)
senden to send, to broadcast
der **Sender, -** broadcasting station
die **Sendung, -en** broadcasting
der **Senior, -en** / die **Seniorin, -nen** senior
die **Senkung, -en** unstressed syllable
sensationell sensational
sensibel sensitive
die **Sensibilität** sensibility, sensitivity
separat separate
separieren to separate
die **Separierung, -en** separation
die **Serie, -n** series
servieren to serve
die **Serviette, -n** napkin
setzen to place
sich **setzen** to sit down
seufzen to sigh
die **Sexualität** sexuality
Sibirien Siberia
sich oneself
sicher certain, sure
auf Nummer sicher gehen to make certain
die **Sicherheit, -en** security
sichern to secure, to protect
die **Sicherung, -en** assurance
sichtbar visible
sickern, sickerte, ist gesickert to seep
die **Siedlung, -en** settlement, housing development
der **Sieg, -e** victory
siezen to address sb. with "Sie"
das **Signal, -e** signal
die **Silbe, -n** syllable
Silvester New Year's Eve
simpel, simpl- simple
die **Simplifizierung, -en** simplification
singen, sang, gesungen to sing
sinken, sank, gesunken to sink
der **Sinn, -e** sense, meaning, feeling, point
das **Sinnbild, -er** symbol
sinnlos senseless, meaningless
sinnvoll meaningful
die **Sitte, -n** custom
die **Situation, -en** situation
der **Sitz, -e** seat
sitzen, saß, gesessen to be sitting

sitzen|bleiben auf, blieb sitzen, ist sit-zengeblieben   to be left with sth.
der **Skandal, -e**   scandal
skat|spielen   to play skat (card game)
das **Skelett, -e**   skeleton
die **Skepsis**   skepticism
skeptisch   skeptical
der **Ski, -er**   ski
Ski fahren (ä), fuhr Ski, ist Ski gefah-ren   to ski
der **Skifahrer, -** / die **Skifahrerin, -nen**   skier
Ski laufen (äu), lief Ski, ist Ski gelau-fen   to ski
der **Sklave, -n, -n**   slave
die **Skulptur, -en**   sculpture
slawisch   Slavic
der **Sliwowitz, -e**   Slivovitz
so   so, so much, about, or so
die **Socke, -n**   sock
sodann   then, thereupon
so daß   so that
sofern   provided that
sofort   immediately
der **Software-Entwickler, -** / die **Soft-ware-Entwicklerin, -nen**   software developer
sogar   even
sogenannter(-es, -e)   so-called
der **Sohn, ⁻e**   son
solang(e)   as long as
die **Solarzelle, -n**   solar cell
solch-   such
der **Soldat, -en, -en**   soldier
solidarisch   in solidarity
solide   solid, sturdy
der **Solist, -en, -en** / die **Solistin, -nen**   soloist
sollen   to be to, to be supposed to
der **Sommer, -**   summer
sonderbar   strange, peculiar
die **Sondererlaubnis, -se**   special per-mission/permit
sondern   but
die **Sonderschicht, -en**   special shift
die **Sonne, -n**   sun
sich **sonnen**   to sunbathe
der **Sonnenstrahl, -en**   sun ray
sonnig   sunny
der **Sonntag, -e**   Sunday
sonntags   on Sundays
sonst   else, otherwise
sonstiger(-es, -e)   other
die **Sorge, -n**   worry
sorgen   to worry
sorgenschwer   worried
die **Sorte, -n**   sort, type, kind
sortieren   to sort
die **Soße, -n**   sauce

soundso   for such-and-such *(adv.)*
das **Souvenir, -s**   souvenir
souverän   most superior, supremely
soviel   so much
sowas   something like that
soweit   so far as
sowie   as soon as
sowieso   anyway, anyhow, in any case
sowjetisch   Soviet
die **Sowjets** *(pl.)*   Soviets *(coll.)*
die **Sowjetunion**   Soviet Union
sowohl...als auch   both...and, ...as well as...
sozial   social
die **Sozialisation, -en**   socialization
der **Sozialismus**   socialism
der **Sozialist, -en, -en** / die **Sozialistin, -nen**   socialist
sozialistisch   socialist
sozusagen   so to speak
der **Spaß, -sses, ⁻e**   fun
spalten   to split
der **Spalt, -en**   gap, opening
die **Spalte, -n**   fissure, crevice
die **Spaltung, -en**   splitting
spannend   exciting, suspenseful
die **Spannung, -en**   tension
das **Sparbuch, ⁻er**   savings book
sparen   to save
spärlich   sparse
sparsam   economical, thrifty
spät   late
spazieren   to stroll
spazieren|fahren (ä), fuhr spazieren, ist spazierengefahren   to go for a drive
spazieren|gehen, ging spazieren, ist spazierengegangen   to go for a walk
SPD *(abbr. of* **Sozialdemokratische Partei Deutschlands***)*   Social Demo-cratic Party of (West) Germany
der **Speichellecker, -** / die **Speichel-leckerin, -nen**   boot licker *(coll.)*
speichern   to store
die **Speise, -n**   food dish
sperren   to close off, to block
die **Sperrstunde, -n**   closing time
das **Spezialgebiet, -e**   special field/topic
sich **spezialisieren**   to specialize
die **Spezialität, -en**   specialty
speziell   special
spezifisch   specific
der **Spiegel, -**   mirror
das **Spiel, -e**   game, play
spielen   to play
der **Spieler, -** / die **Spielerin, -nen**   player
spielerisch   playful

der **Spielfilm, -e**   feature film
der **Spielraum, ⁻e**   room to move, scope, leeway
die **Spielzeit, -en**   season (theater)
der **Spitzbub(e), -n, -n**   villain, rogue
spitzen   to sharpen
der **Spitzname, -n, -n**   nickname
spontan   spontaneous
der **Sport**   sport
die **Sportart, -en**   kind of sport
der **Sportler, -** / die **Sportlerin, -nen**   athlete
sportlich   athletic
die **Sportlichkeit**   athletic appearance
das **Sportstipendium, -ien**   sports scholarship
das **Sportvokabular**   language used in reference to sport
die **Sprache, -n**   language
die **Spraydose, -n**   spray can
sprechen (i), sprach, gesprochen   to speak
der **Sprecher, -** / die **Sprecherin, -nen**   speaker
sprengen   to blast
der **Sprengkopf, ⁻e**   warhead
das **Sprichwort, ⁻er**   proverb
springen, sprang, gesprungen   to jump
der **Spruch, ⁻e**   saying, motto
sprühen   to spray
der **Sprung, ⁻e**   jump, leap
das **Spülmittel, -**   dishwashing liquid
die **Spur, -en**   lane
spüren   to feel
der **SS-Offizier, -e**   SS-officer
der **Staat, -en**   state, country, nation
staatlich   national
die **Staatsbürgerschaft, -en**   citizen-ship
der **Staatschef, -e** / die **Staatschefin, -nen**   head of state
die **Staatsoper, -n**   state opera house
die **Staatsordnung, -en**   system of government
die **Staatsprüfung, -en**   state examina-tion
der **Staatsrat, ⁻e**   council of state
der|die **Staatsratsvorsitzende, -n, -n**   chairperson of the state council
die **Staatsregierung, -en**   state govern-ment
stabil   stable
(sich) **stabilisieren**   to stabilize
der **Stachel, -n**   spine
der **Stacheldraht, ⁻e**   barbed wire
die **Stadt, ⁻e**   city, town
die **Stadtrundfahrt, -en**   sightseeing tour
der **Stadtteil, -e**   part of town

die **Stadtväter** *(pl.)* city fathers/elders
das **Stadtviertel, -** part of town
stagnieren to stagnate
der **Stahl, -e** steel
der **Stahlrohr-Barhocker, -** tubular steel bar stool
der **Stamm, ̈e** stem *(ling.)*
stammen aus to come from
der **Stammtisch, -e** table in a pub/restaurant reserved for the regulars
die **Standardsprache, -n** standard language/speech
das **Standbild, -er** statue
ständig permanent
der **Standpunkt, -e** standpoint
der **Star, -s** star *(film, etc.)*
stark (ä) strong
die **Stärke, -n** strength
stärken to strengthen
der **Start, -s** start
die **Startgebühr, -en** entry fee
die **Station, -en** station
stationieren to station
die **Stationierung, -en** stationing
die **Statistik, -en** statistics
statistisch statistical
statt instead of
stattdessen instead
statt|finden, fand statt, stattgefunden to take place
die **Statue, -n** statue
der **Status** status
der **Staub** dust
staubig dusty
die **Staubschicht, -en** layer of dust
sich **stauen** to pile up
staunen to be astonished
stecken: in einem stecken to have it in oneself
stehen, stand, gestanden to stand, to be
stehen|bleiben, blieb stehen, ist stehengeblieben to come to a standstill, to stop
stehlen (ie), stahl, gestohlen to steal
steif stiff
steigern to increase
steigerungsfähig capable of improving
die **Steigerungsform, -en** comparative/superlative form
der **Stein, -e** stone
das **Steinzeug** stoneware
die **Stelle, -n** position
stellen to put
das **Stellenangebot, -e** job offer
die **Stellung, -en** position
die **Stellungnahme, -n** statement
die **Stelze, -n** stilt

stelzen to stalk
der **Stempel, -** rubber stamp
die **Stempelkarte, -n** time card
stempeln to punch (a time card)
sterben (i), starb, ist gestorben to die
Stereo- (in compounds) stereo
die **Stereoanlage, -n** stereo system
steril sterile
der **Stern, -e** star
stets always
das **Steuer** steering wheel
die **Steuer, -n** tax
die **Stewardeß, -essen** stewardess
der **Stich: jemanden im ~ lassen** to let sb. down
das **Stichwort, ̈er** cue
der **Stift, -e** pen/pencil
stiften to cause
der **Stil, -e** style
stilistisch stylistic
die **Stille** silence
die **Stimme, -n** voice
die **Stimmung, -en** mood, atmosphere
die **Stimulation, -en** stimulation
stimulieren to stimulate
stinklangweilig deadly boring *(coll.)*
stochern to pick
das **Stockwerk, -e** floor, story
der **Stoff, -e** material
das **Stofftuch, ̈er** cloth
stolpern to stumble
der **Stolz** pride
stoppen to stop
stören to disturb, to bother
die **Straße, -n** street, road
die **Straßenbahn, -en** streetcar
das **Sträflingskommando, -s** a group of prisoners
der **Strand, ̈e** beach
die **Strategie, -n** strategy
strategisch strategical
der **Streß, -sses** stress
streben to strive
die **Strecke, -n** route
strecken to stretch
der **Streichelzoo, -s** petting zoo
der **Streit, -e** fight, argument
(sich) **streiten, stritt, gestritten** to argue
der **Streiter, -** / die **Streiterin, -nen** fighter
die **Streitigkeit, -en** quarrel
streitsüchtig quarrelsome
streng strict
stressig stressful
der **Strich, -e** line, stroke
stricken to knit
der **Strom** current, electricity

die **Strophe, -n** verse
die **Struktur, -en** structure
die **Stube, -n** living room
das **Stück, -e** piece
der **Student, -en, -en** / die **Studentin, -nen** student
studieren to study
das **Studium, -ien** study
der **Stuhl, ̈e** chair
stülpen to turn upside down *or* inside out, to cover
stumm silent
stumpf dull
die **Stunde, -n** hour
stürmen to play forward, to attack
stürmisch stormy
stürzen to fall, to plunge
stützen to support
stylen to style
die **Subkultur, -en** subculture
das **Substantiv, -e** noun
die **Substanz, -en** substance
die **Subvention, -en** subsidy
suchen to seek, to look for
süchtig addicted
Süd- south *(in compounds)*
der **Süden** South
süddeutsch southern German
das **Suffix, -e** suffix
der **Sultan, -e** sultan
die **Summe, -n** amount
summen to hum
die **Sünde, -n** sin
der **Superlativ** superlative
der **Supermarkt, ̈e** supermarket
süß sweet
der **Süßstoff, -e** sweetener
das **Symbol, -e** symbol
die **Symbolik, -en** symbolism
symbolisch symbolic
symbolisieren to symbolize
der **Sympathisant, -en, -en** / die **Sympathisantin, -nen** sympathizer
sympathisch pleasant, nice
das **Synonym, -e** synonym
das **System, -e** system
die **Szene, -n** scene

die **Tabelle, -n** chart
die **Tablette, -n** tablet
das **Tabu, -s** taboo
die **Tafel, -n** blackboard
der **Tag, -e** day
das **Tagebuch, ̈er** diary
tagelang for days
die **Tagesordnung, -en** agenda
der **Tagespassierschein, -e** permission to enter sth. for one day

die **Tageszeitung, -en** daily newspaper
täglich daily
der **Taillenumfang, ˙e** waist size
die **Taktik, -en** tactic
das **Talent, -e** talent, gift
der **Tankwart, -e** / die **Tankwartin, -nen** gas station attendant
die **Tante, -n** aunt
der **Tanz, ˙e** dance
tanzen to dance
der **Tänzer, -** /die **Tänzerin, -nen** dancer
tapfer courageous, brave
die **Tarnung, -en** camouflage
die **Tasche, -n** bag
die **Tasse, -n** cup
die **Tat, -en** action, deed
der **Täter, -** / die **Täterin, -nen** culprit, suspect
tätig active
die **Tätigkeit, -en** activity
die **Tatsache, -n** fact
tatsächlich real, active
taub deaf
tauchen to dive
tauen to thaw, to melt
tauschen to exchange
das **Taxi, -s** cab, taxi
die **Technik** technique, technology
der **Techniker, -** / die **Technikerin, -nen** technician
technisch technical
die **Technisierung, -en** mechanization
die **Technologie, -n** technology
der **Tee, -s** tea
der/das **Teil, -e** part
teilbar divisible
teilen to divide
die **Teilnahme, -n** participation
der **Teilnehmer, -** / die **Teilnehmerin, -nen** participant
die **Teilung, -en** division
teilweise partly
das **Telefon, -e** telephone
das **Telefonat, -e** phone call
telefonieren to make a phone call
der **Telegraf, -en, -en** telegraph
der **Teller, -** plate
der **Tempel, -** temple
temperamentvoll vivacious
die **Tendenz, -en** tendency
tendenziell having a tendency towards
tendieren to tend to sb./sth.
das **Tennis** tennis
der **Teppich, -e** carpet, rug

der **Terrorist, -en, -en** / die **Terroristin, -nen** terrorist
der **Test, -e** test
das **Testament, -e** will, legacy
testen to test
teuer, teur- expensive
der **Teufel, -** devil
der **Text, -e** text
das **Theater, -** theater
theaterspielen to act, to play
das **Theaterstück, -e** play
das **Thema, -en** theme, subject, topic
der **Theologe, -n, -n** / die **Theologin, -nen** theologian
theoretisch theoretical
thermonuklear thermonuclear
die **These, -n** hypothesis, thesis
der **Thron, -e** throne
tief deep, low
das **Tier, -e** animal
der **Tintenklecks, -e** inkblot
der **Tip, -s** tip, advice
der **Tisch, -e** table
der **Titel, -** title
die **Titelseite, -n** cover, front page
die **Tochter, ˙** daughter
der **Tod, -e** death
die **Toilette, -n** toilet
die **Toleranz** tolerance
tolerieren to tolerate
toll great *(coll.)*
der **Ton, ˙e** sound
tönen to sound
die **Tonleiter, -n** scale
das **Tor, -e** gate
die **Torah** torah
die **Torte, -n** cake, flan
die **Tortur, -en** torture
tot dead
total total
töten to kill
das **Totenkopfschild, -er** sign with skulls
der **Tourismus** tourism
der **Tourist, -en, -en** / die **Touristin, -nen** tourist
touristisch tourist
die **Tournee, -n** tour
die **Tradition, -en** tradition
traditionell traditional
der **Träger, -** / die **Trägerin, -nen** bearer
der **Trainer, -** / die **Trainerin, -nen** coach
trainieren to train
die **Trambahnlinie, -n** streetcar line
der **Tramper, -** /die **Tramperin, -nen** hitchhiker
transferieren to transfer

transformieren to transform
die **Transitautobahn, -en** transit highway (between West Germany and West Berlin)
transkribieren to transcribe
das **Transkript, -e** transcript
der **Transport, -e** transport
transportieren to transport
die **Traube, -n** grape
trauen to trust
die **Trauer** sorrow, grief
der **Traum, ˙e** dream
träumen to dream
traurig sad
das **Treffen,-** meeting
der **Treff, -s** meeting place
treffen (i), traf, getroffen to meet, to hit, to affect
der **Treffpunkt, -e** meeting point
treiben: Sport ~, trieb Sport, Sport getrieben to engage in sports
das **Treibgas, -e** propellant
der **Treibhauseffekt** greenhouse effect
der **Trend, -s** trend
trennen to separate
die **Trennung, -en** separation
die **Treppe, -n** stairway, staircase
der **Treppenabsatz, ˙e** landing
das **Treppenhaus, ˙er** staircase
treten, (tritt) trat, getreten to kick, to step (on)
treu loyal, true
die **Tribüne, -n** platform, stand
der **Trieb, -e** drive, urge
triefen to be dripping wet
Trimm-Dich keep fit
trinken, trank, getrunken to drink
das **Trio, -s** trio
trist dreary, dismal
triumphieren to rejoice
die **Trivialität, -en** triviality, banality
tropfen to drip
trotz in spite of, despite
trotzdem nevertheless
die **Trümmer, -n** ruins, rubble
die **Trunkenheit** drunkenness
der **Trupp, -s** work group, bunch
die **Truppe, -n** troops
die **Tuberkulose** tuberculosis
tun, tat, getan to do
die **Tür, -en** door
der **Türke, -n, -n** / die **Türkin, -nen** Turkish man/woman
türkisch Turkish
der **Turner, -** / die **Turnerin, -nen** gymnast
das **Turnier, -e** tournament, competition, show

der **Typ, -en, -en** type, guy *(coll.)*
typisch typical
typischerweise typically
die **Tyrannei, -en** tyranny

die **U-Bahn, -en** *(abbr. of* **Untergrund-bahn**) subway
übel|nehmen (i), nahm übel, übelge-nommen to hold sth. against sb.
üben to practice, to exercise
über over, about
überall everywhere
überängstlich overanxious
überdimensional oversized
übereinander on top of each other, about each other
überein|stimmen to agree
die **Übereinstimmung, -en** agreement
der **Überfall, ⁻e** attack, hold-up
überfallen(ä), überfiel, überfallen to attack, to assault
überfliegen, überflog, überflogen to fly over
überflüssig superfluous
übergeordnet higher, next, generic
übergeschnappt crazy
das **Übergewicht** excess weight
übergroß oversize
überhaupt in general, anyway, anyhow
überholen to pass
überhören to ignore
überkandidelt eccentric *(coll.)*
überlassen, überließ, überlassen to let sb. have sth., to leave sth. up to sb.
überleben to survive
überlegen to think over
die **Überlegung, -en** thought, reflection
überliefern to hand down
die **Überlieferung, -en** tradition
übermächtig overpowering
übermitteln to convey, to transmit
die **Übermittlung, -en** conveyance, transmission
übermorgen the day after tomorrow
übernachten to stay overnight
die **Übernachtung, -en** overnight stay
übernehmen (i), übernahm, übernommen to take on, to accept
überraschend surprising
überraschen to surprise
die **Überraschung, -en** surprise
überreden to persuade
überregional national, nationwide
der **Überrest, -e** remains

überrollen to overrun
überschäumend exuberant
überschreiten, überschritt, überschritten to cross
die **Überschrift, -en** headline, title
überschüssig surplus
übersetzen to translate
die **Übersetzung, -en** translation
übersiedeln to move
überstehen, überstand, überstanden to get through
übersteigert excessive
die **Überstunde, -n** overtime
überstürzen to rush into
übertragen, übertrug, übertragen to transfer
die **Übertragung, -en** broadcast (TV)
übertreiben, übertrieb, übertrieben to exaggerate
über|treten, tritt über, ist übergetreten to convert (religion)
überwachen to guard
überwältigen to overpower, to overwhelm
überwinden, überwand, überwunden to overcome
überzeugen to convince
die **Überzeugung, -en** conviction
üblich usual, customary
übrig left over, rest of
übrigens by the way
die **Übung, -en** exercise
die **UdSSR** *(abbr. of* **Union der Sozialistischen Sowjetrepubliken**) USSR
die **Uhr, -en** clock, watch, o'clock
um around, for, by, in order to, about
(sich) **umarmen** to hug
um|bringen, brachte um, umgebracht to kill, to murder
um|drehen to turn over
umdrehen: jemandem den Hals umdrehen to wring sb's. neck
umfangen, umfing, umfangen to embrace
umformulieren to say differently
die **Umfrage, -n** poll
der **Umgang** contact, dealings
die **Umgangsform, -en** manner
die **Umgangssprache, -n** colloquial language/speech
umgangssprachlich colloquial
die **Umgebung, -en** surrounding, vicinity
um|gehen, ging um, ist umgangen to know how to handle sth./sb., to treat
umgekehrt the other way around, vice versa

die **Umkleidekabine, -n** changing/fitting room, locker room
umkreisen to circle
um|rechnen to convert
um|schulen to retrain, to re-educate
der **Umschüler, -** / die **Umschülerin, -nen** student for retraining
die **Umschulung, -en** retraining
der **Umschwung, ⁻e** drastic change, reversal
sich **um|sehen (ie), sah um, umgesehen** to look around
um|setzen to transform
umsonst for nothing, in vain
der **Umstand, ⁻e** circumstance
die **Umwelt, -en** environment
umweltentlastend environmentally/ecologically harmless
die **Umweltgefährdung, -en** endangering of the environment
um|ziehen, zog um, ist umgezogen to move, to change
sich **um|ziehen, zog um, umgezogen** to change, to get changed
der **Umzug, ⁻e** moving, move
unabhängig independent
die **Unabhängigkeit** independence
unangebracht inappropriate
unangemessen inadequate
unauffällig inconspicuous, unobtrusive
unaufhaltsam unstoppable
unbedeutend insignificant
unbedingt absolute
unbefugt unauthorized
unbeschränkt unrestricted
unbestochen uncorrupted
unbeteiligt indifferent, uninvolved
der/die **Unbeteiligte, -n** uninvolved person
undefinierbar indefinable
undenkbar unthinkable
unendlich endless
unerhört outrageous
unerläßlich imperative
unermeßlich immense
unersetzlich irreplaceable
unerweislich unidentifiable
die **Unfähigkeit** incompetence, inability
der **Unfall, ⁻e** accident
der **Unfug** nonsense, mischief
ungarisch Hungarian
Ungarn Hungary
ungefähr about, approximate
das **Ungeheuer, -** monster
ungeheuer enormous
ungenießbar inedible
ungerecht unjust, unfair

ungern reluctantly
ungewöhnlich unusual
unglaublich unbelievable
unglaubwürdig unreliable, incredible
das **Unglück** mishap, bad luck
unheimlich tremendously
die **Uni** (*abbr. of* **Universität, -en**) university, college
der **Uni-Abschluß, -sses, ̈sse** university diploma/degree
die **Union, -en** union
universal universal
die **Universität, -en** university, college
unmenschlich inhuman, inhumane
unmittelbar immediate
unmodern old-fashioned
unmöglich impossible
unnötig unnecessary
unnütz useless
die **UNO** United Nations Organization
die **Unordentlichkeit** untidiness
unpassend improper, inappropriate
unpraktisch impractical
unrealistisch unrealistic
das **Unrecht** injustice
unregelmäßig irregular
unruhig restless
unsagbar unspeakable
unschätzbar invaluable, priceless
unschuldig innocent
unsicher insecure
der **Unsinn** nonsense
die **Unsterblichkeit** immortality
unten down, at the bottom
unter underneath, under
unterbrechen (i), unterbrach, unterbrochen to interrupt
unter|bringen, brachte unter, untergebracht to accommodate
unterdessen in the meantime, meanwhile
unterdrücken to suppress
untereinander each other, among ourselves/themselves
der **Untergang, ̈e** decline, end
unter|gehen, ging unter, ist untergegangen to decline
die **Untergrundbahn, -en** subway
die **Untergruppe, -n** subgroup
(sich) **unterhalten (ä), unterhielt, unterhalten** to entertain, to talk with sb., to maintain, to support
die **Unterhaltung, -en** entertainment; talk; support
unterirdisch underground
die **Unterkunft, ̈e** accommodations
unter|legen to put sth. underneath

unterm (*abbr. of* **unter dem**)
der **Untermieter, -** / die **Untermieterin, -nen** tenant, lodger
das **Unternehmen, -** enterprise, business
unternehmen (i), unternahm, unternommen to undertake, to do sth.
unter|ordnen to subordinate
unterprivilegiert underprivileged
der **Unterricht** lesson, class, instruction
(sich) **unterscheiden, unterschied, unterschieden** to differ, to differentiate
der **Unterschied, -e** difference
unterschiedlich different
unterschreiben, unterschrieb, unterschrieben to sign
die **Unterschriftensammlung, -en** collection of autographs
unterstreichen, unterstrich, unterstrichen to underline
die **Unterstufe, -n** junior high school
unterstützen to support
die **Unterstützung, -en** support
untersuchen to examine, to investigate
unterteilen to subdivide
die **Unterwäsche** (*pl.*) underwear
unterwegs away, on the road
unterwürfig submissive
sich etwas **unterziehen, unterzog, unterzogen** to undergo sth.
ununterbrochen uninterrupted
unveränderbar unchangeable
unveränderlich invariable
unverändert unchanged
unverantwortlich irresponsible
unvergeßlich unforgettable
unverheiratet unmarried, single
der/die **Unverheiratete, -n** single person
unvernünftig irrational, foolish
unverständlich incomprehensible
unverwechselbar unmistakable, distinctive
unvollständig incomplete
unvorstellbar inconceivable
unwirksam ineffective
unwissend ignorant
die **Unzufriedenheit** dissatisfaction, discontent
die **Unzulänglichkeit, -en** inadequacy
der **Urlaub, -e** vacation
der **Ursprung, ̈e** origin
der **Urwaldforscher, -** / die **Urwaldforscherin, -nen** jungle researcher
usw. (*abbr. of* **und so weiter**) etc.

die **UV-Strahlen (ultraviolette Strahlen)** ultraviolet rays

die **Vase, -n** vase
der **Vater, ̈** father
der **Vegetarier, -** / die **Vegetarierin, -nen** vegetarian
vegetarisch vegetarian
die **Venus** Venus
(sich) **verabreden** to arrange a meeting
(sich) **verabschieden** to say good-by
verachten to despise
die **Verallgemeinerung, -en** generalization
veraltet antiquated
(sich) **verändern** to change
die **Veränderung, -en** change
veranstalten to organize, to arrange
die **Veranstaltung, -en** event
verantworten to accept responsibility for sth.
verantwortlich responsible
die **Verantwortung, -en** responsibility
verarbeiten to process
das **Verb, -en** verb
verbal verbal
der **Verband, ̈e** organization
verbergen (i), verbarg, verborgen to hide, to conceal
verbessern to improve
die **Verbesserung, -en** improvement
verbieten, verbot, verboten to prohibit
verbinden, verband, verbunden to connect, to blindfold, to join
die **Verbindung, -en** connection
verblöden to become a zombie
die **Verblüffung** amazement
verboten forbidden, prohibited
verbotenerweise against orders
der **Verbrauch** consumption
verbrauchen to use, to consume, to exhaust
der **Verbraucher, -** / die **Verbraucherin, -nen** consumer
das **Verbrechen, -** crime
der **Verbrecher, -** / die **Verbrecherin, -nen** criminal
verbreiten to spread, to distribute
verbrennen, verbrannte, verbrannt to burn
die **Verbrennung, -en** burning
verbringen, verbrachte, verbracht to spend
der **Verdacht, -e** suspicion
verdammt damned
verdanken to owe sth. to sb.

das **Verdeck, -e** roof, top of a car
verdecken to conceal
verderben (i), verdarb, verdorben to spoil, to ruin
verdienen to earn
der **Verdienst, -e** income, earnings
verdösen to doze away
verdrängen to suppress
die **Verdrängung, -en** suppression
sich **verdrücken** to slip away
verdursten, verdurstete, ist verdurstet to die of thirst
der **Verein, -e** club, organization
vereinbaren to negotiate, to arrange
die **Vereinfachung, -en** simplification
vereinigen to unite
die **Vereinigung, -en** organization
vereinsamen to become lonely/isolated
vereint united
vererben to leave sth. to sb., to bequeath
verfassen to write
die **Verfassung, -en** constitution
sich **verfeinden** to quarrel
verfolgen to pursue, to follow
die **Verfolgung, -en** prosecution
verfügen to have sth. at one's disposal
die **Verfügung: etwas zur Verfügung haben** to have sth. at one's disposal
verführen to seduce
der **Verführer, -** / die **Verführerin, -nen** seducer/seductress
verfüttern to feed sth.
die **Vergangenheit, -en** past (tense), past (history)
vergeblich futile, unsuccessful
vergehen, verging, ist vergangen to pass
die **Vergeltung** retaliation
vergessen (i), vergaß, vergessen to forget
die **Vergessenheit** oblivion
vergewaltigen to rape
vergiften to poison
die **Vergiftung, -en** poisoning
der **Vergleich, -e** comparison
vergleichen, verglich, verglichen to compare
das **Vergnügen, -** pleasure
vergnügt enjoyable, cheerful
vergrößern to increase
sich **verhalten(ä), verhielt sich, sich verhalten** to behave
das **Verhalten** behavior
die **Verhaltensweise, -n** behavior
das **Verhältnis, -ses, -se** relationship

verhandeln to negotiate
die **Verhandlung, -en** negotiation
verheimlichen to keep secret
verheiratet married
verhelfen (i) zu, verhalf, verholfen to help sb. to get sth.
verhindern to prevent
die **Verhinderung, -en** prevention
verhören to interrogate
verhungern to starve
verkannt unrecognized
der **Verkauf, ̈e** sale
verkaufen to sell
der **Verkäufer, -** / die **Verkäuferin, -nen** salesman/saleswoman
der **Verkehr, -e** traffic
verkehren to run (train); ~ **mit** to associate with sb.
das **Verkehrswesen, -** transport and communications
verkehrt wrong
verklagen to sue
der/die **Verklagte, -n** defendant
verkleiden to disguise
sich **verknallen** to have a crush on sb. *(coll.)*
sich **verkriechen, verkroch, verkrochen** to creep away, to retreat *(coll.)*
verkümmern to degenerate
verkünden to announce
verkürzen to shorten
die **Verkürzung, -en** reduction
die **Verlagskette, -n** chain of publishing houses
verlangen to demand
verlängern to extend
verlassen (ä), verließ, verlassen to leave, to abandon
der **Verlauf, ̈e** course
verlaufen (ä), verlief, verlaufen to go
verlegen embarrassed
die **Verlegenheit, -en** embarrassment
verletzen to injure, to hurt
verletzlich vulnerable
sich **verlieben** to fall in love
verlieren, verlor, verloren to lose
verlobt engaged, betrothed
der **Verlust, -e** loss
vermachen to leave sth. to sb.
die **Vermehrung, -en** increase
vermeiden, vermied, vermieden to avoid
vermiesen to spoil sth. for sb. *(coll.)*
der **Vermieter, -** / die **Vermieterin, -nen** landlord/landlady
vermindern to reduce, to decrease
vermischen to mix
vermissen to miss

vermitteln to arrange, to convey
die **Vermittlung, -en** conveying
vermuten to assume
vermutlich presumably
die **Vermutung, -en** assumption
vernichten to destroy
die **Vernichtung, -en** destruction
die **Vernunft** reason
vernünftig reasonable
veröffentlichen to publish
die **Verpackung, -en** packaging
verpassen to miss
verpesten to pollute
verprügeln to beat up
der **Verräter, -** / die **Verräterin, -nen** traitor
verreisen to go away (on a trip)
verringern to reduce
verrückt crazy
die **Verrücktheit, -en** craziness
der **Vers, -e** verse
versagen to fail
versammeln to collect, to gather
verschaffen to obtain
verschieben, verschob, verschoben to postpone
verschieden different
die **Verschiedenheit, -en** difference
verschlafen (ä), verschlief, verschlafen to oversleep
verschlechtern to make worse
verschmutzen to pollute
die **Verschmutzung, -en** pollution
die **Verschnaufpause, -n** breather
verschonen to spare
verschönern to improve
verschweigen, verschwieg, verschwiegen to hide
verschwenden to waste
verschwenderisch wasteful
die **Verschwendung, -en** wastefulness
das **Versehen, -** error, mistake
versehen (ie) mit, versah, versehen to provide with
versetzen to put oneself in sb's. position
verseuchen to contaminate
die **Verseuchung, -en** contamination
versichern to assure, to insure
die **Versicherung, -en** insurance
die **Version, -en** version
versöhnen to reconcile
die **Versöhnung, -en** reconciliation
versorgen to take care of sth./sb.
versprechen (i), versprach, versprochen to promise
der **Verstand** reason, intellect
verständigen to communicate

die **Verständigung, -en** communication

verständlich understandable

das **Verständnis, -ses, -se** understanding, comprehension

verstärken to reinforce

verstecken to hide

verstehen, verstand, verstanden to understand

verstrahlt radioactively contaminated

die **Verstrahlung, -en** radioactive contamination

der **Versuch, -e** attempt, experiment

versuchen to try

vertauschen to mix up, to exchange

verteidigen to defend

die **Verteidigung** defense

verteilen to distribute

der **Vertrag, ⁻e** contract

die **Verträglichkeit** agreeability

das **Vertrauen** trust, confidence

vertrauen to trust

vertrauenswürdig trustworthy

vertraulich confidential

vertreiben, vertrieb, vertrieben: sich die Zeit ~ to help sb. pass the time

vertreten (i), vertrat, vertreten: eine Meinung ~ to hold an opinion

der **Vertreter, -** / die **Vertreterin, -nen** representative

vertuschen to hush up

verwalten to manage

die **Verwaltung, -en** management, administration

verwandeln to transform

die **Verwandlung, -en** transformation

der/die **Verwandte, -n, -n** relative

verwechseln to mix up

verweigern to refuse

verweisen, verwies, verwiesen to refer

verwenden, verwendete/verwandte, verwendet/verwandt to use

verwickeln to involve

verwirklichen to realize

verwitwet widowed

verwundern to astonish

verzärteln to pamper

verzerren to distort

der **Verzicht, -e** sacrifice

verzichten (auf) to do without, to sacrifice

verzweifelt desperate

der **Vetter, -** cousin

das **Videoband, ⁻er** video tape

das **Videogerät, -e** video recorder

das **Vieh** cattle

viel much, many

vielerorts in many places

vielfarbig multicolored

vielleicht perhaps

vielmehr rather

die **Violine, -n** violin

der **Virtuose, -n, -n** / die **Virtuosin, -nen** virtuoso

die **Vision, -en** vision

visuell visual

das **Vitamin, -e** vitamin

der **Vogel, ⁻** bird

das **Volk, ⁻er** people

das **Völkerkundemuseum, -museen** museum of ethnology

das **Völkermord, -e** genocide

das **Volksfest, -e** fair, festival

die **Volksmusik** folk music

der **Volkspolizist, -en, -en** / die **Volkspolizistin, -nen** People's police, East German policeman/policewoman

voll full

vollends completely

der **Volley, -s** (tennis) volley

der **Vollidiot, -en, -en** / die **Vollidiotin, -nen** complete idiot

völlig complete

vollkommen perfect, complete

voll|schreiben, schrieb voll, vollgeschrieben to fill with writing

vollständig complete, entire

von from, by, of

voneinander of each other, from each other

vonwegen such as

vor before, in front of

voran first

der **Vorarbeiter, -** / die **Vorarbeiterin, -nen** foreman/forewoman

voraus in front, in advance

voraus|sagen to predict

voraus|sehen (ie), sah voraus, vorausgesehen to foresee

voraus|setzen to presuppose, to take sth. for granted

die **Vorraussetzung, -en** prerequisite

vorbei past, by, to be over

vorbei|bringen, brachte vorbei, vorbeigebracht to bring by

vorbei|gehen, ging vorbei, ist vorbeigegangen to go by

vorbei|schauen to come by

vor|bereiten to prepare

die **Vorbereitung, -en** preparation

das **Vorbild, -er** model, example

vor|bringen, brachte vor, vorgebracht to propose

vorder- front

der **Vordergrund, ⁻e** foreground

die **Vorderseite, -n** front

vordringlich urgent

vorerst for the time being

vor|führen to bring forward, to present

die **Vorführung, -en** presentation

der **Vorgang, ⁻e** event, procedure

vor|geben (i), gab vor, vorgegeben to pretend

vor|haben, hatte vor, vorgehabt to intend

vorhanden available, existing

der **Vorhang, ⁻e** curtain

vorher before

die **Vorherrschaft, -en** predominance

vorige(r) previous

vor|kommen, kam vor, ist vorgekommen to occur

vorläufig temporary

vor|legen to present

vorletzt- second to last

die **Vorliebe, -n** preference

vorliegend existing

vor|machen to demonstrate sth. to sb.

der **Vormittag, -e** morning, before noon

vorn in front

der **Vorname, -n, -n** first name

sich etwas **vor|nehmen (i), nahm vor, vorgenommen** to plan something

vornherein from the start

vorrangig of prime importance

das **Vorrecht, -e** privilege

vor|rücken to move forward

die **Vorschau, -en** preview

der **Vorschlag, ⁻e** suggestion, proposal

vorschnell rash

vor|schweben: jemandem etwas ~ to imagine sth.

die **Vorsehung, -en** providence

die **Vorsicht** care, caution

vorsichtig careful

vorsichtshalber to be on the safe side

der/die **Vorsitzende, -n, -n** chairperson

das **Vorspielen** audition

der **Vorstand, ⁻e** board of directors

sich **vor|stellen** to imagine sth.

die **Vorstellung, -en** idea

der **Vorteil, -e** advantage

vorübergehend momentary

das **Vorurteil, -e** prejudice

der **Vorwand, ⁻e** pretext

die **Vorwarnung, -en** early warning

vor|werfen (i), warf vor, vorgeworfen to accuse, to reproach

vorwiegend predominant

vor|zeigen to show, to produce

vor|ziehen, zog vor, vorgezogen to prefer, to give priority to
votieren to vote

wachsen(ä), wuchs, gewachsen to grow
das **Wachstum** growth
der **Wächter, -** / die **Wächterin, -nen** guard
die **Waffe, -n** weapon, *pl.* arms
wagen to dare
der **Wagen, -** car
der **Waggon, -s** freight car
die **Wahl, -en** choice, election
wählen to chose
der **Wähler, -** / die **Wählerin, -nen** voter
der **Wahlkampf, :e** campaign
wahnsinnig insane, mad
wahr true
während during, while
die **Wahrheit, -en** truth
wahrscheinlich probable
die **Währung, -en** currency
das **Waisenhaus, :er** orphanage
der **Wald, :er** woods, forest
Walze: auf der Walze sein to be on the road
der **Walzer, -** waltz
die **Wand, :e** wall
der **Wandel** change
die **Wandermöglichkeit, -en** possibility to go for a walk
wandern to walk, to hike
wann when
warm (ä) warm
die **Wärme** warmth
warnen to warn
die **Warnung, -en** warning
warten to wait
die **Wartezeit, -en** waiting period
warum why
was what
die **Wäsche** *(pl.)* laundry
waschen (ä), wusch, gewaschen to wash
das **Waschweib, -er** washerwoman *(old-fashioned)*
das **Wasser, -** water
wasserlos without water
die **Wasserstoffatombombe, -n** hydrogen nuclear bomb
die **Wasserstoffsuperatombombe, -n** hydrogen super nuclear bomb
der **Wechsel, -** change
wechseln to change
wecken to wake sb. up
der **Wecker, -** alarm clock
weder...noch neither...nor

weg sein to be away, to have gone
der **Weg, -e** way, path
wegen because of
weg|geben(i), gab weg, weggegeben to give away
weg|gehen, ging weg, ist weggegangen to go away
weg|kommen: gut ~ to come out ahead
weg|nehmen (i), nahm weg, weggenommen to take away
weg|schicken to send away
weg|schmeißen, schmiß weg, weggeschmissen to chuck away
weg|stecken to put away
weg|werfen(i), warf weg, weggeworfen to throw away
weh sore
weh tun to hurt
der **Wehrdienst, -e** military service
der **Wehrdienstverweigerer, -** conscientious objector
sich **wehren** to defend, to fight, to reject, to resist
die **Wehrpflicht** military draft duty
das **Weib, -er** woman, wife *(old-fashioned)*
weibisch effeminate
weiblich female, feminine
weich soft
sich **weigern** to refuse
Weihnachten Christmas
weil because
die **Weile** while
der **Wein, -e** wine
weinen to cry
die **Weinhandlung, -en** wine store
die **Weise, -n** way, manner, fashion
weise wise
weiß white
weit wide, great, long, far
sich **weiter|bilden** to further one's education
(sich) **weiter|entwickeln** to develop further
weiter|existieren to exist further
weiter|geben(i), gab weiter, weitergeben to pass on
weiter|gehen, ging weiter, ist weitergegangen to go on
weiter|kämpfen to fight on
weiter|leben to live on
weiter|lernen to continue to learn
weiter|machen to carry on, to continue
weiter|reichen to pass on
weiter|reisen to travel further, to continue to travel
weiter|sprechen (i), sprach weiter, weitergesprochen to speak further

weiter|verfolgen to continue to pursue
welcher (-es, -e) what, which
die **Welle, -n** wave
die **Welt, -en** world
weltanschaulich ideological
weltberühmt world famous
der **Weltbürger, -** / die **Weltbürgerin, -nen** cosmopolitan
die **Weltenbummelei** globetrotting
der **Weltenbummler, -** / die **Weltbummlerin, -nen** globetrotter
weltfremd unworldly
die **Weltrangliste, -n** world-ranking list (sports)
die **Weltraumforschung** space research
weltweit worldwide
wenden, wendete/wandte, gewendet/gewandt to turn to
die **Wendung, -en** expression, phrase
wenig little, not much
wenn if, when
wer who
die **Werbesendung, -en** commercial (TV)
der **Werbespot, -s** commercial (TV)
die **Werbung, -en** advertisement
werden (wirst, wird), war, ist geworden to become, *future form of* **sein**
werdend emergent
werfen(i), warf, geworfen to throw
das **Werk, -e** work, factory
die **Werkstatt, :en** workshop, garage
werktätig working
der **Werkzeugschlosser, -** / die **Werkzeugschlosserin, -nen** toolmaker
der **Wert, -e** value
die **Wertigkeit** importance
wertlos worthless
die **Wertsache, -n** object of value, valuable
wertvoll valuable
das **Wesen, -** being
wesentlich essential
weshalb why, which is why
wessen whose
West- west *(in compounds)*
der **Westen** west
die **Westentasche, -n** vest pocket
westlich western
die **Wette, -n** bet
um die Wette streben to compete
das **Wetter** weather
die **Wettervorhersage, -n** weather forecast
der **Wettkampf, :e** competition
das **Wettrüsten** arms race
der **Whisky** whiskey

wichtig important
die **Wichtigkeit** importance
der **Widerhall, -e** echo
wider|spiegeln to reflect
widersprechen(i), widersprach, wider-sprochen to contradict
der **Widerspruch, ⁻e** contradiction, dissent
der **Widerstand, ⁻e** resistance
wie how
wieder again
der **Wiederaufbau** reconstruction
wiederbelebt revived
wiedereröffnen to reopen
wieder|geben(i), gab wieder, wiederge-geben to give back
wiederholen to repeat
wieder|sehen(ie), sah wieder, wieder-gesehen to see again
wiederum on the other hand
wiedervereinen to reunite
die **Wiedervereinigung, -en** reunification
die **Wiederverwertung, -en** recycling
Wien Vienna
der **Wiener, -** / die **Wienerin, -nen** Viennese
die **Wiese, -n** meadow
wieso why
wieviel how much
wild wild
der **Wille, -n** intention, will
willens to be willing
willkommen welcome
der **Wind, -e** wind
windelweich prügeln to beat sb. black and blue (coll.)
der **Winkel, -** corner, spot
winken, winkte, gewinkt/gewunken to wave
der **Winter, -** winter
winzig tiny
wirken to have an effect
wirklich real
die **Wirklichkeit, -en** reality
wirksam effective
die **Wirkung, -en** effect
die **Wirkungsstätte, -n** domain
die **Wirtschaft, -en** economy
die **Wirtschaft: Gastwirtschaft** pub
wirtschaftlich economic
die **Wirtschaftlichkeit, -en** economy
wissen, wußte, gewußt to know
die **Wissenschaft, -en** science
der **Wissenschaftler, -** / die **Wissen-schaftlerin, -nen** scientist
wissenschaftlich scientific, academic
wittern to sense
der **Witz, -e** joke

witzig funny
wo where
woanders somewhere else
die **Woche, -n** week
das **Wochenende, -n** weekend
wöchentlich weekly
der **Wodka, -s** vodka
wodurch how, which
wofür for what, why
woher where from
wohin where
wohl probably
wohlan well now (interj.)
sich **wohlfühlen** to be comfortable
das **Wohlgefallen, -** approval
wohlhabend wealthy
die **Wohlstandsgesellschaft, -en** afflu-ent society
wohl|tun, tat wohl, wohlgetan to do well, to feel nice
der **Wohnblock, ⁻e** apartment com-plex
wohnen to live, to stay
die **Wohngegend, -en** residential area
die **Wohngemeinschaft, -en** people sharing an apartment or house
der **Wohngenosse, -n, -n** / die **Wohn-genossin, -nen** room/housemate
wohnhaft resident
das **Wohnhaus, ⁻er** residential build-ing
das **Wohnmobil, -e** recreational vehi-cle
der **Wohnort, -e** place of residence
der **Wohnsitz, -e** domicile
die **Wohnung, -en** apartment
das **Wohnviertel, -** neighborhood
der **Wohnwagen, -** trailer
das **Wohnzimmer, -** living room
der **Wolf, ⁻e** wolf
die **Wolke, -n** cloud
die **Wolle, -n** wool
wollen to want
womit what with, with which
womöglich possibly
woran by which, on which
worauf on what, whereupon
das **Wort, ⁻er or -e** word
wortlos silent
der **Wortschatz, ⁻e** vocabulary
wortstark verbal
worüber about what/which, what/which...about
worum about what, what...about
wovon from what, what...from
wozu to what, what...to, why
das **Wrack, -s** wreck
wühlen to dig

das **Wunder, -** wonder
wunderbar wonderful
sich **wundern** to wonder, to be sur-prised
der **Wunsch, ⁻e** wish, request
wünschen to wish, to request, to ask for sth.
würdig worthy
würgen to choke, to strangle
der **Wurm, ⁻er** worm
die **Wurst, ⁻e** sausage, coldcut
die **Wurzel, -n** root
die **Wüste, -n** desert, wasteland
die **Wut** rage
wütend furious

zaghaft timid
die **Zahl, -en** number
zählen to count
zahlen to pay
die **Zahlenangabe, -n** figure
zahllos numerous
der **Zahn, ⁻e** tooth
der **Zahnarzt, ⁻e** / die **Zahnärztin, -nen** dentist
das **Zahnloch, ⁻er** cavity
der **Zahnstocher, -** toothpick
zanken to quarrel
zappeln to fidget
zart tender, soft
zärtlich tender, affectionate
die **Zärtlichkeit, -en** tenderness, af-fection
die **Zäsur, -en** break
die **Zauberformel, -n** magic formula
der **Zaun, ⁻e** fence
das **Zebra, -s** zebra
der **Zeh, -en** toe
die **Zehe, -n** clove (garlic)
das **Zeichen, -** sign
zeichnen to draw, to mark
der **Zeigefinger, -** index finger
zeigen to show
die **Zeile, -n** line
die **Zeit, -en** time
das **Zeitalter, -** era
die **Zeitangabe, -n** date
zeitgemäß up-to-date
zeitgenössisch contemporary
zeitlos timeless
der **Zeitpunkt, -e** time, moment
der **Zeitraum, ⁻e** period of time
die **Zeitschrift, -en** magazine
die **Zeitspanne, -n** period of time
die **Zeitung, -en** newspaper
das **Zelt, -e** tent
der **Zement** cement
die **Zensur, -en** censorship, grade

der **Zentimeter, -**   centimeter
zentral   central
das **Zentralkomitee**   central committee
das **Zentrum, -en**   center
zerbeißen, zerbiß, zerbissen   to chew
zerbombt   flattened by bombs
zerbrechen (i), zerbrach, zerbrochen   to break into pieces
zerlegen   to break down, to take apart
zerreißen, zerriß, zerrissen   to tear apart
zersetzen   to decompose
zerstören   to destroy, to ruin
die **Zerstörung, -en**   destruction
der **Zeuge, -n, -n** / die **Zeugin, -nen**   witness
das **Zeugnis, -ses, -se**   report
ziehen, zog, gezogen   to pull
das **Ziel, -e**   goal, destination
ziemlich   quite
die **Zigarette, -n**   cigarette
das **Zimmer, -**   room
das **Zitat, -e**   quotation
zitieren   to quote, to cite
der **Zivi** (*abbr. for* **Zivildienstleistender, ZDLer**)   conscientious objector
zivil   civilian
die **Zivilisation, -nen**   civilization
der **Zivilist, -en, -en** / die **Zivilistin, -nen**   civilian
zögern   to hesitate
die **Zone, -n**   zone
der **Zoo, -s**   zoo
der **Zorn**   anger, rage
zu   to, at, for
zubereiten   to prepare
züchten   to breed, to grow, to raise
zucken   to shrug
der **Zucker**   sugar
zu|drücken   to throttle sb.
zueinander   to each other
zuende gehen, ging zuende, zuende gegangen   to approach the end
zuerst   first
der **Zufall, ⸚e**   chance
zufällig   by chance, accidentally
zufrieden   content
die **Zufriedenheit**   satisfaction
zufrieden|stellen   to satisfy
zuführen   to supply
der **Zug, ⸚e**   train
der **Zugang, ⸚e**   access
zu|geben (i), gab zu, zugegeben   to admit
zugleich   at the same time
zugrunde gehen, ging zugrunde, ist zugrunde gegangen   to ruin

zugrunde richten   to destroy sb.
zu|gucken   to watch
der **Zuhörer, -** / die **Zuhörerin, -nen**   listener
die **Zukunft**   future
zukünftig   future
die **Zukunftsmusik**   pie in the sky (*coll.*)
zuletzt   in the end
jemandem etwas **zuliebe tun**   to do sth. for sb.
mir **zuliebe**   for me
zu|machen   to close
zumindest   at least
zumute: scheußlich zumute sein   to feel terrible
zumuten   to expect sth. from sb.
zunächst   first, for the moment
zu|nehmen (i), nahm zu, zugenommen   to gain weight
zunehmend   increasing
die **Zunge, -n**   tongue
der **Zungenbrecher, -**   tongue-twister
zu|prosten   to raise one's glass to sb.
zurecht|finden, fand zurecht, zurechtgefunden   to find one's way
zurecht|kommen, kam zurecht, ist zurechtgekommen   to come in time
zurück   back
zurück|bekommen, bekam zurück, zurückbekommen   to get back
zurück|blicken   to look back
zurück|bringen, brachte zurück, zurückgebracht   to bring back
zurück|denken, dachte zurück, zurückgedacht   to think back, to recall
zurück|drehen   to turn back
zurück|führen   to trace back
zurück|gehen, ging zurück, ist zurückgegangen   to go back, to return
zurück|kehren   to go back, to return
zurück|kommen, kam zurück, ist zurückgekommen   to come back
zurück|lassen(ä), ließ zurück, zurückgelassen   to leave behind
zurück|versetzen   to be taken back in time
zurück|ziehen, zog zurück, zurückgezogen   to withdraw
zusammen   together
die **Zusammenarbeit**   cooperation, collaboration
zusammen|fassen   to summarize
die **Zusammenfassung, -en**   summary

die **Zusammengehörigkeit**   unity
zusammen|halten(ä), hielt zusammen, zusammengehalten   to stick together
der **Zusammenhang, ⸚e**   connection
zusammen|kommen, kam zusammen, ist zusammengekommen   to come together
zusammen|kriegen   to get together
zusammen|leben   to live together
zusammen|quetschen   to squeeze together
zusammen|rollen   to curl up
zusammen|rücken   to move closer together
zusammen|schließen, schloß zusammen, zusammengeschlossen   to merge, to join together
zusammen|setzen   to put together
zusammen|stellen   to put together
zusammen|stoßen(ö), stieß zusammen, zusammengestoßen   to dash
zusammen|treiben, trieb zusammen, zusammengetrieben   to herd together
zusammen|wachsen(ä), wuchs zusammen, zusammengewachsen   to grow together
zu|schauen   to watch
der **Zuschauer, -** / die **Zuschauerin, -nen**   spectator
zu|sichern   to assure sb. of sth.
der **Zustand, ⸚e**   condition
die **Zustimmung, -en**   approval, agreement
die **Zuteilung, -en**   allocation
zu|treffen (i), traf zu, zugetroffen   to apply
der **Zutritt, -e**   access
zuverlässig   reliable, dependable
die **Zuversicht, -en**   confidence
zuversichtlich   confident
zuviel   too much; **zu viele**   too many
zuwenig   too little, not enough
der **Zwang, ⸚e**   force
zwar   even though, but
der **Zweck, -e**   purpose
zweitens   secondly
der **Zwerg, -e**   midget, dwarf
zwingen, zwang, gezwungen   to force
zwischen   between, among
zwischendurch   in between
zwischenmenschlich   interpersonal
die **Zwischenposition, -en**   middle position
zwo (zwei)   two (*spoken*)

Permissions and Credits

The authors and editors would like to thank the following authors, publishers, and companies for their kind permission to use copyrighted material:

Texts

p. 4, „Freizeit (Gespräch)," from: Werner & Alice Beile, **Themen und Meinungen im Für und Wider,** Modelle 6. Bonn: Inter Nationes, 1983, S. 84–86. (Text and Recording.)

p. 15, Brigitte Zander, „Die Welt im Zelt," **Stern** 6/1986.

p. 26, Michael Schophaus & Marlies Prigge, „Tennis-Karriere: ‚Ich schlafe gern lange,' " **Stern** 16/1988.

p. 40, Dorothea Kruse, „Die Sechsundachtziger: **stern**-Untersuchung Jugend '86," **Stern** 38/1988.

p. 42, „Am liebsten Millionär," **Jugendscala,** 1/1987.

p. 54, Maxie Wander, „Doris L., 30 Unterstufenlehrerin, verheiratet, ein Kind: Ich bin wer," from **Guten Morgen, du Schöne!,** © Buchverlag Der Morgen, Berlin/DDR, 1987.

p. 66, Günter Wallraff, „Im letzten Dreck," from **Ganz unten,** © 1985 by Verlag Kiepenheuer & Witsch Köln.

p. 77, „Vom Arzt zum Kneipier—Christian H.," courtesy of Dr. Christian Henatsch.

p. 93, Herbert Grönemeyer, „Männer," © Kick/Grönland MV.

p. 105, Irmtraud Morgner, „Kaffee verkehrt," aus: **Leben und Abenteur der Trobadora Beatriz,** © 1981 AUFBAU-VERLAG Berlin und Weimar.

p. 115, Joseph Wittmann, „Dornröschen," courtesy of Friedl Brehm Verlag, München.

p. 116, Josef Reding, „Mädchen, pfeif auf deinen Prinzen!," © by Josef Reding: **Gutentagtexte,** Georg-Bitter-Verlag, Recklinghausen 1988.

p. 117, Udo Lindenberg, „Ich lieb' dich überhaupt nicht mehr," © Roba Music Verlag GmbH, Hamburg, from Polydor 833657-1-2-4 Udo Lindenberg: **Feuerland.** By permission of Polydor GmbH, Hamburg.

p. 132, Ursula Haucke, „Fernsehen—die Schule fürs Leben?," from **Papa, Charly hat gesagt...,** printed in **Fernsehwoche 40,** October 1978. © Ursula Haucke.

p. 147, Horst Bienek, „Anweisungen für Zeitungsleser," aus: Horst Bienek, **Gleiwitzer Kindheit. Gedichte aus 20 Jahren.** © 1975 Carl Hanser Verlag München Wien.

p. 156, Susanne Theml, „Von der Last zur Lust. Arbeit am Computer," in **Nürnberger Nachrichten,** 16.-17. Juli 1988, S. 13, Verlag Nürnberger Presse, Druckhaus Nürnberg GmbH & Co.

p. 173, Franz Kafka, „Brief an den Vater," from: LETTER TO HIS FATHER by Franz Kafka. Copyright © 1966 by Schocken Books, Inc., published by Pantheon Books, a division of Random House, Inc.

p. 178, Bettina Wegener, „Sind So Klein Die Hände," by permission of the songwriter. Performed by Bettina Wegener. Courtesy of Teldec Record Service GmbH.

p. 187, Gina Ruck-Paquét, „In meinem Haus," by permission of the author.

p. 187, Simone Z., „Ein Freund," from **und denke an dich.** Texte zum Thema Liebe und Freundschaft. Hrsg. von Jutta Grützmacher und Inge Menyesch. Ernst Klett Verlag GmbH und Co. KG, Stuttgart, Bundesrepublik Deutschland, © 1983.

p. 197, Gerhard Zwerenz, „Nicht alles gefallen lassen," by permission of the author.

p. 213, Gotthold Ephraim Lessing, „Ringparabel" (excerpt) from **Nathan der Weise,** in G. E. Lessing's gesammelte Werke in zwei Bänden, Leipzig: G.J. Göschen'sche Verlagshandlung, 1864.

p. 232, „Kunst im Alltag—(Gespräch)," by permission of Yvonne von Hammerstein.

p. 245, ROCK ME AMADEUS. Lyrics and music by Rob Bolland, Ferdi Bolland and Falco. © 1985 NADA MUSIC INTERNATIONAL CV (BUMA). Administered by Almo Music Corp. (ASCAP) in the U.S. and Canada. All rights reserved. International Copyright Secured. Courtesy of Edition Falkenhorst, München. Performed by Falco. Courtesy of Teldec Record Service GmbH.

p. 248, Wolfgang Amadeus Mozart, excerpts from **Mozart schreibt**

Briefe. Eine Auswahl aus seinen Briefen. Hrsg. von Roland Tenschert. Wien: Wilhelm Frick Verlag, 1946.

p. 262, Bertolt Brecht, „Die jüdische Frau," aus **„Furcht und Elend des Dritten Reiches,"** © Suhrkamp Verlag Frankfurt am Main 1957. Alle Rechte vorbehalten.

p. 283, „Kalorien," from **essen & trinken** 1/1989, Hamburg.

p. 293, „Trotz allem ein Apfelbäumchen: Wir und unsere Umwelt (Gespräch)," by permission of Maria von Hammerstein.

p. 306, „Liebe B. (Brief)," by permission of Heino von Hammerstein.

p. 320, Richard von Weizsäcker, „Die Deutschen und ihre Identität," Rede vor dem Evangelischen Kirchentag (Protestant Church Conference), 8. Juni 1985 in Düsseldorf.

p. 336, Irmtraud Morgner, „Ankunft der Trobadora im gelobten Land," aus: **Leben und Abenteuer der Trobadora Beatriz,** © 1981 AUFBAU-VERLAG Berlin und Weimar.

p. 349, Peter Bichsel, „Des Schweizers Schweiz," aus: Peter Bichsel, **Des Schweizers Schweiz. Aufsätze.** © 1969 und 1984 by Arche Verlag AG, Raabe + Vitali, Zürich.

p. 362, Herbert Starmühler, „Österreich spezial," **Quick** 12/1988, QUICK/STARMÜHLER.

p. 381, „Das Jahr 2000 aus der Sicht von 1950," from **Wie stelle ich mir das Jahr 2000 vor?**, aus: **„Du und ich," Band 6,** mit freundlicher Genehmigung des Erich Schmidt Verlags, Berlin.

p. 390, Martin Urban, „Was hat die Wissenschaft zu klären?," from **Süddeutsche Zeitung,** Feb. 22, 1988 and **Kulturchronik** 3/1988.

p. 404, „Politische Grundpositionen," aus: **Demokratie. Unser Auftrag zur Geschichte der Bundesrepublik.** Bonn: Presse- und Informationsamt der Bundesrepublik, April 1986.

p. 405, „Das Bundesprogramm der Grünen," Hrsg. Bundesgeschäftsstelle, Postfach 1422, 5300 Bonn 1.

p. 406, Erich Honecker, „Aufruf," aus **„neue Heimat,"** 2/1988, S. 11.

p. 416, Clemens Hausmann, „Sonntagvormittag," aus: **Junge Literatur aus Österreich, 1983–1984.** Wien: Österreichischer Bundesverlag GmbH.

p. 420, Hannes Wader, „Traum vom Frieden," aus: **Liederbuch Hannes Wader,** © Essex Musikvertrieb G.m.b.H., Köln.

Photographs

p. 1, Todd Powell/Light Images
p. 13, Gerhard Clausing
p. 20, Uta Hoffmann
p. 31, Bill Frakes
p. 32, Gebhard Krewitt/Visum
pp. 36–37, Owen Franken/German Information Center
p. 39, ADN/Zentralbild
p. 44, Owen Franken/German Information Center
p. 53, ADN/Zentralbild
pp. 62, 65, Gerhard Clausing
p. 67, Pan Foto/Günter Zint
p. 72, Ulrike Welsch
p. 79, Christian Henatsch
p. 83, Beryl Goldberg
pp. 88–89, Uta Hoffmann
p. 94, Owen Franken/German Information Center
p. 97, AP/Wide World Photos
p. 102, Jo Röttger/Visum
p. 113, Owen Franken/German Information Center
p. 115, Historical Pictures Service, Chicago
p. 116, Owen Franken/German Information Center
p. 120, Judy Poe
p. 127, Owen Franken/German Information Center
pp. 128–129, Ernst und Partner
p. 134, Peter Menzel
p. 140 top left, AP/Wide World Photos; top right and bottom left, Thomas Raupach/Argus; bottom right, *Vera Cruz*, Filmarchiv Ulla Reimer
p. 141 top left, Westdeutscher Rundfunk, Köln; top right and bottom left, Thomas Raupach/Argus; bottom right, Hanna Barbera/Hamilton Projects, Inc.
p. 148, Karin Hill
p. 150, Owen Franken/German Information Center
p. 160, Günther Webermann/German Information Center
pp. 166–167, Ulrike Welsch
p. 172, Bildarchiv Preussischer Kulturbesitz
pp. 191, 195 Owen Franken/German Information Center
p. 201, Leonard Freed/Magnum Photos

p. 206, Uschi Dresing
p. 210, Thomas Pflaum/Visum
p. 212, George Rodger/Magnum
p. 216, The Bettmann Archive
p. 223, Richard Herten/Die Grünen/Joker Agentur
p. 225, Michael Wolf/Visum
pp. 228–229, Dieter Bauer/**Stern**
p. 232, Art Resource
p. 235, Heino von Hammerstein
p. 239, Austrian National Tourist Office
pp. 241, 242 Beryl Goldberg
p. 245, dpa/Photoreporters
p. 248, Archiv für Kunst und Geschichte, Berlin
p. 256, © 1984 The Saul Zaentz Company. All rights reserved.
p. 266, ADN/Zentralbild
p. 268, Courtesy Carol Bander
p. 271, Wide World Photos
p. 274, Courtesy Carol Bander
p. 276, ADN/Zentralbild
pp. 278–279, Michael Stuckey/Comstock
p. 290, Manfred Vollmer
p. 292, dpa/Photoreporters
p. 295, Jochen Ostermann
p. 305, Yvonne von Hammerstein
p. 308, dpa/Photoreporters
p. 310, Peter Menzel
pp. 314–315, Ulrike Welsch
p. 321, Ulrike Welsch
p. 325, Verkehrsamt Köln
p. 326, German Information Center
p. 335, Aufbau Verlag
p. 337, Owen Franken/German Information Center
p. 338, Rudi Meisel/Visum
p. 340, Wide World Photos
p. 341, Sichov/Sipa Press
p. 344, Beryl Goldberg
p. 348, Ulrike Welsch
pp. 351, 360, 363, Judy Poe
p. 365, Michael Lange/Visum
p. 368, Judy Poe
pp. 376–377, Burkhard Junghanss
p. 381, dba/Photoreporters
p. 389, Manfred Vollmer
p. 393, Alfred Eisenstadt, **Life Magazine,** © 1949 Time Inc.
p. 405, dpa/Photoreporters
p. 420, Günter Zint
p. 421, Martin Kunze/Visum

Illustrations

p. 100, Linda Deming, Cambridge, MA
p. 189, Tim Jones

p. 194, Tim Jones
p. 198, Linda Deming, Cambridge, MA

Realia

p. 5, © Globus-Kartendienst GmbH
p. 6, © Sport-Billy Production R. Deyhle
p. 12, FTB E. & W. Weber, Nürnberg
p. 18, Courtesy of Uli Gersiek and Deutsches Jugendherbergswerk
p. 24, TUI Touristik Union International/Germany
p. 28, Sporthaus Kaps, Solms-Oberbiel
p. 33, ballett centrum Nick Haberstich, Freiburg
p. 35, © RAPALLO, Zürich
p. 41, © Globus-Kartendienst GmbH
pp. 43, 44, 46 top, 47, 48 top, 49 bottom, 50 and 51 top, Courtesy of **scala,** Frankfurt am Main
p. 48 bottom, Gruner & Jahr AG & Co., Hamburg
p. 50, ,,GAMES-IN''-Vertrieb, München
p. 52, FELTEN
p. 59, Ausschnitt aus: **Das Bildungssystem in der Bundesrepublik Deutschland,** 4 Plakate, hrsg. von Jürgen Schweckendiek, Zeichnungen Theo Scherling, Goethe-Institut München 1989, mit freundlicher Genehmigung des Goethe-Instituts
p. 63, Jobst Rehmert, courtesy of FELTEN
p. 70, in **Stadtmagazin ,,Zitty'', Berlin,** Kunstamt Kreuzberg, Berlin-West
p. 74, Die Ausländerbeauftragte des Senats, Berlin
p. 81, Speisekarte ,,café clatsch''—Eigendruck 1985, Auflage 50 Stück
p. 82, Ausschnitt aus: **Das Bildungssystem in der Bundesrepublik Deutschland,** 4 Plakate, hrsg. von Jürgen Schweckendiek, Zeichnungen Theo Scherling, Goethe-Institut München 1989, mit freundlicher Genehmigung des Goethe-Instituts
p. 85, Courtesy of Bundesanstalt für Arbeit, Referat: Presse- und Öffentlichkeitsarbeit, Nürnberg
p. 86, © Globus-Kartendienst GmbH, Hamburg
p. 87, **Management Wissen** 9/88
p. 91, FRANZISKA BECKER 1980, © EMMA-VERLAG
pp. 92, 95, 96 Verlag Gruner & Jahr, Hamburg

p. 104, FRANZISKA BECKER 1979, © EMMA-VERLAG
p. 106, Anzeige aus **EMMA,** Heft 6, 1985, EMMA-VERLAG
p. 107, Royal Club, Berlin,
p. 108, Courtesy of Parfums Lagerfeld
p. 109, Fotograf: Art Kane (New York), Agentur: Michael Conrad & Leo Burnett, GmbH (Frankfurt), Auftraggeber: **FREUNDIN,** Burda GmbH
p. 111, FRANZISKA BECKER 1979, © EMMA-VERLAG
p. 112, Titelbild der Zeitschrift **MÄDCHEN,** 3/86
pp. 114, 116, 117, Burda Syndication, München
p. 118, Crea-Dance GmbH & Co KG, Weberstr. 1, 6500 Mainz
p. 137, Deike Press Germany, Konstanz
p. 138, Lintas:Hamburg, Werbeagentur GWA, Postfach 10 10 40, 2000 Hamburg 1
p. 139, **QUICK**/Liebermann
p. 142, IPA-plus, Vermittlung für Fernsehwerbung GmbH, Frankfurt am Main
p. 143, Burda Syndication, München
p. 144, Lintas:Hamburg, Werbeagentur GWA, Postfach 10 10 40, 2000 Hamburg 1
pp. 147, 151, Deike Press Germany, Konstanz
p. 152, **Neue Osnabrücker Zeitung**
p. 154, © **DIE WELT**
p. 155, Aus der satirischen Schweizer Zeitschrift ,,**Nebelspalter**''
p. 159, in **Computer Club Zeitung,** 1984, Ravensburger Buchverlag, reproduced by permission of Usborne Publishing Ltd., London
p. 161, © Axel Springer Verlag AG, in **Bild am Sonntag,** 3. Juli 1988, Seite 63
p. 162, Amstrad GmbH, Mörfelden-Walldorf
p. 163, Lintas:Hamburg, Werbeagentur GWA, Postfach 10 10 40, 2000 Hamburg 1
p. 165, in **Computer Club Zeitung,** 1984, Ravensburger Buchverlag, reproduced by permission of Usborne Publishing Ltd., London
p. 168, by Uli Olschewski, courtesy of FELTEN
p. 171, © C. Bertelsmann Verlag
p. 174, Konen München
p. 177, Nikolaus Heidelbach, **VOR-**

SICHT KINDER; Bildergeschichten. Beltz Verlag, Weinheim und Basel, 1987. Programm Beltz und Gelberg, Weinheim
p. 180, terre des hommes Bundesrepublik Deutschland
p. 181, © RAPALLO, Zürich
p. 187 top, © Alison Blood; bottom, © Franz Handschuh
p. 193, Simone Klages, **Der Bunte Hund 14., Bildermagazin für Kinder in den besten Jahren.** Beltz Verlag, Weinheim und Basel, 1986. Programm Beltz und Gelberg, Weinheim
p. 203, © Tetsche
p. 204, Deike Press Germany, Konstanz
p. 208, **Jugendscala**
p. 219, **Hamburger Rundschau**
p. 226, Ölbaum-Verlag, Augsburg
p. 237, ,,Burgtheater—Monatliche Spielplaninformation'', Österreichischer Bundestheaterverband
p. 244, Anzeige in einem **Spielplan,** Osterr. Bundestheater, 1987
p. 247, Beyerdynamic, Heilbronn
p. 251, **Titanic, Das endgültige Satiremagazin, Berlin** Nr. 9, September 1989, page 25
p. 253, in ,,Spielplan—Monatliche Spielplaninformation für Staatsoper und Volksoper'', Österreichischer Bundestheaterverband
p. 254, **Jugendscala**
p. 257, TUMP/Radio 100 Berlin
p. 259, Ratzer Records, Stuttgart
p. 261, © Globus-Kartendienst GmbH
p. 269, Verlag Deike KG, Konstanz
p. 272, Courtesy of Berliner Ensemble, Berlin
p. 275, CCC Filmkunst GmbH, Berlin
p. 277, **Der Spiegel,** 29.5.1989
p. 280, **QUICK**/Hanitzch
p. 281 top, © Globus-Kartendienst GmbH; bottom, in **STERN,** Nr. 13, March 22, 1989, by papan/Cologne
p. 282, © Frank Willmann, Stockack;
p. 284, **STERN**-Cover 8/89.
p. 285, courtesy of Domobell GmbH, Wiesbaden, West Germany and Sozuken Co. Ltd., Nagoya City, Japan
p. 286, illustrator Dietrich Lange/ **STERN**
p. 287, THOMY ist ein eingetragenes Warenzeichen der Nestlé Produkte A.G., Schweiz. THOMY is a registered trademark of Nestlé Products Co. Ltd, Switzerland.
p. 289 left, Staatl. Mineralbrunnen